戦時日本の経済再編成

原　朗　【編著】
山崎志郎

日本経済評論社

目次

序　戦時経済の再編成と企業整備 …………………………原　　朗　1
　　　　　　　　　　　　　　　　　　　　　　　　　　　　山崎志郎

第1章　統制機構の再編成と企業整備 ………………………山崎志郎　9

　はじめに　9
　1　企業整備政策の始動　10
　　(1) 総動員体制の再編と企業整備　10
　　(2) 組織的企業整備の開始　14
　　(3) 重要産業における企業整備　17
　2　戦力増強企業整備の展開　21
　　(1) 1943年度企業整備構想　21
　　(2) 戦力増強企業整備要綱　26
　　(3) 戦力増強企業整備要綱の実績　28
　　(4) 化学工業部門等の事例　30
　3　国民更生金庫と企業整備　32
　　(1) 国民更生金庫の資産引受業務　32
　　(2) 資産引受の推移　36
　　(3) 国民更生金庫の融資業務　39
　　(4) 国民更生金庫の経営構造　40
　おわりに　43

第2章　価格統制と企業動員 ……………………………山崎澄江　49

　はじめに　49
　1　低価格統制──1937年〜39年3月　52
　2　生産費格差補正と弾力的企業動員──1939年4月〜42年夏　60
　　(1) 生産費格差補正の導入──1939年4月〜40年7月　60

（2）生産費補正の修正と企業整理──1941年〜42年夏　65
　　3　企業選別と高利潤誘導──1942年秋以降　70
　おわりに　75

第3章　戦時貿易統制における交易営団の役割 ………… 鴨井一司　81

　はじめに　81
　1　交易営団設立前の戦時貿易統制　81
　　（1）戦時貿易統制の開始　81
　　（2）太平洋戦争期における貿易統制　82
　　（3）交易営団設立以前の貿易統制の問題　83
　　（4）重要物資管理営団の設立　84
　2　交易営団の設立　85
　　（1）交易営団の設立　85
　　（2）交易営団による貿易統制の強化とその反応　86
　　（3）組織概要　88
　　（4）交易営団の資金調達　88
　　（5）海外、植民地の貿易統制組織と交易営団の関係　92
　3　交易営団の業務概説　93
　　（1）交易地域の範囲、規模　93
　　（2）交易業務の概要　95
　　（3）輸出業務　97
　　（4）輸入業務　100
　　（5）物資管理業務の概要　103
　おわりに　106

第4章　貨物自動車運送事業の統制団体 ………………… 河村徳士　111

　はじめに　111
　1　日中戦争期における戦時統制の展開と統制団体の結成　111
　2　太平洋戦争期の輸送統制　114
　　（1）「陸運転移」と輸送統制　114

(2) 輸送統制と統制団体　120
　　(3) 統制団体の改組と輸送需要の変化　122
　3　輸送力の確保　125
　　(1) 必要物資の不足　125
　　(2) 代用燃料　126
　　(3) 潤滑油　128
　　(4) タイヤ・運転手　130
　おわりに　133

第5章　食糧配給機構の再編と国民更生金庫 ……………山口由等　139
　　　――東京府における米穀商の企業合同を中心に

　はじめに　139
　1　食糧統制の展開　140
　　(1) 米穀配給統制法から警察配給まで　140
　　(2) 米穀商整備と更生金庫　142
　2　共精共販の展開　144
　　(1) 米穀商の企業合同　144
　　(2) 合同と営業権　145
　　(3) 合同と補償　145
　　(4) 俸給および利益配分　150
　3　東京府米穀商業組合と更生金庫　151
　　(1) 更生金庫の活動の本格化　152
　　(2) 更生金庫の利用決定までの経緯　153
　　(3) 利用手続きの準備　154
　　(4) 資産評価基準の作成　157
　4　企業合同とその補償の実態　160
　　(1) 資料の検討と資金の動き　160
　　(2) 合同の主体＝米穀商の特質　161
　　(3) 企業合同と補償の実態　167
　おわりに　170

第6章　石炭配給機関の再編 ……………………………山崎澄江　175

　はじめに　175
　1　戦時統制期　176
　　(1) 日本石炭株式会社設立と初期の配炭統制　176
　　(2) 石炭販売業における企業整備　180
　　(3) 日炭の自売制——配給機構の一元化　183
　2　戦後統制期　186
　　(1) 配炭公団への再編　186
　　(2) 仲買商の復活　189
　おわりに　195

第7章　「満州」における石炭業 ……………………………山本　裕　197

　はじめに　197
　1　炭価の引き上げと石炭平衡資金の導入　198
　2　石炭増産計画と実態　206
　　(1) 1941年度計画の実績　206
　　(2) 石炭増産計画の推移　210
　3　「満州」における石炭需給の推移——「増産」の実態　212
　おわりに　220

第8章　繊維関連部門の中小商工業整備 ………………山崎志郎　227

　はじめに　227
　1　織物製造工業の整備　228
　　(1) 織物業整備と組織化　228
　　(2) 戦力増強企業整備要綱と織物業　232
　2　商業部門の企業整備　235
　　(1) 商業部門の整備方針　235
　　(2) 卸売部門の企業整備　237

（3）小売部門の企業整備　247
　おわりに　260

第9章　東京における中小商業企業整備 …………………柳沢　遊　265

　はじめに　265
　1　東京の商店合同政策　266
　　（1）日中戦争長期化の影響　266
　　（2）商業再編成のなかの小売業　267
　　（3）半転業運動　271
　　（4）企業合同と転廃業　273
　　（5）商店街の国策協力　275
　　（6）切符制の導入とその運用　277
　2　第1次小売業整備とその諸結果　278
　　（1）第1次小売業整備方針　278
　　（2）東京府の小売業整備　279
　　（3）東京府の末端配給機構の実態　282
　　（4）第1次小売業整備の諸結果　285
　おわりに　288

第10章　菓子製造業の企業整備 ………………………………池元有一　293

　はじめに　293
　1　戦時統制下の菓子製造業　294
　　（1）菓子製造業の動向　294
　　（2）砂糖配給量の減少　295
　2　「自治的」企業整備（第1次：1941年10月～）　296
　　（1）菓子工業整理統合要綱　297
　　（2）第1次企業整備の実施過程　298
　3　「強制的」企業整備（第2次：1943年11月～）　301
　　（1）菓子製造業企業整備要綱・実施要領　301
　　（2）第2次企業整備の実施過程　303

おわりに　305

第11章　軍需工業地帯における純潔運動
　　　――群馬県を中心に ……………………………小野沢あかね　311

はじめに　311
1　日中戦争期の純潔運動　313
　(1) 軍需景気と花柳界の繁栄　313
　(2) 純潔運動の本格化　315
2　花柳病予防・国民優生法・人口問題研究所の設置と純潔運動　320
　(1) 花柳病予防・国民優生法と純潔運動　320
　(2) 人口問題研究所の設立と純潔運動　323
3　太平洋戦争期の純潔運動　324
　(1) 人口政策・企業整備・労働力動員の進展　324
　(2) モラルダウンと純潔運動　330
おわりに　335

補　論　閉鎖機関特殊清算の経緯 ……………………原　　朗　341

序　戦時経済の再編成と企業整備

原　　　朗
山崎志郎

　1937年の日中全面戦争にともなって展開された経済統制は、まず2年後の1939年に第二次世界大戦の勃発によって、ついで翌1940年の第二次近衛内閣による日独伊三国同盟締結と経済新体制運動によって、短期間のうちに急速な再編成を余儀なくされ、さらに翌41年末のアジア太平洋戦争への拡大に伴って、一層の再編成が試みられることとなった。その間の経緯は、われわれが編纂した『戦時経済総動員関係資料集』の収録資料が明らかにしており、その段階的変容については資料集解説で触れている[1]。再編成に次ぐ再編成、それが日本の戦時経済の歴史であった。
　そのなかでもとくに大きな再編成は1940年末の経済新体制によるものであった。その出発点は前々年に笠信太郎が昭和研究会で「日本経済の再編成について」を講演した時点にさかのぼることができ、1937年年頭に輸入為替管理令により経済統制が開始されてから2年たらずの時期にあたる。笠はその発想を第二次欧州大戦勃発の約3カ月のち、1939年12月に名著『日本経済の再編成』に集大成し、これが企画院の革新官僚にひきつがれた。この間さまざまな動員体制の再編成構想が立案され、近衛内閣の下で「経済新体制」案がまとめられていった。それは財界や観念右翼などの強烈な反発を受けつつも1940年12月に「経済新体制確立要綱」の閣議決定になったのである。その後約半年をへて重要産業団体令による各種経済団体の統制会への再編が現実の課題となったが、それは半年後の太平洋戦争突入と相前後して具体化されていくこととなる[2]。
　統制会や軍工業会への再編成とさらに続く軍需会社への再編成、これらの過程についての研究はすでに一応の進展を見せているが[3]、その多くは生産過程を重視して軍需工業化を主導した重化学工業や巨大企業に焦点を合わせたもの

が多かった。その対極で「不要不急」なものとして切り捨てられていった産業や流通過程を担う中小商工業をも含めた経済再編成の全面にわたる研究はさほど多くない。本書ではこれらの消費財産業や零細企業などにも目を配りつつ、戦時日本経済の再編成の過程とその実態を、最近利用することが可能になった資料群の分析に基づき、あらためて弱小企業の「企業整備」が持つ意義の重要性に注目しつつ辿り直すことを試みたい[4]。

　まず、本書各章の概要を述べておこう。

　第1章は、1940年に経済総動員体制の再編成構想が出現する経緯を概観したのち、不急不要とされた民需中小商工業の施設・設備・労働力を軍需部門に向かって動員する「企業整備」(企業統合・転廃業・設備廃棄・回収など)の果たした重要性を指摘する。さらに次の段階の「戦力増強企業整備」と合わせて整備政策の全過程を概観し、企業整備に伴う資産の引受・処分業務を担当した国民更生金庫の業績と経営構造を分析している。この国民更生金庫は、産業設備営団とならんで企業整備政策の円滑な遂行に重要な役割を果たした機関であった。この章および以下の各章の分析に際して主たる資料として用いたのは閉鎖機関資料(後述)である。

　第2章は、企業動員にあたって価格統制がどのような意義を持ったかについて分析を加える。戦時における価格統制政策の展開を3つの段階的再編に区分し、1937～39年の第1期における低価格統制、1940～42年前半の第2期における生産費格差補正、1942年後半～45年の第3期における企業選別・個別生産費補償と特徴づけた。そのいずれの時期においても、価格統制は単なる価格安定化のみではなく、個別企業動員手段の役割を果たしていたとし、石炭と硫安の2産業についてこれを論証し、価格統制を通じた企業動員の全過程を描写したものである。

　第3章では、太平洋戦争期の貿易統制において重要な役割を果たした交易営団をとりあげ、その設立過程と資金調達・輸出業務・物資管理業務などにつき、やはり閉鎖機関資料を用いて解明することを試みた。交易営団は、従前の貿易組合やその連合会、貿易統制会などの諸機関によっては達成し得なかった貿易統制の円滑な運行を、政府からの権限委譲や戦時金融金庫・横浜正金銀行からの融資による巨大な資金力を用いて遂行した。輸入・回収各重要物資の集貨・

保管・再配分、さらには貿易実務・管理業務や交易差損補償の実態などを検討して、外国からの重要物資取得のみならず、国内遊休物資も含めた重要交易物資の需給適正化という太平洋戦争期の動員行政の特徴を交易営団は示していたのである。

　第4章では、貨物自動車運送事業の統制団体として組織された全国貨物自動車運送事業組合連合会（全貨連）の活動について分析を加え、戦時統制の展開に伴う統制団体の組織化の過程を跡付けた。比較的末期に近い1943年頃まで物資輸送の毛細管部分である貨物自動車運送業界では自由裁量の余地がなお残されていたこと、44年以降になって重要物資の輸送需要増大と政策的輸送配分の必要のため裁量余地が狭められたこと、それ故に統制団体の輸送統制力は部分的なものであったが所要資材の確保を巡っては業界が指導力を発揮していたことなどの諸事実を発見している。

　第5章では、国民更生金庫と食糧営団にかんする閉鎖機関資料を用いて、戦時下における食糧配給機構の再編成過程を分析し、とくに東京府における米穀商の企業合同過程における営業権・補償・俸給・利益処分の実態などの解明を試みた。米穀商業組合に対する国民更生金庫の資産処分業務は、統制の労務政策的側面を示す転廃業問題と、統制の流通的側面をしめす米穀管理・配給との交点で行われた。戦時動員の初期段階に米穀商でとられた企業合同方式による配給機構の再編は、当初労務動員などの予期された成果が不十分であったが、国民更生金庫の利用が可能になるとこれを利用して営業権の清算や資産処分が急速に進んだことを指摘している。

　第6章と第7章では、日本と「満州」における石炭業の再編成過程をとりあげた。第6章では、日本本国の石炭配給機関について、戦時統制・戦後統制の両時期を通じて流通機構がいかに変容したかを検討する。その際、これまで分析されることが少なかった膨大な数の中小仲買商・小売商の存在に注目し、一元的買入・販売機関の設置により中小仲買商は整理されたこと、一部大手炭坑の販売部門や大手仲買商のみが統制機関に吸収され、その中で事実上事業を継続したこと、戦後統制解除後も主として統制機関に吸収されていた部分のみが営業を再開することができ、戦時中に営業基盤を失った中小仲買商の多くは営業を再開できなかったことなどが指摘されている。

第7章では、「満州」における石炭増産政策について、まず石炭公定価格政策を、ついで価格政策以外の制度的枠組みを考察し、炭鉱別生産計画、産業別分配量と貯炭率を検討した。そして数次の公定価格引上げ政策は石炭増産の環境を整備したが、増産の主力は中・低級炭産出企業であり、供給量のピークは1943年で、翌44年には依存度を高めていた華北炭の輸入が激減して満州石炭需給は破局に向かったことが観察された。

第8章では、中小商工業の分野における企業整備のうち、原料の対外依存度が高く整備規模において最大の犠牲産業であった繊維関連部門を取り上げた。ここでは、各種の織物製造工業と商業（卸売・小売）部門について1940年末から実施された企業整備の実態を分析し、滋賀県や佐世保の事例を紹介して、敗戦直後の混乱期まで言及している。この章も閉鎖機関資料の分析に基づいて、商工省、工業組合、商業組合、府県中小商工業再編成協議会などを通じて、織物業界の企業統合、全国卸売業の簡素化と一元的配給機構の整備、小売商の抜き取り的転廃業と国民更生金庫の役割が明らかにされた。

第9章では、各種の資料を用いて大都市における卸・小売業の企業整備の実態を、1940年から1943年の東京を事例に分析した。中小商業の企業整備と日用生活必需品の配給機構整備とは地域社会ではたがいに矛盾する要因をはらんでおり、酒、パンなど取扱商品ごとの商店整理の実態を追いつつ、「半転業」運動や転廃業、第1次小売業整備下の末端配給機構の実態、大型店舗との調整問題、商店空洞化問題などを検討し、流通統制の場当り的な政策展開とその破綻を指摘している。

第10章も国民更生金庫関係資料を用いて、業者数が1割以下にまで減少をみた中小菓子製造業の企業整備について分析している。菓子製造業では、砂糖配給量が減少したことを受けて、1941年秋からの実施された「自治的」企業整備は企業合同によって比較的スムーズに行われた。しかし、合同が認められず廃業しか選択肢が残されなかった1943年秋からの「強制的」企業整備は困難を極めたことを、両段階の政策要綱の内容と実施過程を検討して明らかにしている。

いうまでもなく、戦時における再編成過程は、以上の各章で取り上げた企業整備を中心とする経済的再編成のみにとどまるものではない。社会的・政治的な再編成が多面的に行われ、精神動員運動も早くから開始されていた。第11章

では、社会的再編成の一面を示す精神動員の一例として、軍需工業地帯における純潔運動につき、国策に協力する建前の一方で国策批判の姿勢をも維持していた群馬県純潔同盟の活動に考察を加えている。

なお、閉鎖機関の特殊清算については、事柄の性質上やや技術的な性格をもつので、本書の巻末に閉鎖機関とその閉鎖手続きに関する説明を付した。

以上の説明に見られるように、この共同研究を行う際に基礎とする資料として、われわれは主として第二次大戦で日本が敗北した後、連合軍占領軍が活動の中止を命令し閉鎖したいわゆる「閉鎖機関」に関する資料群を用いた。この資料群についての説明をあらかじめここで行っておきたい。

「閉鎖機関」とは、日本が第二次世界大戦に敗北したのち、連合国総司令部の指令により閉鎖命令をうけた機関を指し、その代表的な例をあげれば植民地開発投資機関（南満州鉄道・東洋拓殖会社等）や、一元的配給統制を行った統制会社（日本石炭・食糧営団・交易営団等）、戦時動員政策上必要となった機関（戦時金融金庫・国民更生金庫等）などであり、占領後数回に分けて活動停止が指示され、その後閉鎖されるとともに清算処理された。これらの機関の相当部分が有していた外地における資産および負債は清算にあたって分離され、日本本土のみの資産と負債について清算がなされたため、この清算は特殊清算とよばれた。清算過程についての記録として閉鎖機関整理委員会が1954年3月に『閉鎖機関とその特殊清算』という1626＋309頁にのぼる大冊の報告書を出しており、これら諸機関の敗戦時における状況についてのこれまでの研究はほとんどこの報告書のみに基いて記述されてきた。

われわれが現在行いつつある研究の基礎資料は、大蔵省（現財務省）に長らく所蔵されてきた閉鎖機関整理委員会の原資料であり、20年以前に大蔵省の占領期に関する『昭和財政史』編纂事業の幹事を勤めた編者の一人原がその存在を知るにいたるまで長らく秘匿され、四半世紀以上封鎖され、破れた窓から砂と埃が吹き込む状態で2階建ての世田谷区用賀倉庫に積み上げられてあった。その公開と利用はその当時直接に執筆に必要なごく一部の限られた資料を除いて許されていなかった。ただ良好な環境での資料全体の保存を切望した結果、北区王子の煉瓦造りの倉庫への移転が実現し、さらに千葉県谷津倉庫に移転された。その後、永年にわたるわれわれを含む関係者の要望が実を結んで、今か

ら6年前の2000年春に、東京大学と東京都立大学による共同調査が始まり、2002年に国立公文書館つくば分館に移管されることになった。その過程で、われわれは編者の一人山崎を中心に約800の機関について資料調査と整理作業を行った。この資料群の分量は木箱四千数百箱にのぼり、各種帳簿類や清算過程における伝票などを網羅するとともに戦時国内統制や植民地・占領地支配などに関する貴重な情報を記述した報告書等を多数含んでいる。特に大量の資料が残されていた機関は85機関程度であり、いずれもきわめて重要な戦前戦時の統制・開発・金融機関である。

われわれは、資料整理のため釘付けされた木箱を開封し、半世紀近い保管期間の砂と埃のこびりついた帳簿や書類をブラッシングにより清掃しつつ、新たな段ボールの保存箱に入れ替える作業を行った。これと並行して、研究上重要だと認められた資料は慎重にマイクロフィルムやデジタルスキャナによる撮影を行い、現在のわれわれの共同研究の基礎資料とした。いったんは資料廃棄の可能性すらあったこの資料の保存と調査のために、緊急の措置をとって下さった当時の東京大学経済学部図書館長の武田晴人教授、東京都立大学総合図書館長であった水林彪教授には深く感謝を申し上げる。

資料の内容は、各閉鎖機関の活動期間中の日常業務に関する書類、月別・四半期別・年度別の各種報告書、閉鎖機関に指定された後の整理業務に関する書類などであって、膨大な帳簿類や伝票類、統制指図書などを含んでいる。各機関について作成された資料目録が全部残存しているわけではないが、目録が存在するものについてみれば、まず閉鎖後にかんする帳簿・証票類と閉鎖前における帳簿・証票類が区分され、主として分析の対象となる閉鎖後の部分については資産負債の項目ごとに詳細な書類が残されている。

これらの閉鎖機関が残した各種の資料を用いて研究できるテーマは非常に多様であり、これまでわれわれが進めてきた戦時統制経済と戦後経済復興の研究ではまだ十分に解明できなかった新たな側面に分析の光を当てることができると期待される。たとえば、国民更生金庫の資料を用いて戦時下の中小商工業の企業整備の実態を業種別・府県別に詳細に解明すること、日本石炭と石炭配給公団への再編過程をフォローして戦時戦後に重要な意義を持った石炭の需給調整に商工省や占領軍が関与した過程を解明すること、戦時金融金庫による重要

産業への融資の実態を解明すること、各種の配給機構の再編強化過程に即して販売統制会社へ至る流通網の変遷をたどり、一手買取・一手販売の実態を解明し、さらに敗戦後の占領軍と日本政府との政策路線の対比と関連させつつ戦後的な問屋網の形成過程をたどること、総じてこれまであまり十分に研究されてこなかった流通機構の統制に対して、生産機構への統制とは区別してその重要性を認識し、物流機構の戦時から戦後への変遷過程を跡付けることなどができよう。またこれら日本本国を中心とする分析と並んで、植民地・占領地における巨大開発機関・金融機関の大量の資料を分析して戦時日本帝国経済圏の実態にさらに迫ることなど、今後数多くの研究の展開を期待することができる。本書でなしえたことはごく限られた角度からの照射の試みにすぎず、今後も資料分析を進める予定であるが、閉鎖機関資料に基づく研究が多くの研究者によって今後さらに進められることを希望したい。

　なお、閉鎖機関資料の綴りには、清算処理の過程で振り当てた分類・整理番号とは別に、国立公文書館つくば分館が公開に当たって独自に振った整理番号がある。インターネット上の国立公文書館デジタルアーカイブズでは、公文書の財務省資料として「閉鎖機関清算関係」に分類され、資料綴りの背表紙のタイトルや原資料の分類・整理番号も容易に検索することができる。その一方で、綴りのタイトルが同一のものが大量にあるという問題もある。そこで本書での原資料の出所表記には、国立公文書館でのデータベース検索で確実に当該資料に辿り着けるよう、やや煩瑣になるが機関名、タイトル、分類・整理番号を付すこととした。以上、念のため記しておく。

　最後になったが、本書の刊行を快諾して下さった日本経済評論社の栗原哲也社長と谷口京延氏、ならびに労多い編集作業を手際よく進めて下さった新井由紀子氏に厚くお礼を申し上げる。

注
1）　原朗・山崎志郎編『初期物資動員計画資料』全12巻（現代史料出版、1997〜1998年）、同『開戦期物資動員計画資料』全12巻（1999〜2000年）、同『後期物資動員計画資料』全14巻（2001〜2002年）、同『物資動員計画重要資料』全4巻（2004年）。物資動員計画と動員体制の変容については、山崎志郎「経済総動員体制の経済構造」（歴史学研究会・日本史学会編『日本史講座』第9巻、東京大学出版会、2005年所収）も参照のこと。
2）　中村隆英・原朗「経済新体制」（日本政治学会年報『「近衛新体制」の研究』岩波書店、1973

年所収）参照。
3） 近年の戦時経済研究の紹介は省くが、さしあたり原朗編『日本の戦時経済』（東京大学出版会、1995年）およびその執筆者らによる研究を参照のこと。
4） その意味で本書は、前掲『日本の戦時経済』の研究グループとさらに若い世代による同書の続編としての性格をもっている。また、執筆陣が資料発掘と整理から携わったという意味では、本書は以前に原が編集委員に加わって刊行した近代日本研究会編『戦時経済』（年報近代日本研究－9、山川出版社、1987年）の研究スタイルを継承した戦時経済研究の第3作でもある。

第1章　統制機構の再編成と企業整備

山崎　志郎

はじめに

　戦時経済総動員体制は、利用可能な生産資源を戦略部門へ集中する諸制度の体系であり、それは物資動員計画・軍需動員計画・生産力拡充計画などの総動員諸計画を中心に運用された。動員体制は、概ね1936～39年の企業ブーム創出期、40～41年の市場誘導型の長期動員計画整備期、42、43年以降の臨機対応型体制期に区分される[1]。欧州大戦勃発後、重要物資の生産が行き詰まり始めると、価格安定と生産増強の調整を図り、動員体制の周辺部門では企業統合、配給機構の簡素化、高コスト設備・未動設備の整理が課題となった。その中で劣等企業は、整理・統合によって原料割当の削減に耐えうる体質強化を図り、不要な施設・設備は重要部門の資源として利用されることになった。ここでは工業・流通部門内部で不要不急とされた民需中小企業や劣等設備の整備政策の実態を解明し、総動員体制の段階的再編成の中に位置づけることを課題としている。

　戦時下の大企業を中心にした経済統制システムや企業管理システムの研究は、1940年の経済新体制構想とも関連づけられて、近年著しく進んだ。しかし高度国防国家の建設に向けて、与えられた生産資源を最も合理的かつ計画的に動員するため、膨大な事業主や被雇用者を抱えた民需部門を合理的に再編し、再資源化と労働力動員を進めた企業整備政策の検討は、大企業部門を除けばあまり進んでいない。

　ここでは企業統合、転廃業、設備廃棄と回収を内容とする企業整備の実施過程を概観する。企業整備を実施した部門は、主に民需部門の中小商工業であった。しかし、重要産業と見なされ、設備増強を進めていた産業でも、太平洋戦

争期半ば以降には、劣等設備や未稼働工場の整理が行われた。こうした措置を円滑に進める政策機関として産業設備営団や国民更生金庫が設立された。産業設備営団の業務は多様であるが、企業整備では主に大企業の未稼働・遊休設備の買上を担当した。国民更生金庫は中小零細企業者の資産買上と処分や、残存業者から転廃業者への共助金の融資などを専門とした。ここでは企業整備政策の全体像と、国民更生金庫の役割を合わせて解明しよう[2]。

1　企業整備政策の始動

(1) 総動員体制の再編と企業整備

　総動員体制の構築とともに、中小事業者に対しては、就業と転業の促進策が実施された。1938年には物動計画の実施と平行して、職業安定事業が国営化され、39年には重要産業の労働力需要を満たすため労務動員計画が策定された。しかし、欧州大戦を機に貿易は制約され、本格的に発足したばかりの生産力拡充計画は、所要機械・原料の輸入に困難を来すようになった。40年1月の日米通商航海条約の失効など、英米仏による経済圧力措置に対して、円ブロック内資源による自給策が模索され始めた。労務動員政策が順次強化されていく中で、40年半ばには、民需部門の中小商工業を整理し、全体の生産性を引き上げようという整備事業も始まった。

　貿易省設置構想の挫折で退陣した阿部内閣から米内内閣期にかけては、対外関係の悪化に伴う経済統制の再編成問題が山積していた。軍需ブームを基礎に外貨割当と大口設備資金規制で処理してきた動員行政をより精緻化する必要があった。この時期の政策構想は十分明らかにされてはいないが、米内内閣が政権末期の1940年7月に、関係機関、専門家を動員してまとめた「内政関係緊急対策要綱」[3]は、その一端を示している。その再編成構想は、日満支を通じた鉄鋼・石炭の自給、物資取得先の米英以外への変更、貿易統制の強化・一元化、国家資金計画に基づく財政・金融の計画化、企業経理の監督強化などからなっていた。

　要綱には、「犠牲産業（就中中小商工業者）対策」も含まれていた。配給機

構の現状については、次のように指摘された。「商業機関過多ニシテソノ存立維持ガ経済的ニモ少カラズ困難ナルコト」、「賃金水準ノ向上ハ商業経営ニ対スル低廉ナル使用人ノ供給困難トナリタルコト」、「商品取扱量激減シ現在機構ノママノ存続困難トナレルコト」、「製品規格ノ統一単純化、商品ノ配給統制ノ強化、価格ノ公定等ニヨリ従来商業機関ノ存立意義タリシ需給ノ調整機能、価格形成機能等ノ必要減退セル為機関ノ内容的改革ヲ必要トセルコト」、「卸商、小売商等ノ組織化ニヨリ重複セル組織ヲ生ジ両者ニ摩擦ヲ生ジツツアルコト」、「生産者乃至消費者ノ組織化ニヨリ逐次従来ノ配給分野ヲ失ヒツツアルコト」。その後商工省が進めた中小企業や配給機構の整備政策は、こうした認識から始まった。

配給機構の改革方向としては、①配給系統を組織化し配給段階を整理する、②規模の拡大と在庫品のプール化を図る、③元売商は全国共販会社に、地方卸商は地方共販会社に再編し、産地買継商は全国共販会社の蒐集機関とする、④産業組合との業務分野を確定することなどが示された。そして卸売、小売業者の整理に際しては残存組織が営業権を買い入れるとともに、その一部を政府が補償することなどの整理方法が提案された。また、小売商については、小売商業組合または共販会社の傘下に組み込むか、一定規模を基準に整理・統合することなどが検討された。

中小工業者に関しては、国防産業の生産力増強と輸出品工業の生産性向上を目的に、①不要不急産業を整理する、②一企業のみならず産業としての合理化を図る、③企業間の技術、人的物的資源の融通を進め、原料供給の減少した工業（ゴム・繊維）や、品質向上を必要とする工業（工作機械）などでは、高能率工場への生産集中を図るとされた。その際、企業間でプール計算制度を採用して利益を管理すること、中小下請工業を極力専業化し、製品規格の単純化によって生産品種の専門化を進めること、遊休設備は大陸への移駐で処理することなどが示された。そして企業整備の円滑化のため、政府が休業補償、設備の買い上げを実施するとしていた。近衛内閣期に「経済新体制政策」として実施された多くの措置は、こうしてこの時期に準備されていた。

米内から近衛へと内閣が代わると、これらの諸措置は台頭した革新官僚らによって具体化された。近衛内閣は、1940年7月の成立直後、「基本国策要綱」

を決定し、「大東亜ノ経済新秩序」や「国防国家体制」の建設を謳い、同時に「世界情勢ノ推移ニ伴フ時局処理要綱」の大本営政府連絡会議決定によって日独伊の政治的・軍事的結束を強化した。9月には三国同盟を締結し、英米などとの関係を急速に悪化させた。8月には対英米戦を前提とした「応急物動計画」を試験的に立案するなど、貿易関係の途絶を想定した統制機構の再編は不可避と考えるようになっていた。

　中小企業整備の明確な方針は、経済新体制確立要綱の9月の案文にも見いだせる。それは「個人企業及小資本ノ会社ハ之ヲ協同組合ニ組織シ協同組合ノ指導下ニ経営セシム」、「合理的能率的見地ヨリ之ヲ整理再編成スル」、「出来得ル限リ専門化シ、同一種類ノ作業ヲ為スモノハ之ヲ統合シ一企業体タラシムル」というものだった[4]。総動員体制の再編成構想である「経済新体制確立要綱」は、利潤原理から公益原理への転換、職分奉公、指導者原理など、市場原理に代わる新たな経済運営理念を盛り込んでいた。このため、周知のようにその理念と具体化を巡っては、同年12月7日の閣議決定に至るまで、既成官僚や民間経済団体との間に激しい確執を生んだ[5]。

　その紛争の結果、中小企業の扱いは、最終的には「中小企業はこれを維持育成す。但しその維持困難なる場合に於ては自主的に整理統合せしめ、且その円滑なる転移を助成す（傍点は引用者）」と、文言上は曖昧にされた。

　しかし、中小商工業者に対する厳しい整理方針は、1940年10月の閣議決定「中小商工業者に対する対策」によって明示されていた。それは、物資不足、各種統制の強化、価格の公定、輸出不振等によって、今後中小商工業の活動範囲が縮小するとして、円滑な転業対策を実施するというものであった。11月の地方長官宛の商工次官通牒では、業種別に策定する企業整備要綱に沿って画一的統合を指導するよう注意を喚起するなど、政府の強硬な姿勢が示された。

　一方、経済新体制論を背景に企業の経理・配当統制に関する会社経理統制令も10月に制定されている[6]。12月には「機械鉄鋼製品工業整備要綱」も決定となった。これは「中小商工業者に対する対策」を、零細で技術水準の低い中小機械工業に対して具体化したものであり、下請け取引の定常化・系列化、零細工場の整理等を通じて機械工業全体を合理的に編成しようというものだった[7]。

　さらに翌1941年1月には、「配給機構整備要綱」によって問屋・小売などの

複雑で錯綜した流通機構や中小商業者の整理方針が決定された。これに平行して、中小商業整備の推進機関として商業報国運動も組織された。これは40年5月頃から商業界における報国運動として起こったもので、11月には全国的運動の中枢機関として商業報国会中央本部が設置された。40年度末には、その下に道府県商業報国会本部とその支部が整い、その事業には、①公益優先の商業理念の確立、②配給機構の整備、③商業組合組織の整備、④消費者組織との連携、⑤生産者組織との連携、⑥統制遵守、⑦企業合同の研究、⑧転業対策の指導など、商業整備を進める諸措置が掲げられた。商業報国会の組織は、商工大臣を総裁、商業組合中央会会長を副総裁、商工次官を本部長とし、理事に関係各省の局長・部長、各種団体代表を連ねた。官制運動団体ではあるが、民需品流通の閉塞状況を円滑な企業整備によって打開しようとした関係者から、一定の政策協力を引き出すことに成功した[8]。

　経済新体制構想の一環として実現を見た中小商工業整備の基本方針は、合理的で計画的な生産資源の活用であった。そのため「適正な」最小企業規模を設定し、高い設備稼働率を維持するのに適合的な取引形態を実現する必要があった。流通部門でも低コストと、労働力節約のため、取引の簡素化と企業合同が求められた。流通機構の再編では、総じて物資ごとに統制会社と呼ばれる一元的な元売卸商社を設立し、膨大な余剰労働力を背景に形成された複雑な物流機構や、多段階に錯綜した卸商・小売商を整理し、簡素な配給機構を構築しようとした。

　また物流業界のうち、海運業界では、物資動員計画の発動とともに発足した海運需給調整を、欧州大戦勃発を機に強化し、海運連盟、海運統制委員会、小型汽船統制委員会が発足した。1940年9月には海運統制国策要綱に基づいて、海運中央統制輸送組合による指定物資の共同引受や、運賃・傭船料の共同計算が始まり、物資輸送の計画化が進んだ。小規模沿岸輸送を担った機帆船業界も、全国機帆船海運組合連合会が設立され、中央統制輸送組合に組み込まれた[9]。陸運業界でも、小運送業の合理化のため37年に日本通運が設立されて以来、零細業者の整理が進められ、41年半ばまでには1駅1社体制が整い、同年度末には大都市を含む一元的運営が始められた[10]。貨物輸送業界でも1940年9月から第一次企業統合が始まり、府県単位の事業組合へと再編された。41年8月の対

日石油禁輸措置以降、事業組合による貨物の引受はさらに厳格に統制された[11]。

こうして欧州大戦勃発を機に顕在化した海上・陸上輸送力の脆弱性を企業統合と一元的物流管理で克服し、流通機構の簡素化や中小商工業の整備を通じて、戦略産業へ人的物的資源を動員しようというのが、革新派官僚たちの構想だった。企業整備を推進するため、法的強制手段になったのが、1941年12月の企業許可令であった。個別事業法による業界再編を除いて、これにより指定事業の設立は許可制となった。42年5月には、企業整備令が公布され、設備または権利の譲渡、出資、処分等が制限されるとともに、設備または権利の譲渡、賃貸、事業の廃止・休止・合併を命ずることができることになった。もっとも企業整備令の運用方針は、「行政官庁ノ適切ナル指導ニ依リ之ヲ実施スルコトヲ原則トシ本令ニ依ル命令ハ特ニ必要アル場合ニ発動スル」とされており、強制的な色彩は避けられた。転廃業者の処分資産の評価には、後述のように純益額の1割還元方式や残存業者による共助金などの優遇措置が取られた。また、国民更生金庫から整備資金の融資を受けた商工業組合が、転廃業者の選定と補償金（共助金）計画を策定した。こうして主に事業者団体が整備基準、補償措置などの具体案を提示し、それを政策的に支援する方針が取られ、法的強制力を発動することは少なかった。

ついでに触れておけば、こうした発想は、経済民主化が唱われた戦後統制期にも、商工省や通産省によって継承された[12]。とくに取引単位や経営規模などで適正な中小企業モデルを提示して、取引や経営の合理化を促すという限りでは、戦後の中小企業政策にも広く見られた。

(2) 組織的企業整備の開始

民需部門の経営環境が悪化するなか、中央・地方行政、商工業組合、国民更生金庫は一体となって、業界内の利害関係を調整し、企業整備を進めた。

中小工業における企業整備の必要は、原材料難と稼働率の低下によって、1940年頃から表面化した。資材配当は大幅に切り下げられ、ガソリン・石炭・電力の消費規正などによって、多くの企業が稼働率5割を割り込む事態となった。39年の9・18価格統制令の影響も、翌40年に入ると深刻となり、生産性の低い企業や、輸入物資に依存する企業は、操業が継続できなくなった。こうい

う状況から、所管省は原料の割当・配給機関となっていた工業組合などに対して、当該業界の企業整備計画を立案するよう指示した。

　この事態に業者団体も事業統合による集中生産方式を受け入れざるを得なかった。経済団体からは、これを円滑にするため、統合に伴う減税や助成金措置が要請された。大蔵省も資産償却を進めてきた企業に対して、合併に伴う評価益への課税を回避できるよう配慮し、合同を促進した。

　零細規模工場の整理・統合を進める準備として、工業組合や工業小組合制度も普及していた。工業組合は1938年の物資動員計画発動とともに、資材配給の下部機構としての役割が与えられたことから、急激に増加し、1941年初めには全国で6,800組合に達した[13]。しかし、膨大な数の零細事業向けに計画的な原料配給を行うことは困難であった。また零細事業所は組合内の共同施設を利用しにくく、経営単位の拡大も困難であった。このため、零細規模工業者に適合した共同利用施設の設置を目的に、1939年の工業組合法改正によって工業小組合制度が設けられた。政府としては、徹底した共同化が可能な株式会社や有限会社組織への統合を奨励したが、小組合には補助金も交付され、商工業者の独立性を維持したまま、共同仕入れ・共同販売ができ、統制解除後の再自立も容易というメリットもあって広く普及した。これらが企業整備政策の受け皿になった。

　1941年に入ると、業種別の企業整備要綱や配給機構整備要綱が次々に通牒された[14]。企業合同体の最少基準、整備率、計画とりまとめ期限などは、所管省ないし府県庁を通じて業界団体に示され、当該業界全体の整備計画を組合などが中心になって策定した。こうした整備要綱は、突然所管省から通告されるものではなく、事前に所管省あるいは地方庁を通じて打診され関係団体が業界内部で整備方針をとりまとめ、当局との協議を経て最終的に決定されていた。事前の業界内調整を経ていることもあって、要綱に記載された整備計画の策定期限は、長くても数カ月であることが多い。

　整備要綱の通牒後の具体化は、概ね以下のとおりであった。まず当該産業に業種別工業組合がなければ、府県工聯等から独自組織を分離し、組合加入を徹底する。さらに工業組合［連合会］と、官民合同の企業整備委員会や道府県経済部が中心になって、具体的な整備基準や統合方法を検討した。そのなかで、

地方的な優良中核企業が選定され、企業合同・新会社の設立あるいは廃業が勧奨された。さらには数カ月の期限を切って、企業合同等に参加しない企業に対して、地方庁は原料・資材の配当削減措置を打出し、「自主的」な統合や転廃業を迫った。

組合がまとめた整備計画では、個々の事業者ごとに存続、廃業が区分され、転廃業者に対する共助金交付額、共助金の分担方法などが決定された。廃棄設備の処分、転廃業者への繋(つな)ぎ資金や、存続団体への共助金貸付は、後述のように1940年12月に設立された国民更生金庫が担当した。また、企業整備を実施せずに設備供出だけを実施する大企業などについては、41年12月に設立された産業設備営団が廃棄設備の評価、処分を担当した。転廃業者に対しては、工組・工聯が残存業者から拠出金を集め、共助金、補償金、転廃業資金等の一定の補償救済措置を講じた。

1942年に入り企業整備令が制定される前後から、企業整備も本格化した。3月の閣議決定「中小商工業者ノ整理統合竝ニ職業転換ニ関スル件」では、企業許可令、企業整備令を背景に、統合目標の設定など、整備政策を強化した。整理統合・職業転換を促進すべき業種の指定、整理率、実施順位・時期、整理方法を所管省で決定し、それを各府県に提示し具体的実施計画を取りまとめさせることになった。小売業については、4月21日の閣議決定「小売業整備ニ関スル件」によって全国一斉の第一次整備事業が始まった[15]。企業整備を促進するため、国民更生金庫、職業補導施設・国民勤労訓練所が拡充され、知事を中心に地方中小商工業再編成協議会が設置された。事業継続が困難な者の救済対策という面の強かった政府の転業対策連絡協議会は廃止され、業種を指定した上で、より計画的な整備を進めるべく、3月22日には企画院に各省庁の部局長からなる中小商工業再編成対策委員会が設置された。42年度中に実施すべき、中小商工業整備による転業者の規模は、5月時点で71万1,000人、うち工業関係者は44万3,000人と見積もられていた。

もっとも商工業組合、統制会などの業界団体が、傘下企業に対して強い圧力をかけるのは容易ではなく、企業整備は必ずしも急速に進捗したわけではなかった。統合体は、可能なかぎり会社組織の一元的経営体とすることが求められたが、多くの場合、有限会社形態でさえ、実態としては、個別事業が維持され

ていた。特に零細な自営業等を多く抱える製造業では、小組合の中で独立経営が維持されるケースが多かった。ようやく1942年度末には地域別・品種別工業組合とその聯合会という錯綜した統制機構から全国一円の単一工業組合への改組が進み[16]、重複組合加盟による重複資材割当の解消も進んだ。こうした統制機構の整備と一連の勧奨措置は、転廃業の重要な契機となった。旧事業主がそのまま新統合体に吸収されるなど、労働力析出の面では依然不十分とはいえ、後述するように42年頃から徐々に民需部門の企業整備が進み始めた。

(3) 重要産業における企業整備

　企業整備は、物資動員計画で不要不急とされた民需部門のみではなく、資材配当で重点化され、設備拡張や新設が盛んに行われた生産力拡充計画産業でも必要であった。この点についても簡単に触れておこう。一般の民需中小商工業の企業整備は、業種別の整備要綱の公表や工聯等との事前協議、地方行政機関による整備計画取りまとめなど、いずれにしても表立った形で展開した。しかし、生産拡充計画産業など重要産業における企業整備は、1941年7月、商工省特別室で極秘裏に始まった。

　そして、第三国貿易の封鎖と対米英開戦を想定して、表1-1のような重点産業の企業整備が検討された。その狙いは、①人的・資金的・物的資源の有効利用、②未稼働・遊休設備の活用、③工場・事業場別重点化、④景気変動への抵抗力の強化などであり、「徹底的ナル企業ノ整理統合」方針が打ち出された。そもそも零細規模の企業が多い部門ではなかったが、整備基準や方法は、①中小独立企業の存在は原則認めない、②企業単位は所定の適正規模以上とする、③一業一社方針は採らず競争による生産性向上を図る、④優秀企業への合併・経営委託・資本支配強化の方法を採る、⑤要すれば事業法・総動員法による強制措置を講ずる、などとされ、8月末頃までに商工省の各原局で整備案がまとめられた[17]。その際、未働・遊休設備の処理活用機関として、戦時設備利用財団（＝のちの産業設備営団）の設立も準備されている。

　これは、野心的新興・中堅企業を積極的に支援してきた従来の基本政策を、ドラスティックに転換するものだった。しかし、重点産業に対しては慫慂によって企業合同を推進し、要すれば強制措置という微温的姿勢であったので、短

表1-1　重要産業における企業整備構想（1941年8月頃）

業　種	整　備　方　針
金属鉱業	受託経営方式で79鉱山を主要鉱山に統合。
アルミニウム	2～3社に統合。各ブロックに国産原料会社を包摂させる。
アルミ加工	アルミ板は26社を主要7社に統合。管・棒線は27社を15社に統合。
マグネシウム	2工場を休止。苫渋原料2社を理研金属へ、マグネサイト原料3社を旭電化へ、朝鮮所在3社は日本マグネシウム金属へ、台湾2社は日本アルミに統合。
ピッチコークス	優秀工業以外は東京、神奈川、大阪、兵庫、福岡で1社へ統合。
鉛管・鉛板	関東の7社を2社へ、関西の5社を3社に統合。
電線業	228社を地域別に80社へ統合。
製鉄業	44工場を休止。9社を他社へ併合。
特殊鋼製造業	27社を存続。残りは統合、廃業。
鉄鋼二次製品	釘・針金・鉄線は122社を50社程度に、鋼索は41社を1、2社に、鋲螺釘は1,000社を250社に、雑缶業者は1,000社を250社に整理。
硫酸工業	薄硫酸工業の5社10工場を産業設備営団で買上、保管。
硬化油工業	9社を4社に統合。休止工場は産業設備営団が買上、保管。
ソーダ工業	アンモニア法の5工場、電解法の12工場は産業設備営団買上、保管。
セメント工業	専業6社、副業4社を存続。残りの一部は産業設備営団買上、保管。
再生ゴム工業	26社中、上位15社の設備の7割、下位11社の前設備を産業設備営団買上、保管。
過リン酸石灰	9社を除き、廃業・転業。一部は産業設備営団買上、保管。
機械工業	生産分野協定、優秀工場への作業集中。
人絹・スフ	人絹は20社を16社に、スフは33社を24社に統合。
綿スフ紡績	77社を14ブロックに整理。
石炭鉱業	40炭鉱を19鉱区に整理。7社を3社に合併。
石油業	日本石油、東亜燃料興業、三菱石油以外は、1、2社に統合。

出所：商工省総務局「重要産業ノ整理統合ニ関スル件」1941年11月14日（国立公文書館所蔵米国返還文書）。

期間で大企業を整理・統合するのは困難だった。結局、開戦後の南方共栄圏に対する束の間の楽観論もあったためか、こうした合同方針は、軽金属等に見られたような製造技術の未確立によって経営不振に陥った新設企業等の救済的吸収を除けば、太平洋戦争の開戦前後の段階ではあまり進展しなかった。

しかし、1942年度後半以後、再び重点産業を含めた徹底した整備計画が始まった。所管省からは、工業組合等に具体的に企業整備率、設備供出量などが指示されるようになった。そして消費財部門も含めた大規模な整備方針を明確に示したのが、43年6月の戦力増強企業整備要綱だった。これによって従来の自治的整備の不徹底さを克服し、残存企業の共助金負担の増大を回避するため、大規模な予算措置をとって企業整備を誘導することになった。

まず生産力拡充計画の中心産業の一つでもあった鉱山業の整備経過を見てお

こう[18]）。鉱山業は、計画当初、中小鉱山・劣等鉱区・休眠鉱区の増産・開発に重点が置かれてきたため[19]）、資材や労働力不足が進めば、早晩重点化は避けられなかった。

　石炭産業の整備は、1942年10月22日の閣議決定「石炭礦業整備要綱」に基づいて実施された。中小炭鉱から非能率234炭鉱（労働者総数1万3,997名）が選定され、43年3月これを各社に通知し、賠償ないし補償措置をとって整理した。175の休業炭鉱に対しても休止措置がとられた。そして年度末を目処に地域内・系列鉱山内の重点鉱山へ遊休設備や未稼働設備を移設した。労働力は、離散を避けるため集団的に移転することとなり、これもほぼ43年10月には完了した。また鉱山会社の合併も43年9月の磐城炭礦と入山採炭の統合を機に進んだ。

　日中戦争期の焦点だった外貨決済手段を供給した金鉱業についても、特殊需要向けを除き徹底的に整備する方針が取られた。当初、1942年10月21日の「金鉱業及錫鉱業ノ整理ニ関スル件」（第1次閣議決定）では、比較的緩やかな整備方針が取られ、43年度の政府買い上げ金量を必要限度に止め、廃止を申し出た鉱山には補償措置を講じ、整理によって生じた資材・労務の有効活用を図ることになっていた。補償範囲は鉱区、坑道、土地、建物、選鉱・製錬・運搬・動力設備等とし、金鉱業については日本産金振興（43年4月帝国鉱業開発に合併）、錫鉱業については帝国鉱業開発が買収し補償するとされた。

　しかしその直後から、銅・鉛・亜鉛・水銀など、他の特定重点物資確保のための徹底重点主義が強まった。1943年1月には「金鉱業ノ整備ニ関スル件」（第2次閣議決定）によって、銅精錬用溶剤としての硅酸鉱を産出するものか、主として他の重点鉱物を産出する鉱山以外は、原則的に全てが休廃止することになった。金生産は、買上価格を引上げたことで、1932年以来増産し続け、31年の12.3トン（内外地計21.9トン）から39～41年には25トン台（同52～56トン台）にのぼったが、42年に22.9トン（同47.4トン）となり、それ以後43年11.5トン（同29.7トン）、44年5.6トン（同14.0トン）と激減することになった。

　金鉱山労働者の移駐を容易にするため、同一会社、資本系列、同一規模鉱山への一括移動を優先し、社宅・食糧の確保など、待遇・作業条件の変動は極力避けるよう配慮された。移駐規模は、1943年1月の現在員数3万3,623人（うち朝鮮人労働者5,918人）から施設の移設・補修等に要する残存人員を除いた

余剰人員の2万7,849人とされ、このうち移駐可能人員は1万4,945人（同5,187）と見込まれた。移動に当たっては極力自発的意志によるとされたが、2月には主要21鉱山に対して、労務調整令2条1項の移動禁止指定によって離散防止措置がとられ、その後中小の非指定鉱山にも同様の扱いがとられた。3月までに、鉱山統制会が整理金鉱山の従業者転換計画を取りまとめ、転換先の調整に当たった。また金融統制会を通じて関係銀行には、融資回収の一時的猶予、整理資金の融資、補償金を見込んだ債務処理案の作成を依頼した。

朝鮮人労働者は、在籍者のほとんどが「移駐可能者」とされた。雇用期間満了に近いものも、「移入朝鮮人労務者ノ継続就労指導ニ関スル申告」の方針に基づいて期限を延長し、移駐させるよう整理鉱山会社に求めた。朝鮮の金鉱山整理も同時に実施され、その余剰労働者と併せて、労務動員の対象とされた。整備企業への補償額は最終的に2億3,300万円となった。

1943年3月には、拡張の一途を辿ってきた鋳鋼製造部門でも、人的資源、設備・資材整備の有効利用、電力消費節減などを目的に、名指しの企業整備が進められた。鋳鋼設備は3階級に区分され、1941年度生産実績が1,000トン以上で、設備・技術の優秀なものを第1階級とし、基準未満だが生産品・経営形態・地理的事情等の特異性のあるものを第2階級、それ以外は第3階級とした。さらに第3階級は2つに区分し、設備・技術が比較的優秀で存置する価値のあるものを甲階級、それ以外は乙階級とした。そして第1、第2階級企業は、鋳鋼に対する需要逼迫の現状から、単独経営で全設備を存続し、甲階級企業は地理的に統合し、新会社設立を原則とし、場合によっては優秀会社へ吸収合併させるとした。乙階級会社は鋳鋼製造事業を廃止させ、特別の事情がある場合は優秀会社へ吸収合併させるとした。廃止業者は受注内容を日本鋳鋼協議会に報告の上、以後新規受注は禁止された。

これに基づき、第1階級に属するもの56社、第2階級83社、第3階級甲30社、乙22社に、それぞれの整備方針が通知され、重要機械企業との取引の弱い中小鋳鋼企業は一挙に廃業することになった。廃棄設備は産業設備営団が中古機器の価格で買い入れ、廃業者に有利になるよう配慮された。補償実施要領に基づく廃業者への補償額は、払込資本金または投下資本額の6％相当とされ、全額日本鋳鋼協議会の残存企業の拠出金で賄うことになった[20]。

2 戦力増強企業整備の展開

(1) 1943年度企業整備構想

　こうした重点部門の個別的対応と並行して、1942年末には、徹底的な企業整備構想が動き始めていた。12月10日の大本営政府連絡会議決定「当面ノ戦争指導上作戦ト物的国力トノ調整並ニ国力ノ維持増進ニ関スル件」と、43年1月7日の閣議決定「昭和十七年度第四、四半期石炭配当著減ニ伴フ措置ノ件」によって、その方針は明確になった。石炭生産は1940年度の6,654万トンをピークに、41年度には6,294万トンとなり、42年度は辛うじて前年水準に近い6,199万トンとなっていたが、軍需および軍需関連需要の増加によって、一般産業用の配給は、年度当初の月150～170万トン水準に対して、第4四半期には月130～140万トン水準へと低下した[21]。43年1月13日の臨時生産増強委員会は、「海上輸送力ノ著減ニモ拘ラズ戦争遂行上物的国力ノ維持増強」を図るため、「重点戦力ノ増強ヲ核心トシテ国家総力殊ニ物的生産力ヲ体系的ニ集約シ之ヲ整備拡充スル（傍点は引用者）」ことを目指した「綜合戦力増強計画策定ニ関スル件」[22]を決定した。こうして石炭消費規制の強化と、不要設備の鉄屑回収のため、全面的な企業整備計画を検討することになった。

　この計画は軍需生産の強化と民需生産の徹底的抑制の2つの面を持っていた。軍需に直結する部門の整備計画は、原料・資材を集中させるため、まず軍需部門の産業連関や企業連関を把握する作業から始められた。軍需産業、とりわけ機械工業内部の企業間分業関係や、発注工場から末端下請工場に至る「縦断的系列」関係が調査され、これを基に増強すべき関連部門の範囲が画定された。さらに基礎素材産業、一般産業との産業間関係は「横断的系列」とされ、所要物資を明確にし、直接軍需生産力の確保に必要な産業と企業の範囲を限定した。そして、この両系列にとって不要な生産施設が整理対象になった。整備範囲や整備率は直ちに決定されなかったが、この構想は戦力増強企業整備要綱の第2種工業部門整備として1943年8月頃より具体化されることになった。

　一方、民需部門は徹底的な整備対象となった。この背景には1943年度総動員

諸計画の特異性があった。物動計画では、1938年の計画実施以来、常に民需部門が圧迫されていたが、なかでも43年度計画は特別であった。例えば鋼材の農林水産省向けは対前年30％減、食料品加工向けは58％減、農機具向けは37％減、国民生活用品は39％減、土木建築50％減など、民需向けの物資配当は、軒並み4割から5割の大幅削減となった。42年度計画をもって、民需部門の補修資材と原材料在庫はほぼ完全に払底したと見られており、43年度は民需産業を極限まで縮小し、民需部門そのものを資源化して物動計画を成り立たせていた[23]。

すでに1942年度の当初物動計画から、下期には企業整備後の余剰設備の大量供出を見込んでおり、上期の屑鉄特別回収計画が14.5万トンであったのに対して、第3四半期は19.5万トン、第4四半期は22.7万トン（第4四半期実施計画では27.7万トン）が計上されていた。そして43年度の屑鉄の特別回収は50万トンが計上された[24]。鋼材計画総量が500万トンに満たないこの時期には、50万トンの屑鉄は非常に大きな意味を持っていた。電力動員計画でも、最大電力供給が600万キロワット程度であるのに対して、企業整備による電力節約は20万キロワットと見込まれていた。

その一方で、1943年度には、航空機と造船関係部門を中心に、巨大な労働力需要が生まれた。労働力の給源が枯渇していた国民動員実施計画では、企業整備による転出者として59万人が見込まれ（この内訳は鉱工業から38万人、商業から21万人）、これを重点部門に割り当てることになった。

企画院はこうして、航空機、艦船、兵器その他軍需産業の系列の範囲を調査し、商工・農林その他の関係省に鉄鋼、軽金属、炭鉱・重要鉱山、金属、機械、化学、造船、繊維、食料品等の整備案を1943年1月末までにまとめるよう指示した。その後企画院での作業予定は、3月末までに産業別・地域別・級別＝規模別の基準を立て、横断系列と縦断系列の工場相互間の関係、労務配置・資材・立地の観点を考慮しながら、総合審査班で産業別整備方針案をまとめ、臨時生産増強委員会を経て閣議へ附議するとされていた[25]。

一部の業界では1月頃より「自治的」整備を超えた徹底整備方針が伝えられ、具体化へ向けた官民の協議が始まっていた。しかし、整備事業全体が余りに大規模であり、操業・転用・廃棄などの線引きが困難なことなどから、実際の具体化は遅れた。5月末の臨時生産増強委員会でようやく企業整備強化の原案と

転廃業に伴う資金と従業者の対策が審議され、6月1日に戦力増強企業整備要綱として発表されることになった。そして6月10日の臨時生産増強委員会で民需部門の整備割合が概定された[26]。商工省中間作業と見られる整備案をまとめたものが表1-2である。従来の整備方針が、零細事業者を組合に組織するのにとどまり、「自然淘汰」に任されていたのに対して、今回は従業員5人以下規模の事業者も含め可能なかぎり全事業所を把握した上で、労働者の排出と屑鉄供出を進めようとしていた。

これと平行して、1942年度の第1次整備に続く、商業部門の第2次整備が取り組まれ、7月の商工・農林・厚生・大蔵・内務5次官通牒「小売業ノ整備ニ関スル件」では、各府県に対して、県独自で業種を選定し企業整備に取り組むことを求めた。

中小商工業者の業種別企業整備は、本書の各論文で詳細に扱うので、ここでは表1-2によりながら商工省の所管別の整備構想を概観しておこう[27]。

金属局所管　鉄鋼関連部門は主たる整備部門ではないが、不要労働者2.2万人、鉄屑1万トンの排出が見込まれた。整備対象のほとんどは鉄鋼2次製品事業である。鉄鋼1次製品では、先に見た鋳鋼のほか、銑鉄部門の一部を休止させたものの、卸売業が対象になったにすぎない。

非鉄金属部門は、軍需による需要拡大が著しい業種であるにもかかわらず、電線業、伸銅など圧延部門は、原料銅が日中戦争以降急減し、さらに1942年から激減した部門である。このため41年8月の商工省特別室の検討以来、ある程度の保有設備を残して整理する必要が指摘されていた。今回の整備ではそれぞれ5,200人、7,300人の労働者の排出を予定した。その他の業種でも民需製品を中心に一層の整理縮小が図られた。しかし、整備後も原料難から稼働率の見込みは低かった。

一方、ほとんどが航空機などの軍需用となった軽金属部門では、食器等の民需用品向けの原料配給はなく、1941年1月の軽金属加工工業整備要綱に沿って設備の集約が図られた。軍需用精密鋳物の需要が激増している軽金属鋳物部門でも36％の整備が見込まれているが、その対象は民需用の低精度の設備である。その他の軽金属部門は最重要生産拡充部門として、フル稼働が要請されている。

繊維局所管　繊維部門は最も早くから中小企業整備が進められた分野であった

表1-2　戦力増強企業整備要綱に基づく主な整備構想（1943年7月頃）

業種	企業数（工場数）整備前	整備後	設備整備率%	業種	企業数（工場数）整備前	整備後	設備整備率%
釘・針金・鉄線	122	42	66	紙製品	(17,888)	(12,577)	30
鋼索	38	8	0	文房具	(1,324)	(329)	74
ドラム缶	31	19	14	小間物	(1,614)	(403)	80
電線管	46	10	40	玩具	(2,457)	(1,725)	70
亜鉛鉄板	16	7	38	履物	(17,245)	(12,939)	75
鶴嘴・ハンマー	42	10	31	和傘	(5,714)	(4,871)	85
磨帯鋼	17	8	39	刷毛・ブラシ	(887)	(714)	80
鋲螺釘	(830)	(53)	20	漆器	(5,375)	(3,784)	50
磨鋼板	(29)	(10)	58	家具	(45,883)	(32,237)	50
磨棒鋼	(94)	(23)	70	楽器	(708)	(519)	50
鉛管・鉛板	12	1	68	箸	(927)	(844)	69
減摩合金	25	4	31	研削砥石	171	45	36
亜鉛精錬	18	2	54	研削剤	20	15	17
軽金属鋳物	238	41	36	耐火煉瓦	276	77	19
ダイカスト鋳物	78	13	18	石灰	324	324	51
アルミ板製品	83	20	19	珪酸ソーダ	18	7	27
綿スフ紡績	14	14	37	写真感光剤	8	2	47
スフ専紡	12	5	15	コークス	74	50	26
梳毛紡績	38	7	17	硝化綿	11	6	26
絹糸紡績	11	9	14	合成樹脂	131	91	27
人絹製造	14	4	49	タール中間染料	99	85	91
スフ製造	21	10	40	セルロイド加工	(2,302)	(200)	48
ガラ紡績	1,010	710	35	塗料	(303)	(24)	22
油脂紡績	18	3	36	硬化油	(18)	(9)	58
綿スフ織布	1,000	750	32	石鹸	(110)	(42)	38
毛織物	172	50	40	繊維油剤	(99)	(13)	38
絹人絹織布	2,150	1,650	30	人造バター	32	9	41
綿漁網	500	50	30	撚革	(27)	(6)	54

出所：「生産能力調」美濃部洋次文書 Ad28-1。

が、今次の企業整備でも中心部門となった。設備廃棄による屑鉄は、綿スフ紡績業から16.9万トン、綿スフ織布業から5.3万トンが期待された。労働力の排出では絹人絹織布業から13.7万人、2次繊維製品事業から12万人が見込まれた。繊維局所管分だけで、屑鉄34.6万トン、労働力43.6万人の排出を見込んでいた。総じて繊維部門は、43年度当初の設備と労働力の3割程度を排出して、稼働率は7割水準を目指した。

これに対して生産力拡充計画産業であったパルプでは、設備拡充こそ早くから打ち切られていたが、設備廃棄はほとんどない。とりわけ人絹用パルプは、天然繊維代替品であり設備廃棄もなく、稼働率も7割を超えていた。

物価局所管　物価局の所管する生活雑貨関係産業は、事業が零細な上、原料・資材の取引関係も複雑なため、従来は明確な整備方針が示されていなかった。資材、労働力の逼迫や消費抑制政策などの事業環境の悪化による転廃業は、すでに進んでいたと見られるが、1943年段階の整備計画では最も整備率が高く、一挙に極限まで縮小する方針だった。屑鉄供出量は期待できないものの、労働力の排出は11万人が見込まれた。とくに文房具、小間物、玩具、履物、和傘、刷毛・ブラシなどは軒並み7割を超える整備率とされ、労働力の排出では紙製品、家具、文房具、履物でそれぞれ1万人以上を見込んだ。

燃料局所管　国内の天然石油・ガスの採掘部門は依然拡充対象であり、大きな整備計画はなく、南方原油輸送が停滞し始めた精製業でも現状設備は維持されている。人造石油事業は拡充計画が継続されていたが、一部は技術的限界から潤滑油その他へ転換しており、拡充計画と整備計画が並行していた。練炭工業は、1942年2月の整備要綱の発表以来、中小企業整備が進められたが、原料のタールがアルミニウム電解用電極原料のピッチコークスと競合したこともあり[28]、一部を保有能力として残して4割程度を整備することになった。

化学局所管　窯業関連産業では建設事業が縮小されていることから、建設用資材産業の整備率が高い。セメント製造業は、依然生産拡充が目指されているが、石炭配当減から優秀設備への重点化に伴う整備が行われている。硝子、陶磁器はすでに整備が進んでいるため、改めて整備計画が作られてはいない。

無機化学事業は依然需要逼迫物資が多く、整備計画は大きくない。この中で硫酸施設は重点的拡充のため、一部の整備にとどまった。過燐酸石灰は輸入原料の減少による整備のほか、ガラス工業整備など需要産業側の整備に関連した事業整備が見られる。

有機化学事業では、印画紙用薬剤、染料、セルロイドなどが需要減・原料難から整備された。硝化綿に関しては爆薬用需要が大きかったが、セルロイド、フィルムベース、ラッカー、レザー用原料としての需要が減少したことから大幅な整備となった[29]。油脂関連はいずれも民需品として早くから整備対象であ

ったが、機械用潤滑剤需要の大きいグリセリンを除き、これも大幅な整備となった。

化学局所管ではセルロイド、塗料、ゴムの労働力排出、セメント、耐火煉瓦、過燐酸石灰などからの屑鉄供出が大きかった。

このほか機械局所管の機械工業についても、1943年3月時点で70業種にわたって労働者供出案が作成されている[30]。しかし、基本的には依然拡充産業であり、企業系列の整備を課題としていたため、労働力の供出が見込まれた業種は、僅かに銑鉄鋳物1万8,000人、銅合金鋳物4,549人、医科機械1,930人、バルブコック200人、ガラス機械金型157人、蚕糸機械280人にすぎなかった。

整備計画の詳細は不明であるが、農林省など他省の所管産業でも、同様に、原料供給難や製品市場の縮小規模などを見極めた上で、生産施設の集約が検討された。

(2) 戦力増強企業整備要綱

1943年初め以来、政府は巨額の補償金を支出しても、大規模かつ徹底的な企業整備を実施する方針を議会など様々な機会に表明していた。これが6月の戦力増強企業整備要綱によって大きく進展した。これによって、今次企業整備の目的が中小零細事業の安定ではなく、設備転用、金属回収、労務供出であることも明示された。

戦力増強企業整備要綱では、企業整備の規模と方法に応じて、事業分野を3種に区分した。商工省関係では繊維工業の大部分、農林省関係では製粉、壜・缶詰ほか各種食料品工業、生糸関係工業などが第1種工業として、整備計画の中心に据えられた。第1種工業の工場は、①高稼働率を維持する操業工場、②空襲被害や需給関係変動への予備、外地移駐用の保有工場、③建物・内部施設の一部を他用途に利用する転用工場、④転用不可能な廃止工場に分類された。その際には、工場の優劣、輸送利便上の立地条件等が勘案され、所管大臣（500坪以下の工場については地方長官）から具体的な指示をするとした。

実施にあたっては、設備・資材・屑の無統制の移動を回避するため、金属回収令によって移動を許可制とし、商工省転用協議会、地方転用委員会の協議や、産業設備営団、国民更生金庫などの加わった買上価格の検討を経て、処理する

とされた。議会等でも、1943年度前半での完了を目指し、必要ならば企業整備令等の強権発動も辞さない旨の説明がなされた[31]。

　第2種工業部門は、兵器、機械、機械用素材工業であり、先に見たように、系列整備として企業間取引の整理が指向された。そして機械工業内部での下請関係や、素材部門との取引を専属化・定常化し、取引品種の整理を通じた合理化を図るとされた。

　第3種工業部門は日用雑貨等で、零細事業所が多く、労務・屑鉄供出では寄与は小さかったが、従来どおりの指導勧奨による整備でも相当淘汰されることが予想される部門であった。

　なお、この整備によって生じる資金移動は46億8,000万円と見込まれた。これが不動購買力となることを防止するため、後述のように企業整備資金措置法（1943年6月25日公布、7月15日施行）をもって、資産・営業権の売却代金を封鎖預金化した。

　着手可能な部門から整備を開始するため、第1種工業部門は、7月中に整備要領を示達し10月までに完了を目指す甲種25業種（商工省18、農林省6、大蔵省1）と、8、9月中に要領を示達し年末までに整備完了を目指す乙種40業種（商工省34、農林省6）に二分された。

　第3種工業部門22業種（商工省10、農林省12）については、工場別に操業・保有・廃止工業を指示する業種と、整備割合等の基本事項の指示に止める業種と、業者の発意に基づいて整備を指導する業種に分けられ、さらにこのほかの業種についても、10月以降適宜整備要綱を示達することになった[32]。

　第1種工業で、11月発足の軍需省所管となった業種については、年末までに50種の整備要綱が示達され、残余についても要綱の示達を急ぎ[33]、1944年8月頃までに、軍需省関係61業種の整備要綱が示達された[34]。

　織物など、企業数が膨大な場合は地方庁を通じて整備率、整備判断基準、買上価格計算方法が示され、業界でも整備委員会を設け具体化を進めることになった。紡績業など大企業業種では所管省から工場別に操業、転用、廃棄工場が指定され、転用先企業も含めその後の処理が指示された[35]。たとえば紡績業では、約180の転用工場のうち100は、陸海軍航空本部所管企業への賃貸・売却・現物出資の形で処理された。そのほかも陸軍兵器行政本部、海軍艦政本部所管

事業への転用が指示され、麻・絹・毛紡績事業への転換は数件にすぎなかった。

(3) 戦力増強企業整備要綱の実績

　戦力増強企業整備要綱に沿って、多くの業界の企業整備委員会が整備事業に取り組んだが、整備計画が円滑にまとめられたわけではなかった。内務省が1943年12月にまとめた調査によって企業整備の進捗状況を見ておこう[36]。多数の業者を抱える繊維雑品染色業では、業界独自に進めていた整備計画が43年8月完了予定であったため、臨時生産増強委員会は、これを前提にして更なる整備計画を求めた。しかし業界の整備事業が遅れたため、改めて2段階の整備計画を示達し、操業工場を3,000（400の統合体）に絞るという計画は、第2次整備として10月からようやく着手することになった。12月時点で廃止工場を決定したのは全国49組合中6組合、結成された統合体は335に過ぎず、整備完了は44年3月と見込まれた。また、耐火煉瓦製造業では「軍需方面ヨリ需要増大ノ結果」、整備が遅延した。印刷業では「東京都内ノ業者中尚不平ヲ語ルモノアリ」、タール系中間物では「廃止工場ノ機械設備ノ評価基準未ダ決定セズ相当不安」があるとされ、撚糸製造業では「尚一縷ノ希望ヲ捨テズ残存ヲ希フモノ多状態［中略］相当動揺ヲ見ルニアラズヤト憂慮サレ居レリ」と報告される業種もあり、整備事業の完了も多くは44年2月頃にずれ込むと予想された。

　こうしたなかでも、すでに組織的に相当の整備が進展し、企業・工場ともに絞り込まれてきた業種では、合同を前提とした企業体などを編成して、今次の徹底整備にも比較的迅速に対応していた。最大の眼目であった綿スフ紡績の転用・廃棄も比較的早く決着した。廃止工場の労働力についても、切削砥石、鉛管・鉛板、耐火煉瓦、薄硫酸、減摩合金、硬化油、高圧コンクリートなどの業種では、ほとんどを操業工場へ移転させるとしていた。この意味で、整備後の事業が不確かなことから、具体案の策定は遅れていたが、企業整備それ自体は強い抵抗もなく進み、内務省調査も「甚シキ憂慮ニ値スベキモノナキ状況」としていた。

　しかし、予定された第1種工業部門すべてに対する整備計画の示達や、工場・設備の第2種部門への転用、廃棄設備等の回収が遅れ気味であったことは、1943年から44年度前半を決戦段階と位置づけ、転活用物資に期待していた軍に

は重大な問題であった。この点について貴族院調査会企業整備調査委員会の報告は[37]、「其ノ進捗予期ニ反シ遅延セル現状ニシテ殊ニ整備セラレタル企業ヲ重要産業ニ転活用スル部面ニ於テ甚ダ徹底ヲ欠ク」と批判していた。そしてその原因として、①広範な整備計画の中には既発統制法規等と「矛盾ヲ生ジ」るなどの法規上の問題があること、②地方官僚との事情疎通の不円滑、地方長官への職権委譲の遅れ、③整備行政取扱機関の複雑さ、④資産評価の遅れ、⑤転廃業者の利潤追求思想の残存、⑥輸送用梱包資材、格納資材の不足、⑦転用よって生じた不自然な親子工場関係に起因する売買交渉の遅延、⑧新事業主の専横な態度などを挙げていた。

さらに整備後の転用工場、操業工場の現状についても、問題が指摘された。自家転用工場については、事業主が買収されることを嫌い、現有設備を利用して協力工場化を目指したものが多いが、「軍需関係ノ工業ニ経験アルモノ尠ク且今日親子関係ニ依存スル工場ト雖育成補給ノ手届カザル状況ニ於テ資本モ技術モ労務モ況ヤ新旧ニ渉ル事業経営ノ移行操作ニ於テモ一般ニ円満迅速ナル充足ヲ見ル能ハザル」としていた。売却された工場についても、実際建設費の数倍に上る高値で購入し、技術習得、工具錬成、施設改造を施しても、労務・資材供給の不足のため、「全能力ヲ発揮シテ生産増強ニ邁進シツツアル工場ハ今日ノ所甚ダ稀」であるとされていた。これらの中間形態である資本・役員派遣や新会社設立による共同経営でも、とりわけ新会社の場合は組織変更に伴う煩瑣な手続によって、「時間ト労力トノ空費夥シ」と指摘された。結局いずれの場合も「資本労務ハ休眠状態ニ陥リ旧来ノ生産ニモ従事セズサリトテ新規増産事業ニモ与ラズ其ノ間ノ給与失費ハ多ク旧事業主ガ負担シツツアリ前途何時開業ノ目途モナキ工場ヲ抱ヘテ困惑ニ悩メルモノアル」と、工場転用、設備移設等によって新たな無駄も生じていた。金属回収も搬出・輸送段階である小運送能力の隘路から「多大ノ停頓ヲ来シツツアル」状況だった。

この一方で、残された操業工場についても、「同地域内ノ同業者ノ多数ガ航空機製造其ノ他ノ軍需工業ニ転換シ従前ニ比シ一躍高額ナル賃金ヲ以テ労務ノ吸収ニ努ムル為」、労働者を維持できなくなっていた。そのため、労務配置についても、徴用を地域別に割り当てるだけでなく、当該企業に最低限必要な人数分の徴用猶予を認め、事業に専念する余裕を設けることや、軍需工場への過

剰な労務配置を避け、適切な労務配置を目指すことも求められた。

　主な産業の企業整備と、工場・設備等の金属非常回収は、ほぼ1943年度後半に完了したが、軍需省にはその事後処理として、①転用先決定後の譲渡価格等の取り決めと履行の促進、②工場または設備転用後の低稼働率問題への対応、③廃止工場、未稼働遊休物件の有効利用など困難な課題が残された[38]。

　工場・設備等の転用実績を見ると、1943年度の建坪500坪以上の中央措置分の転用例は約500件であったが、44年度に入ると、10月末までに繊維部門を中心に2,035件、450万7,000坪に達し、これでほぼ全ての転用を完了した。建坪500坪以下の地方措置分は43年度分しか判明しないが、4,414件、59万5,000坪と小規模な転用も盛んに行われていた。また設備の転用状況を電動機と金属工作機械で見ると、43年度の電動機の転用は3万8,954台、金属工作機械1万1,975台にのぼり、44年度上半期は電動機1万6,530台、金属工作機械931台となった[39]。民需工場から排出される電動機には高出力のものが少なく、工作機械も50～60万台と見られる国内総設置台数から見れば、犠牲の大きさに比して生産増強効果は大きくはない。むしろ軍管理工場間の隘路機種、跛行設備の相互融通の方が設備増強には役立っていたと見られる。こうして第1、第3種工業の工場・設備の転用は、44年度上期にほぼ完了したと見てよいだろう。工場転用は44年度末に航空機工場の分散・疎開先としての利用も見られたが、その多くは漸く作業が立ち上がる頃に終戦を迎えた。

(4) 化学工業部門等の事例

　戦力増強企業整備要綱にもとづく珪酸ソーダ工業の整備事例を見ておこう。珪酸ソーダは珪砂、苛性ソーダなどから製造され、「各種工業特ニ軍需工業竝ニ生活必需品工業ノ副資材供給上重要不可欠」[40]で、石鹸製造はじめ幅広い用途をもつ化学製品であった。しかし、原料苛性ソーダの配給制限や民需産業全体の縮小に伴って需要、生産実績ともに低落していた。珪酸ソーダの国内公称設備能力は年産12万トンであったが、1942年度の実際の設備能力は石炭品位の低下などから7万390トンになっていた。年間需要量は約3万5,000トンであったが、原料制約から42年度の供給実績は2万1,200トンにとどまり、大量の遊休設備を生んでいた[41]。

こうした状況から、1943年8月に商工省は化学工業統制会に対して、珪酸ソーダ統制協議会を設置し、企業整備計画を策定するよう求めた。統制協議会の会長には、化学工業統制会会長が当たること、関係企業から委員を出して、整備実施計画の策定、珪酸ソーダ需給計画の立案することを求め、9月までに整備要綱の策定を終えるよう指示した。しかし、化学工業統制会の所管問題などから協議会の設立が遅れ、11月に軍需省担当官、国民更生金庫、化学工業統制会ソーダ部会、関係各社からなる懇談会が設けられ、この場で軍需省側から「珪酸ソーダ製造業整備要綱案」と優秀工場の選定方針が提示された。そして44年1月の第2回懇談会では、①珪酸ソーダ統制委員会と整備実施専門委員会の設置、②統制会内で検討をした珪酸ソーダ製造業整備要綱、③廃止工場、稼働工場の選別、残存企業による共助金の拠出の算定方法、拠出金分担方法などが確認された。

　関係企業の意向がまとまったことを受けて、懇談会の翌日、商工省から整備要綱が通牒された。既存の業界団体があり、対象企業数も限定されているようなケースでは、このように所管省と業界団体での事前の協議が行われ、あるいは業界内部での廃止工場の選定作業を含む整備計画が先行し、これを所管省が承認するという形も多かった。このため整備計画の取りまとめ期間は短く、珪酸ソーダ製造業の場合も、1944年2月末までに完了することが求められた。

　もっとも、これは廃止工場の最終了解を取り付けて、国民更生金庫へ資産引受などの申請をするまでの期限であり、すべての転廃業手続が完了するわけではない。国民更生金庫の業務自体は、次節で触れるが、国民更生金庫との間で資産評価基準の打ち合わせを経て、転廃業を決めた企業から資産の引受申請がなされると、この時点で操業は停止され、設備・資材・原料・在庫製品の資産評価作業が始まった。一方業界側では、廃業の9社に対して残存7社から支出される共助金額が検討された。これは、廃業企業の3年間の販売額の7％を基準に、操業期間が10年以上か以下かで微調整をして決定され、残存企業の1944年度販売額に応じて拠出することとなった。さらに、廃止企業の設備の評価や、どの企業が引き取るかなど、設備の再配置や廃棄の詳細が詰められ、44年末までかかって最終処分方法が確定した。共助金のうちの相当部分は当該工業組合等が政府からの利子補給を受けて国民更生金庫から借り入れるのが一般的であ

表1-3 研削砥石製造業整備計画（1943年9月）(トン、円)

	工場数	1942年生産量	比率%	徴収／給付
操業工場	55	17,327	65.5	389,858円徴収
廃止工場	129	9,160	34.5	412,200円給付

出所：国民更生金庫「研削砥石業概況（一）（二）」閉鎖機関清算関係資料（国立公文書館つくば分館所蔵）『企業整備関係書類』（本所240）。

ったが、珪酸ソーダ工業では残存企業に内部留保等のゆとりがあったためか、金庫の融資は求めないことになった[42]。

共助金の負担に関して、紛議が生じるケースもあった。研削砥石製造業は、1940年下期以来、原料輸入が途絶する一方、国内メーカーへの需要が急拡大した。この結果、一元的な原料割当と配給統制が必要となり、従来の地域別3組合を基に、40年12月には研削砥石工業組合連合会が設立された。41年5月の重要機械製造事業法では、重要機械の「工具」として指定され、重点的扱いも受けた。しかし、需要の大きさに支えられて、新規参入の小企業など、アウトサイダーも少なくなかった。1943年8月の研削砥石製造業整備要綱によって32％の転用・廃止が求められると、178社、184工場からなる連合会では、表1-3のように9月までに操業工場55、廃止工場129、設備能力の整備率34.5％とする計画を策定した。そして、連合会は、同表に含まれないアウトサイダー30工場を全廃する構想をまとめた。しかし、共助金の支給をめぐっては、工業組合連合会内部にアウトサイダーへの共助金支払を拒否する意見が出て、紛糾した。しかし、商工省事務官がこれを認めず、結局すべての廃業者へ共助金が支払われることになった。いずれのケースでも、商工省が整備計画を検討し始めてから、半年から1年をかけて最終的な資産処理が行われた。

3 国民更生金庫と企業整備

(1) 国民更生金庫の資産引受業務

国民更生金庫は、1940年10月の「中小商工業者ニ対スル対策」の直後、中小商工業者の企業整備を円滑にするために設立された。その業務は、資産の評価と引取り処分、転業資金の融資、転廃業者に対する商工業組合からの共助金原資の融資などであった。本来であれば政策金融機関として特別法の制定を待っ

て設立されるはずであったが、中小企業対策の緊急性から同年12月、財団法人国民更生金庫として設立された。基金の200万円は、当時金融市場の計画化を標榜する金融新体制議論の台頭に神経を使い、政策協力姿勢を打ち出した全国金融協議会[43]と政府が拠出した。しかし、国民更生金庫の設立後も、しばらくの間は企業整備実施に伴う資産引受、管理、処分などの業務はなく、本格的な業務開始は、1941年7月の特殊法人（出資金2,000万円、うち政府出資1,900万円）への改組後だった。国民更生金庫は、本所を東京に置き、大阪に支所を設置したほか、42年2月までに各府県庁所在都市に出張所を設置した。その後京都、神戸、名古屋、福岡、横浜、仙台、岡山、富山など、重要出張所は支所となったが、支所・出張所の多くは日本勧業銀行の支店を利用したものだった。業務の多くが資産評価に関連していたことから、人員の多くもそうした業務に習熟した勧銀職員を利用していた。1942年3月の転廃業者資産評価委員会官制の公布を受けて、府県ごとに地方庁や勧銀関係者からなる転廃業者資産評価委員会が設置されると、地方行政機関とも協力しながら、中小商工業者の転廃業を推進した。

　国民更生金庫による転廃業者の資産引受け業務は、一般に次の手順で行われた。まず、政府の生産・配給統制の結果、転廃業を強いられた業界の商工業組合が組合員の企業整備計画を立案する。多くの場合、業種ごとに政府の定めた企業整備要綱の通牒を機に、一斉に整備計画が具体化された。整備計画の策定の際、商工業組合は、転廃業者に対する共助金の支給額、支給方法を決め、この原資の多くも更生金庫からの借入に依存した。転廃業者が単独で資産の引受を申請することもできたが、商工業組合が関与しない場合、共助金を受けることができないため、そうしたケースは限られたと見られる。転廃業を決めた事業主からの工場・設備等の資産の引受申請を受けると、更生金庫は機械・器具、在庫品等を倉庫に保管し、管理と処分を行った。

　処分資産の評価に当たっては、大蔵大臣を委員長とする転廃業資産評価中央委員会が業種別に評価準則を決め、地方委員会が個々の評価額を決定した。その原則は、営業を継続すると仮定した評価方法であり、土地・建物は時価評価とし、機械設備等はスクラップ価格ではなく、中古品として購入した場合の時価とされた。それだけでも、窮迫する業界にとっては優遇策であったが、積極

的に操業停止・廃棄を促すため、評価額は転廃業者に有利なものにされた[44]。中小企業の転廃業者のうち、事業資産をそのまま休眠させることを選んだもの以外は、ほとんどが組合を通じてこの更生金庫の引取りを申請したと見てよいだろう。

評価方法が難しかったのがいわゆる暖簾代（営業権）であった。原則は純益から自己労働による収入分を差し引いた分を1割還元した額として、そこから物的資産評価額を差し引いた額を暖簾代とした。その場合、物的資産がほとんどない業種では極端に暖簾代が嵩むことになるため、適宜調整して他業種との均衡を図った。とくに商業者の暖簾代については、商品の回転率や設備比率などの違いによって大幅に異なるため、別途業種別に算定方法を設定することになった。その方法は、個別に評価が可能な原材料・手持ち商品と設備・機器類は製造業同様に時価で評価し、一方個別評価が困難な陳列棚など一般営業用什器類の評価は、売上高を基にまとめて評価し、これに相当額の暖簾代を反映させる形をとった。1942年度の第一次小売業整備に際しては、9月に30業種について簡便な基準評価方法が商工省から地方長官に通知された。さらに、43年9月に13業種、その後も接客業、理容業などの評価基準が加えられ、それ以外の業種の暖簾代は類似の業種の基準を援用した[45]。この一般営業用什器類は、実際には引受処分されることはなかった。営業を廃止すれば「いはゞガラクタであって、金庫が引取って保管するほどの意味もないものである。[中略] 処分に際しては業者の自己処分に委せるよりほかはない」[46]。として、金属類を除いて回収や再資源化はほとんど行わず、転廃業者に評価額の5％前後で買い戻させた。

商品在庫などを除けば、設備・機器類も直ちに処分することは容易でなく、業界内あるいは重要産業からの転用依頼等を検討して、適切な転用先を探して売却した。最終的な転用やスクラップ化は、ケースにもよるが、概ね1年後になった。当初は同業者内で引取り先を探し、当面の間保管する方針もあったが、1943年6月の戦力増強企業整備要綱以降は、引受資産の処理を急ぐことになった。工場面積500㎡を超える建物、機械、電動機、自動車等は商工省の工場等転用協議会、それ以下の工場は地方長官を通じて適切な転用先を決定し、その他の金属製施設は直ちに金属原料として金属回収統制会社へ売却した[47]。資産

表 1-4 国民更生金庫事業年度別引受資産・貸出・資産処分状況 (件、千円)

	第1期1941.7～42.3		第2期1942.4～43.3		第3期1943.4～44.3		第4期1944.4～45.3	
	口数	金額	口数	金額	口数	金額	口数	金額
引受資産	10,120	23,021	46,012	130,848	264,694	524,718	415,129	1,275,527
引受限度貸付金	9,763	19,603	35,569	116,296	66,795	231,896	3,620	46,143
共助金貸付	3	569	155	111,375	707	238,347	1,043	313,808
繋ぎ貸付	0	0	149	5,599	50	6,520	2	314
交付金		108		12,850		296,534		1,229,736
処分物件引受額		5,108		63,946		329,630		539,946
処分価額		1,294		14,424		100,339		122,035
差損額		3,814		49,522		229,291		417,911
損失発生率%		74.6		77.4		69.5		77.3

	第5期1945.4～46.3		第6期1946.4～46.8		第7期1946.8～47.3		累計1941.7～47.3	
	口数	金額	口数	金額	口数	金額	口数	金額
引受資産	257,736	484,538	118,774	154,849	6	75	1,112,471	2,593,576
引受限度貸付金	0	59	0	0	0	0	115,748	413,879
共助金貸付	227	83,326	8	2,252	0	0	2,143	749,767
繋ぎ貸付	0	0	0	0	0	0	201	1,243
交付金		468,867		158,859		46,613		2,167,000
処分物件引受額		1,188,026		304,323		137,085		2,568,035
処分価額		160,719		27,576		23,545		449,932
差損額		1,027,307		276,747		113,510		2,118,103
損失発生率%		86.4		90.9		82.8		82.4

注:第6期は金融機関経理応急措置法により8月10日までの4カ月余。
出所:国民更生金庫『事業年度業務報告書』第1～7期。

の処分価格は、多くの場合スクラップとしての金額となり、引受評価額を下回ったが、転廃業者に損失分を転嫁することはなかった。処分価額が引受評価額を超える場合は、ほとんどなかったとみられるが、これは元の所有者に還元されることになっていた。その結果、転廃業者は物的資産の引受評価額に加え、相当額の暖簾代を受け取ったが、金庫には資産処分と同時に巨額の損失が発生した。この点を表1-4で確認すると、物件の処分金額は引受評価額の4分の1以下であった。集中的にスクラップ化を実施したため、敗戦直後の第6期の損失発生率は91％にものぼり、全期間を通じた累計損失発生率は82％となった。損失は、全額国庫から補償されることになっていたので、金庫の経営そのものには打撃にならなかった。しかし、引受評価額を限度に、多くの転廃業者に貸

(2) 資産引受の推移

　表1-4から資産処理の推移を見ておこう。企業整備に伴う資産の引受業務は、宮城県の旅客自動車運送業界から始まり、第1期（1941年7月～42年3月）の引受は1万件、評価額は2,300万円余であった。処分物件は511万円分で、381万円の差損が生じている。しかし、その後の展開に比べれば損失は僅かであった。書類手続時間のズレのためか、後掲の損益計算書第1期分の引受資産処分損は10万円余しか計上されておらず、その後も損益計算書にはやや遅れて損失データが反映されている。第2期（1942年度）の引受件数は4万6,000件、1億3,000万円と着実に増加し、うち資産処分も1,442万円、引受資産の11％と徐々に増加した。

　第3期（1943年度）に入ると、小売業整備の第1次整備が完了し、資産処分の段階に入ったことなどから、第1四半期から引受・処分ともにペースが上がり、戦力増強企業整備要綱が実施された同年下期から処理数は激増した。これは1942年頃までの企業整備が、必ずしも設備廃棄をともなう転廃業を前提としておらず、工業小組合などを設立して事業体を統合するだけでも、表面上整備完了と見なされていたためである。戦力増強企業整備が実施されると、それに伴う資産買い上げの見込みは、国民更生金庫17億円、産業設備営団8億円、帝国鉱業開発2億円など37億円余りとみられた[48]。この結果、43年度末から44年度上半期に資産引受はピークに達し、第3期（1943年度）の引受は26万件、5億円を大きく超えた。処分物件も3億円分以上となり、これに伴う差損も2億円以上となった。

　第4期（1944年度）の引受は41万件、引受評価額は12億円を超えた。処分物件も5億円を超えて、差損額も4億円に達した。第5期（1945年度）は25万件、5億円と、引受けのピークは過ぎたが、一方資産処分はこの時期になって一斉に進められ、12億円分近くの資産を一挙に処理した結果、10億円の差損が発生した。敗戦直前から、大規模な企業整備計画の策定は減少し、計画の取りまとめが遅れた商工業組合からの引受申請が中心になった。第6期（1946年4月～

46年8月10日）の4カ月余に引受は11万件、1億5,000万円余となり、ほぼこれで資産引受を終え、その後は資産処分が業務の中心になった。国民更生金庫の引受累計額は、敗戦直後の分を含め111万件、25億円に達し、徹底した民需産業の「資源化」に協力した。

　国民更生金庫を通じた資産の引き受け・処分の推移を業種別に見たのが表1-5である。1941年末に米穀配給機構整備の展開に沿って、一斉に米穀販売業の整備が行われ、またガソリン規制の強化に対応して旅客自動車運送業で自動車の買い上げが行われた結果[49]、これらが国民更生金庫の初期の主要業務となった。42年度半ばからは、皮革工業、ガラス製造業、製糸業、製材業、菓子・パン製造業の扱いが本格化した。そして、小売業整備計画が府県企業整備委員会で年度末にまとめられると、43年はじめに一斉にその資産引受が始まった。43年度には繊維・食料品工業で企業整備が拡大し、6月の戦力増強企業整備要綱の決定以後は、金属・機械・化学工業を含む企業整備要綱が次々に通牒され、製造業全般に企業整備が拡大した。

　1943年7月の企業整備資金措置法によって、引受資産の決済方法も変更された。戦力増強企業整備要綱に基づく企業整備では、引受と同時に処分を済ませたこととし、引受評価額を交付金として直ちに転廃業者に支給することが決定された。このため国民更生金庫や産業設備営団が従来どおり債券発行による資金調達をすれば、日銀信用の膨張や、支払われた資金が浮動購買力となってインフレの起爆剤となることが懸念され、交付金の流動化を封じ込める措置が執られた。表1-4にある国民更生金庫からの交付金は、43年下期から激増したが、このうち1件あたり1,000円を超える分は、特殊預金または国民更生金庫特殊借入金などによる特殊決済の形をとった。特殊預金は、転廃業者が処分資産の代金を所定銀行の銀行預金証書の形で交付されるもので、預入期間5年、利率は3.8％であった。これによって転廃業者の資産評価額は、所定銀行の預金となり、金庫は所定銀行から引受相当額の融資を受けるという形を取った。また国民更生金庫特殊借入金は、金庫の借入金証書による処理で、借入は期間10年、利率4.3％であり、いずれも転廃業者に預金利息が毎年支払われるものの、元金は時局事業などの資金として特に許可を得ないかぎり、引き出すことはできなかった。これは後述の転廃業者への貸出や共助金の支給についても同様で、

表1-5　国民更生金庫資産引受業務累計　　　　　　(千円)

	1942年12月末		1943年12月末		1944年12月末	
	引受件数	引受価額	引受件数	引受価額	引受件数	引受価額
米穀販売業	34,850	35,561	64,168	58,495	86,516	72,036
石油販売業	803	1,961	1,873	6,022	5,451	1,096
肥料販売業					5,284	4,381
繊維品小売業			42,818	106,139	93,543	212,477
食糧品小売業			19,493	5,583	99,808	39,402
その他小売業			41,855	23,577	144,593	88,418
その他雑商業			7,956	5,277	28,396	24,425
接客業			183	109	25,864	28,432
金属類精錬業及材料品製造業			223	5,485	234	5,714
鋳物業			209	1,502	257	2,174
その他金属工業	128	1,395	1,154	21,214	1,603	25,450
工作機械器具製造業			87	1,267	97	1,296
その他機械器具工業			166	1,250	254	3,042
ゴム製品製造業	88	1,303	260	3,670	459	17,846
製革(皮革)工業	271	13,767	718	25,714	726	26,477
石鹸・化粧品製造業			56	242	111	2,477
セルロイド製造業			42	1,041	1,108	6,669
その他化学工業			110	1,800	783	18,036
陶磁器製造業			2,086	7,718	6,056	13,599
ガラス製造業	62	2,027	656	13,731	1,006	20,206
石工品製造業			1	45	59	2,158
その他窯業			47	1,864	117	5,278
製糸業	143	4,742	3,736	26,232	10,411	51,072
織物工業	11	25	6,734	24,222	22,532	527,345
編物組物業			27	25	2,565	31,395
製綿業					547	42,730
染色及び整理業	36	1,292	1,467	27,526	13,650	117,560
その他紡織業			798	3,902	3,657	37,978
製材業	702	3,217	1,642	5,311	2,085	6,355
木製品工業			155	962	588	1,403
菓子パン飴類製造業	7,227	9,263	30,286	37,120	60,923	90,579
醸造業			2	7	1,473	56,288
缶詰瓶詰製造業			126	1,132	184	1,560
その他食糧品工業			1,857	1,672	8,362	20,696
麻眞田製造業			133	6,740	147	7,024
製帽業			288	1,960	480	4,088
紙製品製造業			293	268	1,943	6,619
その他雑工業			2,295	12,116	5,116	31,342
旅客自動車運送業	1,177	28,767	1,353	37,039	1,353	37,040
帰農開拓民関係雑業			477	558	5,149	15,381
印刷業			22	1,185	8,464	83,682

注：1941年末時点の主な引受は、米穀販売業2,489件(278万円)、旅客自動車運送業341件(525万円)、スライドファスナー工業79件(129万円)。
出所：「国民更生金庫業務概況」各月版。

1,000円を超える分は特殊決済制度によらねばならなかった[50]。

(3) 国民更生金庫の融資業務

　本来、資産引受手続きの開始から業務廃止、資産処分には相当の時間を要したので、特殊決済制度が取られるまでは、転廃業者の資金需要に応じるため、国民更生金庫は各種の融資業務を行った。表1-4からわかるように、融資業務の中では、評価額の限度内で転業資金等を貸付けた「引受限度貸付」が大きな比重を占めていた。引受資産の処分は概ね1年とされており、この貸付期間も1年で、利率は3.4％であった。また操業停止直後から、資産評価の確定までや引受限度貸付や共助金貸付の手続きが完了するまでに、旧債務の処理などで生じる資金需要には、繋ぎ資金が融資されたが、これは短期の貸付だった。また、これに付随して転廃業者の債務処理のための債務保証を行った。

　引受限度貸付は、1943年秋以降その比重が低下する。これは、上記のように封鎖預金化することを前提に、資産処分を待たずに転廃業者の銀行口座に、速やかに評価額を交付する方法が採られたためである。従って転廃業者に対する融資業務は43年以降縮小することになった。

　一方共助金貸出は増加した。これは商工業組合などの業界組織が転廃業者に共助金を支給する場合の、原資の融資であった。共助の主なものは、転廃業者の営業（売上）規模に応じた実績補償金であった。残存業者の経営体力がまだ残っていた段階では、従来の組合積立金等でまかなわれたが、金庫からの共助金借入に積極的でなかった業界でも、やがて残存業者自体が減少すると、その負担は大きくなり、国民更生金庫からの共助金借入に依存せざるをえなくなった。これは期間10年（当初3年は据置期間）以内の長期貸出であるため、融資残高ではまもなく最大となった。償還方法は割賦償還または定期償還とし、利率は3.9％となっていたが、残存業者団体には国庫からの利子補給があったので、事実上無利子融資であった。

　共助金の適正額の算定基準を巡っては、①完全転廃業者のみに支給すること、②中小業者に厚く、大業者に薄くするなど生活保障的観点から定めること、③拠出金負担から価格引き上げが必要となる場合や、転廃業者が資産を残存団体（機関）に出資する場合は支出を認めないなど、抑制的な指導が行われた。し

かし、転廃業を承諾させるため、結局、相当に手厚くなる業界もあった。このため、当初は、営業権の補償に相応する共助金が支給される場合は、一般営業用造作＝暖簾代（営業権）の評価額から残存業者からの共助金額を控除するなどの方針がとられた[51]。しかし、「社会問題とにらみ合せまして何もかも引く必要はないのではないかといふことも考へられます」[52] と、まもなく転廃業者の補償が厚くなるよう配慮されるようになった。小売業者については、1943年1月、①共助金が一般営業用造作評価の2倍以内であれば控除しない、②2倍を超える分を造作評価額から控除するが、控除額は造作評価額の2割以内とする、③共助金支給額が1,500円未満の場合は一切控除しない、④生活援護のための共助金は控除しない、などの方針が商工省より示された[53]。工業者については、44年3月、①営業権に対する実績補償共助金が過去3年間の平均営業収益の2年分以下の場合は控除しない、②2年分を超える分を引受資産評価額から控除するが、物的資産の評価額には食い込まない、③生活援護共助金には適用しない、④実績補償共助金が1,500円未満の場合は一切控除しない方針が、農商務省から示された。こうした配慮の結果、残存業者は国民更生金庫からの長期借入に依存しつつ、実績補償の共助金を厚くした。

　表1-5からでは、小売部門のように更生金庫として買い上げるべき資産がほとんどなく、在庫商品は残存業者が購入した場合、転廃業の実態が明らかにできない。その場合でも、商工業組合が転廃業者に共助金を拠出したり、在庫商品を買い上げるため国民更生金庫の低利融資を受けることが多かった。国民更生金庫に資産引受を依頼せず、共助金融資のみを求めた業種を見ると、石炭販売の4,900万円を筆頭に、木材販売、繊維品販売などで大きな貸出があった[54]。

(4) 国民更生金庫の経営構造

　表1-6の損益計算書、表1-7の貸借対照表から、国民更生金庫の特異な経営構造を見ておこう。国民更生金庫の第1期の経営は、資産引受業務も低調なため、主に預金部で引き受けた金庫債を持って資金繰りは間に合った。事務費・管理費は政府補助金で賄えたので、調達資金の半分で国債を保有するゆとりもあった。

第1章 統制機構の再編成と企業整備

表1-6 国民更生金庫損益計算書　　　　　　　　　　（千円）

		第1期 1942年3月	第2期 1943年3月	第3期 1944年3月	第4期 1945年3月	第5期 1946年3月	第6期 1946年8月
利益	貸付金利息	0	197	3,635	13,251	21,667	597
	有価証券利息	280	1,923	2,487	3,521	3,521	0
	預け金利息	4	635	277	380	353	2
	補償関係見合金繰入	0	28,527	143,568	284,052	1,301,626	1,626,353
	政府損失補償金	782	0	28,527	143,568	284,052	0
	政府補助金	852	1,754	1,784	1,784	1,784	0
	前期繰越金	0	216	1,312	1,356	712	477
	計	1,917	33,472	181,728	448,086	1,617,712	1,630,978
損失	債券利息	641	1,339	7,811	14,960	19,229	11,838
	債券割引料	39	2,619	2,648	2,567	2,307	315
	債券引受手数料	31	648	1,118	378	200	48
	借用金利息	0	223	4,220	39,155	78,923	28,859
	管理処分費	281	764	1,144	1,286	126	99
	給料手当	146	508	1,427	2,490	2,958	1,689
	事務費	212	628	1,139	1,646	1,958	601
	引受資産処分損	107	24,940	131,765	240,666	1,225,054	284,957
	補償関係見合金戻入	0	161	28,527	143,568	284,052	1,301,626
	当期剰余金	216	1,312	1,356	712	477	0

出所：国民更生金庫「事業年度業務報告書」第1～6期。

　第2期には引受資産が増加しはじめ、これに並行して引受限度貸付が増加した。また商工業組合への共助金貸付も増加したため、これを賄うため国民更生金庫債の発行が2億4,000万円近くに達した。債券の引受は、預金部、貯金保険局、農林組合中央金庫、および興銀・勧銀を幹事とするシンジケート団だった。一方、引受資産の処分に伴う差損が2,500万円近くに膨らみ始めたため、早くも政府損失補償がなければ存立しえない特質が現れている。国民更生金庫に対する政府の損失補償は1期以上遅れることになった。前年度の損失に対して損失補償審議委員会が政府に設置され、当該委員会の審議を経て政府の補償金支払いの手続に入ったためである。このため補償関係見返り金勘定が膨らみ続けた。

　第3期には戦力増強企業整備に伴って引受資産が激増するとともに、引受と同時に評価相当額を交付することになったため、引受価額支払いが急増した。その資金需要の多くはすでに説明した特殊決済方式で賄い、見返り借用金3億

表1-7　国民更生金庫貸借対照表　　　　　　　　　　　　　（千円）

		第1期 1942年3月	第2期 1943年3月	第3期 1944年3月	第4期 1945年3月	第5期 1946年3月	第6期 1946年8月
貸方	政府出資金	19,000	49,000	99,000	99,000	99,000	99,000
	政府以外出資金	1,000	1,000	1,000	1,000	1,000	1,000
	債券発行高	40,000	239,127	463,627	594,898	616,006	574,615
	借用金	0	45,000	130,000	125,000	220,000	220,000
	見合借用金	0	0	303,041	1,504,055	1,857,984	1,910,370
	特殊借入金	0	0	8,203	10,831	11,422	21,334
	引受資産	17,913	84,815	279,902	1,015,483	311,951	162,477
	処分代金	0	9,017	36,654	91,678	49,105	30,935
	仮受金	5	590	5,350	39,468	19,361	56,251
	職員身元保証金	6	36	111	242	296	285
	退職給与基金	200	200	200	200	0	0
	剰余金	216	1,312	1,356	712	477	0
	計	78,396	430,135	1,328,474	3,492,576	3,186,820	3,110,248
借方	政府未払込出資金	0	930	2,480	2,480	2,480	2,480
	引受資産見返	17,913	84,815	279,902	1,015,483	311,951	162,477
	引受価額支払	0	14,527	245,874	1,928,814	449,090	276,884
	引受限度貸付金	18,310	102,582	195,198	80,460	645	271
	共助金貸付金	659	109,903	318,579	556,271	530,400	514,162
	繋貸付	0	1,730	573	0	0	0
	政府貸上金	0	0	0	51,568	51,568	245,060
	国債	20,675	55,912	97,506	97,506	97,506	97,506
	銀行預け金	19,964	20,097	29,562	47,590	95,004	40,292
	仮払金	8	9,482	11,330	18,577	41,695	47,200
	未収政府損失補償金	0	0	0	0	234,052	91,518
	補償関係見合金	0	28,527	143,568	284,052	1,301,626	1,626,353
	損失金	0	0	0	0	0	2,224

注：第6期は1946年8月10日現在。
出所：国民更生金庫「事業年度業務報告書」第1～7期。

円余りがそれに対応している。また引受限度貸付の伸びは2倍以内に抑えることができた。一方、残存業者組織への共助金貸付は3倍となり、以後融資残高の最大費目となった。これらに伴う膨大な資金需要は、一部は2億円余りの金融債の増発で賄った。

　第4～5期は、引受資産とそれに対する引受価額支払いが激増したが、ほとんどは前期同様、見返り借用金の15億円増で対応しており、金融債増発は1億5,000万円余にとどまった。なお、第5期には一挙に引受資産の処分を実施し

た結果、12億円以上の処分損を発生させており、それに対応して当期の補償関係見合金繰入は13億円にのぼっている。

　戦後の再建整備計画の策定に際して更生金庫は、政府出資金、見合い借用金、保証関係見合い金など政府補償の対象だった部分を旧勘定に分離して、資産内容のスリム化、健全化をはかり、戦時の特殊業務を終えた。因みに、1946年の戦時補償打ち切りに伴う金融機関再建整備計画における旧勘定分離の後、貸出残高4億8,000万円のうち清算過程で1億2,000万円が回収不能として切り捨てられた。

おわりに

　中小商工業者の整備政策は、経済総動員体制の一翼を担い、人的・物的資源を動員した。国民更生金庫は、転廃業する中小商工業者の資産評価において、簡便で有利な評価方法による便益を与え、転業資金の融資や、残存業者への共助金貸付を通じて企業整備を円滑にした。地方銀行・信用組合・産業組合等の中小・零細事業者向けの融資活動が低迷するなか、整備資金融資という後ろ向きの事業活動ではあるが、民間金融機関には担いえない激動する中小商工業者の資金繰りに国民更生金庫は大きな役割を果たした。

　最後に、国民更生金庫が、戦後になって組織の生き残りをかけて打ち出した、中小企業専門金融機関としての再建整備計画の構想を見ておこう。経済復興にあたって、民需産業、流通機構の再建は重要課題だった。1946年初めから本格的な戦後統制を具体化していた商工省は、配給統制の徹底のため、戦時下の強力な配給統制機構を利用しようとした[55]。このため、商工省は企業許可令を存続させようとし、企業整備で転廃業させた中小企業が復活、叢生することを歓迎しなかった。しかし、GHQは独占禁止政策の観点から、活発な企業参入と競争による生産の回復に期待していた。

　こうした戦後経済再建構想のズレや流動的状況を受けて、国民更生金庫は転廃業者の再建資金を供給する中小企業専門の金融機関構想を打ち出した。これは戦時下に資産を引き取った転廃業者111万人のうち、45万人を戦後の再建予定者と見込み、そのうち11万人に国民更生金庫が融資をするというものであっ

た。自ら転廃業を促進した中小企業者の10分の1の再建を助成しようとしたのである[56]。しかし、この構想自体は、周知のとおり、GHQによる国策協力機関の閉鎖方針の前に潰えた。1947年1月に国民更生金庫は閉鎖機関に指定され、直ちに清算業務に入ったため、中小企業融資専門の政府機関構想は実現を見なかった。

注
1) 動員体制の段階的変容については、差しあたり拙稿「経済総動員体制の経済構造」歴史学研究会・日本史研究会『日本史講座』第9巻、2005年所収を参照されたい。動員体制の中枢産業における動員体制については、周知のように原朗や下谷政弘・長島修らの研究グループによって近年急速に解明が進んだが、動員の周辺である消費財部門の解明は遅れている。本章は、いわば周辺から見た動員体制を扱っている。しかし、周辺とも異なる実態を持つと考えられる植民地など帝国外縁部から見た動員体制は扱っていない。
2) 紡績業大企業については、渡辺純子「戦時期日本の産業統制の特質——繊維産業における企業整備と『10大紡』体制の成立」『土地制度史学』150号、1996年、同「戦時経済統制下における紡績企業の経営」『経済学論集』(東京大学) 63-4、1998年が軍需部門等への多角化戦略を明らかにしている。また中小零細部門については、大門正克・柳沢遊が企業整備と労働力動員の展開や、女性労働・家族労働に依存しつつ半転業状態を維持しようとする抵抗の姿を指摘した(大門・柳沢「戦時労働力の給源と動員」『土地制度史学』151号、1996年)。そして拙稿「太平洋戦争期の工業動員体制」『経済と経済学』81号、1996年も、1942年末から43年の企業整備計画に関するデータを検討し、とくに43年6月の戦力増強企業整備要綱を機に、徹底的な企業整備が展開し、総動員体制末期の労務給源の枯渇、屑鉄原料の不足問題の緩和に企業整備が寄与したことを明らかにした。しかし残された課題も大きく、どれだけの規模の中小商工業整備が実施され、それがどのようにして実施可能であったのかという問題は依然として明らかにされていない。
3) 美濃部洋次文書 Ad3。
4) 中村隆英・原朗「経済新体制」日本政治学会『「近衛新体制」の研究』岩波書店、1973年、122~124頁。
5) 経済新体制論については、中村隆英・原朗による思想史的・系譜的研究を踏まえて、重要産業団体令・統制会設立へとつながる大企業・素材部門での具体化事例として、鉄鋼統制会の計画経済への貢献を明らかにした岡崎哲二氏の研究がある(「日本——戦時経済と戦時企業体制の形成」『社会経済史学』60-1、1994年、「第二次世界大戦期の日本における戦時計画経済の構造と運行」『社会科学研究』40-4、1988年など)。また拙稿(「太平洋戦争後半期における動員体制の再編」『商学論集』59-4、1991年、「戦時鉱工業動員体制の成立と展開」『土地制度史学』151号、1996年)では、陸海軍を通じた資材ルートの肥大化、独自の軍工業会を通じた統制と、統制会・工業組合ルートの配給統制との競合関係を明らかにし、企画院・統制会を通じた一元的統制を目指す新体制理念が、そのままでは具体化されない実態を指摘した。また経済新体制論の思想史的系譜の研究としては、ドイツ経済思想とりわけナチス経済論の受容過程を柳澤治が詳細に検討している(「戦前日本の統制経済論とドイツ経済思想」『思想』921号、2001年、同「戦前期日本における経済倫理の問題」上下『思想』934・936号、2002年、同「日本における『経済新体制』問題とナチス経済思想」『政経論叢』72-1、2003年など)。
6) 金融市場の計画化を目指した「金融新体制構想」も経済新体制論と平行して検討されたが、

第1章　統制機構の再編成と企業整備　　　　　　　　　　　　　45

　　これはやや遅れて、1941年7月になって「財政金融基本方策要綱」としてまとめられた。
7）　同要綱に基づく、機械鉄鋼製品工業の企業整備や下請工業の展開については、植田浩史『戦時期日本の下請工業』ミネルヴァ書房、2004年が詳しい。
8）　「商業報国会要綱」1940年12月、「中央指導委員会要綱」1941年3月、『中小工業対策案』美濃部洋次文書 Ac12。
9）　海運の統制については、拙稿「戦時経済総動員と造船業」石井寛治・武田晴人・原朗編『日本経済史』第4巻、東京大学出版会、近刊を参照。
10）　運輸調査局『日本陸運十年史』1951年、711～720頁。
11）　陸運統制については、第4章参照。
12）　拙稿「物資需給計画と配給機構」原朗編『復興期の日本経済』東京大学出版会、2002年を参照。
13）　豊田雅孝『産業国策と中小産業』1941年、156～159頁。
14）　業種別の整備要綱類は、1943年1～8月の分と44年9月以降の分を除き、原朗・山崎志郎編『戦時中小企業整備資料』現代史料出版、2004年、第4巻、第6巻に収録した。
15）　小売業整備については第8章山崎志郎論文、第9章柳沢論文参照。
16）　前掲「太平洋戦争期の工業動員体制」61～70頁。
17）　特別室生産班「企業整理統合対策要綱」1943年7月12日、『特別室立案事項（二）』1941年10月（原朗・山崎志郎編『生産力拡充計画資料』第6巻、現代史料出版、1996年所収）。
18）　鉱山業整備については、以下の資料によった。「石炭礦業整備要綱」1942年10月22日、燃料局「石炭礦業整備ノ実施ニ関スル件」1943年4月1日、『石炭に関する資料』美濃部洋次文書 E5所収、原朗・山崎志郎編『軍需省関係資料』第1巻、現代史料出版、99～101、149頁、『昭和産業史』第1巻、東洋経済新報社、1950年、94頁、『帝国鉱業開発株式会社史』1970年、211～229頁、警保局「金鉱業整備ニ関スル資料送附ノ件」『産業経済問題についての警保局通牒等』（国立公文書館所蔵）所収。なお1944年5月には、その他の鉱山でも整備が進み、硫黄鉱山では7鉱山を残して32鉱山を整備し、錫鉱山では4鉱山を残し17鉱山を整備している（「硫黄鉱業及錫鉱業整備要綱（案）」1944年5月4日　前掲『軍需省関係資料』第6巻所収）。
19）　拙稿「戦時工業動員体制」原朗編『日本の戦時経済』東京大学出版会、1995年、52～55頁。
20）　商工省「鋳鋼製造事業整備ニ関スル件」1943年3月18日、前掲『産業経済問題についての警保局通牒等』所収。
21）　商工省総務局「統制会月報摘要彙報」1943年7月、『統制会資料』美濃部洋次文書 Aa39。
22）　『昭和十八年度生産増強対策資料』美濃部洋次文書 Aa7所収。
23）　1943年度物動計画の立案過程は、拙稿「総動員体制後期の物資動員計画」原朗・山崎志郎編『後期物資動員計画資料』第1巻、現代史料出版、2001年参照。
24）　企画院「昭和十七年度物資動員計画及各四半期物資動員計画」1942年4月20日、原・山崎編『開戦期物資動員計画資料』第7巻、220頁、企画院「昭和十八年度物資動員計画及各四半期実施計画」、前掲『後期物資動員計画資料』第2巻、75頁。
25）　「産業整備計画ニ関スル作業要領」1943年3月6日部局長会議決定、「産業整備資料綜合審査班設置ニ関スル件」1943年3月11日、『臨時生産増強委員会』美濃部洋次文書 Aa6所収。
26）　臨時生産増強委員会「産業整備基本要綱（案）」1943年5月29日、同「第十八回臨時生産増強委員会議事概要」1943年6月14日、同「第十九回臨時生産増強委員会議事概要」1943年6月15日、柏原兵太郎文書44、48所収。
27）　1943年8月に商工省でまとめられた戦力増強企業整備構想の詳細は、前掲「太平洋戦争期の工業動員体制」73～83頁参照。
28）　置村忠雄『軽金属史』1947年、65頁。
29）　硝化綿協会『硝化綿工業』1953年、261～264頁。

30) 機械局「従業者調」前掲『産業経済問題についての警保局通牒等』所収。
31) 国策研究会編『決戦企業整備の全貌』1943年、資料、10頁。
32) 「戦力増強企業整備実施進捗ニ関スル件」1943年7月9日、臨時生産増強委員会決定。『企業整備』美濃部洋次文書 Ac9所収。
33) 前掲『軍需省関係資料』第1巻、185～186頁。
34) 軍需省「第八十五回帝国議会ニ於テ問題トナルベキ事項」1944年9月、前掲『軍需省関係資料』第6巻所収。1943年8月以降の企業整備要綱については、前掲『戦時中小企業整備資料』第6巻、217～647頁参照。
35) 内務省警保局保安課「織物製造業ノ企業整備ニ関スル件」1943年8月3日、同「綿ス・フ紡績及絹糸紡績業ノ整備要領送付ノ件」1943年8月17日、前掲『産業経済問題についての警保局通牒等』所収。
36) 「戦力増強企業整備基本要綱第一、第三工業部門各産業ノ企業整備状況ト整備検討ニ就テ」1943年12月13日、前掲『産業経済問題についての警保局通牒等』。
37) 貴族院調査会企業整備調査委員会「戦力増強企業整備ニ関スル調査報告」1944年1月20日、前掲『企業整備』所収。
38) 総動員局「工場、設備等ノ戦力化促進ニ関スル件（案）」1944年6月9日、前掲『軍需省関係資料』第6巻所収。
39) 工場等転用協議会「工場転用状況調」1944年11月10日、「設備転用状況調」、「局長会報記録」1944年11月15日、前掲『軍需省関係資料』第7巻所収。
40) 商工省「珪酸ソーダ製造業整備要綱」1944年1月12日。
41) 化学工業統制会「珪酸ソーダ整備統制ニ関スル懇談会記録」1943年11月18日、閉鎖機関清算関係資料（国立公文書館つくば分館所蔵）・国民更生金庫『企業整備関係書類（珪酸ソーダ）』（本所241）所収。
42) 化学工業統制会「珪酸ソーダ製造業整備実施専門委員会議録」1944年4月19日、同「珪酸ソーダ製造業整備完了報告書」1944年12月26日、前掲『企業整備関係書類（珪酸ソーダ）』所収。
43) 新体制論を背景に、金融界が政策への協力姿勢を強める経緯は、拙稿「協調金融体制の展開」伊牟田敏充編『戦時体制下の金融構造』日本評論社、1991年参照。
44) 国民更生金庫「業務案内」、同「国民更生金庫の運営に就て」1942年9月、前掲『戦時中小企業整備資料』第1巻所収。転廃業者の優遇について、「国民更生金庫の運営に就て」の中で、栃内理事は、「例へば精白機械は相当年限の経たものでも今使ふ段には新しいものと変らぬ訳ですから新品の値段で引取ることにした」と述べている。
45) 国民更生金庫「小売業者の資産評価基準解説」1942年9月、同「小売業者の資産評価に関する通牒集（第二輯）」1944年3月、前掲『戦時中小企業整備資料』第1巻所収。
46) 前掲「小売業者の資産評価基準解説」。
47) 産業経済新聞社『企業整備読本』1943年、107～111頁。
48) 『更生金庫』第3巻1・5号、前掲『戦時中小企業整備資料』第1巻所収。なお、戦力増強企業整備要綱による実績補償共助金は、8億5,000万円、生活援護共助金は国庫補助も含めて1億6,200万円と予測された。
49) これらについては、第5章山口論文および呂寅満「戦時期日本におけるタクシー業の整備・統合過程」『経済学論集』（東京大学）68-2、2002年参照。
50) 前掲『企業整備読本』78～88頁、国民更生金庫『国民更生金庫解説』1943年、20～22頁。
51) 前掲『国民更生金庫解説』27、28頁。
52) 国民更生金庫「第三回支所出張所長会議録」における栃内理事発言。前掲『戦時中小企業整備資料』第1巻、102頁。
53) 商工省企業局通牒「小売業ノ資産評価ニ関スル件」1943年1月、『更生金庫』第2巻2号所収。

54) 国民更生金庫「国民更生金庫業務概況」1944年12月、前掲『戦時中小企業整備資料』第3巻所収。
55) 前掲「物資需給計画と配給機構」参照。
56) 国民更生金庫「中小商工業再建振興ノ為メ国民更生金庫利用ノ件」国民更生金庫『雑書類』（本所277）所収。

第2章　価格統制と企業動員

山崎　澄江

はじめに

　戦時統制の課題は限られた生産要素を基礎資材、軍需などの戦略物資に人為的に傾斜配分することにあった。これに関して近年の研究は政府、企業、金融機関、経済団体等の利害関係に注目し、統制下とはいえ各々の主体が経済合理性に基づいて行動し、これを基礎に統制経済も機能していたことを明らかにした[1]。本章ではこうした視点を継承し、1937年から45年に至る戦時期の鉱工業動員において価格統制が果たした機能を検討する。

　戦時期の統制諸政策を成り立たせる根幹はインフレの回避であった。当該期は軍需が急拡大するなかで財政緊縮、金融引締めなどのオーソドックスなマクロ的景気政策を採り得ない状況にあり、資金需給統制、物資需給統制、労働力需給統制など資源配分政策が不可避であった。そして、これらの統制を破綻なく実施するため基礎物資価格の抑制を通じて物価全体を安定させなければならなかった。

　しかし、本章は価格統制を単なる価格安定化問題としてだけでなく、鉱工業生産計画への企業の個別動員手段の一つとしても位置づけている。企業動員にあたっては、経営条件が異なる企業のなかから生産計画達成に必要な動員企業の範囲、さらに動員する企業をどのように設定するかが課題となる。その際、企業行動を規制し、計画に必要な企業を効率的に誘導する手段として、公定価格やこれを支える補助金等の運用が統制期を通じて重要な問題となった。戦時統制期の全般的な生産拡大から停滞、やがて縮小に至る過程を通して、それぞれの状況のなかで価格統制による企業動員のあり方やその機能がどのように変容していくかが、ここでの主たる関心である。

従来の価格統制に関する研究は政策構想、立案経緯、価格設定手法の変化など、政策側の分析が中心であった[2]。これらは価格統制の目的について基礎物資価格の低位安定を通じたインフレの抑制を指摘するに止まった。これに対して、岡崎哲二氏は価格統制に対する企業利害・行動に着目し、1943年2月「緊急物価対策要綱」を機に経済統制が低価格固定を基礎とする「数量的指令」から利潤動機による企業誘導へ転換し、重要物資の増産をもたらしたことを指摘した[3]。氏の研究は相対的高価格による企業誘導をはじめて指摘した点で注目すべきであるが、1943年の転換を異質なシステム間の選択として捉え、政策効果の対比に分析の焦点が絞られていた。その結果、転換以前の価格統制の企業動員としての機能については、十分な検討がなされないまま生産を萎縮させたものとして否定的に評価されることになった。43年以前の価格統制が相対的に低価格方針であったことは事実であるが、本章は、戦時統制期全体を通して価格統制がどのような政策意図と企業誘導目標を持って展開されたのかを考察することにより、価格を通じた企業誘導システムの段階的変容を追跡する。

　また経済統制の段階的変容という点では、宮島英昭氏は所謂「新体制」における資源配分の「平等主義」から「重点主義」への転換を唱えている。氏によれば、価格・配給統制の下請け機関となった既存カルテルの「平等主義」が、資源制約による生産停滞が始まるなかで1941年の経済新体制論を機に、指導者原理による重点主義化へ転換したとする[4]。しかし、そこではそれ以前の企業間関係の「平等主義」が強調され、設備能力・生産性の格差、技術選択の差異や統制への対応力に基づく企業間の利害の相違について十分な分析がなされなかった。このため、41年からの重点主義化も「平等主義」に対抗する政府側からの政策転換と把握され、重点化を巡る業界内部の動きが捉えられていない。本章では価格統制による経営環境の変化、企業間の利害、そこから要請される業界全体、あるいは企業側からの重点化への動機を解明しつつ、価格統制による企業動員のあり方を考察する。

　戦時期の価格統制の政策手法の展開と効果の特徴をあらかじめ示しておくと、表2-1のようにまとめることができる。本章はこの表に沿って具体的には次の点について検討する。

　第一に、価格統制を戦時経済統制全体の段階的変化に位置づけ、公定価格、

第2章 価格統制と企業動員

表2-1 戦時期価格統制の時期区分と政策手法

		1937〜39年3月 低価格統制	1939年4月〜42年夏 生産費格差補正		1942年秋〜45年 企業選別と個別の生産費補償
石炭	政策手法	昭和石炭加盟炭鉱の一率価格引下げ	プール平準価格制、生産費格差の補正	補正範囲限定、下位企業からプール除外・価格引下げ	上級炭価格の引上げと利潤保障、低級炭価格の引下げ
	政策効果	昭和石炭加盟の下位企業が不利、統制外の中小企業の相対的高価格と生産拡大	高生産費の中小企業が有利、全炭鉱の動員	低級炭鉱・下位企業から切捨てて、動員企業の絞り込み	高能率・上級炭産出の大手企業に有利、大手・上級炭産出炭鉱の動員、中小炭鉱の整理
硫安	政策手法	全企業低位固定	全企業一率の補助金	下位企業への特別助成金、格差補正	集団価格制、企業ごとの生産費に応じた買い取り価格
	政策効果	高生産費の下位企業ほど不利、統制外物資への生産転換	下位企業に不利	下位企業の優遇、下位企業の稼働維持	全企業動員

補助金、プール平準価格制などの諸制度が、各段階の重要政策課題に適した動員企業を誘導する手段として戦略的に開発、設定されていく過程を明らかにする。

第二に、価格統制が実際に企業経営、生産に与えた影響について、産業の特徴、企業規模、生産性格差、企業利害などに着目しつつ分析し、価格統制の鉱工業動員手段としての機能を検討する。

具体的な分析対象としては石炭と硫安を取り上げる。同じ戦時期の重要物資であっても動員企業の範囲や重点化の時期は、その産業の重要度や需要産業への影響、企業編成、製造過程、資源の制約状況などによって異なり、価格による動員のあり方もこうした要因に左右された。石炭は重工業の生産財、燃料であり、量のみならず品質の確保も重視された。しかし、石炭産業は少数の大手炭鉱と膨大な中小零細炭鉱から構成されており、生産原価、品質格差が大きく、また労働力を中心に資源制約も大きかった。そのため企業動員においては、上級炭の確保、労働力・資材の逼迫などに応じて、動員企業の絞り込みが重要な

課題となっていった。

　硫安は石炭とは対照的に、国産原料のみで生産できるため、化学肥料のなかでも相対的に資源制約が小さく、企業数も少なかった。化学肥料は食糧価格に直結するため、常に低価格での安定供給が求められており、企業動員において生産原価格差の大きい少数企業でこれをいかに実現するかが課題であった。このような産業ごとの動員課題にも留意しつつ、価格による企業動員の機能について、以下分析を進めたい。

1　低価格統制——1937年～39年3月

　戦時経済運営において価格統制が課題として浮上したのは、大型軍需予算の決定により物価騰貴圧力が高まった1936年末であった。周知のように、すでに戦時の経済政策の基調として、①国際収支の破綻を回避し、②そのため物資需給を統制しつつ、③生産力を拡充するという賀屋・吉野財政経済三原則が閣議決定されていたが、その実現には価格の安定を前提とした。国内価格の高騰は予算の適正な執行を困難にするだけでなく、輸入増加による国際収支の悪化、輸出品価格上昇による輸出不振、ひいては生産力拡充に必要な外貨獲得を制約する恐れがあったからである。37年後半期は見越し輸入による豊富な在庫によって物価が安定的に推移したため、価格上昇の著しい物資や重要輸出品などの限られた物資を対象に、既存の重要産業統制法や工業組合法による自主的価格協定とこれに対する政府監督という形で価格抑制措置が取られるに止まった[5]。

　しかし、1937年末から状況は動き出した。10月の軍需動員計画の発動、物資動員計画の端緒となる為替割当の開始を背景に国内物価は年末から再び上昇し、国際物価水準が一時低落傾向にあるなかで輸出不振、外貨危機を顕在化させた[6]。価格上昇の最大原因である軍事費が削減できない以上、価格への直接的介入が必至となったのである。38年5月から物資ごとの商工省令により価格高騰の著しい一部の物資に公定価格が導入された。さらに同年7月の物品販売価格取締規則により、同年10月までに生活必需品、基礎生産財など90品目に公定価格が導入され、公定価格物資は一挙に拡大した[7]。

　このように導入当初の公定価格制度の目的は、基礎物資全般の価格を低く抑

表2-2 戦時期における硫安価格推移　　　　　（トン当たり円）

年	月	生産者価格A	(内助成金)B	助成金割合B/A（％）	統制会社卸売価格	最高小売価格	生産費（調査対象期間）
1937	4～7	90.67					67.26（36下期～37上期）
	8～12	94.40					71.48（37上期～37下期）
1938	1～3	98.13			102.93	105.07	84.75（38上期～38下期）
	4～12	99.47			101.33	105.07	
1939	1～12	99.47			100.80	105.47	92.58（38下期～39上期）
							95.15（39上期～39下期）
1940	1～7	116.41	(16.94)	14.6	100.80	105.40	98.92（39下期～40上期）
	8～12	116.58	(17.11)	14.7	100.80	105.07	101.51（40上期～40下期）
1941	1～12	120.98	(21.51)	17.8	100.80	105.07	104.04（40下期～41上期）
							107.49（41上期～41下期）
1942	1～7	128.06	(28.59)	22.3	100.80	105.07	114.25（41下期～42上期）
	8～12	130.14	(30.67)	23.6	100.80	105.07	121.70（42上期～42下期）
1943	1～7	140.62	(41.15)	29.3	100.80	105.07	132.08（42下期～43上期）
	8～12	163.46	(63.99)	39.1	100.80	105.07	
1944	1～12	205.12	(105.65)	51.5	100.80	105.07	261.65、231.21（＊注）
1945	1～12	303.55	(204.08)	67.2	100.80	105.07	

注1) 包装物1トン当たり価格。41～43.7の助成金には特別助成金を含まない。
2) ＊44年生産費は調査対象期間不明だが、44年末頃作成された45年販売予定分についての硫安製造業組合価格申請資料である。261.65円は企業報告額、231.21円は政府査定額。
3) 『物価要覧』の42年1～7月助成金は21.59円であるが、一次資料である「重要肥料供給確保施設補助金交付要項」（過燐酸石灰工業会資料）の28.59をとった。
出所：経済安定本部『物価要覧』1952年7月、200頁。
「硫安生産費決定事情」41年11月（過燐酸石灰工業会資料『生産費参考資料（昭和19年1月）』）、「硫安生産費決定事情」43年12月、（過燐酸石灰工業会資料『化成肥料補助金適正価格関係・硫安生産費決定事情』）、「自昭和二十年一月至全十二月硫安予定原価計算比較一覧表」（過燐酸石灰工業会資料『原価計算（昭和20年1～12月）』）。

えることで波及的に国内物価水準全体を海外水準まで引き下げることにあり、後述のような動員機能はまだ期待されていなかった。とはいえ、基礎物資全般の強制的な価格引下げという点で、従来の重要産業統制法などによる一部業界の自主的な価格協調とは明確に段階を異にする価格統制が本格的に展開されることになったのである。

1) 硫　安

化学肥料価格は食糧価格を左右するため、農業への安価で安定的な供給が常

表 2-3　戦時期化学肥料製造会社総資

	1937 上	1937 下	1938 上	1938 下	1939 上	1939 下	1940 上	1940 下	1941 上	1941 下	1942 上	1942 下
東洋高圧	8.2	8.8	4.9	6.7	6.5	6.7	7.0	6.2	6.7	6.2	4.2	3.3
住友化学	7.1	7.4	6.3	6.8	6.5	5.4	5.7	5.0	4.9	4.5	3.9	4.2
日本窒素肥料	3.8	3.3	3.5	3.2	3.0	3.0	3.7	5.0	3.1	3.1	3.3	
日東化学		0.0	0.0	0.0	0.0	0.0	1.2	1.6	2.6	4.2	4.2	3.8
日窒化学	4.2	4.3	4.0	4.1	4.1	4.2	4.1	3.1	3.0	2.9	2.2	1.4
昭和電工（昭和肥料）	6.1	5.4	5.8	4.8	7.2	4.6	3.8	4.0	4.0	3.8	4.1	4.0
宇部興産（宇部窒素）	3.9	3.2	4.1	4.2	4.7	4.0	4.3	3.9	4.4	4.8		3.2
大日本特許肥料	8.1	9.2	7.5	8.9		5.4	7.3	6.8	6.5	6.7	5.4	5.2
日本化成			0.0	0.2	4.8	4.6	5.9	4.9	4.8	5.7	5.5	5.4
日本水素		0.5	0.0	0.0	0.0	0.0	0.0	-0.8	-13.6	-2.8	-2.8	-2.4
東北肥料（朝日化学）							0.0	0.0	0.0	-5.1	-1.8	-4.3
平均	5.9	4.7	3.6	3.9	4.1	3.4	3.9	3.6	4.0	3.1	2.8	2.4

注 1) 41年度上期の日本水素の総資本利益率は風水害によって一時的に急落したため、平均から除いた。
　 2) 1942年宇部窒素、宇部セメント、沖ノ山炭鉱、宇部鉄工所が合併、宇部興産が設立、41年までは宇部窒素、42
　 3) 1939年 6 月昭和肥料と昭和電気工業が合併され、昭和電工が設立。
　 4) 1943年に大日本特許肥料は日東化学に吸収合併。
出所：各社「営業報告書」、東洋高圧工業第 9 ～23、25期、住友化学工業第23～34、36期、日本窒素肥料第63～80期、
　　　料第28～40期、日本化成工業第 8 ～18期、日本水素工業第 1 ～16期、東北肥料（朝日化学工業）第 1 ～11回、宇
　　　6 期、昭和肥料第18～20回、昭和電工第 1 ～ 9 、13回、ABO 第500号通達による「報告書」日窒化学1945年10月。

　に重要課題になっており、公定価格が本格化する以前からすでに厳しい価格抑制策が講じられていた。硫安業界では1932年以来、硫安配給組合[8]が生産者最低価格を決定していた。33年 5 月以降、農林省・商工省の指導により最低価格は 1 叺（かます）（37.5kg）当たり3.5円に据え置かれていたが[9]、35年初頭から需要増加によって市価が高騰し、翌年 1 月には4.8円にまで上昇した[10]。そのため36年 5 月の重要肥料業統制法により強制カルテルとして、硫安配給組合にアウトサイダー加えた12社により硫安製造業組合が設置された[11]。そして、同組合は製造業者の過去 1 年間の平均生産費、利潤・償却、値上り見込み等により産出した生産者価格を半期ごとに農林省・商工省に申請し、承認を得なければならなくなった。
　しかし、このような生産者価格の認可制は価格を維持しようとする業界と低価格を求める政策サイドの摩擦を生みだし、価格決定は困難を極めた。1937年 3 ～ 7 月出荷分価格について、組合が 1 叺3.55～3.70円を申請したのに対して、農林省・商工省が従来価格よりさらに低い3.40円を求め、結局、組合側の譲歩

本利益率

1943 上	1943 下	1944 上	1944 下	1945 上
2.6	1.7	2.0	3.1	-5.6
3.8	3.6	4.6	2.9	2.2
2.7	3.1	3.1	1.3	-1.5
3.7	4.8	3.0	3.6	4.4
1.3	1.6	1.5	4.0	
3.6	4.7	4.1		-2.0
4.1	5.4	5.9		
5.2				
6.4			0.2	2.0
-3.4	-0.8	8.1		
-2.7	-2.3	8.3		
2.5	2.4	4.5	2.5	-0.1

年以降は宇部興産の利益率。

日東化学工業第1～16回、大日本特許肥部窒素工業第8～17回、宇部興産第1～

により3.40円（トン当たり90.67円）に決定された。制度上は組合による自主的な価格決定権を認めていたとはいえ、申請はほとんど認められないのが実態であった。しかし、この認可価格も卸売・小売価格の統制や配給統制が未整備の下では末端まで統制力を持ちえず、農民の購入価格は3.70～4.15円と結局流通マージンを拡大しただけであった[12]。

このようななか化学肥料は他物資に先駆けて、1937年9月の臨時肥料配給統制法により公定価格、配給統制が実施された。同年11月に硫安の一元的買入・販売会社として硫安販売株式会社が設立され、同社が全硫安を生産者から一律の生産者価格で買取り、公定価格で指定販売店11社へ売り渡すことになった[13]。硫安の自由価格での販売余地は全くなくなり、生産者価格から末端小売価格まで完全に低価格統制の下に置かれることになったのである。

しかし、生産者価格の強制的な低位抑制は硫安製造における採算悪化をもたらした。まず表2-2により1937～39年上期までの硫安価格の推移を見ると、生産費は25.32円の上昇であったのに対して、生産者価格はわずか8.8円の引上げに抑えられ、硫安販売株式会社（一手買入・販売機関）[14]の卸売価格、最高小売価格もほぼ固定された。化学工業企業は多角経営であるため硫安のみの利益率を算出することは困難であるが、表2-3のように硫安製造企業の多くは37～38年上期にかけて総資本利益率が低下した。硫安以外の副製品が未統制であったことを考えると、硫安の採算悪化が利益率低下に影響した可能性が高い。

しかし、1938年下期から39年上期には利益率を回復させる企業があらわれた。38年に生産を開始した日本化成については、生産量を38年の3万1,000トンから39年に5万7,000トンに増加させたことが要因であると考えられるが、それ以外の企業については未統制の副製品生産によるところが大きい。東洋高圧は

表 2-4　硫安生産および資材配当量

	生産 (千トン)	(対前年度比)	鋼材 (トン)	セメント (トン)	電力消費 (百万 kwh)
1936	880				
1937	932	(1.06)			1,476
1938	1,108	(1.19)			1,578
1939	1,010	(0.91)			1,225
1940	1,111	(1.10)	12.1	14.7	1,867
1941	1,240	(1.12)	13.0	19.4	1,996
1942	1,146	(0.92)	11.7	14.0	1,981
1943	966	(0.84)	8.8	11.1	1,450
1944	712	(0.74)	6.4	6.0	1,046
1945	243	(0.34)	3.5	3.5	185

注：生産は暦年、その他は会計年度。電力消費量は化学肥料全体の数値。
出所：農林省『肥料要覧』1951年版、8～9頁、通産省化学肥料部『化学肥料』
　　　1949年、第3部、46～59頁より作成。

「一般原料運賃の騰貴に不拘硫安価格は依然据置なりしも［中略］メタノール其の他諸製品の売行好調を持続」したため相当の業績を挙げたとしており[15]、また宇部窒素も「副産物たる油類硝酸並びに硝安等の品質向上と時局の影響による好調」[16]によって利益を上げることができたとしている。昭和肥料は39年6月に昭和電気工業との合併により昭和電工となったが、39年上期決算において旧昭和肥料が約42万円の損失金を出していたにも関わらず、旧昭和電気工業のアルミニウム等生産に支えられ、昭和電工全体としては約475万円の利益金を計上した[17]。

また各企業は化学肥料製造においても硫安単肥から未統制で高価格の配合肥料、化成肥料への生産転換を進めた[18]。これらは硫安、過燐酸等の単肥を原料とし、生産転換が容易な製品であった。その結果、1937年の配合肥料の生産量は95万2,000トン、化成肥料は58万1,000トンと、前年に比べてそれぞれ13%、62%の増加率であったのに対し[19]、硫安は93万2千トン、わずか6%の増加率（表2-4）に止まり、硫安単肥の供給不足が生じた。翌38年11月には配合肥料について一時的に製造停止措置を取ることが決定された。しかし同年末には配合肥料の駆け込み的大量生産がなされたため、配合肥料は121万6千トンと前年に対して28%もの増加率となり、硫安生産の110万8千トン、増加率19%を上回った。

第2章　価格統制と企業動員　　　　　　　　　　　　　　57

　このように硫安の価格引下げは硫安製造における利益を低下させ、企業は他の未統制物資への生産転換や副製品により収益を支えなければならなくなった。その結果、硫安は生産力拡充品目でありながら供給不足に陥ることとなった。

2) 石　　炭

　石炭の場合は企業数が多く、規模・生産性格差も大きいため、価格統制の影響は硫安より複雑であった。石炭産業においても、価格統制以前はカルテルの協定による価格安定が図られていた。1933年以来、大手の石炭企業が約20数社加盟するカルテル、昭和石炭株式会社（以下、昭和石炭）[20]が「標準炭価」を設定し、九州地方の中小石炭企業約40社が加盟する中小炭鉱の最大カルテル、互助会株式会社（以下、互助会）も昭和石炭に同調した[21]。両団体は国内送炭高の約85％を占めており、この価格協定によりほぼ炭価の安定が保たれていた[22]。

　1936年末から軍需景気により石炭需要が増加し、労賃、資材等も高騰したため、昭和石炭は37年4月と11月に34年以来据え置いてきた「標準炭価」の引上げを実施し[23]、その結果、37年の石炭卸売物価指数（1933年＝100）は133.1と前年の115.5に対して15.2％の上昇率となった。37年の卸売物価指数総平均の対前年上昇率は21.4％であり、全体の物価水準上昇の範囲内での引上げであったが、基礎生産財、生活必需品である石炭の価格引上げは、他物資の価格上昇要因になるため、価格統制が開始された。まず38年7月に物品販売価格取締規則に基づき、家庭用炭および浴場用炭の最高販売価格の公定が実施された。続いて、9月には商工省が昭和石炭加盟の大手企業に対して約1割の炭価引下げを命じ、互助会加盟の中小企業やアウトサイダーに対してもこれに準じるよう申し入れた[24]。

　しかし、これらの措置は次の問題を引き起こした。第一に、昭和石炭加盟の全企業が炭価を一率約1割引下げたのに対して、生産コストが高い互助会系は平均約0.5割の値下げに止まり、アウトサイダーに至ってはほどんど無統制であった。このため、同一等級炭に二重、三重の価格が生じるなどの価格の混乱、割安な昭和石炭への需要集中が問題となった[25]。

　第二に、硫安と同様に価格引下げは石炭企業の経営を悪化させた。石炭企業

表2-5　石炭企業総資本

	1937 上	1937 下	1938 上	1938 下	1939 上	1939 下	1940 上	1940 下	1941 上	1941 下
昭和石炭加盟										
三井鉱山	9.1	8.7	8.3	5.9	5.4	5.9	7.7	4.8	5.1	5.1
三菱鉱業	9.0	9.5	8.5	7.8	7.7	6.6	7.8	7.1	5.3	5.9
住友鉱業	5.1	7.9	9.1	10.1	6.5	5.6	2.6	2.3	2.0	2.5
古河鉱業	11.9	9.0	12.3	15.8	8.1	7.3	3.8	1.4	2.3	2.7
明治鉱業	9.4		6.9		5.8		2.7		3.3	
北海道炭礦汽船	6.9	8.1	10.7	10.8	7.4	7.8	6.0	7.0	5.3	5.0
太平洋炭鉱	5.7	6.3	7.6	8.6	7.4	6.8	5.3	4.4	4.9	5.2
磐城炭鉱	-0.8	2.4	6.4	6.8	4.9	3.4	2.2	0.1	0.2	0.1
入山採炭	13.7	13.4	22.0	16.0	8.6	9.3	8.3	8.2	9.9	6.8
東邦炭鉱	6.1	10.9	13.4	7.1	5.1	3.9	2.7	2.8	0.2	0.1
杵島炭鉱	8.8	10.4	11.9	10.2	8.0	8.5	9.0	11.3	11.0	7.5
昭和石炭非加盟										
大濱炭鉱	0.2	-0.6	0.4		-0.3	-0.1	-0.3	-2.8	1.3	-2.6
九州採炭			8.4	10.0	10.5	11.6	9.1	9.1	7.8	-4.6
魚貫炭鉱	2.9	7.5	1.6	5.9	7.7	4.3	2.8	0.4	-4.0	-5.7
平均	6.8	7.9	9.1	8.7	6.6	6.2	5.0	4.2	3.9	2.2

注1）44年3月、磐城炭鉱と入山採炭は合併し、常磐炭鉱となった。44年以降は常磐炭鉱の利益率。
　2）大濱炭鉱の38年利益率は3月1日～11月31日の貸借対照表によるもの。
出所：各社「営業報告書」、三井鉱山第52～68期、磐城炭鉱第105～118回、入山採炭第84～96回、東邦炭鉱第36～49回、治鉱業第20～26回、嘉穂鉱業第12～19回。
APO第500号通達による「報告書」1945年10月、三菱鉱業、古河鉱業、太平洋炭鉱、杵島炭鉱、常磐炭鉱、東邦炭鉱。

の総資本利益率は表2-5のように商工省の炭価引下げ命令後の1938年下期に下落した。詳細に見ると、入山採炭、東邦炭鉱の利益率低下が著しく、炭価の一率引下げは昭和石炭加盟企業のなかでも下位の企業に打撃を与えた[26]。東邦炭鉱は炭価引下げに耐えきれず昭和石炭を脱退し、鉱区売却により経営再建を図らなければならないほどであった[27]。しかし、その他の昭和石炭加盟企業や中小企業の多くは利益率を維持しており、価格統制の影響はまだ比較的軽微なものに止まっていた。表2-6により38年の出炭状況を見ると、価格引下げが厳格に行われた昭和石炭系が含まれる年間出炭30万トン以上クラスの炭鉱の出炭量はまだ増加しており、逆に引下げが不徹底だった30万トン以下クラスの炭鉱の出炭量が減少した。価格引下げの打撃がまだ昭和石炭系の下位企業に止まっていたこと、一時的に低価格の昭和石炭に需要が集中したことなどが要因で

利益率推移

	1942		1943		1944		1945
	上	下	上	下	上	下	上
	5.0	4.8	4.2	5.1	3.6	3.7	0.2
	4.9	5.0	3.5	3.3	3.7	2.7	1.1
	2.4	2.8	2.7	4.1	2.9		
	2.4	2.7	3.0	3.0	2.4	2.2	3.4
	5.1		6.7		3.4		
	5.2	5.1	5.2	7.1		6.5	4.6
	5.2	5.6	4.7	17.6	9.3	9.1	
	0.2	0.4	0.7		常磐炭鉱		
	10.0	9.8			3.0	4.4	
		-3.4	-2.3	-7.8		0.0	
	7.3	3.8	4.5	7.3	3.8	4.5	1.5
	0.5	-0.7	-0.7	4.1	2.0	1.1	
	3.3	2.1	5.5	3.9	3.1	2.6	
	-3.2	-4.6	-3.6	-0.9	2.5	5.3	
	3.7	2.8	2.6	4.5	3.6	3.8	

住友鉱業第20～35期、北海道炭礦汽船第96～109回、113回、明炭鉱、北海道炭礦汽船、明治鉱業、大濱炭鉱、九州採炭、魚貫

あると考えられる。

しかし、翌1939年上期には状況が大きく変化した。昭和石炭系企業については炭価引下げ命令後も価格は据え置かれたが、39年の卸売物価指数総平均の対前年度上昇率は10.5％、また鉱山1人1日賃金諸手当賞与額の対前年度上昇率は13.8％[28]と生産費は上昇を続けた。そのため表2-5のように、39年上期には昭和石炭系の企業ではほとんどすべてにおいて利益率が低下し、炭価引下げの影響は拡大した。昭和石炭系企業は、採算が取れない炭鉱坑所からの採炭を中止せざるをえず、また相対的に高価格で販売できた中小炭鉱が賃金引上げによる労働者確保を図ったため、労働力不足にも悩まされた[29]。そのため、表2-6のように年間出炭30万トン以上クラスの大手炭鉱出炭高は39年から伸び悩みはじめた。

他方、中小炭鉱について見ると、データに制約があるが、魚貫は1939年上期まで、大濱、九州採炭は同年下期まで利益率を維持していた。出炭高も表2-6のように30万トン以下の炭鉱は鉱数、出炭、シェアいずれも増加させた。大手炭鉱の生産が停滞するなかで、石炭の需要増加に乗じて中小炭鉱が生産を拡大させはじめたのである。そして、このような昭和石炭系炭鉱に不利な価格引下げは、従来の昭和石炭の大手炭鉱と互助会等の中小炭鉱カルテルの間に築かれてきた協調関係も崩すことになった。

このように基礎物資価格の一率引下げという単純な統制手法は、企業の経営悪化、とくに昭和石炭加盟企業など統制範囲内にある下位企業に打撃を与え、

表2-6　石炭出炭高推移

年	出炭高 (万トン)	(対前年度比)	炭鉱規模別　　　　　(万トン)						1人当たり年生産高 (トン)	労働者数 (千人)	鋼材消費量 (千トン)
			年間出炭30万トン以下			年間出炭30万トン以上					
			鉱数	出炭高	(%)	鉱数	出炭高	(%)			
1936	4,180		448	1,456	(35.1)	39	2,714	(64.9)	211	198	91
1937	4,528	(1.08)	456	1,458	(32.2)	43	3,068	(67.8)	203	223	93
1938	4,868	(1.08)	531	1,379	(28.3)	47	3,489	(71.7)	185	264	110
1939	5,111	(1.05)	579	1,732	(33.0)	44	3,509	(67.0)	174	293	121
1940	5,631	(1.10)	651	2,035	(35.0)	45	3,696	(65.0)	174	324	101
1941	5,647	(1.00)	725	2,011	(36.2)	46	3,549	(63.8)	172	329	66
1942	5,354	(0.95)	653	2,128	(39.3)	43	3,290	(60.7)	150	357	72
1943	5,550	(1.04)	570	1,935	(34.7)	47	3,619	(65.3)	154	360	57
1944	5,294	(0.95)	562	1,846	(36.4)	38	3,088	(63.6)	140	378	43
1945	2,988	(0.56)							103	214	27

注1）労働者数は40年までは6月末、41年以降は12月末現在数。
　2）45年一人当たり年生産高は、日本石炭協会『石炭統計総観』と日本石炭礦業連盟「石炭主要統計」（『石炭労働年鑑』1951年度版別冊）との幅が大きいので平均値をとった。
　3）出炭高と炭鉱規模別の合計には若干のずれがある。
出所：出炭、労働者数、1人当たり生産高、鋼材消費量は日本石炭協会『石炭統計総観』1950年、日本石炭礦業連盟「石炭主要統計」（『石炭労働年鑑』1951年度版別冊）より作成。
　　　規模別出炭高は三菱経済研究所「石炭経済の基本問題」1947年93頁より作成。

生産力拡充が要請されながらも生産停滞を招く結果となった。低価格を維持し、同時に生産計画に企業を効率的に動員しうる価格制度の開発が次の課題となったのである。

2　生産費格差補正と弾力的企業動員——1939年4月～42年夏

(1) 生産費格差補正の導入——1939年4月～40年7月

　中央物価委員会は低価格による生産停滞問題に対応して、1939年4月の「物價統制ノ大綱」（以下「大綱」）、8月に「物價統制ノ實施要綱」（以下「実施要綱」）を答申した。公定価格については、それまで場当たり的に導入・設定してきた公定価格体系の不均衡が生産停滞の一因になっているとし、これらを是正するために中庸生産費を基準とした公定価格を再設定するとした。重要な点は、公定価格でコスト割れになる低能率工場を動員する必要がある場合は

プール平準価格制や生産費補填のための補助金を導入するとしたことである。プール平準価格制とは産業別の一元的買入・販売機関が生産者から生産費プラス「戦時適正利潤」の個別価格で買入れ、総買入価格を平準化した一律価格で販売する制度であり、重要産業にして企業間の生産費格差が大きい産業が対象とされた[30]。

　原材料や労働力等の制約が小さい段階では、とりあえず動員範囲を下位企業まで含めておき、劣等設備まで利用して生産を拡大する方針が取られていた。プール平準価格制は、業界全体の利益を均等に分配しあうことで高生産費の劣等企業にも利潤を保障して増産を図り、同時に低価格も維持する制度として構想されたのであった。また、石炭の事例でも見るように、買入価格の設定如何によっては動員対象企業を意図的に選別しうるなど生産計画に応じた弾力的運用が可能な点にも注目すべきである。価格統制は単に価格を引下げるだけでなく、企業動員範囲や物資需給を調節する手段としての機能を持つことになったのである。

　もともと「大綱」「実施要綱」は、公定価格に合理的基準、企業動員機能を取り入れることで、価格体系の不均衡、生産停滞など統制導入の混乱をスムーズに修正することを意図していた。しかし、これらはすぐには実現されなかった。第二次世界大戦勃発により海外物価が上昇し、国内物価も卸売物価指数（1933＝100）が8月151.2から翌1940年1月にかけて177.7と年率にして約40％もの上昇を示したからである。政府は海外物価高騰の国内への波及を防ぐため、「大綱」「実施要綱」の政策意図に反して、一旦は硬直的な価格引下げ措置を講じなければならなくなり、39年10月の「価格統制令」により全物資価格を9月18日の水準に引下げ、釘付けした[31]。そして、この強制的な価格引下げ措置の事後処理として、公定価格の再設定、プール平準価格制などの導入が漸次進められていき、「大綱」「実施要綱」の施策は想定外の形で具体化されることになった[32]。

1) 石　　炭

　石炭はプール平準価格制を導入した代表的産業である。中央物価委員会は1939年8月の「石炭対策要綱」において生産費格差が大きい石炭へのプール平

準価格制の導入を真っ先に提唱した。39年度末に大手炭鉱350万トン・中小炭鉱250万トン、計600万トンの40年度増産計画が立てられ、高生産費企業に有利なプール平準価格制の下で中小炭鉱まで動員した増産が目指された[33]。さしあたり大きな設備投資をしなくとも労働力さえ投入すれば増産が見込まれる中小炭鉱に期待が寄せられたのである。

　1940年6月に石炭の一元的取扱機関である日本石炭株式会社（以下、日炭）が設立され、同社は10月から炭価決定、配炭統制などの業務を開始した[34]。日炭は40年度下期の内地一般用炭の買入価格を以下の方法で設定した[35]。まず等級ごとに「買入標準価格」を決め、さらに同一級炭においても地域、生産条件、規模等により区分けされたグループ別に「値差」を加味し、数段階の「買入基準価格」を設定した。具体的には旧昭和石炭加盟企業は「買入標準価格」マイナス0.3円、互助会・アウトサイダーはプラス1.4～1.5円が「買入基準価格」となった。そして「買入基準価格」と各炭鉱の生産費プラス適正利潤とを比較して、採算が見合う炭鉱は「買入基準価格」そのものが生産者価格に、採算がとれない炭鉱は「買入基準価格」に「買入補償金」を加算した額が実際の生産者価格となった。つまり高生産費の劣等炭鉱には高価格が、低生産費の優良炭鉱ほど低価格が設定され、優良炭鉱の利潤を犠牲に劣等炭鉱の利潤保障と稼働維持が図られたのである。他方、販売価格は買入補償金を除いて買入予定総価格をプール平準化し、これに手数料、運賃諸掛などを加えて決定され、買入補償金支払いによって生ずる日炭の赤字分は国庫から補填された。

　表2-7により1940年下期の平均炭価を見ると、買入補償金を加算しても生産者価格と生産原価の差額はマイナス0.03円と全体的にはコスト割れの低価格が設定された。利益率も表2-5のように、ほとんどの企業がプール平準価格制が実施された40年下期に低下した[36]。

　さらに深刻な問題は、生産費を基準に買入価格が設定されるプール平準価格制は生産性・品質向上に対するインセンティブに乏しく、また低生産費・高能率の大手企業に不利なため、最も増産が要請される原料炭などの上級炭生産を阻害したことであった。石炭産業においては1940年3月に600万トン増産達成のために「石炭増産緊急対策」が閣議決定された。これにより資材等の優先的配給、労働者の拡充、増産奨励金・新坑開発助成金の交付などの対策が講じら

表 2-7　石炭価格推移　　　　　　　　　　　　　　　　　　　（トン当たり円）

年度		生産原価	生産者価格A	(内適正利潤)	(内買入補償金) B	補償金割合 A/B (%)	生産者価格−生産原価	需要者価格
1940	下期	13.78	13.75	(2.00)	(1.40)	10.2%	−0.03	18.60
1941	上期	15.13	14.85	(2.00)	(2.00)	13.5%	−0.28	19.10
	下期	16.02	15.56	(2.00)	(2.00)	12.9%	−0.46	19.81
1942	上期	17.46	17.05	(2.00)	(3.27)	19.2%	−0.41	20.13
	下期	17.72	18.47	(2.00)	(4.40)	23.8%	0.75	20.13
1943	上期	19.32	21.12	(2.00)	(6.25)	29.6%	1.80	20.13
	下期	21.82	23.56	(2.31)	(8.75)	37.1%	1.74	20.13
1944	上期	26.19	26.54	(2.80)	(12.61)	47.5%	0.35	20.13
	下期	34.92	37.01	(3.10)	(23.13)	62.5%	2.09	20.13
1945	上期	55.71	58.88	(4.62)	(45.00)	76.4%	3.17	20.13
	10~11	253.75	213.88	(8.70)	(200.00)	93.5%	−39.87	20.13
	12~2	253.75	228.45	(8.70)	(170.00)	74.4%	−25.30	85.00
	3	253.75	220.00		(120.00)	54.5%	−33.75	150.00

注：生産原価の調査炭鉱は140鉱で全国出炭量の80%を占める。
出所：経済安定本部物価局『物価要覧』1952年、262頁、日本石炭協会『石炭統計総観』1950年版、325頁。

れ、表2-6のように、目標には及ばなかったが40年度において約520万トンの増産を達成し、戦時最高の生産増加率となった。しかし、規模別で見ると、年間出炭30万トン以上の大手炭鉱の出炭は増産目標350万トンに対してわずか187万トン程度の増産に過ぎず、他方、30万トン以下の中小炭鉱は増産目標250万トンを上回る304万トンもの増産を達成した。より詳細に見ると、年産5万トン以下クラスでは39年に比して鉱数では64鉱、出炭は133万トンの増加、5万~15万トンクラスでは5鉱、96万トンの増加、15万~30万トンクラスでは3鉱、75万トンの増加となっており、小規模炭鉱になるほど炭鉱数、出炭量ともに増加した。

　上級炭生産を主力とする大手炭鉱の出炭停滞は、石炭の品位低下をもたらした。鉄道用石炭平均発熱量を見ると、39年までは概ね6,440~6,460cal/kg水準を保っていたが、40年に6,310cal/kg、41年には6,250cal/kgへ低下した[37]。そして、このような石炭の品位低下は他の生産財生産や生産能率にも悪影響を及ぼした。

　すなわちプール平準価格制、買入補償金の下での増産達成は、中小炭鉱によ

る粗悪炭の増産によるところが大きかったのである。劣等企業ほど優遇される価格設定は、狙いどおり底辺炭鉱まで動員することに成功した。しかし、大手優良企業に対する生産インセンティブが弱いだけでなく、後述のように大手企業の価格制度に対する不満を醸成し、価格設定の見直しが要請されることになった。

このように初期のプール平準価格制は、企業ごとの生産費を基にした生産者価格の設定により生産費格差を補正して底辺企業の稼働を支え、低価格を維持しつつ底辺企業も生産計画に動員することを目的とした。石炭以外に、この時期にプール平準価格制を採用した産業として、セメント、非鉄金属（銅、錫、鉛、亜鉛、アンチモン、アルミニウム）、硫黄、マンガン、銑鉄などがあった。いずれも軍需、重工業の原材料であり、製法の相違による生産原価格差、または輸入原料と国産原料の価格差が大きいなどの特徴であった。このほか燐鉱石のように輸入先により価格差がある場合や、輸送費のみのプール平準などを含めると約40数品目に導入された[38]。こうして基礎資材中心にプール平準価格制が次々に導入され、価格統制は企業動員手段しての機能を発揮することになったのである。

2) 硫　　安

硫安を含む化学肥料は以下に見るように、生産費上昇分をすべて助成金によって補填する方法が採られた。硫安製造業は1939年夏の渇水により電力と石炭不足に陥った。39年の生産費は表2-2のように前年に比べてトン当たり10円以上の高騰であったにもかかわらず、安価供給を理由に生産者販売価格は前年価格に据え置かれた。そのため39年下期には利益率はさらに低下し（表2-3）、食糧不足下で硫安生産が減少する（表2-4）という深刻な事態に陥った。

硫安製造業組合は1939年末、40年1〜7月出荷分の価格申請において、それまでの99.47円より16.94円も高い116.41円（トン当たり）という生産者価格を算出した[39]。しかし、化学肥料では生産費高騰に応じて需要者価格を引き上げることは、食糧価格の上昇を通じて悪性インフレを引き起こす可能性が高かった。そのため、生産費の高騰が需要者価格上昇に繋がるプール平準価格制の導入も困難であった。農林省[40]は組合に対して生産者価格の引下げを求めたが、

組合側は生産減退の要因は買入価格の据え置きによる採算割れにあるとし、価格引上げに替わる助成を要求した。結局、政府は食糧不足という状況下で組合の要求を受け入れ、翌40年から硫安、石灰窒素、過燐酸への助成金交付を決定した[41]。こうして表2-2のように1940年から日本硫安株式会社の卸売価格、最高小売価格はほぼ固定され、これらと組合の申請価格との差額分については出荷量に応じた一率の助成金が交付されることになり[42]、事実上の生産者価格引上げが実現した。

　助成金によって1940年の硫安製造企業利益率は表2-3のように39年下期よりやや上昇した。この他にも、電力助成金や電力供給面でも優遇措置が講じられ、表2-4のように40年の硫安生産高は前年度に比べて1.1倍と前年の減産から回復した。

　このように化学肥料では、需要者価格の引上げを避けるため、生産費・生産者価格と需要者価格を切り離し、助成金によって生産費を補償する保護的な制度がこの時から選択された。しかし、生産者価格は製造業者の平均によって算出されるため、一率の助成金では高生産費の下位企業には依然として不利であり、助成額も不充分であった。そしてこの格差を補正するため、後述のように翌年から高生産費企業に対して追加的助成が行われることになった。

(2) 生産費補正の修正と企業整理──1941年〜42年夏

　40年後半期には全企業動員の方針を見直さざるを得なくなった。原材料輸入が困難になり、すべての企業を稼働させることが非効率となったためであった。限られた資源の効率的利用のため、高能率工場への生産重点化や国産原料への転換が課題となり、価格による企業誘導もこの課題に沿った修正が必要となった。

　この問題に端緒的に対応したのが、1941年8月の物価対策審議会の「低物価ト生産増強トノ調整ニ関スル件」であった。不要産業や低能率企業の整理、高能率企業への原材料の重点的配給、能率増進などの合理化を行ってもなお公定価格が重要物資生産を阻害する場合、生産費高騰に対する補助金交付、公定価格の引上げを認めるとした[43]。つまり、価格統制の課題に不要産業・劣等企業の整理を盛り込むこととセットで、生産確保に必要な動員企業に対しては、限

定的ではあるが補助金交付、公定価格引上げを認めたのである。

　同時期、優良企業からは劣等企業を優遇する価格政策に対する批判も高まっていた。日本経済連盟会は、1941年8月の「物価政策ノ改善ニ関スル意見」、10月の「低物価生産増強対策ニ関スル意見」を政府に建議した。これらは、プール価格制、補助金が「優良事業の犠牲に於いて低能率企業を有利ならしむる」ため「事業関係者の自主的向上心を阻害し延ては公正の観念に疑義を抱かしめ」、優良品生産を阻害していると厳しく批判し、品質の優劣、生産能率を評価した生産者価格を設定すること、プール平準価格導入産業の小規模・劣等企業の整理を進めることなどを政府に求めた[44]。このように資源制約下での重点化の必要性、優良企業による価格政策批判のなかで、動員企業の範囲を絞り込んでいくための価格政策が展開され始めた。

1) 石　　炭

　既述のように、プール平準価格制は中小炭鉱動員に成功したとはいえ、生産者価格が安い大手優良炭鉱の出炭不振や品質低下をもたらし、需要産業、業界内部双方から炭価政策に対する見直しの要請が高まった。先に見た日本連盟会の建議は、価格が不適正なために品質低下が最も甚だしい産業として石炭を挙げ、重工業の生産能率を低下させ、生産増強を阻害しているとした。なかでも最大の需要者である鉄鋼連盟は、原料炭不足と品質低下が増産の障壁となっているとし、適正な石炭価格を設定して原料炭増産を誘導するよう商工省に申し入れたほどであった[45]。

　業界内では特に大手企業の価格に対する不満が強かった[46]。石炭業界は上級炭、高能率炭鉱の生産者価格引上げ、さらには、価格の優遇措置や補償金のみで中小炭鉱の経営は完全に救済できないため「採算の悪い中小炭鉱業者に個々の経営を任せておくことが不合理であることは業界においてほぼ意見が一致している」として、大手企業による中小炭鉱の買収、そのための国家の資金援助を訴えた[47]。プール平準価格制は中小炭鉱の一時的救済にはなったが、資材配当、労働力が減少すれば、それは同時に大手企業に稼働率の低下、コスト増加、利益の消滅と、業界全体の危機に繋がることを意識させ、業界内部にも、特に大手企業に強力な炭鉱整理促進の動機を生みだしたのである[48]。実際に石炭産

業でも40年頃から資材、労働力不足が顕れつつあった。表2-6のように40年から鋼材配当は減少した。これと反比例するように労働力の動員が強化されたが、周知のように多くは朝鮮人等の未熟練労働者であり、逃亡や移動も激しかったために生産能率の低下は免れえず、必ずしも労働力不足を緩和するものにならなかった[49]。

　このようななか、石炭産業では高能率炭鉱への生産重点化が企業動員の課題となった。そして、1941年度からプール平準価格制による生産費格差の補正範囲を限定して劣等炭鉱を切り捨て、生産者価格に品質、生産能率を織り込むことによって動員企業を高能率炭鉱、上級炭産出炭鉱にシフトさせていく炭価改定が展開された。41年度上期および下期改訂では、買入補償金を原料炭、瓦斯発生炉用炭、一般用中級・高級炭に重点的に配分する一方、粗悪炭をプール計算から除外して価格を引下げ、買入補償金を打ち切った。翌42年度上期改訂では優良炭へ買入補償金をさらに重点化し、上級炭の生産者価格を大幅に引き上げた。その結果、原料用炭の生産者価格は前期に比ベトン当たり3.21〜4.91円、瓦斯発生炉用炭は2.61〜3.61円、一般用の最高品位で3.50円の引上げとなったが、これとは対照的に一般用下級炭はわずか81銭の値上げにすぎなかった。さらに高コストの地域や企業に対して「買入標準価格」に加味されていた「値差」が廃止され、同一等級炭に複数設定されていた「買入基準価格」が一本化された[50]。表2-7のように平均的には42年上期まで依然として生産原価を下回る採算割れの低価格が設定されていたが、優良炭種を産出し、同一等級炭でも生産性が高い炭鉱ほど生産者価格、利潤が高くなるような改訂が実施されたのである。

　その結果、上級炭生産の大手企業中心に利益率低下に歯止めがかかった。表2-5により1941〜42年上期の石炭企業の利益率を見てみよう。三井、三菱、住友、古河、北海道炭礦汽船、明治鉱業、太平洋炭鉱では41年以降、利益率は下げ止まり、住友や明治など回復する企業も現れた。これらの企業は太平洋炭鉱を除けば、いずれも年間出炭100万トン以上の最大手（表2-8）で、原料炭、瓦斯発生炉用炭等の優良炭鉱を多く抱え、生産能率も比較的高かった（表2-9）。太平洋炭鉱は年間出炭は100万トン弱であったが、最大手以上に生産費が低く、1人当たり生産高も高い企業であった。一方、太平洋炭鉱とほぼ同

表2-8 主要石炭企業出炭高 (千トン)

年度	1941	1942	1943	1944	1945
三井鉱山	9,202	9,096	9,577	9,684	4,268
三菱鉱業	7,834	7,578	7,584	6,710	3,005
住友鉱業	2,202	2,177	2,228	2,255	1,104
古河鉱業	1,671	1,499	1,487	1,403	713
明治鉱業	1,824	1,853	1,882	1,607	802
北海道炭礦汽船	4,958	4,972	5,179	5,280	2,607
太平洋炭鉱	1,043	971	922	266	110
磐城炭鉱	488	638	624	常磐炭鉱	
入山採炭	652	647	593	1,197	671
東邦炭鉱	900	769	753	518	66
杵島炭鉱	1,007	953	975	815	392

出所:日本石炭協会『石炭統計総観』1950年版、20頁より作成。

表2-9 1940年度瓦斯発生炉用炭企業別生産費、1人当たり出炭高

	トン当たり生産費		一人当たり
	上期	下期	出炭高 トン
三井鉱山	13.4	14.8	273.8
三菱鉱業	15.5	16.2	250.7
住友鉱業	14.7	14.8	235.3
古河鉱業	13.1	15.2	270.0
明治鉱業	14.5	15.3	208.8
北海道炭礦汽船	13.3	13.9	279.3
太平洋炭鉱	11.8	11.7	314.0
東邦炭鉱	17.0	15.7	206.5

出所:配炭公団石炭局「日本石炭株式会社戦時石炭統計集」1949年6月、6～16頁より作成。

規模で上級炭を生産していても、生産能率が低い東邦(表2-9)の利益率はさらに低下した。

次に一般用炭が主力の磐城、入山の利益率を見ると、1941年まで低下を続け、42年に回復した。これは42年に九州炭、北海道炭の輸送難を背景に展開された常磐炭増産運動の影響と思われる。常磐地方に資材等が重点的に配分された結果、他地方の炭鉱の出炭が概ね減少するなかで常磐炭は唯一出炭量を維持していた(表2-8)[51]。

中小炭鉱の九州採炭、大濱、魚貫は、いずれも比較的高カロリー炭を生産しているため、上級炭価格が大幅に引き上げられた42年上期に利益率が回復したものの、大手と比べると低水準に止まった。

続いて、表2-6により1941・42年の規模別出炭を見ると、依然として年産30万トン以上の大規模炭鉱の出炭は停滞し、一方で30万トン以下クラスの中小規模炭鉱の出炭が増大し続けていたが、年産5万トン以下規模の零細炭鉱に限って見ると、出炭高は40年539万トンから41年530万トン42年477万トン、鉱数は41年614から42年531と減少に転じた。これは下級炭の生産者価格引下げを通じて、企業整備が本格化する以前に弱小炭鉱が整理された結果と考えられる。価格操作による優良炭鉱への生産重点化が徐々に進められていったのである。

第2章　価格統制と企業動員　　69

　このように石炭のように劣等企業を多く抱えた産業では、資源・労働力の制約が深刻になるなか、価格政策は生産費格差を補正して下位企業まで抱え込んで増産する方針から、価格を利用して企業整備と稼働工場への生産重点化を誘導する方針へ転換した。買入価格の設定水準、補償金交付基準の変更を通じて生産格差補正の範囲を限定していき、劣等設備に依存する高コスト企業から切り捨てていったのである。

2) 硫　　安

　化学肥料産業では1940年頃から原料輸入が困難になりはじめた。加里肥料、燐酸肥料、配合肥料等の主原料である加里塩、燐鉱石の39年の輸入量はそれぞれ約16万2,000トン、78万3,000トンであったが、40年には12万1,000トン、71万トン、41年には3万8,000トン、39万7,000トンまで激減した[52]。このような状況のなかで40年1月には加里塩の配給統制が開始され、41年7月に「配合肥料製造事業整備統合要綱」、12月には「過燐酸石灰製造事業整備統合要綱」が出され、早い段階から企業整備が展開された[53]。原料不足から加里・燐酸肥料の減産が避けられなくなるなか、化学肥料生産は国産原料のみで製造可能な硫安に重点を置かざるをえなくなり、引き続き保護的価格政策を通じた全企業動員が課題となった。

　既述のように、1940年から硫安製造企業に対して助成金が交付され、表2-2のように生産費上昇に応じて単価も引き上げられた。しかし、40年下期～41年上期の生産費調査の対象企業9社のうち生産費＋利潤・償却が41年の生産者価格120.98円内に収まった企業は日窒化学103.12円、東洋高圧112.62円のわずか2社に止まり、その他は一率の助成金のみでは生産費上昇を補填することができなかった[54]。そのため特に高コストの日本水素、朝日化学、大日本特許、多木製肥4社に対して各々の生産原価に応じた特別助成金が交付され、1社につき41年1～7月は10～15円（トン当たり）、8～12月は3～8円、翌42年1～7月は18～29円が支払われた[55]。とはいえ、表2-3によると41年度の特別助成金交付対象企業のうち化成肥料生産に支えられていた大日本特許は比較的高い利益率を維持しているが、日本水素、東北肥料は助成金交付後も経営はさらに悪化し、生産能率は相当低かったと考えられる。

このように輸入原料に依存する製品が多い化学肥料では、加里・燐酸肥料の減産をカバーするため、硫安については劣等企業まで動員して生産を確保しなければならず、最劣等企業ほど厚く生産費を補償する価格政策が展開された。

3 企業選別と高利潤誘導──1942年秋以降

1942年半ばから船舶不足により物資輸送力が激減し、鉱工業生産の全般的減少が避けられなくなった。11月には船舶、航空機、石炭、鉄鋼、軽金属の5大重点産業に資材、労働力、輸送力等を集中的に配分し、劣等企業・不要不急産業の整理と既存設備の徹底利用によって生産を維持する方針が決定された。

これと並行して1942年秋以降、5大重点産業では著しい資源不足の下で生産を維持するため、とくに優良設備や国産原料使用の設備など動員範囲内にある企業に関しては従来の低価格を放棄し、生産者価格や補助金を大幅に引き上げる価格改訂が徐々に展開され始めた。そして、こうした措置を一気に拡大させる契機となったのが、1943年2月の「緊急物価対策要綱」と翌3月の「価格調整補給金制度要綱」の閣議決定であった。これらは、緊要物資については生産者価格を生産費と利潤が確保できる水準に引き上げるとした。需要者価格は生産者価格と完全に分離して据え置きされ、両価格の差額はすべて政府補償により調整されることになった[56]。この手法は、すでに検討してきた化学肥料で実施されていたが、財源の制約から需要者価格の引上げが循環的物価上昇を招きやすい一部物資に限られていた。緊急物価対策は、利潤による重点産業の生産誘導と需要者価格の低位維持を両立させるため、価格調整補給金の重要物資への拡大を狙ったものであり、これを機に交付対象産業、交付額は飛躍的に拡大することになった[57]。

さらに価格報奨制度も導入された。一般価格報奨制度は能率向上による生産原価の低減、特別価格報奨制度は計画生産量以上の生産、生産期間の短縮に対して報奨金を支払う制度であった。プール平準価格制が下位企業の動員範囲を弾力的に動かすことに力点があったのに対して、これは高能率企業への生産重点化を意図していた[58]。

このように重点産業については、1942年後秋以降、生産性や原料制約等を勘

案して生産維持に不可欠の企業に対してのみ生産費・利潤を補償して生産者価格を引き上げ、生産インセンティブを与える公定価格、補助金制度が展開されることになった。

1) 石　　炭

石炭では企業整理の本格化とともに、価格を通じた高能率炭鉱動員と劣等炭鉱整理が一層顕著な形で展開されるようになった。5大重点産業に指定された1942年下期には重要な価格改訂がなされた。表2-7のように、42年下期の生産原価は前期に比べてトン当たり0.26円の増加に過ぎなかったが、出炭低下による前期の余剰買入補償金が下期に繰り入れられ[59]、生産者価格が1.42円もの大幅引上げとなった。買入補償金交付額も41年度の9,463万円から42年度に1億6,343万円に急増した。注目すべきことは、42年下期改訂を契機に全体的には生産費上昇をカバーする生産者価格の引上げが継続的に実施され、従来のような採算割れの生産者価格設定がなくなったことである。一方、インフレを抑制するために需要者価格は据え置かれ、生産者との差額はすべて買入補償金によって調整されることになった。こうして42年下期以降、価格抑制方針から、動員炭鉱に対しては積極的に価格を引き上げて生産維持を図る方向へと転換した。

続く1943年度上期価格改訂では企業整備を促進する措置が織り込まれた。石炭では43年4月の「炭鉱整理実施要綱」および9月の「炭鉱統合実施要綱」により弱小炭鉱の整備が本格化するが、同時に「買入価格ノ設定ニ当リテハ優良炭ニ重点ヲ置クト共ニ石炭鉱業ノ整備ニ依リ残存スル炭礦ニ付テハ買入補償金増額分ヲ相当程度均霑セシムル」と、価格を通じた企業整備と残存炭鉱の強化が図られた[60]。

1943年度下期改訂では「緊急物価対策要綱」「価格調整補給金制度要綱」が本格的に実施され、買入補償金と生産者価格の引上げはさらに充実された。表2-7によると、それまで2円に固定されていた適正利潤がはじめて引き上げられ、買入補償金も前期に比べトン当たり平均2.5円と過去最高の増額となった。買入補償金交付額は42年度1億6,343万円から43年度3億4,212万円、44年度には7億8,960万円と年々倍増し、生産者価格に占める買入補償金比率も44年度

に50%を越えるまでになった。

　上級炭価格もさらに優遇され、原料用炭・瓦斯発生炉用炭を生産する重要炭鉱は「買入価格ノ限度ノ撤廃又ハ緩和」する措置が講じられた。輸入炭に替わって鉄鋼減産を回避する切り札となる上級炭は、たとえ高コストであっても生産さえすれば無制限に生産費と利潤が補償されることになったのである。1943年度の原料炭および瓦斯発生炉用炭はトン当たり5.27～6.17円、一般用炭では九州炭特級が4.47円の引上げであったのに対して、カロリーが低い常磐炭・宇部炭は特級でも3.78～3.8円、級外に至ってはわずか1.28円程度の値上げに止まり、炭種・等級による価格差は拡大した[61]。

　一般価格報奨制度と特別価格報奨制度も実施され[62]、特別価格報奨制度だけで1943年上期に1,440万円、下期1,861万円、44年度上期1,337万円、下期1,085万円が支払われた[63]。

　このように石炭産業では1942年下期以降、高能率炭鉱、上級炭の生産者価格を徹底的に優遇した。その結果、主要石炭企業の利益率は表2-5のように、42年下期は依然停滞していたが、43年にはほとんどの企業の利益率が一時的に回復した。旧昭和系の大手企業だけでなく、中小ではあるが高カロリー炭を出炭していた大濱、九州採炭、魚貫においても同様の傾向が見られた。

　出炭高も表2-6のように、1943年に再び増加した。生産者価格引上げ、5大重点産業への重点的資材配分の結果であった。とくに重要な変化は、年産30万トン以下クラスの炭鉱の出炭がほとんど伸びなかったのとは対照的に、年産30万トン以上の大手炭鉱の出炭が増大し、シェアも上昇したことである[64]。こうして43年には上級炭産出炭鉱、高能率炭鉱の選別動員による生産維持と劣等炭鉱の整備促進を意図した価格統制の効果が顕れはじめた。

2) 硫　　安

　化学肥料は食料生産のために5大重点産業並の措置が講じられた。化学肥料の必要量を確保するためには、国産原料で生産可能な硫安についてはすべての企業を動員しなければならなかった。そのため43年1～7月出荷分の価格決定において劣等企業の稼働を維持するための改訂がなされた。表2-2のように、助成金が前期の30.67円から41.15円（トン当たり）と10.48円、34.2％の引上

表2-10　戦時期硫安工場別生産者価格

(トン当たり円)

会社名	43.1～7		43.8～12	44.1～12	45.1～12		
	生産費	3集団価格	6集団価格	5集団価格	生産費(企業申請)	生産費(政府査定)	7集団価格
日窒化学	111.40	139.14	151.68	194.00	216.44	195.41	250.00
日本窒素		139.14	151.68	194.00	196.00	161.40	250.00
日産化学（日本鉱業）	110.93	139.14	151.68	194.00	220.50	191.75	250.00
住友化学	134.22	139.14	151.68	194.00	279.82	230.80	280.00
宇部興産	124.27	139.14	151.68	194.00	279.56	231.30	280.00
東洋高圧	138.99	139.14	151.68	204.00	266.53	246.30	300.00
日本化成（三菱化成）	140.98	143.54	156.06	204.00	300.13	252.25	300.00
昭和電工	141.67	143.54	156.06	194.00	272.93	267.45	320.00
日東化学	121.40	143.54	156.06	204.00	268.58	260.75	320.00
大日本特許（日東化学横浜）		140.87	166.51	204.00	485.60	345.72	420.00
矢作工業（東亜合成化学）	141.41	143.54	156.06	204.00	318.87	303.68	370.00
多木製肥		140.87	186.11	254.00	427.79	418.21	450.00
日本水素		140.87	212.41	294.00			
東北肥料		140.87	198.51	354.00	453.08	413.77	450.00

注1）43年1～7月生産費は42年下期～43年上期の生産費調査による。
　2）45年生産費は硫安製造業企業各社が算定した45年販売予定分の生産費予想額、およびこれに対する政府査定額。
　3）日産化学は43年4月に日本鉱業に合併、矢作工業は44年7月に東亜合成化学工業に改称、日本化成は44年4月に三菱化成工業に改称、大日本特許肥料は43年日東化学に吸収合併され、東洋高圧横浜工場となった。日本水素は44年5月メタノール工場へ転換。
出所：経済安定本部総裁官房考査課「肥料工業に関する研究」（経調内昭25第14号）1950年3月、45～46頁。
「重要肥料供給確保施設補助金交付要項」各期（過燐酸石灰工業会資料『第5回公定価格関係資料（昭和15年12月）』、『第7回公定価格算出資料（昭和16年1月）』、『販売価格資料（昭和16～20年）』、『原価計算（昭和20年1～12月）』、『重要肥料供給確保施設・補助金関係（昭和18年）』）。
「硫安甌当生産費調」1943年12月、(過燐酸石灰工業会資料『化成肥料補助金適正価格関係・硫安生産費決定事情（昭和19年）』）。
「硫安各社別適正価格表」、「硫安予定原価計算比較表」（過燐酸石灰工業会資料『原価計算（昭和20年1月～12月）』）。

げ率となり、生産者価格が大幅に引き上げられた。助成金増額分は劣等工場に重点的に配分され、従来の単一の生産者価格から表2-10のような生産原価に応じた3集団価格制に移行し、高コスト企業ほど高い生産者価格が設定された。さらに高コスト企業4社に対してトン当たり14～33円の特別助成金が加算された[65]。

「緊急物価対策要綱」が織り込まれた1943年8～12月改訂では、助成金は前期より22.84円増額の63.99円、55.5％というさらに高い引上げ率となり（表2-2）、加えて価格報奨制度も開始された。その後も助成金は年々引き上げられ、実際の交付額も42年度の3,591万円から43年度4,835万円、44年度には6,449万円に達した[66]。またこの改訂から高コスト企業に対する特別助成金を廃止す

る替わりに、表2-10のように買取り価格が3集団価格から5～7集団価格制に細分化され、とくに高生産費企業の日本水素、東北肥料、多木製肥の価格が重点的に引き上げられた。各企業が申請する生産費は政府査定において下方修正されたが、集団間の価格差は年々拡大し、ほぼ個別企業の生産費レベルに応じた買取り価格が設定された。

硫安価格は化学肥料のなかでもとくに優遇されていた。過燐酸石灰と比較しておこう。前述のように燐鉱石の輸入途絶を背景に過燐酸石灰の企業整備が展開し、1943年に14社27あった工場は45年8月までに10社16工場に減少した[67]。硫安と同様、残存企業に対しては助成金が大幅に増額されたが、43年1～7月出荷分は前期に比べて30％、43年8～12月分は44.8％の引上げであり、硫安には及ばなかった。

このように化学肥料では国産原料の肥料を選別し、優遇する価格制度がとられた。硫安については最底辺企業まで動員するための保護的価格制度を採用して生産の重点化を図り、一方では輸入原料の化学肥料は徐々に整理されていった。しかし、硫安産業内部においても選別的な価格政策が行われなかったわけではない。戦後統制期において、化学肥料の生産回復にともなって1949年4月から生産費に応じた企業個別の生産者価格を廃止して3集団価格制へと移行し、高生産費低能率企業の価格引下げと高能率企業の価格引上げを実施された。これによって高生産費の東洋合成は倒産し、また他の高生産費企業も生き残りをかけた能率向上に迫られるなど、選別的価格政策による合理化が展開されることになる[68]。

もっとも、表2-3により硫安製造企業の1943～45年の利益率を見ると、下位企業の価格が大幅に引き上げられた43年に日本水素、東北肥料の利益率が一時回復するが、全体的には停滞した。これは硫安製造をとりまく環境が悪化したためであった。化学肥料工業は高圧処理、硫酸処理等などにより他産業に比べて設備の耐久性が乏しいが、軍需への重点化に伴って表2-4のように設備補修に必要な鋼材、セメントの配当が42年をピークに急減したために設備は著しく荒廃し、電力や石炭等原料の入手も困難になった。加えて、戦災、中間製品であるアンモニアの軍需増加、硝酸・メタノール工場への転換などにより[69]、硫安生産量は表2-4のように42年以降激減した。

硫安以外に国産原料使用企業に対して保護的価格制度が採用された事例として、アルミニウムが挙げられる。アルミニウムは1940年11月からプール平準価格制が採用され、一手取扱機関である帝国軽金属統制株式会社が生産費と適正利潤による企業別価格で買い入れていた。しかし、原料のボーキサイト輸入が困難になり、翌42年10月にボーキサイトを使用するバイヤー法の企業5社を単一価格、礬土頁岩・明礬石等の国産原料によるノンバイヤー法の企業を個別価格による買取りとする改訂がなされ、バイヤー法企業のトン当たり2,187円に比べて、ノンバイヤー法は2,187～2,550円と高価格が設定された。緊急物価対策要綱が具体化された43年4月の改訂価格においてもノンバイヤー法の買取価格の方が高い値上げ幅となり、両者の価格差は一層拡大した[70]。こうしてアルミニウムでは生産費が高い国産原料ノンバイヤー法に対して保護的高価格を設定することにより、ノンバイヤー法工場の徹底利用とバイヤー法工場のノンバイヤーへの転換を進め、生産を維持しようとした。

以上、石炭と硫安の事例で検討してきたように、1942年秋以降の価格統制は高生産性企業や国産原料使用企業など、著しい資源不足の下で重要物資の生産を支えるために必要な企業を選別して生産費・利潤を補償した。重点物資については、このような価格政策と資材の重点的配分により43～44年まではかろうじて生産を維持することができた。しかし、同時に補助金や各種報奨金等の際限ない支出は、臨時軍事費支出の簡素化や指定金融機関制度などと相まって、44年に入ると激しいインフレを引き起こした。生産費は急騰し、さらに補償金・助成金が引き上げられるという悪循環に陥った。実勢に応じた公定価格改定は困難になり、公定価格制度を維持することさえできなくなった。そして、公定価格算定方法の簡素化、重要物資以外の公定価格廃止などが議論されるなかで敗戦を迎えることになった。

おわりに

以上検討してきたように、価格統制は戦時期において一貫して統制経済全体の政策課題や生産計画に適合した企業を動員するという機能を担ってきた。以下、重要な論点をまとめておきたい。

1937年から42年前半期までは物価水準の安定化のため基礎物資価格は低く抑えられ、これが生産拡大を阻害する一要因になったことは否めない。しかし、決して企業利潤を抑えつけるだけの硬直的低価格主義が貫かれたわけではなかった。全企業動員による生産力拡充が目指された39年頃から高能率企業の利益を犠牲にしたプール平準価格制、価格助成金等により下位企業に生産費と利潤を可能なかぎり補償し、劣等設備の稼働を維持しようとした。このような方法は下位企業の動員に成功した。しかし、低コスト、高生産費企業ほど生産者価格が安く設定されるため、石炭のような生産性格差の大きい産業では優良企業の生産を停滞させる結果となり、優良企業からは下位企業優遇の価格設定の改訂、企業整備の要求が高まった。

　実際に原材料、労働力が不足し、不要産業や劣等設備による生産が不合理になると、41年頃から公定価格の設定において生産費・利潤保障の対象を軍需、基礎生産財や生活必需品等の重要産業に限定し、さらに産業内部でもとくに国産原料使用企業や高能率企業の価格を高く設定して、価格を通じた不要産業や下位企業の切り捨てなど動員企業の絞り込みが徐々に展開され始めた。

　1942年秋以降、徹底した重点化が課題になると、重点産業の生産に必要な企業を効果的に動員するための選別的価格政策が実施された。不要産業、劣等企業の整備を進める一方で、動員企業についてはそれまでの低生産者価格を放棄して、生産者価格引上げによる生産誘導へと転換した。この方向は43年2月の「緊急物価対策要綱」により一挙に拡大され、生産費高騰に応じて生産者価格を際限なく引き上げた。その結果、5大重点産業に関しては、乏しい資源の下で44年まで生産を維持することができた。価格統制は、価格の変更という比較的簡単な操作を通じて企業に影響を与えることが可能であり、政策課題の変化にも柔軟に対応しながら、企業動員の手段として重要な役割を果たした。

　このような価格統制による企業動員は戦後復興期の統制にも引き継がれた。最後に戦時との比較で復興期の価格統制の展望について触れておきたい。戦時期は軍需のため膨大な財政支出は不可避であったが、臨時資金調整法等による資金統制計画、公債消化、国民貯蓄運動、購買力抑制政策、物資動員計画下での総需要管理政策など強力な統制の下でインフレの顕在化を可能な限り抑制していた。しかし、1944年に始まる鉱工業生産の急減と軍需会社指定金融機関制

度を通じた信用の膨張によるインフレのなかで、価格政策は崩れていくことになった。

戦後は軍需がなくなり、財政緊縮、金融引締め等の政策選択余地があったにもかかわらず、臨時軍事費や、その後の復興金融金庫債の日銀引受発行、加えて価格統制を含めて統制の枠が一時期次々と外されたため、戦時末期からのインフレが一挙に爆発した。これが戦時期物価統制との一番大きな相違点であり、爆発的インフレのなかで戦時期と同様の価格統制が再スタートした。石炭・鉄鋼など基礎生産財価格に価格調整補給金を導入し、企業に生産費を保障するとともに需要者価格を低く抑えた。そしてまず基礎的鉱工業の生産拡大を図り、インフレを間接的に緩和していく方法が採られた。しかしながら、インフレが暴走するなかではたとえ公定価格を改訂してもそれを維持することは困難であった。そのため戦時期よりも凄まじい生産費の高騰と、一方での基礎生産財の生産者価格の固定によって企業経営は悪化し、1946年半ばには縮小再生産という危機的事態に陥り、日本の経済復興を遅らせる結果となった。とはいえ、敗戦直後の低能率企業にも生産費を保障して全企業を抱えて増産を図ろうとした価格設定から、47～48年の緩やかな生産回復にともなって、48年には優良企業の生産費を基準としたやや実勢に近い価格設定がなされ、生産回復に弾みをつけることになった。そして価格政策はドッジラインとともに価格調整補給金の撤廃という形で劣等資本切り捨てを強行し、最後に企業合理化を果たすことになった[71]。

注
1) 原朗編『日本の戦時経済——計画と市場』所収論文、東京大学出版会、1995年、渡辺純子「戦時期日本の産業統制の特質——『10大紡』体制の成立」、土地制度史学会『土地制度史学』第150号、1996年1月。
2) 大蔵省編『昭和財政史』第Ⅸ巻通貨・物価、1956年、通商産業省編『商工政策史』第11巻産業統制（前田靖幸）、1964年。
3) 岡崎哲二「戦時計画経済と価格統制」、近代日本研究会編『戦時経済』（年報近代日本研究9）山川出版社、1987年。
4) 宮島英昭「戦時経済統制の展開と産業組織の変容——国民経済の組織化と資本の組織化」、『社会科学研究』第39巻第6号1988年3月、第40巻第2号1988年8月。
5) 商工省『物価要覧』鱒書房、1943年、7頁。
6) 明石照男『支那事変下の物価政策概観』1940年、33～34頁、渡部政雄『戦時物価統制の諸問題』日本出版社、1942年5月、64頁。

7) 前掲『商工政策史』第11巻、283～291頁。
8) 硫安配給組合は1932年11月、日本窒素、大日本人造、電気化学、三池窒素、昭和肥料、住友化学の6社により設立され、その後、朝鮮窒素、旭ベンベルグが加入した。組合設立後に操業を開始した宇部窒素、矢作工業、東洋高圧などは未加入であったが、組合に協調的であった。日本硫安工業協会『日本硫安工業史』1968年、118頁。
9) 渡瀬完三『硫安』ダイヤモンド社、1938年、145～146頁、寺田省一『肥料の統制及配給』産業経済学会、1941年、73～74頁。
10) 東洋経済新報社編『物価二十年』1938年版、統計編、53頁。
11) 前掲『日本硫安工業史』164頁。
12) 前掲『硫安』163～165頁、全国購買組合連合会『戦時下の肥料問題』1939年、12～14頁。
13) 前掲『戦時下の肥料問題』50～53頁。
14) 硫安販売株式会社は1938年4月の「硫酸アンモニア増産及び配給統制法」により同年8月に日本硫安株式会社へ拡充改組され、さらに40年7月に同社は燐酸肥料配給株式会社、有機肥料配給株式会社とともに日本肥料株式会社に吸収統合された。前掲『日本硫安工業史』169～170頁。
15) 東洋高圧工業株式会社「第拾弐期営業報告書」1938年10月～1934年3月。
16) 宇部窒素工業株式会社「第拾弐期営業報告書」1938年12月～1939年5月。
17) 昭和電工株式会社川崎工場「川崎工場史（稿）」戦時編、150頁。
18) 前掲『戦時下の肥料問題』133～134頁。
19) 農林省農政局『肥料要覧』1951年版、8～9頁。
20) 1932年10月、昭和石炭株式会社が創立された。加盟企業は1940年7月時点で三菱鉱業、三井鉱山、北海道炭礦汽船、明治鉱業、貝島炭礦、住友鉱業、磐城炭礦、古河鉱業、大倉鉱業、雄別炭鉱鉄道、太平洋炭鉱、松島鉱業、嘉穂鉱業、杵島炭礦など27社、全国送炭高の約75％を占めた。昭和石炭株式会社『解散記念誌』1942年、58～63頁。
21) 北海道炭礦汽船株式会社『石炭国家統制史』日本経済研究所、1958年、216頁。
22) 前掲『解散記念誌』170～171頁。
23) 前掲『石炭国家統制史』194頁。
24) 前掲『石炭国家統制史』206頁。
25) 前掲『石炭国家統制史』207、253頁。
26) 前掲『石炭国家統制史』207頁。
27) 東洋経済新報社『東洋経済新報』1939年7月1日、1875号、52～53頁。
28) 日本銀行調査統計局『明治以降 本邦主要経済統計』1966年、68頁。
29) 前掲『東洋経済新報』1939年4月22日、1864号、41頁。
30) 物価局「物価統制方針ニ関スル参考資料」1943年1月。
31) 前掲『支那事変下の物価政策概観』112～113頁。
32) 従来の研究では、この9.18価格を以て当該期の価格政策を「一般的な低物価政策のための手段」として把握し、動員手段としての機能についてはほとんど注目されてこなかった（前掲、岡崎論文186頁、前掲『昭和財政史』283頁）。しかし、9.18価格はあくまで緊急措置に過ぎず、以下の事例に見るように多くの重要産業に下位企業動員を意図したプール平準価格制や補助金が導入された点を無視すべきではないだろう。
33) 前掲『石炭国家統制史』153～156頁。
34) 前掲『石炭国家統制史』234～235頁。日炭の業務開始とともに40年10月に昭和石炭は解散した。前掲『解散記念誌』226頁。
35) 前掲『石炭国家統制史』509～536頁、日満支石炭連盟『日満支石炭時報』第5号、40年9月、65～66頁、同『石炭常識講座』昭和十七年度新修、278～281頁。

第2章　価格統制と企業動員　　　　　　　　　　　　　　　　79

36)　1940年下期において北海道炭礦汽船と杵島炭鉱のみ利益率が上昇しているが、北海道炭礦汽船の場合は船舶回漕の利益上昇によるものであった。炭鉱部門の利益が39年下期667万円、40年上期470万円、下期485万円と停滞したのに対し、船舶回漕部門は39年下期131万円、40年上期196万円、下期279万円と急成長した。杵島炭鉱の場合は40年6月に北方炭鉱が開坑したことが要因と思われる。
37)　運輸省鉄道総局総務局統計調査課「石炭鉱業の展望」石炭調査第5輯、1947年12月、190頁。
38)　前掲『物価要覧』869〜871頁、日本経済連盟会調査課編『物価政策に関する研究』生活社、1942年、204〜219頁。
39)　「硫安生産費決定事情」1941年11月、過燐酸石灰工業会資料『生産費参考資料（昭和19年1月）』。
40)　肥料行政は1939年12月に農林省専管となった。
41)　前掲『日本硫安工業史』172頁。
42)　前掲『肥料の統制及配給』99〜100頁、肥料年鑑出版部『肥料年鑑』昭和15年度新版、58頁。
43)　企画院「物価対策審議会答申第二号」1941年8月12日、美濃部洋次文書『[物価関係資料]』Ad36-1。
44)　日本経済連盟会「低物価生産増強対策に関する意見」1941年10月、前掲『物価政策に関する研究』生活社、1942年、43〜47頁、61〜62頁。商工省は41年11月にこの建議の具体化を検討するため物価問題官民懇談会を設置し、建議に盛り込まれた要望は以下の具体事例に見るようにほぼ実現されることになった。
45)　前掲『日満支石炭時報』第9号、1941年1月、80頁。
46)　北海道炭礦汽船株式会社の常務取締役である藤井暢一郎は以下の如く述べている。「日本石炭株式会社の石炭買取り価格は各炭鉱別々に其の生産費に適正利潤を加へたものであるから、甚だ合理的の如くに見えるが販売価格は固定されて居るため生産費の高騰を十分に認められず、勢ひ高能率の炭礦は低能率の炭礦よりも多くの犠牲を払ふ事となる。…優良炭が割安で二號炭類が割高であるといふことは一部の需要者にも一部の生産者にも迷惑のことである」。前掲『日満支石炭時報』第14号、1941年6月、10頁。
47)　前掲『日満支石炭時報』第13号、1941年5月、69〜71頁。
48)　同時期に展開された経済新体制運動で提唱された重点主義化は、こうした大手の利害と一致しており、主要業界は新体制の理念に反対しつつも重要産業統制団体設立に率先して動くことになったと考えられる。
49)　前掲『石炭国家統制史』419〜420頁。
50)　『日満支石炭時報』第11号、1941年3月、49〜51頁、第18号、1941年10月、63〜64頁、第24号、1942年4月、57〜58頁、「日本石炭株式会社昭和十六年度下期石炭買入価格及販売価格設定基本要綱」、美濃部洋次文書『[物価対策資料（三）]』Ad19-11。
51)　前掲『石炭国家統制史』359頁。
52)　前掲『肥料要覧』1941年版、8頁。
53)　前掲『肥料年鑑』昭和十七年新版、21〜24、32、37〜42頁。
54)　「硫安廸当生産費調（第十一回）」1941年11月、過燐酸石灰工業会資料『生産費参考資料（昭和19年1月）』。
55)　経済安定本部総裁官房調査課「肥料工業に関する研究」経調内第14号、1950年、45頁。
56)　中央物価統制協力会議「緊急物価対策要綱（要旨）価格報奨制度要綱（要旨）」1943年4月、石川一郎文書『中央物価統制協力会議（2）』。
57)　生産者価格と需要者価格との調整に膨大な財政支出を投じるというこの方法は、戦後復興期の価格調整補給金として一般化する。この点については別の機会に論じる予定である。
58)　企画院「価格報奨制度要綱（案）」1943年2月22日、美濃部洋次文書『昭和十八年度生産増

強対策資料』Aa-7-67。
59) 前掲『石炭国家統制史』。
60) 前掲『石炭国家統制史』543頁。
61) 前掲『石炭国家統制史』545～548頁、『日満支石炭時報』第32号、1943年3月、191頁。
62) 石炭の価格報奨制度については算定方法が複雑で生産者にとって受取額を予想することが困難なこと、支払いの遅延、内部留保ができないなど増産効果を疑問視する意見もあった。こうした補助金算定の複雑さは鉄鋼等でも指摘されている。国民経済研究所「重要物資価格政策」1944年2月、27～31頁。
63) 大蔵省編『昭和財政史』第Ⅸ巻通貨・物価、東洋経済新報社、1956年、347、353頁。
64) 岡崎論文の43年増産の指摘は、こうした生産条件の違いによる企業間の非対称性を考慮して理解する必要がある。
65) 前掲『日本硫安工業史』173～174頁。
66) 物価庁『物価統制資料集』(第一分冊) 1950年12月、192頁。
67) 農林省肥料課編『肥料年鑑』昭和二五年度版、53頁。
68) 前掲『日本硫安工業史』316頁。
69) 「最近ノ肥料事情ニ関スル件」1944年7月、農商省「最近ニ於ケル肥料事情」1945年12月、過燐酸石灰工業会資料『配給統制参考資料(昭和16～21年)』、経済安定本部総裁官房調査課「肥料工業に関する研究」(経調内昭和25年第14号)、1950年3月、48～49頁。
70) 内務省警保局「統制物資の実務知識」第7輯軽金属編、1943年8月、133～138頁。
71) この展開については別稿を用意している。

第3章　戦時貿易統制における交易営団の役割

鴨井　一司

はじめに

　戦時下に交易と重要物資保管の一元的管理を目指した交易営団に関しては、通商産業省「商工政策史」、J・B・コーヘン「戦時戦後の日本経済」、閉鎖機関整理委員会「閉鎖機関とその特殊清算」[1]等の先行研究がある。これらの記述は、交易営団法などの貿易統制法規と交易、管理業務の概説が中心であり、交易営団による重要物資の集荷、保管、再配分の具体的な実績に関する記述はわずかである。業務実績に関するデータは従来ほとんど発掘されず、交易営団総裁を務めた石田礼助の回想[2]でわずかに触れられるにとどまっている。また、柴田善雅は、為替交易調整特別会計における貿易差損益の調整機能について営団業務の一部を分析した[3]。しかし、交易営団の重要物資確保に関する業務自体は検討対象ではなく、戦時貿易統制における役割の全体像を明らかにしてはいない。さらに民間貿易業者に関する研究[4]では1943年以降の貿易業務について、統制業務に関する考察は少ない。特に交易営団との関係については、営団への出向など人事面での関係に関する記述が中心となり[5]、取引の分析は見られない。本章では交易営団の内部資料をもとに、戦時貿易統制下における営団の業務を解明し、その役割を考察する。

1　交易営団設立前の戦時貿易統制

（1）戦時貿易統制の開始

　1937年9月に成立した輸出入品等臨時措置法は、戦争経済の円滑な進行を目

的とした戦時貿易統制の基本法規であった。その後、貿易統制に関して、1939年9月、中国大陸の物価高騰と思惑輸出の防止のため満関支輸出調整令が公布された。さらに40年9月、輸出調整令を強化する形で、大陸のインフレが国内に波及することを防ぐため満関支貿易調整令が公布された。また欧米に代わる新たな市場として、民間貿易業者が積極的に進出していた南方圏については、1940年12月、安定した貿易量拡大と一元的な統制を目的に南洋貿易調整令が制定された。

貿易全体の計画化の実行者として貿易関係業者の組織も徐々に整備された。輸出入品等臨時措置法と同時に施行された貿易組合法により、従来の輸出組合に加え、輸入組合が設立された。そして輸出（輸入）組合の上部組織である輸出（輸入）組合連合会や、連合会の上部組織である貿易組合連合会が設置され、貿易関係業者や国内生産者との連携を強化した。また満関支貿易調整令に基づいて、輸出入価格調整を業務とする、日本東亜輸出組合（雑貨を取り扱う地域別組合の連合体）や他の商品別輸出組合が参加した日本東亜輸出入組合連合会が設立された。そして南方圏に関しても、南方圏貿易にかかわる調整機関を一元的に統制する南方貿易会が1941年4月に設立された。会員は、輸出統制会社11社、輸出組合29組合、輸入（または配給）統制会社11社、輸入組合2組合、輸入統制組合3組合の合計56機関であった。配給統制会社が輸入統制会社に含まれたのは、物資の国内配給と輸入が密接な関係であり、輸入統制会社を新設して無用の摩擦を起こさないようにしたためである[6]。同会は、設立経緯や調整機関の統合方法などの点で、のちの貿易統制会設立の原型となった。

1937年以降に作られた貿易統制に関する法令は、貿易収支の均衡、外貨獲得のための輸出振興という従来の政策目的に加え、輸出用商品の原材料確保や、輸入統制に着手し貿易全体の計画化を目指した点が特徴であった。また商品ごとの貿易組合の上部組織を設置することで、業者間の連絡調整を密にしていた。しかしこの時点での貿易統制は業者による組合の自治的統制が前提であり、強制的なものではなかった。

(2) 太平洋戦争期における貿易統制

第二次世界大戦の勃発や1940年1月の日米通商航海条約の失効などで、日本

の欧米向貿易は減少し、貿易相手国は中国大陸と南方圏に限られていった。この事態に対応して、満関支貿易調整令、南洋貿易調整令に代わる貿易統制令が1941年6月に公布され、それまでの地域別の貿易統制法規が一元化された。

また、市場（地域）別、商品別の輸出組合、輸入組合が混在し、組合による統制が多重化していた貿易組織については、市場（地域）別輸出組合、輸入組合を廃止し商品別組合に吸収させた。そして重要産業団体令に基づく指定を受け、1942年1月、日本東亜輸出入組合連合会、南洋貿易会を再編した日本貿易会が設立された[7]。会員は、輸出（輸入）組合、輸出（輸入）組合連合会、輸出（輸入）統制会社と、1939～40年の年平均輸出入実績額1,000万円以上の貿易業者の計176団体であった[8]。統制会会長には日本棉花から南郷三郎が就任し、理事には三井物産等の大手貿易業者、旧日本東亜輸出入組合連合会理事、商工省出身者が就任した。貿易統制会の業務は、①貿易統制令に基づく輸出入命令の貿易組合への伝達、②貿易実務上の許認可、③調整機関（貿易組合）の意見、要望を商工省側に伝えるための懇談会の開催、④貿易業整備要綱（1941年12月決定）に基づく貿易業整備などであった[9]。こうして統制会を頂点に貿易組合、統制会社を下部組織とする貿易統制機構が整備された。貿易業者は、統制会が立案、決定した貿易統制の方針、政策を所属組合を通じて伝達、命令されることになった。

一方、対外関係の激変と貿易統制の本格化のなかで、三井物産の圧倒的な貿易占有率に対して三菱商事が取引を急拡大していた。三菱商事は商圏拡大のため南方に積極的に進出すると同時に、軍部との取引を活発化させていた。このなかで中小貿易業者は淘汰され、取引は三井、三菱に集中していった。しかし限られた市場の中で激しい競争を繰り広げていたため、両社の収益は取引の伸びに反して停滞していた。そのため、1940年11月には三井物産と三菱商事の競争制限協定が結ばれている[10]。

(3) 交易営団設立以前の貿易統制の問題

政府の貿易統制は、日本の貿易取扱高が縮小する中で、重要物資の輸入を最優先した。このため、貿易統制に関する法律は1943年までに貿易統制令に一元化され、貿易組合、貿易統制会等の統制組織の設置・改編を進め、貿易関係業

者による自治的統制から政府中心の統制に切り替えていった。

しかし貿易関係業者に対する貿易統制会の統制機能には大きな欠陥が存在した。第一に、貿易の許認可に関する権限、輸出入の委託数量の算定・委託について、商工省からの権限委譲がないことであった。このため、民間業者に対する統制が弱く、統制会が主導する取引は物資確保が安定しなかった。権限委譲問題については、貿易統制会の設立当初から指摘されていたが[11]、1943年2月になってようやく、商工省から貿易統制会への委譲が実現した[12]。

第二に、商品別に多数存在する調整機関（貿易組合）、業者、統制会の多重性であった。貿易統制会の会員は貿易組合と大手民間貿易業者だけであり、貿易業者の多数を占める中小業者は、加盟する組合を通じて統制会の指示を受けるため大手民間業者と時間的なずれが生まれていた。また、貿易統制実務の事務業務は各貿易組合が中心に行っており、貿易統制会が一元的に統制を行っているわけではなかった。そのために、複数の商品を取扱う業者、特に大手民間業者については、商品ごとに組合に加入、人員を出向、転籍させなければならず、業者の調整機関にかかわる業務は負担となっていた。

(4) 重要物資管理営団の設立

交易営団設立時に吸収されることになる重要物資管理営団（以下管理営団）は1942年4月、輸入重要物資等の貯蔵、確保を目的として設立された。理事長には三井物産出身の住井辰男が就任し、理事には民間貿易業者を中心とする実務経験者が就任した[13]。資本金は2,000万円で全額政府が国債で出資した。物資の買上資金や倉敷料等は、全額戦時金融金庫、時局共同融資団からの融資により調達され、人件費、事務費等の運営資金については保有国債の利息によって賄う方針がとられた[14]。

管理営団の業務は物資動員計画に基づく物資の適正再配分、特に軍需産業に対する物資の重点的配給と物資の有効利用を目的として、日本国内で民間に退蔵、または休眠状態にある重要物資の集荷、買入、保管を行うことだった。管理営団による買上業務では、民間貿易業者の輸出不能となった物資を滞貨物資として買上げた。これは結果的に政府による直接的な貿易統制の一環となった。買入物資は管理営団が自前で倉庫を保有せず、既存の営業倉庫に預け、配給用

途別に次のように分類した。①軍需用資材（特に非鉄金属）を中心とする特別物資、②災害復旧用資材を中心とする緊急保有物資、③軍需用物資として活用されなかった休眠・滞貨物資、輸出滞貨、税関収容貨物滞貨、奢侈品などである。管理営団は、交易営団に吸収される1943年5月末には、非鉄金属等の特別物資約1億2,000万円、薬品等の緊急保有物資約5,100万円、鉄鋼等の買上物資5億4,000万円、繊維製品等の輸出滞貨5億7,000万円を保有していた[15]。

管理営団は、1942年5月から国内の退蔵・休眠物資、第三国貿易向け商品で滞貨となった物資の第一次買上を実施する。対象物資は、鉄鋼原料及び同製品、非鉄金属原材料及び同製品、綿糸・綿糸布・羊毛・毛糸・毛織物など繊維関係製品、麻袋、化学薬品等の工業用原料および同製品、医薬品・衛生材料その他医療用資材、木材・釘・電線等の防空用資材および災害復旧用資材の7種類であった。買上は物資所有者の任意供出とされ、任意供出期間（1942年5月15日から2カ月間）を過ぎても供出されない場合には、物資統制令に基づく強制買上が検討されていたが、実際には発動されなかった[16]。この買上で、東京では鉄鋼、薬品等が、大阪では主に貿易滞貨が買上げられた。さらに管理営団は、物資の計画的保管・配給の必要性から、自ら南方占領地からの輸入、保管を行っており[17]、東京本部、神戸支所所管合わせて約1,000万円の生ゴム（1943年度輸入額の約15％）を所有していた。

これらの管理営団の業務と資産は1943年7月の交易営団設立に伴い、すべて交易営団が引き継いだ。

2　交易営団の設立

(1) 交易営団の設立

貿易統制会による貿易の統制が多くの問題を抱えるなか、各種の審議会において、強力な統制機関の設立が議論されていた[18]。特に1943年2月に大東亜貿易研究会が発表した「大東亜の交易経済方策」は、統制組織が貿易の直営権限をもつというものだった[19]。商工省内においても1942年半ば頃から、貿易統制会に変わる組織の検討が始まっていた。商工省方針は、民間所有の物資・人員

を動員して国営貿易に近い形態の統制を行う、というものであった[20]。そのため、重要物資の確保・輸入を業務とする管理営団を貿易統制会の会員とする案などが検討された[21]。最終的には管理営団と貿易統制会を統合した新たな統制組織の設立が決定され、1943年3月、交易の一元的統制の実現を目標とする交易営団法が公布された。営団組織は、政府の強力な監督下に置かれることから、営団を通じて政府の統制が関係する民間業者に徹底されることが期待された。営団組織としたのは株式会社組織と異なり営利を追求せず、民業では採算が取れない、またはリスクを負担できない事業に適していたためだった。

政府は衆議院本会議における法案説明の中で、交易営団の果たすべき役割について、交易業務の統制と、重要物資の保管の2点をあげていた[22]。交易業務の統制については、従来の貿易統制会の指示による調整と民間業者との委託契約では物資確保が困難であるとして、交易営団による直営方式の交易業務により安定した物資確保を目指した。また、重要物資の保管についても、重要物資の輸出入統制と結びつけることで、一層強化できるとしていた。さらに商工省は交易営団の利点として、重要物資輸入に関する差損処理を交易営団に一元化する利点を挙げた[23]。交易営団と為替交易調整特別会計を連動させることで、輸入差損と輸出差益を交易営団の特別会計で相殺し、政府の補償金負担を軽減しようとした[24]。交易営団は民間業者にとって、負担の大きい日本国内と大陸や南方の価格差による損失、物資の輸送、保管に関する諸経費を処理する組織だった。

(2) 交易営団による貿易統制の強化とその反応

交易営団の構想に対して、他の貿易業関係者や既存の統制機関の反応は冷ややかだった。

交易営団に先行して統制機構を作り上げていた鉄鋼統制会は、鉄鋼原料・製品の輸入で発生する価格差損について、交易営団がその補償、輸入品の国内販売価格との調整を行うことは歓迎した一方で、交易営団との国内業者に対する統制の二元化を懸念していた[25]。このため交易営団は、輸出入業務の統制機構が完成している業種については、既存の機構を優先させた[26]。鉄鋼原料・同製品の輸入、保管を担当していた鉄鋼原料部では、銑鉄、屑鉄、鉄鉱石の輸入業

務に特化させることで、鉄鋼原料統制株式会社（以下鉄鋼原料統制）が行っていた業務との重複を避けた。また、配給機関の職員を交易営団嘱託として任命し、二重統制の問題を回避した。1944年10月には、鉄鋼原料部部員が職員8名に対して、嘱託26名など外部委託を強化して[27]、人材不足の問題も解決しようとした。さらに1945年2月には、鉄鋼原料部と鉄鋼原料統制との一体化を明確にするために、①鉄鋼原料部の地方分室を鉄鋼原料統制の支店、出張所に設置する、②分室長を鉄鋼原料統制の支店長、出張所長に担当させる、③鉄鋼原料部の経費から鉄鋼原料統制に対し年間相当額を支出する、④鉄鋼原料統制と協議の上、会社役職員を営団職員に任命し、鉄鋼原料統制も営団職員を同社職員として任命する等の措置を実施し、交易営団と従来からの統制機構との統合を図った。

しかし一方で、生ゴムのように交易営団、商工省、民間業者が統制の主導権を争う場合もあった[28]。生ゴムは、護謨統制会の設立が1943年1月にずれ込むなど、一元的な統制が他産業に比べて遅れていた[29]。交易営団は設立当初、輸入生ゴムの一元的保有管理を管理営団から引き継ぎ、業務を行った。しかし国内配給機関の役割も担当することを主張する交易営団と、新たな配給組織の設立を目指す商工省が激しく対立した[30]。また1944年に、軍需省から交易営団に対し、護謨資材統制会社の設立に協力する旨の通牒が出されると、新たな生ゴム配給機関設立に反対する大口需要家と、軍需省に対する反対姿勢を軟化させた交易営団が対立するなど、意見の相違が続いた[31]。

さらに、交易営団を金融面から支えることになった横浜正金銀行（以下正金）も、交易営団の交易直営業務について、その実効性に疑問を示していた。当初、正金は交易営団設立により解散することになっていた調整機関の活用が重要であるとしていた[32]。三井物産でも正金と同様の反応が見られた。交易営団副総裁から復帰した住井辰男は、物産内部での訓示で、交易営団に対して積極的な協力姿勢を示す一方、交易業務の営団直営に関しては疑問を示した[33]。さらに1944年12月に三井物産社長に就任した宮崎清は、交易営団の本来の姿は貿易組合以来の輸出入調整機関であると主張した[34]。

このように政府以外の貿易業関係者は、交易営団の交易業務直営方式に疑問をもっていた。彼等は実務経験がない交易営団では円滑な統制は不可能と考え

ていたのである。しかし交易営団は1943年7月の業務開始以降、正金や三井物産の予想を超え「果たせるかな、同団の活躍振は日を経るに従って積極的となり、昨今では相当業者の心胆を寒からしめている」[35]。という積極的姿勢で直営業務に進出していった。

(3) 組織概要

交易営団は、既存の輸出調整機関29機関、輸入調整機関28機関のうち、輸出16機関、輸入9機関を吸収した巨大なものであった。また交易営団法第22条の規定により政府の認可に基づき交易営団と契約して交易業務を行う受託機関として、輸出9機関、輸入10機関を指定し、実質的に交易営団の出先機関とした。資本金は3億円（出資証券1口百円、年4分配当、政府保証）と、当時日本最大の民間貿易業者であった三井物産の資本金2億5,000万円を凌いだ。資本金の出資は政府が2億5,000万円を、残り5,000万円を輸出入調整機関、大手民間業者が事業規模に応じて出資した。3億円という資本金の規模はそれまでに設立された営団の中で最大であった[36]。職員は、交易営団法第17条に基づき、総裁、副総裁、理事は政府から任命され、一般職員も含めて同法第20条により公務員に準じた扱いとされた。交易営団総裁には管理営団と同じく三井物産出身の石田礼助、副総裁には物産出身の住井辰男、正金出身の有馬長太郎が就任した。また交易営団の中核である本部商品部部長、地方支部部長を兼任した理事18名は、その大半が民間出身者であり、特に三井物産出身者は総裁、副総裁を含む22名中11人を占めていた[37]。一般職員についても三井物産等の民間業者から大量の出向者、転籍者を受け入れていた[38]。

(4) 交易営団の資金調達

交易営団の前身である貿易統制会は、会員からの賦課金を主な財源として年間450〜500万円の予算規模で運営されていた[39]。しかし交易営団では直営業務が数多く存在したため、事務経費等の予算規模は年間約2,000万円に拡大した。

また、交易営団の交易業務、管理業務に必要な物資買付、集荷資金は管理営団と同様に、表3-1、3-2のように時局共同融資、戦時金融金庫を中心とする金融機関などからの借入金、当座借越によって調達されていた。上記2機

関からの借入金は表3-1によれば1943年度末には総借入額の約80％を占めていた。また交易営団に対する総融資額は1944年に入ると、表3-3のように10億円を突破した。この月別の増加は、海外での物資買入資金や輸入代金決済で発生する差損引当を中心とする交易関係資金が現地インフレに対応して急増したためである。

また個別金融機関別の借入金を見ると、正金と朝鮮銀行が主な取引先であった。これは正金、朝鮮銀行とも交易営団の活動地域内で貿易金融業務を行っていたことによる。正金は交易営団設立時から営団の単一取引銀行を目指し、共同融資団では主幹事銀行を積極的に引き受けるなどして

表3-1　1943年度末借入金・当座借越残高
(千円)

		残高	利率(％)
借入金	戦時金融金庫	79,900	4.38
	旧二億円共同融資団	129,817	4.38
	新二億円共同融資団	116,455	4.38
	交易運輸資金共同融資団	35,500	4.015
	大阪共同融資団	552,381	4.38
	(小計)	914,053	
	横浜正金銀行	166,572	4.015〜4.38
	朝鮮銀行	33,699	3.83
	台湾銀行	48,501	4.015〜4.38
	三和銀行	1,300	4.38
	三菱銀行	1,000	4.38
	帝国銀行	500	4.38
	野村銀行	250	4.38
	東海銀行	763	4.38
	安田銀行	300	4.38
	(小計)	209,235	
	合計	1,124,288	
当座借越	朝鮮銀行（東京）	23,145	3.85
	横浜正金銀行（東京）	4,004	〃
	〃　（北京）	55	6.02
	合計	27,204	
	総計	1,151,492	

注：当座借越の（　）内は当座借越契約を結んだ支店。
出所：交易営団昭和拾八年度決算報告書附属明細表。交易営団昭和十九年度決算報告書。

いた[40]。大蔵省も価格差損補償に関する融資に対して、正金、鮮銀に独占的に融資させる方針を取った[41]。こうして正金の単独融資額は1943年度末時点で交易営団総借入額の約15％だったものが、1944年度末には約40％に増加した。最終的には正金は交易営団の価格差損支払資金の約70％、一般交易資金の約50％を融資した[42]。

交易営団への融資は基本的に、①重要物資集荷、管理業務資金のための共同融資団融資、②交易事業目的の正金・朝鮮銀行で設定した当座借越、③交易業務資金のための交易運輸資金共同資金団融資、④融資団融資の資金が下りるま

表3-2　1944年度末借入金・当座借越残高

(千円)

		残高	利率（%）
借入金	戦時金融金庫	73,000	4.38
	旧二億共同融資団	191,737	4.19
	新二億円共同融資団	613,984	4.01
	（小計）	878,721	
	横浜正金銀行	687,350	3.83～4.19
	朝鮮銀行	136,473	4.01
	台湾銀行	18,133	4.01
	住友銀行	9,066	4.01
	帝国銀行	9,066	4.01
	三菱銀行	9,066	4.01
	（小計）	869,154	
	合計	1,747,875	
当座借越	〔交易差損口〕		
	横浜正金銀行（東京）	44,216	3.83
	〃（北京・天津・青島）	33,633	〃
	朝鮮銀行（東京）	18,892	〃
	〃（北京・天津・青島）	31,564	〃
	小計	128,304	
	〔交易資金口〕		
	台湾銀行（東京）	11,314	4.015
	横浜正金銀行（北京・天津・青島・新京）	6,343	5.50
	朝鮮銀行（北京・天津・青島）	5,566	〃
	小計	23,224	
	〔経費其他資金〕		
	横浜正金銀行（北京・青島・張家口）	1,410	5.50
	朝鮮銀行（北京）	300	〃
	小計	1,710	
	合計	153,238	
	総計	1,901,112	

注：表3-1に同じ。
出所：表3-1に同じ。

での期間に行われる各行からの一時的な単独融資、⑤戦時金融金庫、大蔵省預金部等からの融資の5種類に分けられる。

①の管理業務資金については、管理営団に融資されていた業務関係借入金約10億円を交易営団が継承したものである[43]。これは、代表幹事の正金、幹事の帝国・台銀・朝鮮・三菱・安田・住友・三和・野村・東海・神戸各行（のちに興銀が脱退、持分は正金が引受）で構成された重要物資買上資金融資団（旧二億円共同融資団）の借入限度額2億円（年利4.38％）の融資である。また新たな融資として、1943年11月、代表幹事の正金、幹事の三菱・台銀・鮮銀・帝国・安田・住友・三和・野村・東海・神戸各行（のちに興銀が脱退、持分は正金が引受）で構成された輸出滞貨物資買上、同付帯費用引受共同融資団（新二億円共同融資団）が、限度額2億円、（年

第3章　戦時貿易統制における交易営団の役割

表3-3　1944年交易営団借入金月末残高一覧　（千円）

	重要物資資金	輸出滞貨その他資金	交易関係資金	借入金月末残高
1月	—	—	—	1,122,213
2月	220,402	686,732	305,973	1,213,107
3月	214,839	710,015	231,583	1,156,437
4月	221,517	686,209	264,107	1,171,834
5月	247,709	661,639	344,170	1,253,518
6月	229,489	638,065	449,611	1,317,164
7月	228,518	619,225	559,477	1,407,219
8月	225,527	628,765	539,035	1,393,327
9月	242,462	620,665	672,204	1,535,974
10月	242,247	687,465	758,687	1,689,110
11月	299,938	681,985	743,118	1,725,752
12月	522,584	607,538	442,881	1,573,715

注：1月の内訳は不明。9月末残高には対独特殊決算資金64万4,000円、10月〜12月末残高には対独特殊決算資金71万1,000円を含む。
出所：経理部業務月報、1944年1〜12月。

利4.3％）で融資を行った。1943年12月には、輸出契約が完了した物品について不可抗力等で輸送不能になった場合に国（輸出調整機関）がFOB価格の80％で物品を買い取る補償がついた丙種補償品の買取資金として丙種補償融資が各金融機関から行われた。さらに1944年11月、特殊物資買上資金として正金が単独で限度1億円の融資を行った。

②の交易業務資金は、その多くが委託業者に対する差損補償に充てられた。これらの融資は前述の正金、朝鮮銀行の分担融資として当座借越という方式で実施された。分担は華北関係の価格差損については正金、朝鮮銀行が均分し、その他の差損については正金が融資した[44]。この当座借越は当初、融資限度が2億円であったが、1944年1月、4億円に増額された。交易差損融資は交易営団の輸入業務の拡大により、差損補償が増加するのにあわせて増加した。

③の交易業務運転資金は、代表的なものとして、1943年11月、共同融資団から限度額1億円（年利4.015％）の融資が行われた。そして1944年10月には、交易営団の業務拡大に伴い、2億円に増額された。また④の繋ぎ融資は、③のための繋ぎ融資などであり、③の融資については営団本部振出約束手形（60日以内）による正金単独融資が限度1,000万円（年利4.015％）で実施された。

⑤の大蔵省預金部の融資は、交易営団にとって、用途が限定されない機動性

の高い資金であり、融資団借入より低利で借入が可能であったため、交易営団にとって利用価値の高い資金であった。1943年12月、所要資金調達を目的として短期資金3,000万円（年利3.65％、借入期間43年12月20日～44年3月25日）を借り入れた。さらに1944年4月には預金部と重要物資買上資金として限度6,000万円（年利3.65％）の借入契約を結んだ。この融資は大阪における輸出滞貨に関する共同融資団からの借入金返済等に充てられた。預金部からの借入はその後も続き1944年9月、業務の活発化を理由として3,000万円を新規に借り入れた。

　交易営団は設立当初、地方支部、出張所の金融に関して、本部に経理事務を集中させていた。しかし空襲等の非常事態発生時の対策として、1944年に入ると支部経理（記帳整理）の支部への委譲を開始した。1944年5月の札幌支部、横浜支部会計の独立を手始めに1945年3月までには、支部、出張所の経理を本部から分離した。1944年5月からは支部独自で融資を受けるなどの対策も取られた。また海外連絡部については交易営団設立当初は本部からの送金で資金調達を行っていたが、連絡部の円滑な業務運営のため会計独立と独自融資が行われた[45]。

(5) 海外、植民地の貿易統制組織と交易営団の関係

　交易営団は現地における集荷活動の円滑化と、価格差損の補償業務の拠点として、海外の貿易統制組織との関係を重視していた。交易営団に対応した現地組織として、満州・関東州では1941年に設立された満関貿易連合会が、北支では、開発用物資に関しては北支那開発、生活関連物資は華北交易統制総会が中支では中華日本貿易連合会（以下中貿連）があった。

　そのなかで、交易営団は中貿連との関係が深く、中貿連は交易営団の委託を受ける形で日本との貿易を行っていた[46]。しかし中貿連は正式な法人格を持つ組織ではなく、債務負担能力もない組織であった。運営資金の調達能力も交易営団に比べて脆弱であったため、中貿連は交易営団から経費引当借入金の融資を受けていたほかに[47]、正金からも融資を受けていた。この正金からの融資は、正式には中貿連本体への融資ではなく中貿連会長個人に対する商業貸付で処理されるという当時としても異例のものであった[48]。

第3章　戦時貿易統制における交易営団の役割

交易営団設立当初、現地の貿易統制機関は協力的ではなかった。それは、現地集荷における主導権と開発物資等の輸入を拡大したい現地機関と、現地からの重要物資の輸入拡大を目指す交易営団との利害対立があった。実務経験のない交易営団と現地機関とは「微妙ナル関係」[49]で、現地機関に対して優位に立てなかった。しかし1944年に入ると政府による交易営団の直輸入物品指定が拡大し、交易営団が現地での契約において主導権を持つようになった。また、現地での代金支払について、交易営団が現地機関に代わり資金借入をすることで[50]、現地機関との関係は交易営団が主導権を把握するようになった。

一方、交易営団は買上げた輸出滞貨を関東軍に納入するなど、積極的に物資を供給して軍との関係を構築した。さらに、陸海軍が中心となった戎克(ジャンク)運航にも協力し、営団が現地連絡部、事務所を通じて戎克運行資金を融資した。これらの活動の結果、交易営団は1944年半ばまでに現地貿易統制機関や軍との緊密な協力関係を作り上げていった。

また朝鮮においては京城に連絡部を設置し、総督府等と大陸からの輸入物資の貨車割当の交渉を中心に営団本部との連絡、調整を、釜山等には出張所を設置し、輸送関係の現場事務を行うなど[51]、大陸との輸送の中継点として活動した。

3　交易営団の業務概説

(1) 交易地域の範囲、規模

交易営団の業務範囲は交易営団法上、当初は中国大陸全域、タイ・仏印地域のみであった。貿易統制会において業務範囲外であった南方占領地域については、交易の一元的統制を目指した交易営団法においても業務範囲から除外されていた。しかし実際には南方占領地域向けにも軍需用以外の雑貨、食料品を中心に、国内での物資買入、軍の委託による輸送を行っていた。さらに軍需用物資についても、交易営団が日本国内での保管管理・配給を一部引き受けていた。そのため規則整備が必要となり、1943年10月、陸軍次官通牒により輸出組合または統制会社等が軍から委託され行っていた南方占領地区との交易業務を正式

表3-4　交易営団地域別輸出入取扱金額　　　（千円）

			1943・Ⅱ	1943・Ⅲ	1943・Ⅳ	1944・Ⅰ
輸出	満関	直輸出	679	8,649	4,452	9,163
		委託輸出	131,352	159,508	135,140	79,731
	北支	直輸出	8,385	3,334	3,119	3,823
		委託輸出	41,224	50,109	63,977	35,754
	中南支	直輸出	600	625	1,077	593
		委託輸出	14,988	26,919	23,173	10,424
	タイ	直輸出	—	487	—	—
		委託輸出	8,696	6,012	698	790
	仏印	直輸出	—	397	—	—
		委託輸出	5,496	10,231	293	446
	合計	直輸出	9,664	13,583	8,665	13,684
		委託輸出	202,483	254,516	224,330	127,967
		総計	212,147	268,099	232,994	150,331
輸入	満関	直輸入	—	14,111	19,214	65,730
		委託輸入	84,197	89,510	146,545	128,914
	北支	直輸入	56	59	54,936	102,671
		委託輸入	166,847	67,045	70,080	68,149
	中支	直輸入	—	2,190	8,459	854
		委託輸入	152,671	91,589	78,583	133,374
	南支	直輸入	—	3	159	190
		委託輸入	47,423	12,719	29,881	1,476
	タイ	直輸入	1,690	—	—	—
		委託輸入	2,152	1,984	6,211	1,310
	仏印	直輸入	3,799	3,048	3,977	—
		委託輸入	6,597	3,017	32	1,448
	合計	直輸入	5,545	19,411	86,764	169,444
		委託輸入	460,572	266,557	331,443	334,672
		総計	466,116	285,969	432,719	504,116

注1）合計、総計には、海南島、香港の取扱金額を含む。
 2）委託輸出：営団買取価格、直輸出：最終卸売価格＋港までの諸掛。
 3）輸出金額＝FOB輸出港価格。
 4）委託輸入：営団買取価格、直輸入：最終卸売価格＋港までの諸掛。
 5）輸入金額＝CIF輸入港価格。
出所：昭和十八年度第二・四半期～昭和十九年度第一・四半期交易業務輸出入別
　　　統計表。

に交易営団に移管した。そして1944年3月までに、軍当局の指導のもと、交易営団が集荷・船積の実施計画の作成、取引での納入人・荷扱人の監督、決済の際の価格査定事務、損失補償を実施することが決定された。結果、交易営団の業務範囲は当時の日本の貿易可能地域全体に拡大した。

交易営団取扱の輸出入金額は、1944年度において内地における輸出額の33％、輸入額の56％を占めていた[52]。地域別に見ると、表3-4から、大陸向け輸出入金額の約50％、タイ・仏印地域については20〜30％のシェアを持っていたと考えられる。

交易営団の取扱額の地域別内訳は表3-4のような状況であった。輸出は、四半期ベースにおいて、満関向けが営団取扱総額の約60％、中国向け30％、タイ・仏印向け10％であった。輸入は、満関地域が取扱総額の約40％、北支・中支地域はそれぞれ30％であった。そして交易営団の主な設立目的であった直営輸出入は、表3-4のように、調整機関の切替えをほぼ完了させた1944年度においても、金額ベースでは増加しているものの、委託との比率で見るとわずかな伸びにとどまった。特にタイ・仏印向輸出で直輸出が皆無なのは、交易営団設立以前の委託輸出がこの時期まで先延ばしされていたことが影響していると考えられる。また大陸向直輸出についても、金額ベースでは増加しているものの、委託から直営に変更された物資の取扱額は少額な物品が多く、委託輸出の割合は低下しなかった。

(2) 交易業務の概要

交易営団の交易業務は、物資の輸出入業務、民間貿易業者に対する差損益補償が中心であった。単独の組織で輸出入業務を一括して行うことで、交易差損調整を交易営団本体の経理事務により処理していた[53]。輸出入業務は、当初既存の調整機関への委託方式が継続された。交易営団は1943年度末までに従来の輸出入調整機関、人員を徐々に吸収していった。

それまでの輸出統制は、原材料の投機取引を阻止することを目指し、輸入統制はインフレを日本国内に波及させないために実施されていた。輸出は、調整機関が貿易統制会の決定した価格（適法FOB）で集荷した物資に輸出調整料を加算した価格（保証FOB）で業者に輸出委託する方式で行われた。しかし

統制自体は緩やかであり調整機関は貿易業者に対して数量のみを指定するほかは特に取引条件をつけなかった。しかし輸出時に適法FOBから保証FOBを差し引いた額の特別賦課金を貿易統制会に納付する必要があり、業者にとってこの負担が問題であった54)。

一方、輸入統制は調整機関が、貿易統制会が決定した数量、価格で、予め指定した業者に輸入割当を行い、調整機関と業者間で委託契約を結んだ。代金支払は業者が輸入を完了した時点で、調整機関が輸入委託価格に相当する額を受託者（業者）に支払った55)。しかし業者が輸入できなかった場合は調整機関に割当額を返還する制度があり、輸送量が低下するなかで、政府の予定していた数量を輸入できない状況が発生した。また業者は輸入物品に対して調整機関に引き渡すまでの責任を負っていたため、業者の負担は大きかった。

そのため交易営団は、業者の金融的な負担とリスクの軽減、そして輸入に関して物資を確実に確保するため、営団の直営方式による輸出入業務を実施した。リスクや金融的負担である差損益補償や輸送手段の手配、保険契約などは交易営団が直接行った。また物資の輸送、確保については、交易営団が物品ごとに民間貿易業者を代行者に指定し、国内、海外での集荷、輸送事務を行わせた。代行者は原則としてそれまでの調整機関が指定した受託者をそのまま指定し、交易営団は混乱を避けるため物資ごとに委託方式、直営方式を使い分けた。営団は代行者に対して手数料を支払ったが、手数料は取引額の約10％を目安とし、極力業者の利潤を抑制した56)。交易営団自体は、輸出品について買入価格の5％程度の差益を徴収し、輸入物資は買入価格の20〜30％で国内に供給していた57)。こうして物資の販売価格を営団が調整することで大陸との価格差損を負担し、インフレ流入を防いだ。

交易営団による差損補償は、当初民間貿易業者が海外で差損を発生させた際に、日本国内の交易営団関係部課に補償金を申請する方式だった。この方式は交易営団指定の代行者には手続が簡素化されていたが、委託担当者は申請から補償が認められるまでの時間が掛かるという問題点があった。表3-4のように交易営団の取扱品目の大半は委託方式で取扱われているうえ、申請から補償までの時間差が、現地のインフレの速度に対応できず、関係機関の事務処理が追いつかなった。この事態に対し交易営団は1944年8月から価格差現地調整措

第3章　戦時貿易統制における交易営団の役割　　97

置を開始した。これは全ての業者について手続を簡素化し、インフレ防止のため日本国内での調整から現地調整に切替えたものだった58)。この措置により、現地販売委託（輸出）差益を日本国内に送金していた手続が、現地の正金支店、出張所の預金口座に振り込む手続に変更された。そして交易営団は輸入業務で発生した差損を、営団の現地銀行勘定にプールされた差益から、現地輸出者（集荷を行った代行者、受託者）に対して現地口座を通じて直接補償した。補償額の不足分は表3-1、3-2にある当座借越から現地通貨により口座に補填された。この借入額は表3-3のように、1944年度後半から増加していった。

(3) 輸出業務

交易営団の輸出業務は、政府の対支交易方針に基づき、現地貿易統制機関に対して輸出を行っていたが、開発物資その他特殊な事情のある物資は除外されていた。現地での

表3-5　交易営団本部商品部地域別輸出入金額
(千円)

		1943・II	1943・III	1943・IV	1944・I
輸出	繊維部				
	関満	62,464	76,786	31,420	23,776
	北支	8,229	8,974	4,695	161
	中南支	2,396	12,564	643	90
	タイ	7,007	134	—	—
	仏印	1,189	5,711	—	—
	合計	81,427	104,261	36,758	24,202
	(直輸出)	—	7,305	4,002	4,457
	(委託輸出)	81,427	96,956	32,756	11,065
	農水産部				
	関満	16,421	22,756	20,257	12,652
	北支	13,232	10,409	11,595	9,467
	中南支	5,272	5,168	5,485	1,835
	タイ	57	558	22	—
	仏印	483	694	79	—
	合計	35,562	40,907	37,646	24,037
	(直輸出)	9,664	2,044	3,866	4,102
	(委託輸出)	25,898	38,863	33,780	19,935
	機械部				
	関満	27,979	42,140	37,562	47,306
	北支	14,483	22,799	25,625	19,978
	中南支	3,360	5,640	7,206	5,340
	タイ	718	5,043	676	790
	仏印	277	2,808	88	444
	合計	46,850	78,607	71,377	73,858
	(直輸出)	—	3,838	—	3,180
	(委託輸出)	46,850	74,769	71,377	70,678
輸入	繊維部				
	関満	1,500	2,187	958	65
	北支	11,802	2,100	53,656	72,103
	中支	3,326	2,227	8,951	1,731
	南支	235	—	157	44
	仏印	805	50	45	38
	合計	17,666	7,242	63,795	73,981
	(直輸入)	—	1	62,522	70,717
	(委託輸入)	17,666	7,241	1,272	3,263
	特殊農産部				
	関満	8,028	35,327	88,564	88,627
	北支	66,790	11,408	12,544	400
	中支	67,270	39,385	47,849	37,853
	泰	2,653	428	508	—
	仏印	5,939	3,327	4,035	127
	合計	150,680	89,875	153,700	127,007
	(直輸入)	5,483	3,048	3,977	—
	(委託輸入)	145,197	86,827	149,722	127,007
	鉄鋼原料部				
	関満	47,776	44,513	48,660	71,005
	北支	9,554	2,076	47,022	20,216
	中支	51,924	21,552	21,148	44,480
	南支	47,027	11,492	29,876	—
	仏印	5	—	—	—
	合計	156,622	79,632	146,707	135,701
	(直輸入)	5	14,110	10,034	80,679
	(委託輸入)	156,617	65,522	136,673	55,022

注1) 合計、総計には、海南島、香港の取扱金額を含む。
　2) 委託輸出：営団買取価格、直輸出：最終卸売価格＋港までの諸掛。
　3) 委託輸入：営団買取価格、直輸入：最終卸売価格＋港までの諸掛。
　4) 輸出金額＝FOB輸出港価格、輸入金額＝CIF輸入港価格。
出所：昭和十八年度第二・四半期～昭和十九年度第一・四半期交易業務輸出入別統計表。

表3-6 交易営団本部商品部輸出入品金額　　(千円)

			1943・Ⅱ	1943・Ⅲ	1943・Ⅳ	1944・Ⅰ
輸出	繊維部	綿織物	16,509	15,746	5,938	12,593
		スフ織物	2,098	515	13	369
		毛織物	2,967	2,262	1,817	2,179
		麻織物	1,180	—	—	12
		人絹織物	5,665	5,888	—	3,228
		絹織物	19,033	17,690	6,112	9,019
	機械部	電気機器	10,368	2,247	187	10,101
		紡績機械部分品	2,112	1,923	485	5,778
		産業車両以外車両及同部分品	924	422	94	4
		自動車部分品（在庫）	2,374	—	—	—
		自動車及同部分品	857	4,685	519	8,797
		鉄製品	2,759	1,467	1,982	3,410
		農機具	74	12	4	168
		国産金属工作機械	779	880	973	—
		其ノ他ノ機械器具及同部分品	23,630	66,303	67,103	12,822
	農水産部	坑木	638	601	1,586	2,130
		枕木	287	638	617	802
		一般材	357	—	—	1,492
		合板	55	—	—	—
輸入	繊維部	棉花	5,422	3,721	59,458	70,311
		麻類	202	165	1,500	—
		植物繊維	1,207	2,257	271	—
	鉄鋼原料部	鋼半製品	2,156	10,859	8,650	—
		鉄鉱石	101,530	32,838	50,420	6,539
		原鉄	3,197	2,093	6,620	—
		銑鉄	36,119	25,150	71,226	142,935
		鉄屑	11,818	4,637	7,205	21,910
	特殊農産部	生ゴム	5,483	3,048	3,977	—
		生漆	1,780	257	220	257
		スチックラック	922	428	509	—
		生松脂	—	279	15	274
		精製松脂	494	—	—	—

出所：昭和十八年度第二・四半期～昭和十九年度第一・四半期交易業務輸出入別統計表。

販売や日本国内における輸出実務について、交易営団は商社や従来の輸出組合を実務担当者に指定した。実務担当者はほとんどの場合、従来の受託業者が実務担当者に任命された。そのため集荷などの実務には大きな変更はなかった。

また船腹確保の問題や、物資によっては国内集荷の段階で計画が頓挫するものもあり、関係省庁や国内統制機関との調整は不可欠であった。

表3-4、3-5によると交易営団の輸出額のうち、繊維部、農水産部、機械部の取扱額が全体の約60％から80％を占めていた。個別商品別では、表3-6のように繊維製品が圧倒的に多く、ついで満州向け機械類、農水産品等などであった。

1）満州向け農地造成用機器輸出[59]

満州向け農地造成用機器輸出は輸出計画が大きく、日本国内での集荷は優先的に行われた。この満州向け農地造成用機器輸出は、日満食糧自給を目的として、政府が1943年11月に決定した満州大農地造成計画に基づいたものだった。満州土地開発株式会社、満州電業株式会社を発注元として、交易営団が一元的に開発用機械、物資の集荷供給を担当して44年1月から輸出を実施した。営団は1943年度分機器については土地改良、一般工事貯水池工事、送電用機器等資材を中心に緊急用資材を充当したほか、中古転用品を集荷して供給した。

1944年度以降の所要機器はその数量が物動計画に編入され、そこから供給が行われた。不足していた梱包資材については、大東亜省満州事務局が軍需省総動員局に配給斡旋を申請し、交易営団に割り当てた。44年2月までには基本契約が完了し、同年5月末までに石油発動機87台、重油発動機64台、モーター25台を積出し、計画の約70％を輸出した。7月まで、買付業務はほぼ完了したが、船腹確保、梱包資材不足は最後まで解消しなかった。そのため、一般工事用機器について、44年7月には、集荷したトラック60台のうち新品58台を軍へ振替納入し、現地で軍が代替物資を満州側に払い下げるなどの対策が取られた。

2）木　　　材[60]

木材は開発資材、梱包用資材として重要な物資であり、交易営団の設立当初から輸出の主力物品であった。しかし1944年に入ると船腹が確保できず、輸出は停滞した。政府は大陸の鉱山開発のため、44年6月から坑木輸出を営団の協力のもと強力に推進したが、国内集荷の時点で地方行政組織が集荷を拒否するなどして計画は頓挫した。

1944年5月、政府は大陸向け坑木が鉄鋼増産上、44年度の既存計画だけでは不足するとして、軍需省、大東亜省、農商省が協議し、新たな追加供出を決定した。6月には大東亜省内に臨時支那向坑木供出本部が設置され、交易営団農水産部は札幌、大阪、広島各支部から関係職員を集めて木材緊急輸出本部を設置し、各団体との連絡や輸送力の確保にあたった。7月時点の集荷は、供給者の努力で順調だったが、11月になると供出割当の大半を占める九州で坑木不足が問題化した。西日本炭鉱坑木統制組合等が供出の反対運動を展開した結果、九州地方行政協議会が各県に対し内地坑木要求の強化と鉄道に対する配車優先を決定した。そのしわ寄せで、11月下旬には一部で供出中止にまで追い込まれた。さらに農繁期も重なったことで、供出はより低調となった。交易営団は各地で大東亜省、農商省の係官臨席のもと供出協力を求める説明会を開催したが供出は低調なままだった。

　合板集荷は、営団発足当初、各地の在庫が比較的豊富だったことから集荷は順調に行われていた。しかし1943年8月に農林省の決定した合板生産配給要綱により、内地合板の統制機関である日本木材統制株式会社が買取販売を実施すると、集荷が暗礁に乗り上げた。同年9月、農水産部は日本木材統制交易部と、合板の取扱に関する打合せを行うが、この影響は1943年末まで続き、表3-6のように合板の積出は皆無となった。

(4) 輸入業務

　輸入についても、輸出と同様に物動計画・交易計画に基づいて業務が行われた。物資ごとに委託方式、直営方式が混在し、委託輸入の直営への切替は慎重に行われた。しかし、交易営団が新規に輸入を決定した物品については、積極的に直営方式が採用され、関連物品を取扱う大手貿易業者を実務担当者に指定した。表3-4、3-6によれば、交易営団の輸入額のうち、繊維部、鉄鋼原料部、特殊農産部の取扱商品が輸入総額の約60%前後を占めていた。個別商品別では棉花、鉄鋼原料、ゴムが中心だった。この傾向は1943年度第4四半期から強まり、取扱金額の約半分は棉花、鉄鋼原料の2品目で占められた。

1）棉　　花

　棉花は北支・中支産を中心にしており、上海、漢口、天津、青島からの民需用の北支紡績用繰棉と、軍需用の漢口紡績用繰棉を輸入していた。

　交易営団の発足当初、棉花集荷は現地行政機関、軍部、東棉などが行い[61]、経験のない営団が介入する余地はなかった。しかし、民需用の棉花輸入については、1943年11月一元的に営団が取り扱うことが決定され[62]、営団は実務担当者として、東棉、日棉実業、江商、三菱商事、三興の5社を指名した。しかし現地での集荷は作柄などにより安定的ではなく、さらに44年に入ると船腹確保が困難となった。さらに輸入時に必要な消毒が薬品不足のため滞るなど[63]、輸入は減少傾向となった。1944年4月には、北支において棉花が不作だったため、物動の計画数量は実行の見込みが立たず、計画量の大幅削減と現地収買機関の簡素強化が図られた[64]。

　交易営団では、上海等からの積出を朝鮮半島まで陸送して海上輸送力の不足対策をとった。また1944年2月からは、不足分の解消のため、朝鮮棉花の移入を開始した。しかし半島諸港の滞貨は膨大で、輸送はさらに滞り、悪循環に陥った。交易営団では輸送対策として上海において対日紡績用棉花を加工した。44年4月、軍、官、民各代表による現地加工連絡会議が開催され、棉花16万2,000担をABCに三分して、A（8万1,000担）を陸軍納綿糸布製造納入組合、B（2万3,000担）を海軍繊維製品協力会、C（4万8,000担）華人紡に割り当て、綿糸布に加工した[65]。

　軍需用棉花については、交易営団は取引の主導権を最後まで完全に把握できなかった。1944年2月時点でも、実務担当範囲について交易営団と現地担当者との間で対立が存在した[66]。1944年8月から北支民需用棉花は現地価格調整が実施されたが、軍需用棉花は、従来の内地における価格調整だけだった[67]。同年8月、北支棉花の一元的輸入（価格調整の一元化）を関係当局と折衝したが、戦局の悪化、軍需用棉花の的確な充足を理由に拒否された[68]。

2）鉄鋼原料[69]

　鉄鋼原料は、前述したように日本国内における配給機構がすでに完成していたため、交易営団は輸入業務のみを担当した。しかも業務に精通した人材が不

足していたため、そのほとんどを外部委託していた。そのため営団の実質的な業務は差損補償であった。しかし屑鉄や小型溶鉱炉産の銑鉄という新規の物品については、営団が主導権を把握し、営団を中心とする取引を作り上げた。しかし、ここでも船腹不足により輸入業務は停滞することになる。

　鉄鋼原料の輸入については、表3-6のように、鉄鉱石は採掘が減少傾向だったことと、容積が大きく、船腹不足のため輸送量自体が減少していた。そして減少分をカバーする形で、銑鉄・鉄屑の割合が増加していた。銑鉄は北支の小型溶鉱炉で生産されたものが中心で、鉄屑は在華紡績機の廃棄により発生したものを中心に輸入していた。現地での輸入事務に関しては、交易営団が現地事情に詳しくないことから、現地機関や、従来から活動していた貿易業者と産地ごとに輸出手続がとられていた。輸送については、その大部分が朝鮮経由輸送であった。交易営団は、鉄鋼原料統制株式会社京城支店馬山駐在員を営団嘱託に任命し、三井、三菱、大倉、日商等の輸入受託者にも現地へ駐在員を派遣させた。

　鉄鉱石については、山元に滞貨していた鉄鉱石を中心に買い上げ、内地への輸入だけでなく、植民地への供給についても交易営団が担当していた。内地輸入に関しては実務担当者を設けず、鉄鋼原料部が全ての業務を掌握し、植民地への鉄鉱石供給も、交易営団が直輸入で取扱った。しかし鉄鉱石の取扱に関しては、現地機関が交易営団の鉄鉱石買上は暫定的だとする見解を示したり、現地機関と商社が交易営団を抜いた新たな提携を模索するなどの動きが見られ[70]、営団は業務の主導権を把握し切れなかった。

　銑鉄については1944年4月、それまでの三井、三菱、大倉を受託者とする委託輸入から、北支那鉄鋼販売会社からの直接輸入に切替えた。しかし北支産銑鉄は大部分が粗悪な荒鉄であり、輸送中継地における荷役作業が困難であった[71]。そのうえ、1945年1月には船腹確保が困難になり、2月末にはほぼ輸送は停止した。また、交易営団は小型溶鉱炉銑鉄の輸入に力を入れていた。1943年11月、交易営団は北支、蒙彊で生産されている小型溶鉱炉銑鉄の委託輸入を開始する。委託業者は産地ごとに三井、三菱、大倉を指名した。輸入受託者は銑鉄製造業者から一括購入したうえで、交易営団が買い取り、日本国内において鉄鋼原料統制株式会社に売り渡した。価格差損補償については、交易営団が

価格差損の保証金を政府から受け取った。

　鉄屑は鉄鉱石輸入が減少する中で、製鋼原料として重要な輸入品となった。交易営団はこれを内地の配給機関を通さず直接需要家に配給した。1944年から輸入が本格化し同年3月の陸軍所有北支鉄屑約7,500トンの買入業務を手始めに、満州産鉄屑を委託輸入から直輸入に切替えるなどして輸入事業を拡大した。さらに交易営団は、在華紡績機の廃棄屑化と輸入を営団主導の事業とした。鉄屑回収計画が1944年3月に策定され、4月より実施された。目標回収数量は、北支1万2,000トン、中支1万8,000トンで、買上価格は大東亜省内に設けた評価委員会で決定された。現地における回収実行機関として華北紡績工業会を北支担当に、在華紡同業会を中支担当として指定した。また、回収実務援助者として交易営団が嘱託した産業設備営団、金属回収会社の人員が現地に派遣された。輸送業務は現地の営団連絡部が担当したが、最終的には輸送力不足から1944年10月までに現地に大量の滞貨を抱えたまま、内地輸送が打ち切られたことから、現地の軍で使用されることになった[72]。

(5) 物資管理業務の概要

　管理業務は、中国大陸からの輸入や国内で買入れた物資を貯蔵し、政府の命令により需要家、配給機関に配給する業務であった。実際、交易営団は表3-4、3-7のように四半期ごとにおける交易業務で取扱う金額よりも多額の物資を保有していた。

　しかし交易営団の設立以来、貿易は縮小し、管理業務は買入よりも配給が中心となり、営団の保有物資は目減りする一方であった。表3-8によれば、交易営団による買上業務は1943年度までに一段落し、44年度以降は特別物資の引渡を中心に売渡、配給が中心となった。そのため交易営団は保有物資の有効利用のため保有する原料を製品に加工し、物資を供給した。このときの対象物資は毛織物や人絹織物を中心とする繊維製品で、加工業務はそれまでの調整機関にはない業務であった。

　管理業務により貯蔵された物資は主に、繊維部の蒲団綿、麻袋、絹・毛織物、化学品部の工業用薬品、医薬品、機械部の電線、機械類などであった。これらの貯蔵された物資は、表3-7、3-8のように使用目的ごとに以下のように分

表3-7　交易営団所有物資期末残高　　　　　　　(千円)

	1943・II	1943・III	1943・IV	1944・I	1944・II
特別物資	122,476	100,944	107,476	98,108	33,914
救急物資	6,835	7,911	8,023	8,654	9,166
第一次買上物資	48,813	49,833	44,705	—	—
第二次買上物資	17,337	16,048	15,425	—	—
第三次買上物資	384	4,046	4,217	—	—
買上物資	—	—	—	57,697	44,252
任意買上物資	71	71	—	—	—
別口買上物資	31,850	24,323	28,814	51,940	35,566
輸出滞貨	608,407	570,740	498,728	416,300	390,316
奢侈品買上物資	13,444	23,514	23,209	21,497	21,275
税関収容物資	62	—	—	—	—
合計	849,679	797,430	730,596	697,983	578,274
特殊物資	54,502	49,791	54,669	43,786	43,786

注1）買上物資＝第1次買上～第三次買上を合計した分類。
　2）輸出滞貨＝輸出調整機関買上品＋一般滞貨品＋銀行委託品＋泰仏印向商品＋敵産輸出滞貨。
　3）特殊物資：交易営団が保有し、他の配給機関が国内配給する物資について、営団が売り渡したもの。
　4）1944年度第1四半期以降の合計は特殊物資の金額を含む。
出所：昭和十八年度第三、四半期～昭和十九年度第二、四半期管理業務物資別統計表。

類されていた。特別物資は、政府が太平洋戦争前、第三国から繰上輸入した軍需関連物資である[73]。救急物資は、日本国内で自然災害や空襲などにより被害を受けた地域に対して、地方行政機関、軍需監理部などの要請に基づいて配給される物資である。具体的には電線、鉄釘、蝋燭などの復旧物資、医薬品が中心であった。買上物資は管理営団、交易営団が日本国内で買上を行った遊休・退蔵物資が中心であった。輸出滞貨物資、税関収容物資は船腹確保が不可能となり、輸出契約が不履行になった物資を民間業者から交易営団が買上げたものである。奢侈品買上物資は1940年に制定された奢侈品等製造販売制限規則で製造販売が禁止された物品のうち、工場、商店等に退蔵されていた商品を買上げた物資であった。

1）物資保管事務

物資保管についてはその数量が膨大であったことから、倉敷料などの諸掛が大きな負担であった。この負担をめぐっては交易営団と政府の間で、どの範囲

まで政府補償を行うか
が問題となっていた。
政府補償範囲について、
当初商工省は、①金利、
倉敷料、保険料、運賃、
その他直接保有に要す
る費用と、②保有物資
の毀損、品質低下によ
る損失、③営団買入価
格が価格等統制令に基
づく営団売却最高価格
を超過した場合の差額
としていた。しかし、

表3-8 交易営団保有物資買入契約額 (千円)

	1943・Ⅲ	1943・Ⅳ	1944・Ⅰ	1944・Ⅱ
特別物資	8,260	13,310	1,856	—
救急物資	1,306	192	1,438	564
第一次買上物資	7,227	1,675	—	—
第二次買上物資	630	447	—	—
第三次買上物資	3,662	1,704	—	—
買上物資	—	—	—	11,861
任意買上物資	71	—	—	—
別口買上物資	14,271	29,559	—	4,127
輸出滞貨	4,057	8,587	8,238	5,201
奢侈品買上物資	13,723	7,712	1,495	3,008
合計	53,207	63,186	13,027	24,761
特殊物資	581	5,978	—	—

注:表3-7に同じ。
出所:表3-7に同じ。

1944年5月、交易営団と軍需省担当官が重要物資管理費用の補償範囲について協議し、軍需省は、①金利倉敷料の負担のみで、価格差損(買上価格と売卸価格の差額)は原則として負担しない、②運賃を考慮した公定価格との相違による価格差損益については交易営団が経理処理する、③買上代行費は交易営団の管理会計ではなく一般経費で処理するとした。これらの協議に基づいて管理諸掛の負担は、当局が1943年7月以降の43年度分物資保有計画に基づき金利(年4.5%)倉庫料(年6%)で補助金を計算し、管理会計負担の金利を補償する政府補償契約が営団との間で締結された。

1943年第3四半期頃からは、救急物資などを中心に、物資ごとの分散保管が課題となった[74]。保有物資の大部分は設立当初、横浜、神戸、大阪、名古屋などの埠頭倉庫におかれていた[75]。1944年初頭には空襲が激化し、大阪、神戸、名古屋等を対象に分散保管を本格化させた。

2) 物資買上業務

交易営団は設立当初から商工省、軍需省からの指示により表3-8のように積極的な買上業務を実施した。その中心は輸出滞貨と遊休・退蔵品であり、1944年度第2四半期まで活発な買上が行われた。

交易営団の設立以降、海上輸送が停滞するなか、日本国内の輸出用物資の滞貨は大きな問題となっていた。主な滞貨は独逸滞貨、一般交易滞貨の2種類であった。独逸滞貨は税関等に滞貨しているドイツ向け物資で、その大半は陸海軍、農水省関係配給機関に売り渡された。特に軍は交易営団の金利倉敷料、輸入税等諸掛等を負担し、軍の立会いで検品するなど積極的に買入を進めた。特に1944年10月に大連保管の滞貨を関東軍、駐満海軍武官府に売り渡した取引は、軍の交易営団に対する評価を変え、海外における営団業務の展開と現地機関の整備に対する軍の支援につながったとして評価された[76]。一般交易滞貨は繊維製品、機械類が中心で、タイ・仏印向け輸出委託品の滞貨である。これらの物資は日本交易協会の調査をもとに交易営団が買上額を決定し買い上げた。その大部分は交易営団が軍需関連工場等に直接配給し、残りは満州向け輸出品として輸出した。

おわりに

日本における戦時貿易統制は、1937年以降、貿易組合を中心とする調整機関による間接的統制によって行われていた。しかし貿易組合が地域別、商品別にそれぞれ設置されたため、大手民間貿易業者の組合に関する事務負担が大きくなった。さらに貿易組合を統制する貿易組合連合会や貿易統制会には、貿易実務に対する強力な権限がなく、調整機関の割当方式では政府の輸出入計画が達成できるか不透明だった。そのうえ、割当を受けた業者への価格差損の補償の遅延などリスクが大きく、調整機関に割当額の返還を行う業者が出るなどの問題があった[77]。

交易営団はこれらの問題を解決するため設立された組織であり、交易営団による貿易統制の変更点は次のとおりである。

第一に、交易営団法により政府から貿易統制に関する権限委譲を受け、貿易業関係者に対する直接的統制を強化したことである。これにより1937年以来続いていた調整機関を構成員、機能ともに吸収し、多重構造をなくし、政府の指示・命令を各貿易業者まで確実に伝えることが可能となった。第二に交易営団は戦時金融金庫、横浜正金銀行等から巨額の融資を受けることで、当時の三井

物産に匹敵する規模の資金力[78]を使い、貿易実務や管理業務に対して金融面から貿易統制を強化した。この資金力を背景に交易営団は、民間貿易業者を強力に統制し、積極的な直営交易業務、重要物資管理業務を通じて重要物資の一元的統制を進めた。第三に、交易差損補償について、補償制度を簡素化、迅速化することで補償決定までの時間を短縮し、豊富な資金力を持つ交易営団が、現地連絡部等を通じて民間貿易業者の輸入業務のリスクを軽減した。第四に交易業務と管理業務を単独の組織が担当することで、輸入による重要物資確保と、輸出滞貨・国内遊休物資の買上業務をリンクさせ、重要物資を迅速に軍需用資材、大陸向け見返物資輸出に適正再配分する役割を担ったことである。これらの変化によって、戦時貿易統制は、重要物資輸入のための外貨獲得という貿易収支を考慮したものから、国内の遊休物資等も含めた重要交易物資の需給適正化という、太平洋戦争期の動員行政の特徴[79]を色濃く反映したものとなった。これは、交易営団の職制が貿易統制会ではなく、物資の適正再配分の機能を持つ管理営団を引き継いだことにも現れている。

　しかし、交易営団への業務移管に伴う事務的混乱の影響を少なくするため、調整機関の吸収は1943年度末までかかったうえ、取扱金額の少ない品目から業務移管を行い、移管後も従来の委託方式を継続する場合が多かった。そのため、交易営団による交易の直営方式や営団が主導する物資集荷・配給業務は、営団業務の一部でしか実施できなかった。また営団の直営方式も、実務の大部分が民間大手貿易業者を中心に委託する形で運営されていた。これらの委託業務は民間交易業者にとって交易営団による統制が、従来の調整機関による統制の継続という認識を生むことになった。民間業者にとって代行者への指名は、リスクを回避し、商権を維持することにつながった反面、収益が手数料のみで利潤を抑制されたため、民間業者の姿勢は消極的であった。

　とはいえ、交易営団はアジア各地で急速に拡大するインフレの中で、交易計画に沿った輸出入を維持し、その調整力を確実に伸張させていた。貿易・輸送総量自体が縮小するなか、緊急の政策課題や非常事態への臨機の対応においては、その国策機関としての役割を演じ続けたと言えよう。

注
1) 山口和雄・村上はつ『商工政策史』第6巻、前田靖幸『商工政策史』第11巻、商工政策史刊行会、1964、71年、J. B. コーヘン『戦時戦後の日本経済』岩波書店、1950年、閉鎖機関整理委員会『閉鎖機関とその特殊清算』1954年。
2) 交研社編『石田礼助・天国へのパスポート』交研社、1978年。
3) 柴田善雅「対占領地貿易調整と為替交易調整特別会計」『戦時日本の特別会計』日本経済評論社、2002年。
4) 主要な論文として、春日豊「戦時経済統制と財閥商社(1)〜(4)——日中戦争下の三井物産」(『情報文化研究』第9、10、15、16号、1999、2002年)、鈴木邦夫「戦時統制経済下の三井物産(I)〜(Ⅲ)」(『三井文庫論叢』第17、19、20号、1983、85、86年)、栂井義雄『三井物産会社の経営史的研究』東洋経済新報社、1974年などがある。
5) 日本経営史研究所編『稿本三井物産株式会社100年史』1978年、655頁。三井文庫『三井事業史』本編第三巻下、2001年、559〜560頁。
6) 前掲『商工行政史』第6巻、174頁、231頁、272頁。菱沼勇『戦時経済と貿易国策』産業経済学会、1941年、115〜119、207頁。
7) 設立当初の名称が日本貿易会と他の業種の統制会と大きく異なったのは、貿易業者が、組織の名前の中に「統制」の文字が入っている場合、日本の輸出が強力な国家統制のもと行われると誤解され、新たな反ダンピング政策をとられる可能性があると主張し、このような名称になったと言われている。『統制会年鑑』昭和18年度版、伊藤書店、1942年、122頁。
8) 貿易統制会『貿易統制会会報』創刊号、1942年、30〜36頁。
9) 同上書、1942年7月号、111〜114頁。
10) 前掲「戦時統制経済下の三井物産(I)」142〜143頁。
11) 前掲『統制会年鑑』121頁。
12) 同上書、213頁。
13) 前掲『三井事業史』本編第三巻下、559〜560頁。
14) 平井富三郎『重要物資管理営団解説』新経済社、1942年、21頁。
15) 交易営団運輸保管部統計課「昭和十八年五月三十一日現在 営団保有物資在庫高表」閉鎖機関清算関係資料（国立公文書館つくば分館所蔵）・交易営団『交易営団・分散保管書類』(運輸保管部第173号)。
16) 重要物資管理営団『重要物資管理営団の解説』1942年、8〜9頁。
17) 前掲『重要物資管理営団解説』71〜74頁。
18) 前掲『閉鎖機関とその特殊清算』(複製版1、クレス出版、2000年) 571頁。
19) 大東亜貿易研究会『大東亜の交易経済方策』日本貿易振興協会、1943年、1〜3頁。
20) 産業政策史研究所『商工行政史談会速記録』第2分冊、1975年、320頁。
21) 重要物資管理営団「重要物資管理営団ノ貿易統制会加入ニ関スル当局談（案）」『交易営団ノA』美濃部洋次文書 Ac20-9。
22) 「第八一帝国議会衆議院本会議議事録」1943年2月2日。
23) 営団経済研究会『交易営団の使命と活動』1944年、31頁。
24) 前掲『戦時日本の特別会計』283頁。
25) 鉄鋼統制会『鉄鋼統制』第3巻第9号、1943年、3頁。
26) 鉄鉱石、銑鉄輸入については鉄鋼原料統制会社、鉄屑輸入は鉄屑原料株式会社が配給を統制していた。『昭和十八年度版統制会年鑑』東亜工業新聞社、1942年、199〜203頁。
27) 交易営団鉄鋼原料部（以下、交易営団を省略）「業務月報」1944年11月、『交易営団・業務月報（鉄鋼原料部）』（監査部第18号）。
28) 特殊農産部「業務月報」、『交易営団・業務月報（特殊農産部）』（監査部第14号）。

第3章　戦時貿易統制における交易営団の役割

29) 日本産業経済新聞、1943年1月7日。
30) 前掲、特殊農産部「業務月報」1943年11月。
31) 前掲、特殊農産部「業務月報」1944年4月。
32) 横浜正金銀行頭取席を替部、総務部「昭和十八年度下季報告」『横浜正金銀行全史・第五巻（上）』東京銀行、1983年、238頁。
33) 住井会長「訓示」（1944年3月22日）『三井物産100年史資料集』日本経営史研究所、1978年、281頁。
34) 同上書、宮崎社長「社長就任ニ当ッテ」1944年12月28日、286頁。
35) 前掲『横浜正金銀行全史・第五巻（上）』468頁。
36) その他の営団の資本金は、住宅営団1億円、産業設備営団2億円、中央食糧営団1億円（全額政府出資）であった。中井省三『交易と交易営団』船場書店、1943年、37頁。
37) 前掲『三井事業史』本編第三巻下、561頁。
38) 『稿本三井物産株式会社100年史』日本経営史研究所、1978年、655頁。
39) 貿易統制会「昭和十六年度貿易統制会事業報告書」石川一郎文書L1-1。
40) 前掲『横浜正金銀行全史・第五巻（上）』383頁。
41) 同上書、469頁。
42) 同上書、560頁。
43) 前掲『閉鎖機関とその特殊清算』572頁。
44) 前掲『横浜正金銀行全史・第五巻（上）』469頁。
45) 経理部「業務月報」1944年2月『交易営団・経理部月報綴・一般会計』（神戸支部第692号）。
46) 高村直助「軍配組合の終焉」中村正則、高村直助、小林英夫編著『戦時華中の物資動員と軍票』多賀出版、1994年、136頁。
47) 本部経理部、人事部「中貿聯借入金及営団員ニ対スル貸付金並ニ立替等ノ件」『交易営団・中華日本貿易連合会関係綴』（監査部第91号）。
48) 前掲『横浜正金銀行全史・第五巻（上）』310頁。戦後、これらの債権は不良債権化し、その処理は昭和40年代まで続いた。「交易営団の中貿連に対する債権処理に関する件」1965年2月12日、交易営団・中貿連債務最終処理稟議書（還送物資関係第27号）。
49) 企画部「業務月報」1944年2月『交易営団・企画部月報』（総務部第26号）。
50) 鉄鋼原料部「業務月報」1944年10月『交易営団・業務月報（鉄鋼原料部）』（監査部第18号）。
51) 京城連絡部「業務月報」『交易営団・総裁室関係綴』（監査部第55号）。
52) 前掲『商工行政史』第11巻、576頁。
53) 交易営団の財務諸表について：交易営団は、業務ごとに一般会計（一般事務経費）、交易会計（差損補償、現地交易業務）、管理会計（重要物資保管業務）、輸出滞貨会計（輸出滞貨買上業務）、税関収容物資会計（横浜税関で収容した敵産財産等）、奢侈品会計（不要不急品買上業務）に分けて経理処理を行っていた。その後、1944年7月に軍占領地交易業務に対応した南方占領地交易会計が新設された。また税関収容物資会計は1944年2月に業務が終了したことに伴い約7万円の利益を国庫に提出し会計は消滅した。また、1944年度からは輸出滞貨会計が業務内容拡大に伴い特殊業務会計と改称した。
54) 酒井澤喜『日本貿易統制機構』修文館、1942年、187頁。
55) 同上書、242頁。
56) 前掲、経理部「業務月報」1944年1月。
57) 交易営団「昭和拾八年度決算書付属明細表」『交易営団・昭和18年度決算報告』（諸計表(I)第1号）。
58) 前掲『横浜正金銀行全史・第五巻（上）』586頁。
59) 機械部「業務月報」『交易営団・月報綴（機械金属）』（神戸支部第1749号）。

60) 農水産部「業務月報」『交易営団・業務月報(農水産部)』(監査部第13号)。
61) 東洋棉花株式会社『東棉四十年史』1960年、161頁。
62) 繊維第一部「業務月報」1943年11月『交易営団・業務月報(繊維第一部)』(監査部第21号)。
63) 同上書、1944年3月。
64) 同上書、1944年4月。
65) 繊維部「業務月報」1944年4月『交易営団・業務月報綴(繊維)』(神戸支部第1861号)。
66) 前掲、繊維第一部「業務月報」1944年2月。
67) 前掲、繊維部「業務月報」1944年8月。
68) 同上書、1944年9月。
69) 鉄鋼原料部「業務月報」『交易営団・業務月報(鉄鋼原料部)』、『交易営団・業務月報他綴(鉄鋼原料部)』(監査部第18号、第19号)。
70) 前掲、鉄鋼原料部「業務月報」1944年11月。
71) 前掲、鉄鋼原料部「業務月報」1944年10月。
72) 前掲、鉄鋼原料部「業務月報」1944年11月。
73) 政府はこの物資の保管を民間から移す目的で管理営団を設立したとされる。企画部総務課編「団員提要(改訂版)」1943年7月『交易営団・交易営団関係規程類綴』(経理部別口第73号)。
74) 運輸保管部「業務月報」1943年10月『交易営団・業務月報(運輸保管)』(監査部第11号)。
75) 前掲『石田礼助・天国へのパスポート』128頁。
76) 前掲、企画部「業務月報」1944年10月。
77) 「交易営団の概貌」1942年12月8日『交易営団・交易営団員提案外』(雑貨部第103号)。
78) 三井物産の1944年度末時点の金融機関からの借入額は約16億5,000万円であった。前掲「戦時統制経済下の三井物産(I)」182、183頁。
79) 山崎志郎「軍需省関係資料の解説」『軍需省関係資料』第1巻、現代資料出版、1997年、XIII頁。

第4章　貨物自動車運送事業の統制団体[1]

河村　徳士

はじめに

　本章では貨物自動車運送事業における統制団体を取り上げ、輸送統制の一端を明らかにする。戦時期の統制団体の研究では[2]、統制の部分的な側面、すなわち経済活動において自由裁量の余地が残ることについて十分に検討されてきていない[3]。本章では、この点に留意し、経済活動に対する戦時統制の浸透度合いを考察する。加えて、統制団体の自治的統制を、物資の獲得活動を中心に、復興期への展望を意識しつつ検討する。

　貨物自動車運送事業の統制団体は、全国組織である全国貨物自動車運送事業組合連合会（以下、全貨連）の下に、道府県単位の事業組合を組合員として包摂したものである。事業組合は、当該道府県下の各運送会社を組合員とした。以下、第1節で日中戦争期の貨物自動車運送事業に対する戦時統制の展開と統制団体の組織化を、第2節で全貨連の活動を中心に太平洋戦争期の輸送統制を、第3節で戦争末期における全貨連の物資の獲得活動をみてゆく。

1　日中戦争期における戦時統制の展開と統制団体の結成

　本章で取り扱う貨物自動車運送事業は、次のように位置づけられる。当時頻繁に使われた小運送という用語は、大運送と呼ばれた鉄道や海運に対比させたものであった。陸運の小運送については、鉄道以外の輸送手段を用いて独自に荷主を獲得する運送業と、鉄道を利用する荷送人から輸送を受注し鉄道に取次ぎ、付随する駅周辺の運搬作業を行い、その他荷送人・荷受人間の代金支払い処理等の計算業務を行う小運送業を意味する[4]。貨物自動車運送事業は前者の

運送業にあてはまり、自前の輸送手段を用いて営業する点で、後者の小運送業とは業態を異にしている。その事業は、一定地域を中心に貸切で自由に動き回る区域事業と、区間を定め混載輸送を行う区間事業に二分できる[5]。そして区域事業の一部に、駅周辺の集配作業を行う「傭車」と呼ばれた小運送業者の下請けを含んでおり、この場合荷主は小運送業者となる。貨物自動車運送事業の荷主は、鉄道に付随する小運送業者と一般荷主に大きく二分できることになる。

一方後者の小運送業は、戦時期においては、おおむね日本通運株式会社（以下、日通）のことを指す。日通は、1937年10月に半官半民の国策会社として誕生した[6]。小運送業における大規模な会社の設立は戦間期から模索されており、その主眼は「小業」乱立の解消および計算業務の全国的な統一によって、運送費を低減させることにあった。37年10月「日本通運株式会社法」と同時に実施された「小運送業法」は、小運送業者を免許制とし、日通の加盟店に抱合して、計算業務を日通に統合した。当初日通は運搬具をもたず、国鉄輸送の取次ぎのみを行っていたが、41年より「現業進出」を行い実際の貨物の積み下ろしや駅周辺の運搬作業に進出した。なお、これに伴い日通は、加盟店であった小運送業者の買収、および従来小運送業者の下請けであった一部の貨物自動車運送事業者の買収を開始した。以上を念頭に統制の展開を概観しておこう。

馬場財政を背景とする輸入増加に対して1937年1月の輸入為替制限が、同年8月に強化されると[7]、自動車運送事業に対する石油消費規制が鉄道省の指導によって開始された[8]。そして、38年1月に策定された物資動員計画によって石油の民需割当が3～4割節約されると[9]、3月には「揮発油及重油販売取締規則」が制定され、ガソリンの購入は切符制となった[10]。なお、38年夏場の全般的な経済統制強化を前に、他物資にさきがけて購買券を伴う需要抑制措置が講じられた背景には、追加的な輸入が困難な状況下で軍需が増大したこと、自動車の燃料には代用燃料の利用が可能であったこと、旅客自動車運送事業の自動車数が34年頃より過剰視され、早い段階で不要不急産業として認識された可能性の高いことなどがあった[11]。

その後年々のガソリン配給量は、物資動員計画を基礎に段階的に減少した（後掲表4-8参照）。これに伴う消費規制率は当初旅客・乗合自動車運送事業に高く、貨物自動車運送事業には低かった[12]。しかし1940年5月には規制率が

第4章　貨物自動車運送事業の統制団体

表4-1　貨物自動車運送事業者統合状況

種別	第1次統合前 (1939年6月30日)	第2次統合前 (1942年12月30日)	第2次統合後 (1945年1月30日)
事業者数	26,548	3,221	340
普通車数	44,454	48,483	46,140
小型車数	12,055	14,055	12,475
1事業者当たり保有車輛数	1.8	16.7	147.9

注：1事業者当たり保有車輛数算出は、小型車3輛を普通車1輛に換算。
出所：日本国有鉄道編『日本陸運十年史』1951年、614頁。

強化され、これに対応した交通動員計画が7月に策定されると、配給業務の円滑化のため、貨物自動車運送事業の企業規模を拡大しそれらを統轄する統制団体を燃料・資材の配給代行機関として設けることになった[13]。40年9月に企業統合（「第一次統合」）が始まり（表4-1）、41年2月には「自動車交通事業法」の第1次改正が実施され（40年4月公布）、道府県単位の事業組合が結成された[14]。

　1941年8月に米英の対日石油輸出が禁止されると、積荷の引受制限が行われることになった。鉄道省は、同月の「陸運統制令」に基づいて、6大都市および川崎市内の所在駅を取扱駅とする小運送業者に対して、鉄道に付随する小運送以外の積荷を引受けることを禁じ、貨物自動車運送事業者に対しては、50kmを超える輸送や不要不急物資の輸送を禁じ、輸送引受順序を定めた[15]。引受順序は、①軍需品、軍関係資材、②天災事変により緊急を要するもの、③米穀類、生鮮食料品、木炭、④鉱石、石炭、⑤鉄道、軌道または船舶により駅または港湾に到着した貨物などとなった。

　この枠組みを前提として、事業組合は輸送統制を行うことになった。1941年10月の6大都市所在県を対象にした通牒「重要物資輸送確保ノ為組合統制実施ニ関スル件」により、事業組合には統制部が設置され、統制部が当該府県の重要物資の輸送を一括して引受け（共同引受）、傘下の運送会社を選定して輸送を行わせることになり（共同配車）、事業組合は輸送実績等を政府に報告することになった[16]。共同引受を行う積荷は、上記の輸送引受順序の積荷であるが、5番目の鉄道に付随する小運送業者のものは除かれた[17]。この時点では、日通が運搬手段を獲得することで駅周辺の集配作業はほぼ達成でき、必要に応じて

貨物自動車運送事業の協力を得れば事足りると考えられていたためであろう。ところが、太平洋戦争期には鉄道に付随する小運送業に隘路が発生し、貨物自動車運送事業に対する輸送統制が強化されることになる。

こうした統制団体の組織化は、統制の円滑化を期して、運送会社にとっての燃料・資材の購入元[18]、重要物資を扱う荷主にとっての輸送申込先を事業組合に限定し、各取引窓口の集約化を図ったものであった。

1941年12月になると、これら道府県事業組合を組合員とする全貨連が結成された。全貨連の結成の目的は、政府との情報交換を通じて、事業組合の行う輸送統制を方向づけること、および事業組合間の輸送力の調整等であった。次節では、全貨連の活動から太平洋戦争期の輸送需要・輸送統制の特徴を考察する。

2　太平洋戦争期の輸送統制

(1)「陸運転移」と輸送統制

1942年秋に実施された「陸運転移」は、対米英開戦後の船舶徴用による海上輸送力の不足を陸運への転移によってカバーし、既定の諸計画を確保しようと構想されたものであった[19]。この構想は、42年1月に企画院に設置された戦時輸送委員会によって練られ、10月の閣議決定「戦時陸運ノ非常体制確立ニ関スル件」によって実行に移された[20]。具体的な措置は、42年7月開通の関門トンネルを九州炭輸送に利用し、表日本の海上輸送の危険を避けるため北海道炭輸送に日本海側諸港の利用を増やすものであった[21]。

「陸運転移」は、鉄道の輸送トン数増加と、貨物自動車運送事業に対する小運送業者の輸送需要増加を招いた。図4-1によると、戦時期の鉄道の輸送トン数は1943年度がピークで、対42年度の増加率もそれ以前の上昇傾向より幾分高い。「陸運転移」により鉄道に対する輸送需要が増し、これが実績の上昇をも招いたのであろう。なお、44年度は減少し、45年度は激減している。これは、機関車や貨車の追加的供給の停滞および空襲被害等によって輸送力が大きく減退したためであった[22]。これに対し貨物自動車運送事業の輸送トン数は、40年度に異常に増加した後、太平洋戦争期には傾向的に減少している。一方表

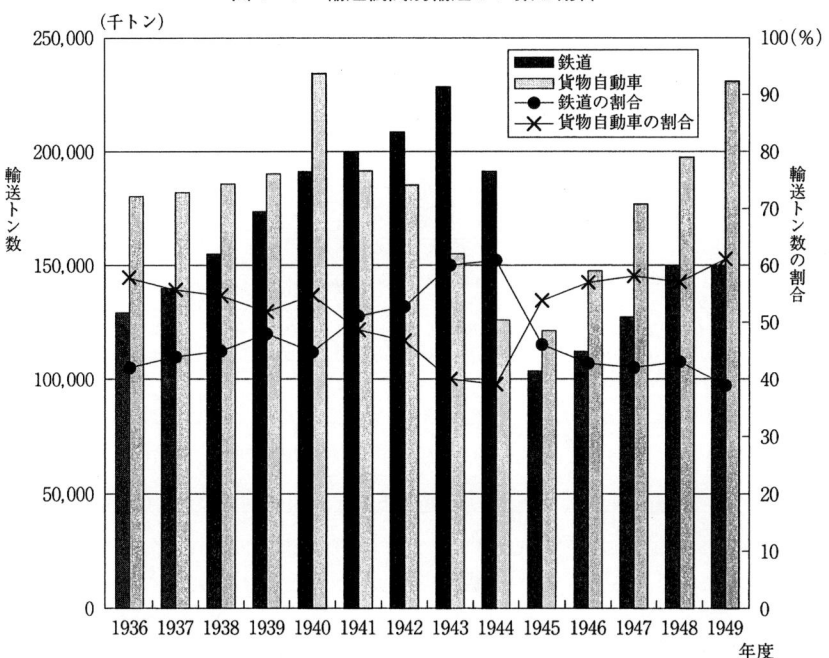

第 4 章　貨物自動車運送事業の統制団体　　　　　　　　　　　115

図 4-1　輸送機関別輸送トン数と割合

注 1 ）貨物自動車の輸送トン数のうち、1945年度以前は省営自動車と民間の貨物自動車運送事業の推定輸送トン数で、46年度以降はそれらに自家用車の輸送トン数が含まれている。なお1937〜45年度の省営自動車の輸送トン数は本図対象の貨物自動車の輸送トン数全体の 1 ％前後を占める程度である。省営自動車の輸送トン数については、運輸省『国営自動車の現状』1947年、30頁を参照。
　　 2 ）鉄道は国鉄、地方鉄道および軌道の合計である。
　　 3 ）下記出所では、単位が100トンとなっているが、1,000トンの誤りであろう。訂正のうえ、引用した。
出所：日本自動車会議所編『自動車年鑑』（昭和26年度版）、171〜172頁。

　 4 - 2 の交通動員計画によれば、貨物自動車に対する輸送トン数の需要は42〜43年度にかけて増加したこと、トン・キロ計画の減少からみて輸送距離を短くし輸送トン数を確保しようとしたことなどがうかがえる。「陸運転移」によって駅周辺の運搬作業が繁忙化した小運送業に、貨物自動車運送事業を充当するため、計画上輸送需要は増加したが、必要物資の不足などから実績は減少したのである。なお、「陸運転移」は石炭輸送の転移を主眼としており、直接的に貨物自動車運送事業に対する小運送業の需要を高めるものではないが、輸送需要の増加は、ある積荷の発着が特定の駅に集中的に生じたり輸送需要が偏在化

表4-2 交通動員計画にみる貨物自動車に対する輸送需要　　(千トン)

年度		輸送需要量(A)	指数	輸送可能量(B)	輸送不能量(A-B)
1942	トン数	133,410	100	83,583	49,827
	トンキロ	1,867,744	100	1,170,167	697,577
1943	トン数	166,003	124	126,600	39,403
	トンキロ	1,726,432	92	1,316,855	409,577
1944	トン数	142,517	107		
	トンキロ	1,567,687	84		

注：普通貨物自動車のみを掲載。
出所：1942年度は、企画院「昭和十七年度交通動員実施計画綱領」昭和17年6月9日、原朗・山崎志郎編『開戦期物資動員計画資料第12巻』現代史料出版、2000年所収、1943年度は、企画院「昭和十八年度交通動員実施計画表」昭和18年4月7日、同『後期物資動員計画資料第8巻』、2001年所収、1944年度は、運輸通信省・軍需省「昭和十九年度交通動員計画」昭和19年5月5日、同第12巻、2002年所収による。

したりすることへの対応として、間接的に現れたのであろう。「陸運転移」の大雑把な影響は統計上このように把握できる。次に輸送需要の中身についてみてゆく。

　貨物自動車運送事業に対する輸送統制は、交通動員計画に基づく鉄道省の需給調整によって行われた[23]。1942年から43年にかけて全貨連が受けた輸送需要と全貨連が事業組合へ通達した輸送に関連する事項は表4-3のとおりである。42年11月から小運送業関連のものが度々みられる。輸送需要の変化を量的かつ傾向的につかむことは資料上困難なため、同表から小運送業に関連するものを考察する。

　1943年10月20日の「計画小運送確立期間実施に関する件」によれば、「鉄道輸送の確保を図る為には小運送能力の増強」が急務であり、「貨物自動車、荷牛馬車等運搬具の出勤手配及其の実施を的確ならしむる為駅、小運送業者、貨物自動車運送事業組合陸上小運搬業組合等相互間に於ける連絡方法を確立すること」とあり[24]、小運送業の輸送力が不足しているため、貨物自動車運送事業を小運送業に活用できるよう相互に連絡を密にすることを依頼している。同年12月23日の「決戦輸送強調旬間実施に関する通牒」も同様の趣旨の下、積荷を指定し、石炭、鉄鋼、重要鉱石、米、野菜、魚介類、薪炭、木材の輸送を行わせた[25]。このほか地方長官宛に発せられた同年6月25日の「陸運貨物夏期増産増送期間実施に関する件」では、特定物資の「産地及著地に於ける小運送を確

表4-3　1942・43年における鉄道省・全貨連通達事項

鉄道省から全貨連宛、全貨連から事業組合宛

1942年	
7月3日	「戦時金属非常増産強調期間」（自7月1日至8月31日）設定され、期間中の計画的輸送実施について会員組合に通牒
7月16日	「戦時貨物増送月間」（自8月1日至8月31日）設定される
9月4日	9月1日より11月30日の間「第一次木炭生産出荷増強期間」設定され、輸送力確保に努力するよう会員組合に通告
11月2日	「小運送作業能率昂上月間」への協力について会員組合に要綱を通達
11月24日	「小運送作業能率昂上月間」の施行（自12月1日至12月31日）が設定され、会員組合に通牒
11月30日	鉄道省より12月分計画物資の輸送計画決定の通牒
1943年	
1月7日	鉄道省監理局長より12月28日付屑鉄輸送確保に関する通牒があり、会員組合に通知
1月13日	鉄道省監理局長、業務局長より特殊地域における金属屑計画輸送実施に関し通牒
1月20日	13日鉄道省より通牒のあった特殊地域における金属屑計画輸送実施に関し、関係する会員組合および荷主と打合せ
2月27日	陸軍軍需輸送統制部設置され、関係する会員組合はこれと密接なる連絡をとり業務遂行の円滑を期すよう連絡
3月1日	鉄道省業務局長、監理局長より木材非常増産に伴う輸送確保に関し通牒があり、会員組合に通牒
5月6日	「金属回収の輸送に関する件」を会員組合に通牒
5月31日	鉄道省監理局長より「造船用資材及成品の優先輸送に関する件」通牒があり、会員組合に通達
6月25日	「陸運貨物夏期増産増送期間実施に関する件」（鉄道省から地方長官宛）
7月5日	鉱山統制会より鉱物増産期間における輸送に関し協力依頼あり、会員組合へ通達
8月17日	鉄道省より重要鉱物非常増産期間及第一次薪炭生産供出増強期間の実施に伴う輸送確保に関し通牒があり、会員組合に通達
9月20日	鉱山統制会より神奈川県稲村ヶ崎における採掘の砂鉄輸送について依頼あり、関係会員組合に連絡
9月21日	重点輸送強化運動に伴う啓発宣伝実施要領に関し会員組合へ通達
10月4日	「計画小運送確立期間に関する件」を会員組合へ通牒
10月20日	「計画小運送確立期間実施に関する件」を会員組合へ通牒
10月30日	鉄道省監理局長より第二次薪炭生産供出増強期間の実施に関する件通牒があり、会員組合に通達
12月23日	運輸通信省自動車局より決戦輸送強調旬間実施に関する通牒があり、会員組合に通達

出所：全国貨物自動車運送事業組合連合会（以下、全貨連）、全国乗合自動車運送事業組合連合会、全国旅客自動車運送事業組合連合会『自動車三連会報』各号より作成。

保する為貨物自動車の統制配車の強化、燃料及機械油の重点配給等を行う」と[26]、燃料などを特別に配給することで輸送力を重点化することを意図していた。

表4-4 貨物自動車に対するガソリン特別配給量 (kℓ)

	基本配給量	特別配給量(A)	全配給量(B)	A／B (%)
1941年10月	5,956	1,911	7,867	24
11月	5,033	3,842	8,875	43
12月	4,912	7,450	12,362	57
1942年1月	3,690	5,782	9,472	61
2月	3,099	4,577	7,676	60
3月	3,517	10,901	14,418	76
4月	3,517	6,399	9,916	65
5月	3,517	7,260	10,777	67
6月	4,168	7,296	11,464	64
7月	4,305	2,243	6,548	34
8月	4,322	4,739	9,061	52
9月	4,252	4,846	9,098	53
10月	4,365	4,720	9,085	52
11月	5,033	2,342	7,375	32
12月	4,912	2,950	7,862	38
1943年1月	3,690	1,056	4,746	22
2月	3,099	655	3,754	17
3月	3,517	1,269	4,786	34
4月	2,653	4,784	7,437	64
5月	2,406	5,048	7,454	68

出所:「最近に於ける自動車の現状」1943年5月27日、柏原兵太郎文書 151-23。

表4-4によれば、1941年末から43年半ばにかけて特別配給量が全配給量の半分以上を占める場合が少なくなく、特に開戦時には軍需輸送が旺盛だったためかシェアが高い。特別配給は「主トシテ軍需品、生産力拡充物資及同原材料、生活必需品等ノ輸送」に対して「基準配給量ト別個ニ」追加的に行われるものであり[27]、貨物自動車運送事業に対する統制を把握する上で重要である。

このほか、具体的に小運送業への協力を謳わなくても、表4-3では同内容の要請が少なくない。1943年5月31日の「造船用資材及成品の優先輸送に関する件」によると、造船用の資材等は軍需品と同様に取扱うこととされ、県知事宛の同内容の通牒では「造船用材の産地に於ける輸送の困難性に鑑み貨物自動車輸送に要する油及潤滑油に付ては輸送とリンクせしめ優先配給を為すこと」とある[28]。山元から造船用の木材を近隣の駅まで積み出すもので、燃料の特別配給も受けていた。なお、第6回行政査察の報告によると、造船用木材の貨物自動車による輸送の状況は表4-5のとおりである。7、8月に需要に対し輸送力を集中させる一方、多くの滞貨が残存し、9月以降輸送需要を減らしたためか、輸送率が100％を超えて滞貨を若干減らしている。また、同年7月5日の「鉱物増産期間に於ける輸送に関する件」も、鉄道輸送への中継を主眼とし、

特別輸送計画に基づき、「鉄道海運の輸送力と共に其の前後及仲継地に於ける小運送力並に荷役力をも併せ確保」するとされていた[29]。

以上のように、「陸運転移」後の貨物自動車運送事業には、鉄道に付随する小運送業に関連

表4-5　1943年の造船用資材輸送状況
(トン)

月別	輸送需要	輸送実績	輸送率（%）	滞貨
6月	286,905	181,280	63	105,625
7月	478,934	217,610	45	362,510
8月	383,613	244,922	64	500,425
9月	166,405	196,249	118	469,512
10月	179,422	180,196	100	468,545

出所：「第6回（甲造船）行政査察　陸運関係説明概要」日付不明、柏原兵太郎文書106-7。

した輸送需要が度々みられ、特別配給による対策等がなされていた。

一方、小運送業者の輸送力は次のように推移していた。表4-6によれば、1937年度を基準にして41、42年度には、すでに小運送業者の輸送力の増加を上回る鉄道発着貨物の増加がみられる。43年度になると、政府は「小運送、荷役力ノ低下甚ダシ」[30]と指摘していた。需要に対して伸び悩んでいた小運送業における輸送力は、「陸運転移」を契機に明確に不足したのである。この輸送力不足に対し、既述のように、貨物自動車運送事業を政策的に充当したため、43年には「現在ノ小運送業者ハ陸上運搬ヲ要スル貨物ノ五五％ヲ取扱フニ過ギナイノデアツテ、コレ以外ノ貨物ハ荷主自身或ハ貨物自動車運送事業者又ハ荷牛馬車業者ノ手ニ依ツテ持込又ハ引取サレテイル状態」[31]となり、小運送業を補強する貨物自動車運送事業の重要性は増していた。

ところが、43年8月に開催された決戦トラック輸送需給官民懇談会における荷主および全貨連の意見によると、貨物自動車運送事業者の小運送業者への協力意識は低いものであった[32]。先の6月25日「陸運貨物夏期増産増送期間実施に関する件」の実施状況を調査した鉄道省官僚は、「小運送力、特に六大都市に於けるトラックの小運送を無視した点が非常に欠陥で」あったと指摘している。これに対し全貨連理事は、「昨年六大都市に於きましては、鉄道小運送能力の確保のため日本通運をして小運送用の車輛を確保されました。我々の貨物自動車の任務としますと、どちらかと申しますと、鉄道発着よりも、鉄道発着を除いた、所謂鉄道の方に関連しない、工場から倉庫といふやうなものの運送運搬が主体でございました」と、鉄道に付随する輸送は小運送業者である日通がやるものだという認識を示している。他方先の7月5日の「鉱物増産期間に

表4-6 鉄道発着貨物の推移と小運送業における輸送力の推移

年度	労務員	自動車	荷牛馬車	鉄道発着貨物
1937	100	100	100	100
1938	130	132	102	
1939	137	134	114	
1940	133	134	111	
1941	129	130	141	142
1942	123	135	130	148

出所：前掲『第6回（甲造船）行政査察　陸運関係説明概要』。

於ける輸送に関する件」の輸送状況についても、鉱山統制会の発言によると、「鉱石の関係は非常に荷物の質がよくないために嫌われる［中略］要求通りに運んで戴けない場合がかなりある」という。

こうした事情の背景としては、運賃制度と過積容認の不備が考えられる。1940年7月に認可された貨物自動車運送事業の運賃制度は、距離制ないしは車輌単位で見積もられていた。これに比べて小運送業における運搬は、鉄道との兼ね合いから重量制を採用していた。小運送業者が荷主と重量制で契約して貨物自動車運送事業者に下請けに出す場合、車輌単位で「傭車」する。加えて重要物資の輸送の際に過積を認めていた当時の方針にあっては[33]、積荷の重量に比べて「傭車」料は割安であり、運送会社に対するメリットは少なかった。段階的に小運送業の運賃も引き上げられたが、運賃制度が是正され重量制に変更されるのは44年9月であった[34]。小運送業に対する貨物自動車運送事業の配車を容易にする対策として、運賃の値上げが考えられるが、先行したのはのちにみる統制団体の改組であった。

以上のように、「陸運転移」後の貨物自動車運送事業は鉄道輸送の末端を担うことを求められたが、その輸送状況は不十分であった。次に、小運送業と直接関係しない輸送需要を検討しながら、輸送統制の特徴を検討しておこう。

(2) 輸送統制と統制団体

1943年5月6日の「金属回収の輸送に関する件」は、金属回収統制株式会社に自家用車の所有を認める方針であった。鉄道省は「原則として民間トラック業者に於いて之が輸送に支障を来すことある場合は同社（金属回収統制株式会社—引用者）に新車割当」も余儀なしとしており、これを回避するため全貨連も事業組合に対して金属回収に力を入れるように念を押した[35]。加えて、決戦トラック輸送需給官民懇談会における金属回収統制株式会社の発言によると、

「鉄回収用、鉄輸送用のガソリンも私共資材部から貰つて、貨物組合さんの方へお渡しするといふ方法を採つて」いるとされ、実際の輸送は、優先的な配車を受け、「大変うまく行つて」いたという[36]。荷主が燃料の割当を受け、事業組合の配車を容易にしたこともうかがえる。このような特別配給を伴う重要物資の輸送統制について、別の事例を確認しておこう。

航空機関係の工場による輸送需要について、第3回行政査察によると、武蔵野地方の工場に関して、「常時毎日三一輌平均ヲ専属的ニ配車スルノ他之ニ対シガソリン特配ヲ実施シ毎月大体工場ノ要求数量ハ滞貨ナシニ輸送シ居レリ」[37]とあり、輸送統制が効果的であったことがうかがえる。ところが、同じ航空機関係の輸送でも特別配給のない場合は、「運送事業組合ニヨル輸送統制ヲ実施シツツアルモ尚輸送需要ト輸送力ノ開キハ益々大トナリツツアリ」、さらに「名古屋市内ハ五事業者ニ集約シ組合ヨリ特ニ大口需要者タル大工場ニ対シテハ所要車輌ニ対シ常時市内全車輌ノ約四分ノ一ニ相当スル車輌ヲ統制配車ヲ行ヒツツ居レルモ尚工場側ノ希望数ニハ達セズ」という状況で、不足分に対しては工場に自家用車保有を許可するなど[38]、事業組合の輸送統制が効果的ではなかった。特別配給の有無によって重要物資の輸送の充足が左右されたと結果的には解釈できよう[39]。

なお、効果的な統制を行うため、統制団体の情報提供活動が重要な役割を果たした[40]。全貨連は、特別配給を伴う輸送統制を中心に、事業組合が集計した輸送実績を鉄道省や企画院に提出した[41]。こうした活動が可能であった背景には、事業組合にある程度の人員を確保できたことがあった[42]。

以上のことから、貨物自動車運送事業に対する統制は、大枠的な引受制限下で、特に輸送の必要な重要物資に対して、その都度効果的な燃料の特別配給が行われるものであった。このような輸送統制が行われた背景としては、運送会社数が多かったことに加え、年度計画が作成されていたとはいえ需給の計画化が困難である業界の特性があった[43]。

ただし、統制団体を介した重要物資の輸送需要は、運送会社にとって共同引受の開始当初からさほど多くはなかった。東京の事業組合で共同引受業務を担当した者によると、運送会社は「営利本位に動くという傾きが非常に多かった」が、「時を経るに従つて組合の指導力が浸透し」、43年9月時点で「多い時は［中

略］大体組合員から見ると二割強のものは組合本部受付貨物を割当られ」[44]たという。限定的な事例ではあるが、引受制限の範囲内で運送会社は比較的自由な引受が可能であった。このことは、いまだ統制を介した輸送力配分の必要性が低かったことが主因であろう。だが、「陸運転移」による小運送業の輸送需要や軍需工場などの輸送需要が追加的に発生する一方、統制団体を介した特別配給を伴わない輸送には非効果的な側面がみられた。加えてこの時期には、必ずしも重要物資ではないが、積荷の抜き取りなど運送会社の統制違反が生じていた[45]。政府はこれらの課題に対応するため、統制団体の改組と統制強化を図ってゆく。

(3) 統制団体の改組と輸送需要の変化

1942年10月の「陸運転移」への対応として同月に閣議決定された「貨物自動車運送能力強化ニ関スル件」による一連の措置は、「陸運転移」の実施と時期的なずれを伴って具体化された。その内容は、42年12月から始まる「第二次統合」(表4－1)[46]、43年8月の自動車交通事業法の第2次改正（同年3月公布）、鉄道省の運営する省営自動車を乗合自動車運送事業から貨物自動車運送事業に転換することの3点であった[47]。

ここでは、統制団体の改組および統制強化を行った自動車交通事業法の第2次改正に焦点をあてるが、その要点は次のとおりである[48]。第一に、鉄道、陸海軍大臣および地方長官は、貨物自動車運送事業者に対して輸送命令を発することが可能になった。輸送命令には燃料の確保と損失補償があり、小運送業の輸送需要については鉄道大臣のみが命令できるとされた。第二に、全貨連および事業組合は公的なものに改組され、運送会社は強制加入となり、事業組合は原則的にすべての積荷を共同で引受けることになった。これらは、小運送業に貨物自動車運送事業を最大限活用するための措置であった[49]。

また統制団体のうち事業組合の改組と輸送の需給調整については、44年1月の閣議決定「陸上小運送力増強ニ関スル件」を契機に再度強化された。これは陸上小運送全般における計画的な輸送を方針として掲げ、リヤカーや荷牛馬車を輸送手段とする事業者に対しても、都道府県毎に需給調整を担う陸上小運搬業統制組合を結成させるものであった[50]。

第4章　貨物自動車運送事業の統制団体

　この方針の具体化のため、同年3月に「貨物自動車輸送統制強化方策ニ関スル件」が通牒された[51]。これに基づく「貨物自動車其ノ他陸上小運送統制実施要綱」によると、事業組合は日別、10日別、月別に重要物資の輸送計画を樹立し、月別輸送計画は都道府県別に設けられた関係各庁官吏、陸海軍、関係荷主、事業組合、陸上小運搬業統制組合、日通はじめ小運送業者の参加する陸上小運送協議会において審議を要し、このほか政府は輸送統制を確保するために、必要に応じて運送会社に対し過怠金の賦課、必要物資の配給調整、行政処分などを講ずるとされた。政府は、輸送計画・統制の実効性を高めるため地方レベルでも需給調整の円滑化を試み、加えて小運搬業者の輸送力をも包摂し、輸送手段の根こそぎ動員体制を構築した。さらに、同要綱では、事業組合が「計画輸送ヲ実施スル運送中、鉄道発着貨物ハ原則トシテ小運送業者ニ於テ其ノ運送ヲ引受ケ」るとあり、「自動車交通事業法」第2次改正によるすべての輸送需要を事業組合で引受ける措置が変更されている。この対応は、後述するように、44年になると小運送業以外の分野において、貨物自動車運送事業に対する重要物資の輸送需要が頻繁に生じたためになされたものであった。

　事業組合は1943年12月を目途に改組され、その後も強化されて、それらを統轄する全貨連は44年4月に新発足した。終戦までの全貨連の会長は、初代佐藤栄作、2代目柏原兵太郎、3代目小野哲と、運輸通信省自動車局長が兼任した[52]。以下、戦争末期の貨物自動車運送事業に対する輸送需要をみてゆく。改組後の統制団体は、特に軍需工場への専属配車や軍部の突貫工事に柔軟な対応を求められた。

　全貨連の資料によると、1944年10月以降、軍需省の依頼によって航空機関係の軍需工場に専属配車を行い、陸軍から「飛行場ノ建設及ビ軍施設等ノ緊急工事ニ伴フトラック配車」を要請されている[53]。また全貨連は44年に、当時の代用燃料の一種である半成コークス（コーライト）を3,000トン割当てられ、「京浜、中京、京阪神其ノ他ノ航空機生産地区ニ特配」し、このほか潤滑油の代用油脂も航空機増産輸送用として特別配給を受けている[54]。燃料等をテコにした統制が繰り返されていたのである。

　さらに戦局が悪化すると、空襲時の復旧輸送や工場の疎開においても、貨物自動車運送事業の重要性が高まった[55]。工場疎開については、大和運輸が1945

年2月に「向う3カ月間、中島飛行機㈱武蔵野製作所疎開にともなう物資の輸送に従事すべし」という運輸通信大臣の輸送命令を受けている[56]。この輸送需要は軍需省から運輸通信省にもたらされ、輸送命令となって東京の事業組合に通達され、警視庁との協議の末、大和運輸が選定された[57]。

このように戦争末期の貨物自動車運送事業は、軍需工場への専属配車、軍部の突貫工事および工場疎開等に充当され[58]、その後は本土決戦が叫ばれるなか作戦輸送を期待されることになる[59]。したがって、懸案であった小運送業への配車は減少していった。もちろん鉄道の輸送トン数自体も減少したが（図4-1）、貨物自動車運送事業の状況は、「軍関係飛行場其他ノ施設ノ急速増強、航空機緊急増産等ヘノ供出車輛頓ニ激増シ既ニ重大隘路トナツタ小運送力ノ減退ニ拍車ヲカケル状態」[60]となり、小運送業に対する輸送力の配分は一層低下した。小運送業への配車の円滑化のため、統制団体が改組されるころには、小運送業に対する需要のみが重要業務ではなくなっていたのである[61]。

しかしこれらの輸送需要は、物資不足下の貨物自動車運送事業にとって対応しきれるものではなかった。当時の小運送全体を概観した上奏資料は、「貨物自動車ニヨル輸送力ノ不足ヲ補フタメ荷牛馬車、荷車、リヤカー等ノ陸上小運搬ノ輸送力ヲ強化シナクテハナリマセン」[62]と説明し、J. B. コーヘンは、1945年の輸送状況について、「疎開は屢々牛馬車によらざるを得なかったし、小運送はトラックよりも馬力や荷車によるに至った」[63]と指摘する。小運送業のみならず貨物自動車運送事業も、輸送需要を満たすため、既述の動員体制構築を背景とした小運搬まで活用しなければならなかった。また、このことから、戦争末期には貨物自動車運送事業に残存する引受の自由裁量の余地は大きく制限されたと考えられる。しかし次節で触れるように、必要物資が不足したことで、政府は統制の手段を失いつつもあった。

戦争末期の輸送統制については、事業組合の共同引受の方針に変転を伴い、輸送命令も付与されたとはいえ、引受制限下で特別配給を行う枠組みは維持されていた[64]。一方、この時期には、積荷の窃盗・抜き取り等の運送会社の経済犯罪が重要物資にまでおよんでおり[65]、輸送統制の効果については留保が必要であることを確認しておく。

次に、既述のような輸送統制に至った表裏としての輸送需要に対する輸送力

の減退、すなわち必要物資の不足状況を考察し、物資不足に対する統制団体の対応を検討する。

3 輸送力の確保

(1) 必要物資の不足

　通常燃料等の必要物資は、物資ごとの配給規則にしたがって全貨連ないしは事業組合が共同購入した。他方通常の割当が不足する一部の物資については、政府と全貨連との協力により獲得対策が講じられた。以下では後者の活動を取り上げる。各対策は、1942年末から43年初頭に表出し始めるが、これは表4-7のように、必要物資の減少による実働率の低下を背景としていた[66]。

　必要物資の配給量は次のように低下した。燃料配給を示す表4-8は自動車運送事業全体を対象にしているが、1941年度のガソリン配給量と代用燃料のガソリン換算量を比べると、同年度を境として木炭や薪が自動車燃料の主流になったことがうかがえる。潤滑油の配給量は表4-9のとおりで、同様に自動車運送事業全体を対象にしているが、統計の得られる43年度以降所要量を満たしたことは一度もない。石油類消費規制の強化により、石油を原料とする潤滑油の配給量が減少した一方、ガソリンの不足には、早期に代用燃料が利用されたため、潤滑油配給量に対する燃料配給量の余剰が生じたのである。タイヤの配給量も、後出の表4-10にあるように傾向的に低下した。チューブは増減をみせているが、44年度を境に両者とも激減した。これら配給状況に応じ、表4-7の実働率にあらわれるように、輸送力は低下した。

　以上から、輸送力を確保する対策は次のように整理できる。日中戦争期は、代用燃料の活用とそれに伴う代燃装置の生産が課題であった。太平洋戦争初期からは潤滑油の代用となる油脂の模索、代用燃料の増産等が課題に加わり、太平洋戦争末期にはこれらに加えてタイヤの生産課題が浮上した。以下では物的資源として代表的な代用燃料、潤滑油およびタイヤ、人的資源である運転手を取り上げ統制団体の対策を考察する。

表4-7 貨物自動車数と実働率

年度	普通車(I) 実在車数 営業用	普通車(I) 実在車数 自家用	普通車(I) 計(A)	実働車数(B)	普通車(II) 実働車数(C)	普通車実働率 (B/A)	普通車実働率 (C/A)	小型車(I) 実在車数(D)	小型車(II) 実在車数(E)	小型車(II) 実働車数(F)	小型車実働率 (F/D)	小型車実働率 (F/E)	実働車数計 (B+F)	実働車数計 (C+F)
1935	39,302	7,616	46,918	36,684		78								
1936	42,678	8,660	51,338	40,637		79								
1937	43,000	9,795	52,795	42,426		80								
			(52,995)			(80)								
1938	44,207	10,856	55,063	41,297		75								
1939	44,118	10,343	54,461	40,511		74								
1940	49,624	10,593	60,517	42,361	36,915	69	61	67,464	75,178	30,471	45	40	72,832	67,386
1941	43,411	10,852	54,263	34,184	29,844	63	55	65,670	70,016	29,407	45	42	63,591	59,251
1942	45,056	11,263	56,319	32,100	29,285	63	52	64,929	70,065	24,523	38	35	56,623	53,808
1943	47,293	11,571	58,864	32,925	23,274	56	39	61,849	65,376	17,652	29	27	50,577	40,926
			(56,864)			(58)	(41)							
1944	41,630	13,876	55,506	19,544		44				10,478			30,022	
1945	31,583	23,293	54,876	15,694		29				8,414			24,108	
			(43,235)			(36)								

注1) 戦時期の貨物自動車に関する統計は、出典によって詳細が異なる。ここでは実働車数の把握できる次の2つの統計を主に利用することにした。(I)は、陸運統計研究会『陸運要覧』（昭和25年度版）、30～31頁、(II)は、自動車局「陸上小運送関係」1944年6月、柏原兵太郎文書151-1の数値である。カッコ内は、前掲『自動車年鑑』（昭和22年度版）、86～88頁の数値である。(I)の実在車数(A)と(II)の実在車数は、(II)で実働車数の判明する年度については1943年度を除いて同数であるため、(I)の数値のみ掲載した。ところが、1943年度のカッコ内の数値は、前掲引用書(II)の数値と同数である。したがって同年度の実働率(C/A)はカッコ内の数値(41%)が(II)を基にした実働率となる。また、前掲『自動車年鑑』（昭和25年度版）によると、1945年度の実在車数は5万9,876両、前掲『陸運要覧』（昭和24年度版）によれば、1943年度は5万9,864両とされている。
2) 各統計に省営自動車は含まれない。前掲引用書(II)の各数値は自家用車を含み、営業用・自家用の全体の実働車数は営業用の実働車数を基に推定したものとされる。
3) 小型車は実働車数が判明する年度のみ掲載しているが、1944・45年度の小型車の実働車数は、筆者が実働車数の合計値を得るために、表中(B)欄の普通車の実働車数の減少率を基に推算したものである。また(I)では小型車の実働車数が把握できない。
4) 45年度の自家用車の激増は、戦後に軍の貨物自動車が大量に放出されたため生じたと考えられるので、おそらく同年8月までの民間実在車数は、4万3,235が実態に近いと思われる。

(2) 代用燃料

　表4-8によれば、代用燃料の配給量は、ガソリン換算量でみると41から44年度まで横ばいを示し、ガソリン配給量の減少をカバーできていない。日中戦争期は代用燃料の利用に若干の期待がもてたとしても、太平洋戦争期にはそれさえ困難になった。特にガソリンの配給量が半減し代用燃料の配給量が伸び悩んだ42年度以降は、「陸運転移」による輸送需要の増加も加わり、燃料不足は深刻化した。燃料をテコに輸送力を配分する輸送統制は、こうした事情をも背景にしていた。

第4章　貨物自動車運送事業の統制団体

表4-8　燃料配給量

年度		ガソリン (kl)	木炭 (トン)	薪 (トン)	石炭 (トン)	半成コークス (トン)	代用燃料のガソリン換算量 (kl)
1937		1,169,462					
1938		816,688					
1939		563,602	285,055	209,855			180,754
1940		419,525	365,463	288,246			236,424
1941		211,592	334,700	348,750	66,203	47,511	280,938
1942		115,363	280,167	333,750	126,000	54,000	277,982
1943	第1四半期	27,600	64,500	75,779	46,200	28,500	
	第2四半期	27,600	66,571	69,261	46,000	29,678	
	第3四半期	29,601	45,000	69,261	46,000	30,000	
	第4四半期	26,462	45,000	69,261	40,000	25,000	
	計	111,263	221,071	283,562	178,200	113,178	281,716
1944	第1四半期	23,640	50,000	67,000	30,000	33,000	
	第2四半期	22,458	61,000	67,000	33,000	47,600	
	第3四半期	15,720	61,000	67,000	26,400	37,795	
	第4四半期	15,270	57,000	63,000	26,400	32,000	
	計	77,088	229,000	264,000	115,800	150,895	284,476
1945	第1四半期	7,290	50,000	60,000		26,000	
	第2四半期	6,700	52,000	57,000		20,000	
	第3四半期	20,845	50,000	57,000		15,500	
	第4四半期	9,910	50,000	45,000		3,000	
	計	44,745	202,000	219,000		64,500	181,550

注：下記出所の375頁に1945年度の石炭配給量が一応掲載されているが、同書378～379頁のデータと勘案すると、半成コークスの配給量を誤って掲載したものと考えられるため、さしあたり不明としておく。なお、41年8月以降、ガソリンの配給は原則貨物自動車のみに行われているので（前掲『日本陸運十年史』590～591頁、596～597頁）、ガソリン配給量には表4-4における特別配給量も含まれていると考えられる。
出所：前掲『自動車年鑑』（昭和22年度版）374～381頁より作成。

　政府の燃料対策においては、各種代用燃料を扱う所管行政の多元性が障害であった[67]。そのため、1942年12月に企画院、鉄道省、商工省および農林省は協議を行い、翌年1月自動車燃料協議会の設立を決定した[68]。3月の連名通牒である「自動車燃料協議会設置ニ関スル件」によって、中央協議会は商工省燃料局に、地方協議会は各府県に設置され、各協議会は各省、各配給会社および全貨連等の消費者である各統制団体の代表者によって構成された。中央および地方協議会は、統制団体から消費量の報告を受けて、四半期ごとにそれらに対する供給数量を決定した。しかし同協議会は、単に供給を調整するに過ぎなかったので、燃料の獲得に大きな力を発揮するものではなかった。

表4-9 潤滑油需給状況　(kℓ)

年度		配給燃料に対応した所要量 (A)	配給量 (B)	割合 (%) (B／A)
1943	第1四半期	5,063	2,300	46
	第2四半期	5,057	2,595	51
	第3四半期	4,498	3,290	73
	第4四半期	4,199	3,480	83
	計	18,817	11,665	62
1944	第1四半期	4,203	3,296	78
	第2四半期	4,818	3,222	67
	第3四半期	4,218	2,514	60
	第4四半期	3,611	2,514	70
	計	16,850	11,546	69
1945	第1四半期	2,731	1,572	58
	第2四半期	2,822	1,950	69
	第3四半期	3,074	1,755	57
	第4四半期	2,369	1,347	57
	計	10,996	6,624	60

出所：前掲『自動車年鑑』（昭和22年度版）381頁。

1944年になると、政府のみならず全貨連も代用燃料獲得対策を強く意識し、全貨連は政府に自家製炭の認可を働きかけた[69]。政府はこれを受けて、全貨連をはじめとする各統制団体等の代表者に製炭現場を見学させ、数次にわたって製炭技術の講習会を開催した[70]。全貨連が自家製炭を政府に打診し協力を得たことは、戦時期の統制団体が統制事務代行の枠にとどまらず自治的に物資の獲得を模索したことを示している。

その後の代用燃料の事情についてみると、1944年は自家製炭のみならず、家庭用炭をコーライトに転換し、従来の家庭用炭を自動車用の木炭であるガス用炭に充て自動車用木炭の配給量を増加させる試みもあったが[71]、木炭をはじめ代用燃料の配給量は横ばいにとどまった。45年になると自動車用の液体燃料は使用停止となり[72]、ガソリンを利用した政府の統制は難しくなった。そのため代用燃料の利用は一層重要視されたが、薪炭については「労務給源ノ不足、奥山入及ビ生産資材不足等」のため、特に木炭の減産が予想された[73]。政府は「庭園タルト平地森林タルトヲ問ハズ増産容易ナル森林ヲ全国的ニ国策トシテノ伐採ヲ断行」[74]し薪炭の獲得を目論んだが、45年度も薪炭の配給量は停滞ないしは悪化し（表4-8）、潤滑油の不足もあって、実働率は29％（36％）にまで低下した（表4-7）。

(3) 潤滑油

潤滑油の需給は、1942年7月以降悪化し、同年11月には石油類の配給規制強

化により深刻化した[75]。廃油の再生のみでは量的確保が難しくなり、鉄道省は43年初頭に蓖麻子油を廃油等に混合し潤滑油の代用に充てる対策を始める。この代用策は、航空発動機用高級潤滑油を確保するためすでに行われており、そのための蓖麻の栽培は42年より大政翼賛会が国民運動として実施していた[76]。陸運業界はこの例にならって、蓖麻の栽培を対策として採用したのである。

鉄道省は、1943年1月の「潤滑油代用蓖麻栽培ニ関スル件」によって、国有鉄道奉公会、全貨連、全国乗合自動車運送事業組合連合会、全国旅客自動車運送事業組合連合会、鉄道軌道統制会、日通ほか鉄道省の外郭団体に対して蓖麻の栽培を行わせ、収穫量の比によって諸団体の潤滑油割当量を決める措置を講じた[77]。これら諸団体のうち鉄道省の外郭団体を除いた6団体は、人員を派遣する形で、3月に陸運蓖麻栽培指導協会を設立し、蓖麻の栽培指導、種子の配分および収穫の把握を行った[78]。この計画は当初、配布種子量約465石、栽培地4,655町歩、収穫目標25万石、予定搾油量約1万2,000kℓという大規模なもので[79]、43年度は全貨連が最も多く種子を割当てられた[80]。

以下、陸運蓖麻栽培指導協会に報告された貨物、乗合および旅客の各事業組合の事例から蓖麻栽培の実態を確認しておく[81]。蓖麻は一年草で秋に収穫されるため、春先に種子が配布された。種子の配布は、事業組合が傘下企業の実働車数に応じて行う場合が多く、蓖麻の栽培は原則各社従業員の勤労奉仕によって行われた。栽培地は、事業組合あるいは各社が工場の敷地や河川敷を借受ける場合が多かったが、従業員が自宅に持ち帰る事例もみられた。一般的な空地は先行して蓖麻栽培に着手した大政翼賛会がすでに使用していたと考えられ、陸運関係の団体は借用先を工夫したが、同会と摩擦が生じる県もあった。しかし長野県では、県の斡旋もあって両者が集団栽培を行っており、沖縄県も当時貨物、乗合および旅客の3業種で1事業組合を結成していたこともあり、同様に県をあげて栽培に臨んだ。このように統制団体が指導力を発揮し、県や他団体の協力を得る事例もみられた。

しかし実際の栽培は覚束なく、8月に推定された全体の第1回収穫予想量は目標の25万石を大きく下回る6万4,617石で、搾油予定量も4,080kℓと大幅に下方修正された。9月になって台風や日照りの被害が報告され始める頃には、さらに下回る推定結果が出された。とはいえ、表4-9によると43年度第3・

第4四半期の潤滑油の配給量は増加し、44年度第1・第2四半期においても漸減にとどまった。

次いで1944年度は、前年度の蓖麻栽培の成果に加え、燃料の配給量が減少したことで潤滑油の不足は若干解消された（表4-9）。しかし抜本的な解決には至らず、蓖麻の栽培は継続され、このほか全貨連の対応も多様化した[82]。8月には「新潟県中条町ノ羽黒油田ニ職員ヲ出張セシメ特殊ノ調査研究」を行い、同時期に「山梨県、大阪府ニオイテ産スル葡萄ノ種子ヨリ搾油スル方法ヲ研究」するなど、全貨連は蓖麻以外の代用油脂の活用を独自に試みた。他方で全貨連は、軍および関係各省に対して潤滑油の増配を求めた結果、用途を限定された代用油脂ではあるが、航空機増産輸送用として玉濁黍油10トン、菜種滓抽出油10トンを農商省から配給された。さらに全貨連は、こうした代用油脂に混合させる鉱物性廃油の払下げを陸海軍に訴え、遅れたとはいえ払下げを実現させた。全貨連は、多岐にわたる機関と交渉し独自に物資を獲得したのである。これらの活動は、全貨連が業界の問題を把握し解決してゆく役割を担っていたことを示している。

1945年度の潤滑油は、第1四半期に配給量が大幅に低下し（表4-9）、政府も「南方還送油依存不可能ノ二十年度ニ於テハ如何ニシテ潤滑油ノ自給ヲ計ルカハ大問題」[83]としていた。政府は「日満支ニ於ケル動植物油脂ヲ利用スル以外ニ途ナシ、速カニ之ガ国家的栽培計画、並ニ国民食糧トノ調整ヲ確立実施スベシ、陸運業者ニ於テハ蓖麻子ノ大栽培計画」をたてるなど、蓖麻を中心とする植物栽培をさけんでいた。

(4) タイヤ・運転手

表4-10によると、タイヤの配給量は傾向的に低下しており、1943から44年度にかけては半減し、45年度も低位に止まった。太平洋戦争初期は占領地から生ゴムを輸入でき、その量はむしろ過剰であったともいわれているが[84]、軍需が優先されたうえ、44年には生ゴムの輸入量が大幅に減少し[85]、配給量は激減した。

タイヤの寿命は、戦前が2万8,000km、45年が1万7,000kmと、戦争末期・終戦直後の質は格段に低下している[86]。戦後47年の全貨連の資料では、タイヤ

の寿命が1万5,000km で、1日70km走行したとして年間1車あたり11本が所要量であったから[87]、45年頃においても年間1車あたり10本程度のタイヤが必要であった。表4-10の試算では、45年度の年間1車あたりの配給量は0.6（0.8）本ないしは1.1本なので、戦争末期は実働率よりもタイヤ不足による整備率の低下が輸送力の大きな足かせになったと考えられる。

表4-10 普通貨物自動車タイヤ・チューブ配給状況

(本)

年度	タイヤ	チューブ	年間1車あたりのタイヤ配給量	
			自家用含む	営業用のみ
1939	169,001	71,360	3.1	3.8
1940	156,918	75,038	2.6	3.2
1941	127,483	73,336	2.4	2.9
1942	108,280	86,266	1.9	2.4
1943	96,295	96,295	1.6 (1.7)	2.0
1944	45,023	29,414	0.8	1.1
1945	35,224	35,224	0.6 (0.8)	1.1

注：配給量に省営自動車用は除かれていると考えられるが、自家用を含んでいるのか定かではない。そのため、年間1車あたりのタイヤ配給量は二種類試算した。左欄は表4-7の自家用を含めた実在車数（A）をもとに、カッコ内も同様に対応させ、右欄は表4-7の営業用の実在車数をもとにそれぞれ試算した。
出所：全貨連「第十二回理事会議事録」昭和22年7月4日。なお原資料は、「ゴム協連調」とされている。

　1942年および43年は、全貨連はタイヤ不足を主に軍の中古タイヤの払下げで補った[88]。数次にわたる軍部の斡旋によって、業界が入手した払下げタイヤは年間1,000本に達しており、全貨連はこれらのタイヤを事業組合からの要請と各地の配給状況を勘案して割当てた。

　1944年になると、軍の払下げタイヤの獲得だけでなく、同年12月に行われた全貨連ほか運輸通信省自動車局、軍需省および横浜護謨製造株式会社を交えた官民懇談会を契機として新たな対策が講じられた[89]。同懇談会では、タイヤの生産上最大の隘路が労務の不足であるとされ、「自動車関係業者ヨリ労務ノ支援ヲナシタイヤーノ生産ヲ増加シ以テ刻下ノ急ヲ救フベク横浜ゴム製造株式会社ニ対シ労務者ヲ供出スル」ことになり、全貨連は各事業組合から選抜された100名の作業員を横浜工場に派遣した[90]。作業員の派遣は横浜護謨にとどまらず、45年3月には東洋ゴム化工株式会社に6カ月間の予定で、秋田県事業組合など14組合から約30名を派遣した[91]。

　以上のような、蓖麻栽培も含めたこれらの人員派遣策の背景には、過剰人員の存在を想定できよう。以下、試みに運転手数について簡単に検討する。なお、

表4-11 貨物自動車の従業員数

	運転士	整備工	助手
1943	39,721	6,590	
(不足数)	6,737	4,630	
1944	36,734	4,435	8,345
1945	33,419	4,470	7,668

注1）1943年は同年5月頃、44年は12月末現在、45年は9月末現在の統計である。
2）1944、45年は、自家用、省営自動車の運転手数を含まず、小運送業者は含む。43年の対象は不明である。
出所：1943年は、鉄道省監理局自動車第一課「最近に於ける自動車の現状」1943年5月27日、柏原兵太郎文書151-23、44、45年は、日本国有鉄道編『日本陸運十年史』1951年、642頁。

表4-11にあるように助手が別個統計に組み込まれていることから、当時貨物自動車1輛を動かすのに要する運転手の数は1人であったとして検討する。

表4-11は、同表注2にあるように、1944、45年の運転手数に自家用車のものを含めていない。それにもかかわらず、同表の運転手数と、表4-7の自家用車および小型車の一部推定値を含めた実働車数（B＋F、C＋F）とを比較してみると、43年を除いて44、45年は運転手数が実働車数を上回っている。厳密な比較は困難であるが、実働車数の減少による運転手の過剰化がうかがえる。もちろん、表4-11の43年の欄にあるように、政府は戦争末期に運転手の不足を度々指摘している。また太平洋戦争期の不足は徴用が原因であるとする指摘もあるが[92]、表4-11の運転手数が徴用者を除いているのか定かではない。しかし44年3月の政府の認識では、物資不足に伴う実働率の減少に対応して「運輸会社ハ運転手ノ減員ヲ図」ったため、運転手が減少したとし、「今後自動車輸送力増強ノ為ニハ強力ナル確保対策ヲ樹立スルノ要アリ」というものであった[93]。運送会社にとって運転手が過剰になったことと、「今後」とあることから、運転手の不足は貨物自動車生産・輸送計画等からみて指摘されていたことがうかがえる。戦争末期の物資不足により、現場では運転手に一時的な手の空く状態が生じ、これら過剰人員の存在が、既述の全貨連の対応を可能とする条件を与えた[94]。

また、本節でみた物資不足は輸送統制の量的限界を示唆するが、そうした中で車輛の整理が軽微であったことが、余剰車輛（実働しない実在車、表4-7）の存在からうかがえる[95]。貨物自動車運送事業は、必要物資が確保されれば、戦争末期においても政策的な輸送需要に充当され得るものであった。ここに、事業存続を意図する統制団体の自治的統制が正当化される余地があったといえよう。

おわりに

　最後に本章で明らかになったことをまとめておこう。第一に、貨物自動車運送事業における需給調整では、統制を介したものと運送会社のある程度自由裁量に基づいたものが、1943年頃まで併存していた。輸送統制は、業界全体に積荷の引受制限を行う大枠の下で、特に輸送の必要な重要物資に対して燃料等の特別配給によりその都度なされていた。また、引受制限下とはいえ、運送会社に引受の選択余地が比較的残されており、計画と統制の実効性を高める統制団体の活動も業界全体にとって部分的であった。しかし44年以降は、重要物資の輸送需要増加と物資不足により政策的な輸送力配分の必要性が高まった。輸送統制の枠組みは強化されて、小運搬の活用が模索され、運送会社の自由裁量の余地は大幅に狭められたと考えられる。しかし、物資不足とそれによる過剰人員・余剰車輌を考慮すれば、輸送統制が強化されたとはいえ、業界全体に対する統制の関与という意味では輸送統制はなお部分的であった。

　第二に、統制団体は、戦争末期の過剰人員発生という特殊事情、および業界の潜在的な政策上の必要性を背景として、当初の設立目的とは別に所要物資の獲得を行っており、業界の問題を把握し解決するうえで重要な役割を果たしていた。このことは、復興期においても意味をもつことになる。引き続き統制下にある復興期の全貨連は、これら戦時期の組織を継承し、政府の統制に協力する一方、業界の権益を守るロビー活動を展開することになる。

注
1)　本章は2004年5月29日、社会経済史学会第73回全国大会自由論題（於大阪市立大学）にて報告したものを基にしている。当日有益なコメントを下さった諸先生方・各位およびその後有益なコメントを下さった諸先生方・各位に感謝申し上げる。
2)　岡崎哲二「第二次世界大戦期の日本における戦時計画経済の構造と運行――鉄鋼部門を中心として」『社会科学研究』第40巻第4号、1988年。宮島英昭「戦時統制経済への移行と産業の組織化」『年報近代日本研究9 戦時経済』山川出版社、1987年、同「戦時経済統制の展開と産業組織の変容――国民経済の組織化と資本の組織化」(1)(2)『社会科学研究』第39巻第6号、第40巻第2号、1988年。なお、宮島氏の各論文は、統制団体の活動の実証を欠くという点で限界を持つ。
3)　統制の部分的な側面を把握する上で、原朗「日中戦争期の外貨決済(1)」『経済学論集』第38巻第1号、1972年、17～18頁、同「戦後五〇年と日本経済――戦時経済から戦後経済へ」『年

報日本現代史　創刊号』東出版、1995年、85〜86頁、統制の手段として価格統制を重視した岡崎哲二「戦時計画経済と価格統制」『年報近代日本研究9 戦時経済』山川出版社、1987年は重要である。
4) 中野金次郎『小運送論』春秋社、1937年、第1章。
5) 鉄道省監督局交通法規研究会編『改正自動車交通事業法解説』東京交通研究所版、1941年、194〜195頁。
6) 以下、日通については、日本通運株式会社編『社史・日本通運株式会社』1962年、本編第1章、第2章。
7) 前掲「日中戦争期の外貨決済(1)」、20〜21、39〜40頁。
8) 佐藤清一『重要物資統制読本　石油統制』商工行政社、1939年、99〜118頁。
9) 企画院「補填対策実施上考慮スベキ事項」昭和13年1月18日、原朗・山崎志郎編『初期物資動員計画資料』第2巻、現代史料出版、1997年、197頁。
10) 志鎌一之『自動車交通政策の変遷』運輸故資更生協会、1955年、88頁。
11) 前掲『重要物資統制読本　石油統制』、120〜121頁、呂寅満「戦時期日本におけるタクシー業の整備・統合過程――『国民更生金庫』との関わりを中心に」『経済学論集』第68巻第2号、2002年、72頁等が参考になる。
12) 前掲「戦時期日本におけるタクシー業の整備・統合過程――『国民更生金庫』との関わりを中心に」、73頁。
13) 企画院「昭和十五年度交通動員実施計画綱領」前掲『初期物資動員計画資料』第12巻、285頁。
14) 前掲『自動車交通政策の変遷』、106〜112頁、日本国有鉄道編『日本陸運十年史』1951年、607〜608頁。なお、企業統合と諸資本の対応、およびこれらと関連した統制団体の活動は重要であるが、本章では触れることができなかった。
15) 以下、命令内容は、前掲『日本陸運十年史』609〜610頁。ここでの6大都市は東京、横浜、名古屋、京都、大阪、神戸である。
16) なお、運賃は事業組合が荷主から徴収し、運送会社に実績に応じて事後的に交付された。以下、同通牒の内容は、運輸通信省自動車局『自動車交通事業法令輯覧』(其の一)陸運協力会、1944年、486〜492頁。また、6大都市所在府県以外の事業組合に対する輸送統制も手法としては同様であった。前掲『日本陸運十年史』611頁。
17) 代わって、生産拡充用機械等が新たに加えられた。また、区間事業者に対する需要、特殊車を必要とする需要も共同引受の対象から除かれた。
18) タイヤ、木炭等の配給も統制団体を介して行われた。タイヤは、商工行政調査会『物資統制の知識』1939年、537〜554頁、木炭は、前掲『自動車交通政策の変遷』101頁。
19) 原朗「経済総動員」大石嘉一郎編『日本帝国主義史3 第二次大戦期』東京大学出版会、1994年、91、94〜95頁。
20) 前掲『日本陸運十年史』237、276頁。
21) 「戦時陸運ノ非常体制確立ニ関スル件」、「戦時陸運ノ非常体制確立ニ関スル説明資料」(いずれも1942年10月6日)、八田嘉明文書0468、0470。なお「陸運転移」は、満州および華北の物資を朝鮮半島を経由して輸送する計画でもあった。この点は、林采成『戦時経済と鉄道運営』東京大学出版会、2005年、第3章に詳しい。
22) 前掲『日本陸運十年史』、119〜122、179〜182頁。
23) 貨物自動車運送事業に対する計画は、3節で触れる必要物資の配給枠と貨物自動車数を基礎に、何らかの手段で推算した輸送需要を考慮し、輸送可能トン数を割り出していたものと考えられる。
24) 全国貨物自動車運送事業組合連合会(以下、全貨連)、全国乗合自動車運送事業組合連合会、全国旅客自動車運送事業組合連合会『自動車三連会報』1943年11月号、76〜77頁。

第 4 章　貨物自動車運送事業の統制団体　　　135

25) 同上書、1944年1・2月合併号、23頁。
26) 同上書、1943年7月号、39～40頁。
27) 鉄道省監理局自動車第一課「最近に於ける自動車の現状」1943年5月27日、柏原兵太郎文書151-23。
28) 前掲『自動車三連会報』1943年7月号、69～70頁。
29) 同上書1943年8月号、67頁。
30) 「第6回（甲造船）行政査察　陸運関係説明概要」日付不明、柏原平太郎文書106-7。
31) 前掲「第6回（甲造船）行政査察　陸運関係説明概要」。なお、小運送業者全体の保有する貨物自動車数は太平洋戦争期のピーク時に約7,000から8,000輌におよぶが、その多くは小型車であった。前掲『社史・日本通運株式会社』、400、448頁。またその性能は、当時の諸統計が小型車3輌ないし4輌で普通車1輌に換算しているように、普通車に比べて格段に劣った。さしあたり、表4-1の注を参照。
32) 以下、懇談会の記述については、前掲『自動車三連会報』1943年9月号。
33) 同上書、25頁。なお、車輛の法定積載定量も引き上げられた。酒井朋三『自動車交通事業法改正の主眼点及新運賃の解説と事業組合設立に就いて』交通毎日新聞社、1940年、10頁等。
34) さしあたり、運賃制度は、大和運輸株式会社社史編集委員会編『大和運輸五十年史』1971年、103～105、117～119頁に詳しい。
35) 前掲『自動車三連会報』1943年6月号、81頁。
36) 同上書、1943年9月号、15頁。
37) 「第三回行政査察陸運関係説明要旨」1943年9月18日、八田嘉明文書0602。この輸送需要は、全貨連を介さず、該当する府県の事業組合に直接もたらされた。
38) 同上書。
39) 具体的な需給調整を行った事業組合の活動については、資料制約上、詳らかにできなかった。間接的に岡山県の事例を示せば、「出荷主が輸送の二日前に輸送の申込をし、申込を受けた支部（事業組合の県内の支部―引用者）は他の申込と組合わせて往復輸送させる。他支部、他県に亘るものは本部（事業組合の本部―引用者）に送り、本部は他支部、他府県統制本部と連絡して組合わせる。こうして燃料資材の効率を100％にし空車走行を許さない仕組み」であったという。岡山県貨物運送株式会社20年史編纂委員会『岡山県貨物運送株式会社20年史』1964年、8頁。なお、全貨連は必要に応じて道府県間の輸送需要に対する輸送力の配分を行った。前掲『自動車三連会報』1943年6月号、32頁、同書、1943年12月号、12頁。
40) 統制団体の活動のうち統制会を事例にこの点を重視したのが、岡崎哲二である。前掲「第二次世界大戦期の日本における戦時計画経済の構造と運行――鉄鋼部門を中心として」。
41) 前掲『自動車三連会報』各号。なお、当時の官僚の回想によれば、提出された統計に信憑性がなかったとも言われるので、情報の中身については留保が必要である。前掲『自動車交通政策の変遷』、172頁。
42) 例えば東京の事業組合では、ピーク時に330名の組合要員を抱えていた。小倉康臣『あゆみ』大和運輸株式会社、1959年、148頁。なお、組合要員数については、注94も参照されたい。
43) この点は、田中申一『再建日本の輸送動態』新紀元社、1948年、31～32頁が参考になる。
44) 前掲「決戦トラック輸送需給官民懇談会」『自動車三連会報』1943年9月号、23頁。
45) 司法省刑事局『経済月報』1943年9月号、62～69頁。なお、1938年の「揮発油及重油販売取締規則」制定以降、貨物自動車運送事業者の違反がどれほどの割合を占めたのかは判断できないが、同規則に関連した燃料関係の違反事件が一定程度把握できる。西田美昭「戦時下の国民生活条件」大石嘉一郎編『日本帝国主義史3 第二次大戦期』東京大学出版会、1994年、378～379頁。
46) なお、「第二次統合」は運送会社の反対によってスムーズに進まなかったという指摘がある。

前掲『日本トラック協会二十年史』36頁。しかし、統合不円滑の理由として運送会社の反対のみを指摘するのは一面的である。「第二次統合」はそもそも行政官庁の足並みが揃わず徹底できなかったうえに、本論で指摘したとおり、貨物自動車運送事業の統合に際しては、日通も区域事業者を買収しており、統合主体に区間事業者と小運送業者が登場し、調整が難航したことが想定できる。前掲『自動車交通政策の変遷』、129～131、170～172頁、前掲『大和運輸五十年史』、111、156、471頁。また、呂氏は、前掲『日本トラック協会二十年史』の記述に対し、運送会社の統合反対理由として、貨物自動車運送事業の経営環境が悪化していなかったことを指摘する（前掲「戦時期日本におけるタクシー業の整備・統合過程──『国民更生金庫』との関わりを中心に」、82頁）。しかし、理由はそれだけではない。統合方針は区間事業に大規模な業者が多かったため、区間事業者に区域事業者の買収を認める一方、区域事業者が区間事業者を買収し区間事業を兼業することは認めていなかった。つまり、経営環境の如何にかかわらず区域事業者の反対が想定できる。鉄道省監理局「貨物自動車運送事業統合関係」1942年、美濃部洋次文書 A-a7-41-A、全国乗合自動車運送事業組合連合会『会報全乗連』1942年9月号、8頁等が参考になる。

47) 省営自動車は1930年12月に開始された鉄道省直営の自動車運送事業であり、当初は乗合自動車運送事業を主力とした。しかし省営自動車は、43年3月から山間僻地の原産地路線・貨車代行輸送を中心に貨物自動車運送事業を拡大した。この対応も戦局を反映した輸送統制の産物ではあるが、戦時期の省営自動車は民間運送会社と競合することがほとんどないうえ、車輌数も少ない。本章では、統制団体の活動を追い、輸送統制の特徴を検討することに主眼があるので、省営自動車については必要に応じて触れておくにとどめる。戦時期の省営自動車については、中川洋「省営自動車の戦時動員輸送──原産地輸送路線の開設を中心に」『鉄道史学』第21号、2003年がある。

48) 以下、この点は、前掲『日本陸運十年史』、636～638頁、前掲『自動車三連会報』1943年8月号、第八十一回帝国議会貴族院「郵便年金法中改正法律案特別委員会議事速記録」。

49) 前掲『自動車三連会報』1943年8月号、6、9、14頁。

50) 「陸上小運送力増強に関する件」1944年1月4日、柏原兵太郎文書151-10。朝鮮半島でも小運送業における輸送力を確保するために、小運搬の活用が模索され、引受制限にまで統制が拡大されている。前掲『戦時経済と鉄道運営』156～158頁。

51) 以下、この内容は、「陸上小運送力増強特別委員会答申」1944年5月15日、柏原兵太郎文書151-29。

52) 全貨連「昭和十九年度事業報告書」1945年5月31日、同「昭和二十年度事業報告書」1946年5月2日。なお、鉄道省は43年11月に通信省を統合し運輸通信省へ再編され、それに伴い自動車事業の所管は監理局自動車課から自動車局へ格上げされた。さらに運輸通信省は、45年5月に運輸省に再編されている。前掲『日本陸運十年史』、73～74、80頁。

53) 前掲「昭和十九年度事業報告書」。専属配車は、長期にわたって荷主の需要に応じ、半ば荷主の自家用車として輸送力を提供する輸送形態である。また1944年9月の運賃改正によって専属制運賃は値上げされ、専属配車はそれ以外の輸送形態に比べて運送会社にとってメリットの高いものとなった。前掲『大和運輸五十年史』、117頁。

54) 前掲「昭和十九年度事業報告書」。

55) 「非常空襲対策と貨物自動車の緊急整備に関する件（案）」日付不明、柏原兵太郎文書151-20。

56) 以下、工場疎開については、前掲『大和運輸五十年史』、158～159頁。

57) なお、中島飛行機の工場疎開は都道府県にまたがるものであり、輸送需要がどのような基準で事業組合と全貨連に振り分けられたのかは不明な点が多い。他の輸送需要についても同様である。

58) 闇経済のみならず、統制の枠を超えた経済活動を行うためにも戦争末期に貨物自動車の利用

が重視されたことの傍証として、加瀬和俊「太平洋戦争期食糧統制政策の一側面」原朗編『日本の戦時経済』東京大学出版会、1995年が参考になる。
59) そのため自動車行政は1945年6月に陸軍省に一元化された。前掲『日本陸運十年史』、618頁。なお、大和運輸は同年8月に陸軍から第一航空廠の輸送隊に解体再編される旨を告げられている。前掲『大和運輸五十年史』、161～163頁。
60) 自動車局「第二四半期貨物自動車関係物動ニ付テ」1944年8月3日、柏原兵太郎文書151-8。
61) なお、以上のように機動的な輸送需要が中心になったことから、陸運統制令による積荷の引受制限以降、既にこのような変化が生じていたと考えられるが、一部の大手企業が開始していた区間事業は戦争末期に下火になって、自由に動き回る区域事業が貨物自動車運送事業の主流となり、区間事業者も区域事業を展開していた。前掲『岡山県貨物運送株式会社20年史』36頁、前掲『大和運輸五十年史』、160頁、195～197頁。一方、中川氏は前掲論文、48頁において、戦時期の省営自動車が「自動車輸送の特性を活かした輸送」を担っていたと指摘している。しかし、省営自動車の主たる業務であった原産地路線および貨車代行輸送は路線に縛られるものであり、当時貨物自動車が路線に沿って運営することは、決してその特性を活かしているとは言い切れないだろう。
62) 自動車局「陸上小運送関係」1944年6月、柏原兵太郎文書151-1。
63) J. B. コーヘン著（大内兵衛訳）『戦時戦後の日本経済』（上巻）岩波書店、1950年、358～359頁。ここで言う小運送とは、貨物自動車運送事業も含めたものである。
64) 貨物自動車運送事業に対する輸送統制は、軍による車輌の徴発も考慮に入れて検討するべきであり、判明する1943年度までの延べ徴発車輌数は1万5,435台にのぼるが、詳細が不明であるため指摘するにとどめる。徴発車輌数は、「自動車生産関係書類」日付不明、柏原兵太郎文書151-6。
65) 前掲『経済月報』1944年6月号、53～57頁、同1944年8月号、54～62頁。
66) 「実働率」とは、実際に存在する「実在車」のうち、燃料および運転手が十分供給されて走行可能な状態にある「実働車」の割合を指す。なお「整備率」は同様に、タイヤ等の諸資材が十分供給されて走行可能な状態にある「整備車」ないしは「予備車」の割合である。車輌課「車両種別定義」1944年5月28日、柏原兵太郎文書151-17。戦争末期のタイヤ不足は深刻だが、これより前の時期に「整備率」はさほど問題視されていない上に統計が得られないので、ここでは「実働率」を輸送力の指標ととらえる。
67) 前掲「最近に於ける自動車の現状」。
68) 以下、同協議会については、同上書、および『自動車三連会報』1943年5月号、37～41頁。
69) 前掲『昭和十九年度事業報告書』。
70) 同上書。
71) 技術院「自動車輸送の隘路とその打開策」1944年3月30日、柏原兵太郎文書151-14。
72) 燃料課長「自動車燃料油脂対策」1945年3月13日、柏原兵太郎文書151-31。
73) 同上書。「奥山入」は、薪炭の生産地が山奥へ移動したことを意味していよう。
74) 同上書。
75) 前掲「最近に於ける自動車の現状」。
76) 前掲『自動車三連会報』1943年4月号、87頁。
77) 同上書、1943年5月号、88～89頁。全国乗合自動車運送事業組合連合会は乗合自動車運送事業の、全国旅客自動車運送事業組合連合会は旅客自動車運送事業の全国的な統制団体である。
78) 同上書、67頁。
79) 前掲「最近に於ける自動車の現状」。なお、実際の配付種子量は、512石であったと考えられる。前掲『自動車三連会報』1943年5月号、67頁。また予定搾油量が、原資料では12万kℓとされているが、別の資料（前掲『自動車三連会報』1943年8月号、69頁）では種子のおよそ

35％が搾油できるというので、25万石の収穫量の場合1万5,750kℓが搾油できる計算になるから、1万2,000kℓの誤植かと思われるので訂正のうえ引用した。
80) 前掲『自動車三連会報』1943年5月号、67頁。
81) 以下、1943年度の蓖麻の栽培に関しては、同上書1943年5月号から11月号における「陸運蓖麻情報」。
82) 以下、全貨連の対応は、前掲「昭和十九年度事業報告書」。
83) 以下、45年の状況は、前掲「自動車燃料油脂対策」。
84) 池尾勝巳『ゴム工業の発展』商工協会、1948年、52頁。
85) 同上書、49頁、54頁、および東洋経済新報社編『昭和産業史』第3巻、1950年、293頁。なお、前者は記述と掲載表に整合性を欠いているため、後者で補完したが、両者の掲載する生ゴム輸入量は大幅に異なっている。
86) 国鉄自動車二十年史編集委員編『国鉄自動車二十年史』日本国有鉄道自動車局、1951年、298頁。
87) 全貨連「第十二回理事会議事録」昭和22年7月16日。
88) 以下、中古タイヤの払下げは、前掲『自動車三連会報』各号、および前掲「昭和十九年度事業報告書」。
89) 以下、タイヤに関する全貨連の対応は、前掲「昭和十九年度事業報告書」。
90) なお、横浜護謨製造株式会社四十年史編纂委員会編『四十年史』、1959年に全貨連の労務員供出に関する記述はみられない。
91) しかし横浜工場は1945年4月の空襲によって焼失したため、労務動員も打ち切られ、タイヤの特別配給も低位にとどまった。同上書および前掲「昭和十九年度事業報告書」。また東洋ゴム化工株式会社も、同年6月に同じく空襲によって主力工場である神崎第3工場が大きな被害を受けている。東洋ゴム工業株式会社十年史編纂委員会編『東洋ゴム工業株式会社十年史』1962年、9頁。
92) 前掲『日本陸運十年史』、639〜641頁。
93) 前掲「自動車輸送の隘路とその打開策」。
94) なお、統制団体の組合要員数は業界の過剰人員を反映したものかもしれない。岡崎氏は、鉄鋼統制会が300名のフルタイム職員を確保できたことで、これが実効的な組織たりえたと評価している。前掲「第二次世界大戦期の日本における戦時計画経済の構造と運行―鉄鋼部門を中心として―」、47〜49、130頁。一方、注42でみたとおり、東京の事業組合の組合要員はピーク時に330名を要していた。岡崎氏の指摘が過小評価でなければ、業界全体に対する統制事務代行が少ない統制団体に属する一地方の東京の事業組合が、フルタイムかどうかは別として330名の職員をかかえていることは、業界全体の過剰人員を反映しているものとも把握できよう。
95) 1943年5月以降政府は、貨物自動車の老朽車を回収・屑鉄化し新車代替ないしは他の用途への利用を行っている。前掲「最近に於ける自動車の現状」。しかし、大和運輸では、敗戦時に保有車輛の43％が廃車寸前まで老朽化していたという。前掲『大和運輸五十年史』、191頁。老朽車であっても、その多くが回収対象ではなかった。

第5章　食糧配給機構の再編と国民更生金庫[1]
―――東京府における米穀商の企業合同を中心に

山口　由等

はじめに

　本章が扱う二つの機関、国民更生金庫（以下「更生金庫」と略記）と食糧営団は、ともに日中戦争開始後の経済統制の本格化によって設立された機関であり、中小規模の自営業者（以下、当時の慣用にしたがって「中小商工業者」と表記）と深いかかわりがあった。本章はこの両者の動向をあわせて考察した事例研究であるが、流通や統制のマクロ的側面に止まらず、中小商工業者の側からのミクロ的な観点もあわせて検討し、戦時統制の歴史的分析の対象を制度面から実務的領域に広げることを試みたい。これにより、アジア・太平洋戦争開始前後に統制が深化する過程の具体像がより豊かになるとともに、戦争遂行が国民経済に与える影響の広がりを浮き彫りにすることができるであろう。

　こうした問題に関連する食糧統制史研究の状況を確認しておくと、両大戦間期の米穀の生産および流通過程に関する研究には相当な蓄積があるが、食糧営団の設立に先立って行われた大都市の米穀商の企業合同には、当事者の回想を除けばあまり関心が寄せられてこなかった。従来の農業史や米穀流通史からのアプローチの研究の中で、転廃業問題や補償金などへの関心が薄かったことも否めない。しかし、更生金庫や食糧営団を含む戦時統制機関の多くが敗戦後に閉鎖されたため、これまではその成立過程を実証的に明らかにすること自体がほとんど不可能であった。本章では、新たに利用可能となった更生金庫の内部資料を用いることで、企業整備の一環としての米穀流通再編を論じつつ、消費財部門の戦時統制の実態解明を進めていきたい。

1 食糧統制の展開

(1) 米穀配給統制法から警察配給まで

 本節では、東京府内の食糧機構の再編を分析する前に、政府レベルの法律・制度の変遷と米穀流通機構の変化の概観を示したい。そのため、日中戦争期以降の食糧統制の展開を確認し、米穀商の組織化と企業合同が大都市で先行した後、太平洋戦争期に全国で食糧営団が設立されるまでの経緯をたどることにしよう[2]。

 この頃の米穀流通統制に対する見解の一例として、米穀取引所関係者によるものを紹介しておこう。「今後配給機構に多少の変革を企つることあるも、それは価格の上の統制に重点を置かんとするものであって、流通系統のあらゆる段階に迄統制を加えんとするものでないことは観取出来得る」と、一応は統制の全面化に否定的な見解を示しつつも、すぐに続けて「仮りにもしかかる統制が行われるものとすれば、それ即ち米穀の専売を意味するものでなければならないと信ずるのである」と述べている[3]。1939年4月の米穀配給統制法は、市場介入に止まっていたそれまでの食糧政策から進んで流通機構の再編に着手したものであり、10月に日本米穀株式会社が設立され、米穀取引所と正米市場を廃止・統合したうえで作られた全国28カ所の米穀市場を運営した[4]。また、米穀商の全国組織についても、その前年に全国米穀卸商業組合連盟と全国米穀小売商業組合連盟が商工省の指導によって成立していたが、両者を合併して全国米穀商業組合連合会（全米商連）が設立された。米穀市場における売買価格は、政府の無制限買入価格と売渡価格をそれぞれ上限・下限として定められており、とくに市場外の価格がこの上限を上回ったときには米穀市場の安い政府米に取引が向かうことで、市中価格を間接的に調整することが目論まれていた。このように、政府が米穀市場を通じて米穀を供給する仕組みはあったものの、その役割はあくまで価格調整に止まるものだったのである。

 しかし、折しも1939年の5月頃から朝鮮および西日本の旱害による不作が明らかになると、米価の上昇と大都市などの消費地域の米不足が生じていた[5]。

第5章　食糧配給機構の再編と国民更生金庫

政府手持ち米が減少したことによる日本米穀株式会社の在庫増強が問屋の買付を困難なものにし、それが政府払下げ米（古米）への依存をいっそう強めるという悪循環が生じ、問屋が仕入の確保を政府米に頼る度合いが強まっていった。問屋による手持ちの貯め込みを防ぐために個人への払い下げは停止されることになり、東京では1940年8月に東京臨時米穀配給組合（臨配）が結成され、政府米の払い下げと市中への供給の円滑化が図られた。政府米はもはや間接的な価格調整ではなく、需給調整を直接的に行う存在となったのである。同時に、市場外の価格の直接的な統制も始まり、1石当たり38円が最高販売価格として定められた。

しかし、最高販売価格は産地の売り渡し意欲を削ぎ、産地から消費地への移出はなお滞っていた。現実には払下げ米だけでは需要を満たせないため、小売業者が産地県で公定価格を上回る価格で買い出しを行う闇取引が横行した。これを防止するため、農林省の承認の下で臨配が産地からの仕入をも担当するという形へ統制はさらに展開し、産地では臨配のみに移出を許可することとされた。当初は政府が払い下げる古米を扱うために設立された臨配であったが、地方への新米の買い出しに業務が拡大したのである。臨配を通じた政府米流通はさらに強化され、11月には強制買入制度が開始されたことで産地業者には政府への売り渡しが義務づけられるようになり、食糧政策はそれまでの価格政策を超えて政府米所有の量的確保に転換した。さらに、一方では東京府が臨配による集荷を監督しつつ、他方では市中への配給については警視庁が分配表を作成し、その指示によって臨配から傘下の問屋組合を通じて流通する、いわゆる警察配給が行われるようになった。

東京の場合で確認しておくと、配給における警察署の関与は地域の逼迫度によって異なっており、一回当たりの販売量の制限や麦・糯の混入を定めるなどの販売に関する指示が出された例の他、仕入時に米穀商の買入に立ち会ったり、焚き出し用の白米を保管するなどの措置をとったところもあった[6]。その一方で、公定価格違反が広く行われていることが認識されていたものの、経済警察は木炭も含めた配給管理に忙殺されており、その取締りを行う余裕はなかったようである。その後、こうした米穀逼迫は12月をピークに次第に治まっていった。

(2) 米穀商整備と更生金庫

こうして、公定価格制が敷かれるとともにこれを維持するために流通の統制が深まると、1940年半ば以降には切符制などの米穀配給制度を導入する動きが、各都市で自主的に進められるようになっていた。1941年4月からは、法的・制度的な裏づけがとくにないままで国策的な指導による米穀通帳制が六大都市で実施され、配給の基準量は大人1日当たり2合3勺と定められた。この前後に、東京、大阪などでは配給実施機関が整備されて、米穀商は卸・小売ともにこれに吸収されていった。さらに、1942年米穀年度の開始とともに通帳による家庭配給が全国に広げられ、米の配給基準量も全国で統一された。食糧管理体系の整理も行われ、1942年の2月に食糧管理法が公布された。これにより、それまでの個別の法令の積み重ねによる運用が統合された他、主要食糧の集荷・配給も一元化されることとなり、供出から配給までの流通ルートと、さらに生産者・消費者価格を完全に国家が統制する体制が確立した。これらの実施のための実務機関として設立されたのが食糧営団である。食糧営団には日本米穀株式会社を中心に改組された中央食糧営団と、1942年の10月以降に全国で設立された地方食糧営団があり、大都市ではすでに設立されていた米穀配給団体を中核として、その他の食糧配給組合等が合流していった。

食糧営団を中心とする新しい食糧流通の体制は以下のようなものであった[7]。米穀の流通は集荷が産業組合、配給は地方営団にそれぞれ一元化されたが、食糧営団が設立された最大の目的は、食糧事情の悪化に対応するためにトウモロコシ、押麦、大豆などの代替食糧を供給する総合配給を実施することにあった。中央営団は地方営団の出資機関であると同時に、内地米以外の食糧を地方営団に対して供給する役割を担った。したがって、地方営団は内地米に関しては食糧事務所から直接払い下げを受けたが、移入米および米以外の食糧は中央営団からの配給によっていた。卸・小売にわたる機能を持つ食糧営団が設立されたことで、米穀商は全国的に廃業することになり、その経営者や店員は食糧営団の役職員になるか転職を迫られ、精米所・店舗などの施設は食糧営団に買い上げられることになった。これにより、民間の自由な米穀販売活動は名実ともに終止符を打ち、食糧営団の設立以降、配給部門では終戦まで大きな制度や組織

の変更が行われることはなかった。そして、廃業補償や設備買い上げのための資金を融資することで、この食糧営団の設立にあたって大きな役割を果たしたのが更生金庫だったのである。

　更生金庫は本来、中小商工業者の企業整備と労働力の時局産業への転換を促進するための機関であり、1940年12月に財団法人として設立された後、翌年7月に特殊法人として再編成されてから活動を本格化させた。初期の更生金庫にとって米穀販売業向けの業務は大きな比重を占め、1942年9月末時点の更生金庫の累積利用者総数のうち、実に83％が米穀販売業者であった[8]。その比率は更生金庫の業務の拡大とともに急減していくが、立ち上げ期における米穀商整備との深い関係は、資産評価や融資業務の実績を積む機会を更生金庫に与え、その実務的なノウハウを獲得させる効果があったと考えられる。

　その対象となったのは、米穀通帳制の実施に合わせて組織化されていた、大都市地域の米穀配給機関である。第3節・第4節で事例として取り上げる東京府はその中でも先駆的なケースであり、1940年初頭から、米穀商の廃業と商業組合への組織化（米穀商整備）に向けた作業が開始されていた。その過程で廃業補償や余剰設備の処分などの問題に直面していた米穀販売業界にとって、転廃業者の補償の枠組みと資金を供給する更生金庫は、渡りに船のような存在だったのである。ところが、更生金庫の設立の主旨は戦時化に伴う縮小部門の転失業者対策にあったから、縮小部門ではない米穀販売業がこれに当てはまるとは必ずしもいえなかった。しかし、更生金庫が最初の実績をあげるのに約1年間を費やしている間に、すでにその目的や主たる業務は変化しつつあった[9]。こうして、結果的に両者の利害が一致し、国策的に進められた米穀商整備を更生金庫がサポートすることになったのである。

　以上のように、食糧流通機構の再編は日中戦争期から太平洋戦争初期にかけて、当面の課題に追われる形で制度の整備が積み重ねられたが、食糧管理法の制定によってそれらが整理され、さらにこれに基づいて食糧営団が発足することによって、食糧の配給と消費を総合的に管理する体制ができあがった。こうして、価格管理から出発した食糧流通統制は短期間に流通機構の一元的な組織化に展開していくことになるのである。この間、食糧配給のあり方を全国的に定めた法律はなかったため、地域によって様々な形で企業合同体の整備が進め

られた。大都市ではこれらの企業合同体が食糧営団の前身となったのであり、制度・法律を中心に推移をたどったときには見過ごされがちだが、流通機構の一元的な組織化の過程にとってはその成立が実は最大の画期だったといってよい。この企業合同の推移や実態について、節を改めて論じることにしよう。

2　共精共販の展開

(1) 米穀商の企業合同

　臨配の結成とともに食糧営団の設立を準備する前史の役割を果たしたのが、日中戦争期から米穀小売商の企業合同を推進した共精共販（精米と販売の共同化）運動である。企業合同や転廃業のための資金の供給が国策機関である更生金庫を通じて行われるという体制も、共精共販が展開する中で明らかになってきた諸問題を解決するものであった。本節では、更生金庫による資産処分や転廃業融資の前史である共精共販運動の展開を、全国的に紹介することにしよう。

　日中戦争の展開は中小商工業者全体に大きな影響を与えたが[10]、米穀販売業の場合、すでに紹介したように本格的な戦時体制への移行は価格統制から一歩踏み込んだ流通機構の再編に及んだ。玄米・白米ともに公定価格となったために米穀商の利幅は管理されていたうえ、卸売商・小売商はそれぞれの組合に組織化されつつあり、組合を通じなければ取引そのものが難しくなっていった。臨配などの卸組合は小売商の委託を受けた形をとって産地買付を行っており、仕入れた米は知事の命令によって小売組合へ一括して渡されていた。一方、小売商の側でも企業合同による共同精米や共同販売が行われ、自由な販売活動の余地は狭まる一方であった。表5-1は、1940年までに行われた共精共販事業や企業合同の事例を集約して示したものである。

　全国各地で行われた共同事業の実施は、地方の小規模組合における事業の共同化と、大都市の配給機関化に大別して考えることができる。後者は地域内の業者を一元化する組合を前提に、集約化された精米所と販売所ごとに組合職員を再編成したものである。これに対して、前者は合同化した事業毎に組合が成立し、共同事業の内容も精米または販売のみ、あるいは両者が別立ての例など

さまざまである。早期に行われた上野米穀商業組合の例からは、当初の共同事業のきっかけが産業組合への対抗であったことがわかる。その後、地方の10名前後の業者による共同事業と共に、札幌、千葉、東京、大阪、川崎などの大都市における本格的な地域別企業合同が、1940年後半から展開していった。しかし、合同による人員整理や営業権補償、月給などは以下にみるように地域によってまちまちであり、場当たり的な対応が行われているにすぎなかった。

(2) 合同と営業権

1930年代半ばから先駆的に共精共販事業を実施していた例として挙げられている上野米穀商業組合が、正式に営業権を一元化したのは1940年8月のことで、それまでは米穀商が独立した組合員として参加するものだったとみられる。その他にも、地方の小規模組合では、共同事業を行っても営業権の返上や廃業は行われていないとみられる例も多い。ところが、転廃業を伴う合同の動きは1940年に入ってから急速に広がった。ただし、営業権を返上して組合職員となる地域別企業合同の場合でも、当面は人員整理を行わない川崎市のような例もあった。これとは対照的に、企業合同と同時に多数の転廃業を実施した早い事例が、札幌と千葉である。さらに、1940年末になると、大規模な転廃業を伴う企業合同が、東京・大阪の二大都市の府内全域で計画・実施されるに至る。このように、1940年は共同事業の普及と経営の合同化の両面で大きな展開をみせた年であった。

(3) 合同と補償

のちに問題となるような実績補償や資産補償は、この段階では解決策が具体化していないとみられ、表5-1でも多くはみられない。「東米商連案」[11]が一つの基準として参照されていることがわかるが、必ずしも多く採用されているわけではない。精米機の買収や販売所の家賃のように、共同後も使用する分について何らかの支払いをしていたところもあるが、一方で、不要設備を組合員自身が処分したと明記している場合もある。そのため、備考欄にあるように、精米機、店舗などの余剰設備の処理、営業権の補償などが問題化しつつあり、その解決のめどがつかないままに企業合同が推進されていたといえよう。

表5-1 初期の共精

地域	組織名（典拠）	開始時期	合同前	合同後	共精共販事業
三重県阿三郡上野町他17カ町村	上野米穀商業組合 (b)	1940年8月		組合員71人。余剰労力は製油・肥料製造その他事業に従事	共同精米所1（1937年9月）、共同倉庫（1935年）
（福岡県）	到津共同精米販売組合（小組合）(ab)	1940年1月		組合員5人	店舗を閉鎖して一カ所に集約、精米機は組合が組合員に無償貸与
（福岡県）	共同販売組合小倉南部精米所（小組合）(ab)	1940年1月		組合員13人	従来の店舗を販売所に
（東京市）	巣鴨米穀共同（小組合）(a)	1940年4月	店主5人、店員3人		精米所1、販売所1、他の店舗は今後閉鎖
（東京市）	牛込共同精米所（小組合）(a)	1940年5月	店主7人、店員8人		現金出資、自転車その他の什器を持ち寄り、旧店舗は倉庫、貸事務所、住宅として利用、将来は適当に処置
（東京市）	大井白米小売共同販売（小組合）(ab)	1940年5月		組合員数27人（未加入者69）、自発的転業に任せるが、転失業対策事業を計画中	共同販売所4
熱海市・網代町全円	熱海米雑穀小売商業組合 (a)	1940年5月（熱海）、8月（網代）		余剰店員を工場・商店に斡旋	精米所1、配給所は熱海3・網代1
札幌市全円	札幌米穀小売商業組合 (ab)	1940年6月	白米小売店300店（専業・兼営半々）	兼業者（約150軒）と実績の少ない業者は退出	配給組合員176カ所、9月末で90カ所に削減
（広島県）	尾道食糧共同配給組合 (b)	1940年6月	店主75人 (a) または74人 (b)	人員を整理（詳細不明）	精米機一カ所で使用、店舗はそのまま配給所に
（東京市）	大同精米共同配給組合（小組合）(a)	1940年7月	店主5人、配達員6人		精米所1、配給1、注文は各自、残りの精米機の処分には組合の認可を要する
甲府市（山梨県）	甲府米穀商業組合共同販売部 (b)	1940年7月	店主195人が参加、組合員数220人、店員数120人	従業員84人、書記2人	共同販売所29、精米部門は別会社設立（製粉・搾油事業など）

共販事業の比較

買い上げ・補償	俸給	利益配分	備考
精米機を買収			「米穀商組合として日本一の折り紙」、産業組合との対抗上、共精開始
		平等出資・平等配当（月給として）	「小組合的な企業合同としては全国最初」
精米機3台を組合員から購入、不要となった設備は各組合員で処分	日給制	出資額に応じて配当	
	店員40〜60円	平等出資・平等配当（月給として）	政府の払い下げ米のみに依存して個人経営を維持することは困難
	店主50円、店員12〜25円および小遣い	配当は実績による	当初は客の不満（融通が利かない、配達が始終変わる、毎日御用聞きが来ない）
	月給55円	出資額と取扱高に応じて家計費（1俵20円を基準）として配分	全国の共精共販のトップを切る、出征遺家族でも商権を抹殺されることなく利益を受ける
	月給60〜80円		「一市を地区とする」企業合同の先鞭、旧店舗を土産物店・雑貨店に転用
	月給100円（平均）	月額33円（平均）を配当分積立	公区制配給制度（切符制）を実施
	日給1円50銭〜2円50銭、月額42〜250円（一家全体）	利益配当あり、糠・袋・俵等の副収入は精米機所有の権利金として配当	「何れの地方でも精米機・店舗の余剰処分が問題」、商業報国運動が契機、二重課税への不安
益金に応じて暖簾代を等分に分配	月給60円	暖簾代を越える益金を実績に応じて配当	親睦色の強い小組合
廃業と実績補償を検討中（500〜2000円）、非廃業者は出資倍増以上	月給30〜40円、共同販売所家賃15〜30円	第1回の実績割当金3〜15円	卸商組合と連絡をとり仕入を円滑化

第5章　食糧配給機構の再編と国民更生金庫

地域	組織名（典拠）	開始時期	合同前	合同後	共精共販事業
（栃木県）	陣部米穀小売商業組合小山部会（a）	1940年7月		参加32人、不参加3人	精米所1、共販所1（将来3）
川崎市全円	川崎市米穀小売商業組合（b）	1940年8月以前		旧店主・店員全員参加、転失業対策として共同事業に主力	精米所16、販売所100（a）または30（b）、麦粉・製麺の共同販売、米糠集荷などを実施、製パン・製油を計画
（神奈川県）	藤沢米穀商業組合（a）	1940年8月			
（埼玉県）	与野米穀配給組合（a）	1940年8月	業者13人、搗業者4人（組合加入不要）	加入者10人	精米場新設予定、配給所5
名古屋市昭和区	昭和区米穀小売商業組合（a）	1940年8月		組合員149人、労力不足の傾向にあり転失業は出ない見込み	共同加工所15、共同販売所10
横浜市全円	不明（a）	1940年8月	1,450人		共販所100、注文・集金等は従来どおり各業者経由、新規事業として代用食配給を計画
（東京市）	中野精米配給組合（a）	1940年9月	店主40人、従業員38人（管内105人中）	店舗を閉鎖	精米工場1を新築、配給所6
千葉市全円	千葉米穀商業組合（b）	1940年10月頃（以前）	組合員180人、店主・店員計230名	転業123人、配給107人	精米所4、販売所20
（宮崎県）	延岡米穀共精共配組合（b）	1940年11月	米穀商130軒	全戸廃業	精米・配給12
東京府全円	東京府米穀商業組合（b）	1940年12月（合意）	小売1万軒、卸230軒		
大阪府全円	大阪米穀商業組合（b）	1940年12月	約7,000軒（小売業者）	1,000軒（計画）	派出所単位に5～10名の商業小組合で共精共販一カ所
（北海道）	釧路米穀小売商業組合（a）				
（福岡県）	戸畑米穀商業組合（a）			組合員・家族・店員すべて従業員に	暫定的に旧業者の精米工場5をあてる、配給所18
熊本県人吉町他14カ村	不明（b）			組合員222人	倉庫、運搬および共精共販

出所：赤羽幸雄『商店企業合同の実際』（典拠a、実業之日本社、1940年11月）167～209頁、および伊東岩男『商業者空欄は記載なし・不明。

第5章　食糧配給機構の再編と国民更生金庫

買い上げ・補償	俸給	利益配分	備考
	月給40円、手当20〜30円		
旧商店の備品設備の適当なものを購入	月給50円、家計費その他支給し、月収100円を保障	検討中（実績1俵当たり15円以上か）	小実績者に分け前の不満あり、購買組合に対抗して共同実施、下に厚い配当
			出資の平等化（大規模実績者の2割を削る）
			平等出資
政府・全米商連に残置精米機の売却と「満州」中国での活用を依頼予定		出資配当率6分、実績に応じて家計費配分	東米商連案に刺激され県農務課で斡旋、小組合制度を用いる。熱田区、港区、中京区でも同様の組合
		共同販売所の利益と経費を実績に案分して割当	神奈川県が主導するが、業者は7月に共精共販にいったん反対、配給不円滑で消費者に不評
20年間逓減式の営業権利金支給（東米商連案）	組合員75円＋利益金、従業員平均60円		東米商連案を基本、生活の共同化を企図
補償未解決	月給35〜50円		
	最高で月給60円	出資に対し毎月配当	
	月給90円程度（見込）		
			「実績をあげるに至っていない」
3年間で償却、1俵あたり15〜30銭を補償、小実績者を優遇	店主50円、主任10円		
			市一円を地区とする最初の企業合同
			「模範的施設と賞されている」

の新体制と企業合同』（典拠b、伊藤書店、1941年2月）48〜55、79〜113頁より作成。

(4) 俸給および利益配分

　組合員への恒常的な支払いは、給料と分配金の二つの形で行われている。これは、旧業者が組合職員かつ出資者という二重の立場にあったためである。事業の共同化に止まっているとみられる組合では、役務の実働に対する日給制もみられるが、基本的には配当給付のような収益の実績を分配する原則に立っているところが多い。これに対して、企業合同の場合は、かつての自営業者の身分が月給（まれに日給）を受け取る職員に転じるという点で、前者と大きく異なることに注意しておきたい。しかし、収入として確定している月給の額は地域によってまちまちである。川崎では生活を保障できる水準の収入を確保するように配慮をしていることが報告されているが、他の地域でも同様の配慮は行われていたであろう。その方法は、札幌や東京のように月給を90〜100円程度に設定するところもあるが[12]、月給は50円前後としたうえで、家計費や配当で補填しているところも多い。月給の水準は組合の財務にも大きく影響すると予想されるが、発足後間もない段階では手探り状態だったようであり、「分け前の不満」や、利益配分や実績補償を「検討中」とする例などがしばしば記されている。以上のように、転廃業者の支援、組合員の生活保障、流通費用の抑制、組合事業の採算性などの諸問題が絡み合う中で、こうした諸問題のプライオリティの決定や財源などに関して、政策的関与が必要となる状況が生じてきていたといえよう。

　以上のように、1940年中に先行的にみられた企業合同や共精共販の動きは、地域ごとの事情に応じて行われており、規模や補償、利益配分のあり方はさまざまであった。そうした中で、一般的に問題となっていたのが、経営権を失うことになる旧業者に対する暖簾代の支払いとなる実績補償や、消費者の側からみたサービスの低下などの点だったとされている[13]。政府が主導して合同と配給統制を府県単位で全国的に進める段階になると、このうち消費者の不満の問題は恒常化する一方で権力的な潜在化を強いられる。合同そのものに付随する前者の問題も社会情勢を背景にいったんは押し止められるかにみえたが、動員を促進する体制の整備によって事後的に補償と資産処分が実施されることになる。そうした中で、企業合同を普及させるために、それぞれ性格が異なる月給、

実績補償、配当などの調整に関する標準的なルールが作られていく経緯を、次節で詳しく明らかにしよう。

3　東京府米穀商業組合と更生金庫

　第1節で詳しく紹介したように、1939年の米不足を大きなきっかけにして、東京における米穀商の組織化は急速に展開していった。まず、卸売商では先の臨配が神田・深川の廻米問屋によって結成された後、翌年には府内の全米商連傘下の問屋組合を結集して東京府卸米穀商業組合（卸商組）が設立され、短期間のうちに全域的な組織化と営業権の返上を一気に遂げていく[14]。これに対して小売商の組織化は遅れており、1940年に東京府米穀商業組合連合会（東米商連）が共精共販と企業合同を提唱したときも、脱退や幹部対立などの内紛を招き、小売商の組織化ははかどらなかった。そのため、通帳制の導入を行うための流通機構整備は東京府経済部が主導する形で進められた。小売商の企業合同が卸・小売の一体化と同時に一気に行われ、1941年1月に東京府米穀商業組合（東米商組）が成立した。本節と次節では、この東米商組による更生金庫の利用過程を具体的に明らかにするとともに、第2節で問題にした設備処分や営業権補償がどのように処理されたのかを明らかにする。

　まず、更生金庫を利用した諸業界の中で、米穀販売業が持っていた特徴や位置づけを明らかにしておこう。更生金庫による資産引受と融資が実施される最初の事例となったタクシー業界が典型的であるが[15]、設立時に想定されていた企業整備は、物資不足や消費の抑制などによって縮小する業界を対象としており、1941年に更生金庫の活動に対してテコ入れが行われたときにも、依然として「産業上の負傷兵の救済」というスローガンが掲げられていた[16]。それは、1930年代半ばから問題とされていた中小商工業者の転失業問題の延長線上にあると同時に、その解決の方向を軍需産業への労働力の転換に誘導しようとするものであった。

　ところが、米穀流通業は決して縮小部門ではなかったし、転用可能な資産を持っているわけでもなかったから、更生金庫の本来の趣旨からいえば資産引受業務の対象にはなりにくい業界なのである。それにもかかわらず米穀商に更生

金庫の利用が認められたことは、経済統制の展開に伴って、転廃業問題の領域が拡張したことを反映しているといえよう。従来の転廃業問題に加えて、総力戦体制の徹底化を図るための合理化や資源配分がいっそう必要になったために、流通が公的管理の下に置かれ、これによって自主的な営業権を奪われた業主への補償を行うことも「産業上の負傷兵」として位置づけられるようになったわけである。しかし、すでにみたように、この企業整備は更生金庫の利用を前提として行われたものではなく、資金的裏付けを欠いた状態で、長年にわたる米穀流通再編の議論の延長線上で強行された。そのうえで、結果的に更生金庫を利用したことによって、設備の処分や営業権の補償という問題がどのように処理されたのかという問題が、本節の焦点である。

(1) 更生金庫の活動の本格化

更生金庫が活動を本格化させつつあった1942年5月、『更生金庫』と題した月刊新聞が創刊された。その創刊号に次のような記事がみられる。

「業界の整備は遅々として進展を見なかった。ただ石油消費規制の徹底強化による自動車業、当時の米穀事情からする米穀販売業等の整備が進んでいった。かくて金庫に最初に持ち込まれたのが宮城県塩釜町のハイヤー業者で、[中略] 管理処分の委託を引受けたのが昨年（1941年）11月5日であった。その前後から東京府下一万軒の米穀業者の資産評価が始まった」[17]（括弧内は引用者による補足、以下同様）。

当時の更生金庫の状態と、東米商組への融資事業の持った意義の大きさは、この記事によって語りつくされているといえよう[18]。さらに、続けて次のようにも記されている。

「特に注目を要するものは、繊維関係、食料品関係をはじめ小売商業部門の整理である。これは政府の方針決定と共に近き将来に於て、極めて多数に上る業者の転廃業が予想されている。更生金庫がその本来の使命を果たすのは愈々これからである」。

実際に、商業部門の転廃業（小売業整備）がこの後増加し、更生金庫は積極的にこれに関わっていくことになるのである。したがって、東米商組による更生金庫の利用は、初の大量案件であるだけでなく、企業整備がその変質ととも

第5章　食糧配給機構の再編と国民更生金庫　　153

に拡大に転じる端緒という意味を持つものでもあった。前章までに述べたような米穀販売業の統合に牽引される形で、実務的な問題をクリアしつつ、更生金庫は初の本格的な案件を実行していくのである。

(2) 更生金庫の利用決定までの経緯

まず、最初に乗り越えなければならなかったのは、通帳制の実施と関連して行われた米穀販売業の企業合同が、更生金庫の趣旨に添うかどうかという問題であった。この点に関して、米穀業界は「米穀業者は他の業者に率先して、国策の線に沿うて、配給機構の整備を断行したのであるが、これについて農林、商工両省より何らの通牒を発せられなかったことが、思いがけない手間をとらせた」と説明している[19]。農林省は、1941年7月28日付で発した「米穀販売業者の転廃業に関する件」の中で、「国民更生金庫に於て関係業者の転廃業を円滑ならしめ」るとして、更生金庫の利用によって米穀商整備を促進することを明確にした。六大都市以外の地方については、この通牒が発せられたことで以後の利用資格に根拠が与えられたが、すでに企業合同と通帳制が行われている六大都市については事後的な判断を遡って適用したような形となったわけである。

このように、最終的には、通帳制の実施が政府の方針に基づくということで、六大都市の所在する府県の米穀業も利用資格があるとされたのだが[20]、手続き的に不備があったことは否定しえない。こうした経緯について、『東京都食糧営団史』には以下のように具体的に紹介されている。

「(更生)金庫は未だ開業間もなかったので、東米商組が利用資格を持つかどうかという点が甚だ曖昧であった。[中略]農林・商工両省より国民更生金庫に対して何等の通牒も発せられていなかった[中略]その実現は意外の時間を要したのである。[中略](転廃業者資産評価中央委員会の)食料品関係部会は未だ出来ていなかったので資産の評価を行いようがなかった。[中略](1941年)5月下旬に至りようやく食品部会が新設され、同時に其の諮問委員会として米穀専門委員会が設置されることになった(23日に開催)。[中略]漸く8月25日に至って資材引受が正式に決定されたのである」[21]。

ここにあるように、配給機関である米穀商業組合が先行して発足しているの

に対し、更生金庫を利用する前提となる資産評価体制の整備は遅れていた。その背景としては、3月から活動を開始した資産評価中央委員会が商工省所管であったために、農林省所管である食料品分野には当初手を着けなかったことや[22]、企業合同によって商業組合員となるケースが転廃業に当たるかどうかをめぐって、解釈が明確でなかったことなどが挙げられている[23]。後者の点が一般的に明確になったのは、9月18日付で「国民更生金庫の取り扱う転廃業者の範囲」(大蔵省銀行局長・商工省振興部長通牒)が出されてからであった。ただし、上の引用にあるように、すでに資産評価に関する体制はそれ以前に整えられており、米穀商業組合による利用はこの時点で実質的に決まっていた。汎用的な「国民更生金庫引受資産等の評価方法基準」に続いて、同月27日により具体的な米穀販売業の資産評価基準が決定された[24]。

(3) 利用手続きの準備

以上の経過からわかるように、更生金庫の利用のポイントとなるのは資産評価体制の有無であり、実際の利用手続きを進めるうえでも業界別の資産評価ルールを定めることが必要であった。これを定めたのが、すでに触れた米穀専門委員会である。同委員会は米穀業独自の資産評価基準として①精米設備、②(店舗の)「造作代」に関する評価方法を具体的に定めた[25]。この他の付属設備がある場合は、一般的な資産評価基準を基に各商業組合と更生金庫の出張所が折衝することとされ、東米商組では主な設備について内規を定めている。

このうち、①精米設備については、機械の種類・形式・能力に応じた評価額が具体的に定められている。その特色は、電動機、精米機、電動装置、昇降機などによって構成される精米設備を、「セット評価」と呼ばれる一括引受と資産評価で優遇したことである。その目的は需要の多いモーターの散逸を防ぐことにあり、業者自身がモーターを転売した場合には評価額を三割減とするペナルティーを課した[26]。こうして、共精共販の問題の一つであった、不要精米機の処分問題が解決することになった。同時に、以上の経緯からは、有用な資産の転用を効率的に行うという役割が更生金庫に期待されていたこともわかる。つまり、更生金庫は単なる融資機関ではなく、スクラップ化や資源転用を推進する機関でもあり[27]、そのことがここでも反映されているのである。

第5章　食糧配給機構の再編と国民更生金庫

　次に、②造作の評価は「最も問題になり、議論された」とされており、結果として5坪までは一律500円、5～10坪分は70円／坪、10坪以上は50円／坪とされ、下に厚い評価方法となっている。ここで注意しなければならないのは、造作つまり店舗設備を形式的に資産としているが、その評価は面積によって機械的に行っているにすぎず、現実的な価値とはかけ離れたものだったことである。しかも、実際には本人が評価額の2割に当たる金額でそのまま買い戻すことになっていたのであり、救済的な優遇措置といってよいだろう。この点について、更生金庫も「例外的な取り極め」と表現し、「基準内定に当り委員会は親心からむしろその実をとり、いわゆる造作代なる表現の下に営業権的な要素を加味し、5坪まで500円なる数字を作った」と説明している[28]。共精共販の先行例でみられたような実績補償問題への対応として、店舗造作の資産評価が行われたわけである。ただし、設備をすでに売却した場合や組合が引き継いで使用する場合には融資が行われないことも定められた。とくに後者の場合は、組合から元の所有者に代金が支払われるので、東米商組側からみると更生金庫を利用したことで思わぬ出費を強いられる形となった[29]。ただし、その買い取り費用に対しては更生金庫から「共助金貸付」が行われており、これによって、以後の企業整備の柱となる「共助」という概念[30]が米穀販売業にも持ち込まれることになったのである。

　ここまでの経緯は、米穀販売業の企業整備の事情に合わせて、更生金庫の運用を具体化していくものであったといえよう。通牒の有無というテクニカルな問題ではあったが、米穀通帳制の実施が国策であるという論理に立脚して、更生金庫の利用が正当化されたことは単なる後知恵に止まるものではなく、米穀販売業の企業合同の本質を表していると考えられる。合同実施前の業界内の自主的な動きは重要な前提であったが、企業合同の実施後はそうした自主的な側面や事業の合理化という論理は後退していったのである[31]。その一方で、積み残されていた設備処分や実績補償のルール作りなどの問題が解決に向かったり、新たに共助金という問題が持ち込まれるなど、米穀業界の企業合同と一般的な企業整備の体制が相互に調整されていく過程が、更生金庫との関係の中で具体化していったのである。元店主が更生金庫を実際に利用する過程は、こうした調整を完成させるものであった。

以上のような経過を経て更生金庫の資産引受と融資が行われることが決まると、次のような更生金庫の原則が業務を進めるうえでの前提になった[32]。

①余剰設備は資産評価を受けたうえで、処分を委託された更生金庫が転売を行う。ただし、実際の売却額が評価額を下回った場合はその差額が更生金庫から補填され、上回った場合はその全額が転廃業者に支払われる。つまり、資産評価額相当分は保証される。
②1年以内に売却が行われなかった場合、引受評価額によって決済を行う。
③さらに、債務整理や転業資金などの資金が必要な場合には、転廃業者に対して引受評価額を上限に融資を行うこともできる。

業者自身が評価額の2割で買い取る「造作」は上記①に該当し、スクラップ化される精米機その他の設備は②を待たずに直ちに③の融資が行われる。ただし、融資資金の使途には制限があったから、申請をする際にあらかじめ用途を明らかにする必要がある。ところが、あとで明らかにするようにこの使途制限はなし崩し的に緩和されて資産評価額上限までの金額が自動的に更生金庫から交付されたため、米穀販売業界は以下のような受け止め方をしていた。

「（企業合同によって）資材にも莫大な余剰を生ずることになるので、これが買上げに関する政府との交渉も、次第に順調に進むようになった。国民更生金庫が設けられるということも、いよいよ確実になり業者が企業合同によって生ずる遊休設備資材に対しては、先ずは一安心という見透しがつくに至った」[33]。
「当時組合では余剰資材の更生金庫への買上げに努力していて小売店にあった精米機其他を評価して廻っていました」[34]。
これらはいずれも、米穀販売業界の眼には転廃業補償や債務整理の促進などの観点はなく、更生金庫が余剰設備の買い上げ機関という点に絞って認識されていたことを窺わせる。「貸し付けをうけた転廃業者は、金庫に資産引受価格を以て買取って貰ったのと同様の結果」[35]になったわけである。したがって、2割で本人買い戻しとなる店舗造作の処理はもちろん、精米機等の買い取りにも救済的な意味があることは否定できない。米穀販売業側の認識には、そうした事情があからさまに反映されていたといえよう。

(4) 資産評価基準の作成

米穀商整備に更生金庫が利用される方針が決まった後は、各地方で具体的な取扱を合同体と更生金庫出張所の間で決定する段階に入った。東米商組の場合に即して、地方レベルの業務の進展をみてみよう[36]。

1) 資産評価内規の作成

先に触れたように、精米関係の設備については資産評価委員会が全国的な評価基準を決定したが、その他の設備は、一般基準の適用を原則に各地で折衝することとされた。東京では、そのための内規を作成し、精米用の主な付属機械について評価基準一覧表を作成した他、資産評価額が300円未満の場合は一律に300円の扱いをすることや、市場における店舗を対象に含めることなどを決定している。

2) その他の取り扱いの確定

取扱う物品や融資などの範囲を決定し、例えば水車や小型自動車を資産から除外し、負債の肩代わりや土地建物に関しては取り扱わないこととした。また、貸付金の範囲を用途面から「出資金」・「旧債償還」・「転業のための資本金」の三つに制限し、その合計額を上限とした。余剰資産の取り外しと運搬は組合員（元業者）が行い、保管は1年間を目処に支所ごとに一括して行うが、運搬費や倉庫料は更生金庫が負担することになった。造作を元業者がそのまま買い戻すことも確認された。貸付は組合支所ごとに抽選で順番を決め、組合と更生金庫両者による実地調査のうえ倉庫に保管されてから実施されることになった。

3) 利用申請から資産引受・融資の実行

以上のような地方レベルでの取扱の決定を経て、申請書類が作成され、1941年の秋に旧店主のほとんどが更生金庫に利用申請を提出した。これを受けて同年10月から翌1942年1月までに合計85カ所の支所と140件の市場に対して順次実地調査を行った。その結果、全体の申込の件数は8,784件、総金額は817万円余りに及んだ。ただし、造作の買い戻し分の差し引きなどがあるので実際の受

け取り金額は全体で712万円余りであった。最終的に更生金庫が引受資産の引取を終了するのは、米穀通帳制開始から1年を経た1942年4月頃だったようである[37]。

4）引受資産の処理

主な引受対象は「造作」と「精米設備」の2種類であるが、その扱いは大きな違いがある。まず前者について、「造作は固定したもので取り外しても無意味である、これは廃業することによって無駄となる投下資本を補償するにとどまる」とされている[38]。実質的には補償であっても更生金庫の利用ルールに合わせるため、形式的には資産引受のうえ売却とすることは、すでに紹介したとおりである。1942年半ばの旧店舗の用途をみると[39]、配給所として利用されているのがほぼ4分の1であるが、残りの不要店舗7,084軒の55％にあたる3,885軒が空き家となっていた。また、小売業整備が進められる下では店舗の需要も少なかったと考えられ、賃貸は各種の用途を合わせて953軒（13％）にすぎなかった。その他に、自家用の商業に転用した825軒（12％）と自宅用の居室として利用している779軒（11％）が目立つ。

一方、組合以外に米穀業者がいなくなるのだから、精米機も転売される可能性はほとんどなかったが、すでに触れたように内部のモーターの転用が図られたため、買い戻しは行われずに転業資金その他の名目で融資が行われ、更生金庫で精米機を処分した。その実態については、以下の記述が参考になろう。「精米機の一部分は農村方面で使えるが大部分は廃品とするほかない。精米機には鉄製機械の部分と昇降機がある。鉄の部分は屑鉄として時局柄もっとも必要な造船方面等へ向ける。昇降機とは精米機械とタンクを結ぶ木製の四角な筒で、中をベルトが通っている。この木材の部分の処分には頭を悩ました」とされている。この記事はこの木材が住宅営団によって床板に利用された大阪の例を紹介している[40]。

5）共助金の経緯

組合員向けの資産引受と融資に加えて、東米商組自身も支所・配給所・精米所設備の買い取りのために「共助資金貸付」と呼ばれる融資を利用した。更生

金庫が推進した企業整備は、残存業者（組合または会社）が廃業者に対して補償を行う「共助精神」を理念とし、これを更生金庫利用の前提条件としていたのである[41]。権利関係を清算できていない当初の企業合同のあり方が、外在的に清算を迫られたとみることもできよう[42]。東米商組の場合、その買い取り金額は205万円弱であり、その資金のために150万円を更生金庫から借り入れた。具体的には、1941年11月に申込みを行い、12月に50万円、翌年5月に100万円を受け取った[43]。

最後に、米穀販売業による更生金庫の利用過程の諸特徴を整理すると、以下のようにまとめられる。まず、米穀販売業が対象業界として認定されるところから出発し、大まかなルール作りが中央機関で行われた後、実務的な取りきめを地域の業界と更生金庫の間で詰めたうえで、資産評価・引受を両者共同で実行し、形式的な買い戻しや融資をすることで完了した。したがって、更生金庫は実質的な補助金のための公的資金を経由させるだけでなく、業界別の企業整備の実務的なルール作りを行う機会を設ける役割も担っていたといえる。その中で議論された諸問題は、企業合同を先行した米穀販売業から提起されたものと、更生金庫の側から持ち込まれたものの両方があった。共精共販運動の段階から問題となり、個別に対応を迫られていた実績補償や設備処分の問題は、企業整備の促進体制に持ち込まれたことで、公的に定められたルールに従って処理されるようになった。ただし、そもそも米穀商整備を更生金庫の資産引受に適用すること自体が事後的な救済措置であり、さらに評価基準作りの過程でも転廃業者への救済的な配慮が重ねられている。つまり、中央で事前に決定したルールの機械的な適用ではなく、合同の現場に配慮した補償的観点の公認とその統一的基準への平準化が、更生金庫を介して行われたといえよう。その一方では、共助のように企業整備の一般的な方針を業界に指導する機能も、更生金庫は果たしていたのである。

企業整備のあり方の変遷からみた場合、米穀販売業では実質的な資産価値が乏しい設備を利用することで、形式的に実物資産の補償という形を残しつつ営業権補償を処理しており、無形の営業権がそのまま評価される後の時期とは異なっていた。残存業者の許容へ転換した後の商業部門の企業整備では、この営業権補償がますます重要となり、更生金庫融資の中心は資産補償から営業権補

償のための共助金へと転換していくのである[44]。

4　企業合同とその補償の実態

(1) 資料の検討と資金の動き

　本節では、前節で明らかとなった一般的な流れを念頭に置きつつ、一次資料に基づいて企業合同とその補償の実態解明を行う。

　余剰設備を資産として金庫に委託し、融資の名目で買い上げ金を交付される業務は、形式的には組合員個人による利用だったが、手続きの上では組合経由で一括して申請や資産評価、融資が行われた。このときの、申請から貸付金の決定に至るまでの金額上の動きを、東京市神田区にあった錦町支所の66件分について取りまとめたのが表5－2である[45]。『東京都食糧営団史』によると同支所全体では69件の引受が行われていることが判明し、少数の漏れはあるものの、この申請書群は地域内のほとんどの業者をカバーしている。

　最初に、表5－2の各項目の意味を確認するとともに、資料的価値などを検討しておこう。すでにみたように、更生金庫による融資額の上限は、資産評価が行われることで決定される。金庫に委託される資産のほとんどは、店舗自体つまり不動産と、精米機である。このうち、企業合同後に組合で用いられていた分は「組合引受」とされ、余剰設備は「更生金庫引受」に分類される。この金庫引受分のみの金額が元業者への「貸付金」の対象となり、それからさらに若干の差引（後述）が行われて「差引交付金」となる仕組みであった。組合引受資産の購入費のためには組合を対象とした共助金貸付が別に行われるので、個人用の申請書に基づくここでの分析には登場しない。

　一方、資金の使途には「出資金」と「旧債務整理資金」の2つの項目がある[46]。組合はこの年の2月にすでに発足しており、出資金額も余剰設備の買い上げの有無に関係なく事前に決定していたものである[47]。その金額は「実績補償」の額とも対応していることが確認できるから、経営規模に応じたものとして信頼してよいだろう。これに対して、その実態性に問題があるのは「負債」と「旧債務整理資金」の項目である。前者は本来、申請者が抱えていた負債全

体の金額と考えられ、資産評価とは無関係であるが、融資の使途を申請するために必要な項目である。一方、後者は融資の使途として示されたもので、「負債」以下の水準でなおかつ融資金額全体は資産評価額を超えられないという関係にある。したがって、負債額が資産評価を超えることがあるし、逆に負債が少なければ融資額が資産評価額に届かないこともありうるほか、そもそも負債がない店舗では「旧債務整理額」の申請自体の必要がない。しかし、申請書には訂正などの痕跡が多く残されており、「旧債務整理額」を後から加えて、「出資金」と合わせた「希望額」全体を1,000円程度に調整しているとみられる例がかなりあった（表5-2の「備考」欄を参照）。以上のことから、申請書類における「負債」や「旧債務整理資金」の項目は、融資金額を上限の資産評価額に合わせるために用いられており、必ずしも米穀商の廃業時の債務状態を正確に反映しているものではないと考えられる。したがって、当時の米穀販売業者の経営的困難の程度や、債務と商業組合発足後の動向との関係などの分析は不可能であり、資料的にみれば大きな欠点であるが、更生金庫融資の理念と実務のずれを反映した操作として理解することができよう。以上のような前提や留保を念頭に、企業合同の前後に議論を分けて、申請書を基にした実態分析を行うことにしよう。

(2) 合同の主体＝米穀商の特質

最初に、申請書に記載されたデータから開業年、年齢、経営規模などを分析し、地区内の米穀商の状況を確認しておきたい。

米穀商のライフスタイルを窺わせるのが、生年や開業年のデータである。生年から算出した申請時点の店主の年齢（1941年末の満年齢にあたる）の分布をみると、30代が最も多く19人を占め、続いて40代、50代がともに16人であり、これらの世代で全体の6割を占めるが、30代以上では幅広く分散している（表5-3(1)）。一方、60代以上は7人と急減しており、50代あたりが実働の限界であったことも窺えるから、リタイアに近い人々も多かったことがわかる。こうした年齢の分布は、開業年の分布が幅広く分散していることに対応したものであった（表5-3(2)）。時代を遡れば比率が低下する傾向があるのは当然だが、1910年以前から続く店舗が合わせて4割ある。その一方では、1930年以降に開

表 5－2　神田区錦町支所における企業合同

（希望額順、単位：円）

簿書番号	企業合同			引受			貸付申請			貸付		備考
	負債	月給	実績補償額	引受価額	更生金庫引受分	組合等引受分	希望額	出資金	旧債務整理資金	貸付金	差引交付金	
403	0	100	349	390	390	6,400	9,400	7,650	0	390	390	
350	0	75	197	2,476	2,476	0	3,450	3,450	0	2,476	2,086	「精米所」希望額不整合
365	0	0	172	2,267	2,267	1,919	2,850	2,850	0	2,267	2,081	「配給所」
401	0	150	165	181	181	2,451	2,800	2,700	0	181	181	「配給所」希望額不整合
404	0	75	151	63	23	0	2,800	2,400	0	63	63	「精米所」希望額不整合
354	600	60	85	1,456	1,456	0	1,650	1,050	600	1,456	1,342	
349	0	0	101	2,016	2,016	0	1,500	1,350	250	1,500	1,285	希望額不整合
353	0	75	109	1,614	1,614	1,242	1,500	1,500	0	1,500	1,207	
402	900	60	57	40	40	1,336	1,500	500	900	40	40	「精米所」負債をいったん抹消した後、希望額を1,500円に改めて記入
347	0	75	101	71	71	0	1,350	1,350	0	71	71	
397	400	60	77	1,350	1,449	0	1,300	900	400	1,300	1,200	負債額過大
358	1,300	60	57	1,231	1,231	0	1,300	600	700	1,231	1,117	造作分は「原型を認めざる改造の為め不採用」
389	700	60	57	683	613	0	1,300	600	700	683	683	債務整理500円を抹消
384	0	60	69	1,123	1,123	0	1,250	750	0	1,123	1,023	
383	700	60	45	1,200	1,200	0	1,150	450	700	1,150	1,050	
370	700	60	45	1,019	1,019	0	1,150	450	700	1,019	919	
377	500	80	57	1,344	1,344	0	1,100	600	500	1,100	972	
363	650	60	45	1,189	1,189	0	1,100	450	650	1,100	986	
385	0	60	57	1,188	1,188	0	1,100	600	500	1,100	807	「配給所」、負債欄500円を抹消、希望額欄はそのまま
396	500	60	85	1,151	1,151	0	1,100	450	650	1,100	1,000	希望額不整合
344	500	60	45	1,147	1,147	0	1,100	600	500	1,100	1,000	
345	500	75	57	1,097	1,097	0	1,100	600	500	1,097	997	「配給所」
387	500	60	57	1,096	1,096	0	1,100	600	500	1,096	811	
372	500	75	57	1,092	1,092	0	1,100	600	500	1,092	992	
373	800	60	57	1,090	1,090	0	1,100	300	800	1,090	990	
369	650	60	30	1,074	1,074	0	1,100	450	650	1,074	974	
408	700	60	45	1,067	1,067	0	1,100	750	700	1,067	964	希望額と出資金・負債合計合わず
375	500	0	57	1,050	1,050	0	1,100	600	500	1,050	950	
371	350	60	69	1,019	1,019	0	1,100	750	350	1,019	769	「配給所」
359	600	60	45	1,178	1,178	0	1,050	450	600	1,050	745	「配給所」
343	600	60	45	1,097	1,097	0	1,050	450	600	1,050	950	「配給所」
395	600	60	57	1,036	1,036	0	1,050	600	450	1,036	936	

第5章　食糧配給機構の再編と国民更生金庫

388	600	75	45	1,031	1,031	0	1,050	450	600	1,031	931	希望額を1,050円から1,000円に修正、出資金は1,050円のまま
405	0	75	85	745	745	0	1,050	1,050	0	745	631	
380	0	60	45	1,403	1,403	0	1,000	450	0	1,000	844	希望額を450円から1,000円に修正、うちわけ不整合はそのまま
368	550	60	45	1,255	1,255	0	1,000	450	550	1,000	890	
361	0	60	69	1,199	1,199	0	1,000	750	250	1,000	892	負債抹消、希望額合計は未修正
346	550	0	45	1,183	1,183	0	1,000	450	550	1,000	886	
409	0	60	60	1,143	1,143	0	1,000	450	550	1,000	900	負債抹消、希望額合計は未修正
382	550	60	45	1,142	1,142	0	1,000	450	550	1,000	707	「支所」
399	0	60	45	1,131	1,131	0	1,000	450	550	1,000	879	
351	700	60	45	1,104	1,104	0	1,000	300	700	1,000	900	希望額不整合
366	0	60	30	1,104	1,104	0	1,000	300	0	1,000	900	「配給所」
364	250	90	69	1,093	1,093	0	1,000	750	250	1,000	729	
360	550	60	45	1,093	1,093	0	1,000	450	550	1,000	900	希望額不整合
367	0	60	45	1,092	1,092	0	1,000	450	0	1,000	900	「配給所」、負債400円抹消、希望額は未修正
407	0	75	57	1,088	1,088	0	1,000	600	0	1,000	743	
398	550	60	45	1,068	1,068	0	1,000	450	550	1,000	900	「配給所」、「引受限度貸付間」で差引交付金を900円から750円に修正
393	250	80	45	1,068	1,068	0	1,000	750	250	1,000	750	
374	0	0	69	1,068	1,068	0	1,000	750	0	1,000	900	
406	400	0	60	1,061	1,061	0	1,000	600	400	1,000	900	「配給所」、負債を0円から1,000円に修正、債務を0円から700円に修正
376	550	75	57	1,050	1,050	0	1,000	450	550	1,000	900	
381	400	75	45	1,050	1,050	0	1,000	600	400	1,000	900	
352	0	60	45	1,045	1,045	0	1,000	450	0	1,000	900	希望額を450円から1,000円に修正、不整合そのまま
357	0	60	45	1,045	1,045	0	1,000	450	550	1,000	900	負債550円をいったん抹消のうえ復活
379	0	60	30	1,033	1,033	0	1,000	300	700	1,000	900	負債を300円から1,000円に修正、債務を0円から700円に修正
386	550	60	45	1,026	1,026	0	1,000	450	550	1,000	900	
392	700	60	30	1,019	1,019	0	1,000	300	700	1,000	900	
391	0	60	57	1,019	1,019	0	1,000	600	0	1,000	900	希望額600円から1,000円に修正、不整合そのまま
355	550	75	45	1,009	1,009	0	1,000	450	550	1,000	900	
362	500	75	45	912	912	0	1,000	450	500	912	812	希望額950円から1,000円に修正、不整合・不整合そのまま
394	700	60	30	797	797	0	1,000	300	700	797	697	
	0	0	101	671	671	0	1,000	1,350	0	671	571	備品すでに売却か、希望額合計が別人の筆跡で1,000円（当初空欄か）、金庫の審査書類では1,350円に修正
400	0	60	450	1,045	1,045	0	900	450	0	900	800	希望額不整合、実額補償額過大（出資金と混同か）
378	500	60	30	1,061	1,061	0	800	300	500	800	700	
348	0	65	57	766	766	0	800	600	0	766	666	希望額不整合

注：引受と貸付申請との合計とうちわけに不整合が多くみられるが、原典どおりの数値を記載した。

1）旧閉鎖機関委員会所蔵国民更生金庫資料における整理番号。
2）本来は更生金庫分と組合分の合計を示す欄とみられるが、統一されていない。

出所：閉鎖機関清算関係資料（国立公文書館つくば分館所蔵）、国民更生金庫「引受物件処分簿（米穀商）」（未所343～409）1941年9月～1942年8月より作成。

表5-3　神田区錦町における店主の年齢と開業年

(1) 店主の年齢分布　　　　　　　　　　(人)

年齢階層	開業時	申請時	開業時年齢別 20歳以上	開業時年齢別 20歳未満
生前	19	—	—	—
20歳未満	4	3	—	3
20代	33	5	2	3
30代	9	19	13	6
40代	0	16	10	6
50代	0	16	10	5
60代	0	6	6	0
70代以上	0	1	1	0
不明	1	0	—	—
合計	66	66	42	23

注：開業年、生年を用いたみなし満年齢。開業年不明の1名は申請時50代。
出所：表5-2に同じ。

(2) 開業年の分布

開業年	件数	比率
1889以前	8	12%
1890〜	5	8%
1895〜	5	8%
1900〜	4	6%
1905〜	4	6%
1910〜	7	11%
1915〜	6	9%
1920〜	8	12%
1925〜	5	8%
1930〜	11	17%
1935〜	2	3%
1940〜	1	2%
合計	66	100%

注：開業年は5年ごと区分。

業し、営業期間が10年に満たない店舗も2割以上を占めており、近世からの市街地である神田という地域性を考えるとかなり高い数字といえる。ただし、1935年以降はわずかに3軒にすぎず、戦時化や米穀流通の統制の影響が表れている。対照的に、その直前の1930〜35年に開業した店舗が17％にのぼるのは、昭和恐慌からの回復過程で参入が多かったということもあるのだろうが、その後の競争が激しくなかったためかもしれない。それ以前は、コンスタントに新規参入者が残存してきたことがわかる。

　新規参入者の多さをより直接的に示すのが、開業年次と店主の生年の関係である。表5-3(1)には、両者から開業時の年齢を算出してその分布を示している。生前の開業というケースは家業を継いだことを示していることになるが、古い市街地にもかかわらずこうしたケースはそれほど多くはない（19人）。本人が創業者とみられる人々の多くは20代で開業しており、遅くとも30代までである。開業時に20歳前後の場合は本人が創業したのか後継者なのかは微妙だが、便宜的に20代以上を創業者とみなすと、64％がこれにあたるので、おおまかにみて創業者が5〜6割程度を占めていたと考えられるのである。

　このように、開業年次の分布は分散的で、比較的新しい年次の開業者も多か

った。神田区はこの時期に人口増加が進んだわけではなかったが、昭和恐慌期に一時的に米穀販売業者が大きく減少した後で急速に回復している。人口当たりの米穀販売業者数も昭和恐慌期を除けば高水準で安定していたことが確認できる（表5-4）。したがって、開業初代の主人が多いという事実は、米穀販売業における頻繁な参入と退出を窺わせると共に、1930～31年頃に業者数が急増したとき

表5-4　東京の米穀販売業者数の推移　（人）

年次	実数			人口千人当たり		
	神田区	旧市域	新市域	神田区	旧市域	新市域
1925	246	2,677	—	1.9	1.3	—
1926	245	2,894	—	1.8	1.4	—
1927	258	2,684	—	1.9	1.3	—
1928	240	2,869	—	1.8	1.2	—
1929	202	2,858	—	1.5	1.2	—
1930	132	2,872	—	1.0	1.4	—
1931	251	3,057	—	1.9	1.5	—
1932	241	3,238	—	1.8	1.5	—
1933	262	3,401	4,330	2.0	1.6	1.3
1934	242	3,378	4,456	1.8	1.6	1.3
1935	252	3,327	4,545	1.8	1.5	1.2
1936	252	3,188	4,866	1.8	1.4	1.3
1937	230	3,213	4,633	1.6	1.4	1.2
1938	268	3,144	4,900	2.1	1.4	1.2
1939	227	2,901	4,867	1.8	1.3	1.1

注：「—」は合併前につきデータなし。
出典：『東京市統計書』各年次版より作成。

の名残が表れているデータとみるべきであろう。少なくとも錦町では、伝統的な業界における代々の家業というよりは、むしろ新参者の多いことが米穀販売業界の特徴だったわけである。

　以上のように、伝統的店舗も少なくない比率を占めてはいたが、数のうえでは新興店舗がこれを上回っていたのであり、それが業界内の対立の背景にあったと考えられる[48]。こうした事情は、経営規模を考慮するといっそう明瞭になる。経営規模を示す指標としては、出資金と資産評価額の二つが考えられる。前者は基本的に販売実績に応じたもので、経営規模と比例的な関係が強いのに対して、更生金庫と組合引受を合わせた資産評価はすでにみたように最低補償的な性格が強いため、標準以上の評価額を大経営の指標として考えることが可能である。このうち、経営の集中度をみるために、出資金を階層別に集計したのが表5-5である。出資金額では450円（24件）と600円（15件）前後への集中度が高いことがわかる。しかし、件数で全体の半数近く（31件）を占める450円以下の階層は、出資金でみれば23％にしかならない。逆に、件数では2割に過ぎない900円以上の階層が、出資金の半分を占めているのである。また、

表5-5 出資金の分布

出資金額(円)	件数			出資金合計		
	分布(件)	比率	累積比率	金額(円)	比率	累積比率
7,650	1	2%	2%	7,650	14%	14%
3,450	1	2%	3%	3,450	6%	20%
2,850	1	2%	5%	2,850	5%	25%
2,700	1	2%	6%	2,700	5%	30%
2,400	1	2%	8%	2,400	4%	34%
1,500	1	2%	9%	1,500	3%	37%
1,350	3	5%	14%	4,050	7%	44%
1,050	3	5%	18%	3,150	6%	50%
900	1	2%	20%	900	2%	51%
750	7	11%	30%	5,250	9%	61%
600	15	23%	53%	9,000	16%	77%
450	24	36%	89%	10,800	19%	96%
300	7	11%	100%	2,100	4%	100%
全体	66	100%		55,800	100%	

出所:表5-2に同じ。

上位5件は単独でそれぞれ4～14％にあたる出資金を拠出している。このように、経営規模の格差と集中度はかなり大きいものであった。

しかも、この経営規模の格差は、営業年数と強い関係があったことも確認できるのである。表5-6は開業年代ごとに出資金や資産評価額を集計したものである。まず出資金の平均額をみると、1900年代を境に大きな格差があり、1900年代以前は概ね1,000円以上（975～1,444円）であるのに対して、1910年代以降は半減することがわかる（450～681円）。出資金は格差が大きいので、少数の上位層による平均への影響もより大きくなる。資産評価額の平均も似たような傾向を示しているが、先に説明したような理由で平均の格差は縮小している。年代と経営規模の関係をより詳細に示すのが、資産規模とのマトリックスである。資産評価の標準的な金額は1,000～1,100円程度であり、表5-6でも大多数の59件がこれより上の階層に該当することが確認できるが、この最低保障ラインを超えると該当者は急減し、1,200円以上は16件にすぎない。このラインから上位で区切った層の開業年代の分布は、各年代（10年ごと）でそれぞれ1～4件と分散的である。つまり、中規模以上の経営階層は各年代から生じているが、1910年代以降は小経営の比率が高いのである。さらに、2,000円以上に該当する6件はすべて1900年代以前の創業となる。ここでも各年代に1～2件ずつが分散しているので、年代を遡るほど大経営が多いというような関係にはないものの、大経営はすべて老舗といってよい。以上から、米穀商は、少数の老舗の大経営と、多数の新興小経営、さらに各時期から一定生じる中堅経営などで構成されていたことが確認できた。

表5-6 開業年代と経営規模

開業年代	総数	資産 1,000円以上	資産 1,200円以上	資産 2,000円以上	資産評価平均（円）	出資金平均（円）
天明年間	1	1	1	1	2,267	2,850
1870s	4	4	1	1	1,474	1,238
1880s	2	2	2	1	1,680	975
1890s	11	10	4	3	1,370	1,005
1900s	8	6	2	1	1,726	1,444
1910s	13	11	1	0	1,022	542
1920s	13	13	2	0	1,128	565
1930s	13	12	4	0	1,146	681
1940s	1	1	0	0	1,045	450
合計	65	59	16	6		

注：開業年不明の一件を除く。
出所：表5-2に同じ。

　以上の分析をまとめると、米穀販売業における企業合同は、壮年の創業者を中心とした比較的均質な人的側面と、規模と新旧の2つの格差が結びついた経営的側面では、異なる性質がみられたといえよう。

(3) 企業合同と補償の実態

　続いて、企業合同の実態を具体的に明らかにする作業を行いたい。個々の組合員の組合からの受け取りについてみると、実績補償金は出資金額に対応しており、逓減率が採用されていたが、それでも30円から349円までの大きな幅があることが判明する（表5-2）。月給は大多数が60円となっているのだが、標準以上の月給受給者には出資金との関係もある程度みられるようである。まず、100円・150円の各1名はともに2,000円以上の高額出資者である。また、1,000円以上の出資者のほとんど（1名のみ例外、ただし組合不参加者は除く）と、2,000円以上の出資者の全員が75円以上の月給を受け取っている。実は、これは彼らが主任以上の地位にあったことを意味しており[49]、出資金ひいては過去の経営規模が、企業合同後のポストに直結していたことを示す。結局のところ、実績補償の算出で用いられた逓減性を打ち消すような形で、月給は支払われていたといえよう。

次に、更生金庫から各組合員への支払いをみると、申請時の希望額や資産評価は横並び的、最低保障的に行われ、大多数が900円前後の「交付金」を得たことが確認できる。造作を2割で買い戻したというのは造作評価に対するものであるから、最低評価保障500円、買い戻し金額2割という基準に対応して多くは100円程度である。一方で、造作引受の行われていないケースや（簿書番号389）、精米所などに転用された店舗で組合引受となっているところなどでは、貸付金と交付金の差し引きは行われていないことも確認できる。

また、組合が引き受けたのは精米設備のみで造作分は含まれていないこともわかる。そのため、配給所専用となった店舗では組合引受は行われず、一方では組合引受が行われた店舗5軒のうち4軒はそのまま精米所となっている。造作引受額と対応関係にある「資産評価と融資金の差引額」は、支所と配給所に転用された店舗においては最低保障に対応した水準（100円）を上回る257〜390円となっていることから、面積の広い店舗が選ばれたことが判明する。

最後に、支所全体に関する資金の動きを読みとってみよう。表5-2のデータを集計すると、更生金庫による引受金額合計は7万708円、組合引受が5件で1万3,348円、合わせて8万4,056円が錦町支所全体の資産評価額であった。全体の16％に当たる施設が合同後も使用され、これを組合があらためて買い取ることになったわけである。その他の項目の合計と比較すると、出資金が5万5,800円、月給と実績補償は年額に換算してそれぞれ4万7,460円と5万2,872円などとなっている[50]。つまり、出資金を50％ほど上回る資産評価が行われて組合員に利益をもたらす一方、組合の側は出資金の24％に当たる金額を買い取りによって支払うようになったというのが、更生金庫を利用したことによる最終的な決算だった。

もっとも、更生金庫が実際に支払った金額である「差引交付金」の合計は5万8,009円に減少するが、それでも旧店主は実績補償額の1年分を上回る資金を一気に得たことがわかる。逆にいえば、組合が恒常的に支払う月給と実績補償がかなりの額に上っていたのだが、ここには店員分の月給は含まれていない。錦町では店員出身の組合員が30人いたことを確認できるので、平均で元店主と同程度の60円の月給を受け取っているものと仮定すれば[51]、年額2万1,600円程度が加わり、固定的な費用である実績補償と人件費は合計で年間12万円近く

にのぼったと推計される。組合の経営にとって負担になったといわれている組合引受分の買い取り価格（1万3,000円余り）と比べると、そのおよそ9倍に当たるこれらの経費の大きさを窺い知ることができるであろう。

　更生金庫への申請書を検討した本節の分析によると、企業合同により店舗・設備の整理が大胆に行われた一方で、旧米穀店主のほとんどが組合職員となって月給と実績補償を得ていたことが確認された。したがって、そこにさらに追加された更生金庫資金は、「産業上の負傷兵」へのガス抜き的施策として、追加的に上乗せされた奨励金のようなものだったといえるが、それでもその額は組合職員としての収入の1年分程度にすぎないことにも留意しなければなるまい。逆にいえば、月給や実績補償の水準は決して低くなく、しかも、最低保障に加えて大経営に対する優遇にもそれなりに配慮したものであった。以上を考慮すると、営業権を奪う形の思い切った企業合同に見合うものであったかどうかを評価することは難しいが、国策遂行という大義名分に加えて、雇用や収入の面でかなりの代償を用意したうえで、米穀商整備が実行されたと結論づけることができるであろう。

　それでも、営業権に対する考え方の変化なくしてはこのような急進的な再編があり得なかったことも確かであろう。それには、各地で先行した自主的、あるいは地域的な企業合同を経て定着する過程と、市場の需給不均衡を背景にした配給化の要請との両方が前提となっていたのである[52]。

　1942年に食糧管理法に基づく地方食糧営団が全府県に設立されると、それまでの合同体（東京の場合は東米商組）に対する融資上の関係は営団に引き継がれるとともに、更生金庫が転廃業資金を融資するという関係が、新たに合同が行われる地方を含めて全国に拡大した。この頃になると他業種でも企業整備が広く行われるようになったので、更生金庫の引受・融資業務の中で米穀販売業が占める比重は大きく低下したが、1943年と1944年も引き続いて2万件以上の資産引受が行われたほか、共助資金の原資が一般銀行から更生金庫融資に振り替えられるなど、米穀販売業の企業整備と更生金庫は関係を持ち続けていった[53]。

おわりに

　1920年代からの歴史を持つ米穀管理を舞台に、労務政策的側面（転廃業）と流通的側面（米価管理と配給制）という複数の方向の経済統制が交わる形で実施されたのが、米穀商業組合に対する更生金庫融資である。このうちの一つの側面だけに注目すると偏った理解となるおそれがあるが、本章では研究蓄積の薄い企業整備の分析に力点を置くことで、研究の視野の拡大を図った。最後に、戦時動員の視点からの示唆を検討することで本章の締め括りとしたい。

　一般的にいうと、企業合同は「配給機構、労働力供給の両面から芳しい成果をあげることができず」、1942年半ばには「企業整備の形態が企業合同方式を基調とするものから、個人企業体（個人商店）の存置方式に大きく転換」する一方、「国家援護が明確化した」ことで、「1943年夏以降、『半転業』を含めた転業と共助金の受領が」急増する[54]。この、国家援護＝共助金の供給機関が更生金庫である。更生金庫は都市中小商工業者の転失業対策の一環として設立された機関であったが、当初に期待された役割を果たすことができず、転廃業による営業権補償のための資金供給機関へ転換したことが、本章でも改めて確認できたといえよう。

　ただし、米穀商整備の実施は都市の戦時動員の初期段階で行われたために、企業整備の本格化に向けて整備された更生金庫融資との間にはタイムラグが存在していた。代表的な企業合同である米穀商業組合が通帳制と相まって配給機構整備を達成した後、更生金庫を利用することで国家的援護を受けつつ、営業権の清算や不要設備の処分を事後的に片付けたという関係になっているのである。その後、米穀商が率先して行った企業合同は普遍化しなかったが、更生金庫との関係を通じて戦時統制下の営業権補償のあり方を明確化する役割を果たしたといえよう。動員と配給機構整備の方針が太平洋戦争開始を挟んで転換していく中で、政策転換以前の成果と課題の両方を受け継ぎつつ、企業整備の実務レベルの体制やルールが更生金庫によって具体化されていったのである。

　一方で、企業合同による労働力動員という観点からみると、そもそも米穀商整備は縮小業種の転失業対策とは異なる側面を持っていたことも指摘できるで

第5章　食糧配給機構の再編と国民更生金庫　　　171

あろう。省力化や二重化した作業・人員の整理も行われたとはいえ、基本的に共精共販とは合理化に名を借りた消費者サービスの低下であった[55]。さらに、10年に満たない期間で自由な営業が復活したために顕在化しなかったとはいえ、年齢構成の偏りや世代交代の仕組みの遮断など、長期的な行き詰まりをもたらす可能性の高い問題がもたらされたことも軽視できない。実績補償や共助金などの直接的な補償に加えて、こうした広い意味での社会的コストも決して小さいものではなかった。その後の他業種の企業整備が個々の営業の廃業へ転換していったことは、米穀販売業における企業合同のデモンストレーション効果が大きくなかったことを示すと考えられるのである。

注
1)　本章は、土地制度史学会2000年度秋期学術大会パネルディスカッション「総動員体制と中小商工業整備」における筆者の報告「米穀商整備と食糧配給機構の再編」を基に、金銭的補償に焦点を絞って加筆修正したものである。米穀商整備を労働力動員の観点から分析した成果については、山口由等「戦時統制と自営業者の転廃業——米穀商の企業合同と配給化を中心に」（『愛媛経済論集』22-3、2003年3月）として取りまとめた。本章が大きく依拠している「旧閉鎖機関整理委員会保有資料」（国立公文書館所蔵）の保存に尽力された関係者の方々に謝意ならびに敬意を表したい。
2)　以下、『丸三米穀のあゆみ』丸三米穀株式会社、1991年、88〜106頁、戦後日本の食糧・農業・農村編集委員会『戦時体制期』（戦後日本の食糧・農業・農村　第1巻）農林統計協会、2003年、189〜190頁、兵庫県食糧営団『兵庫県食糧営団について』1943年、1〜7頁、同『最近に於ける米穀情勢と食糧配給機構の変遷』1944年、52〜73頁、鈴木直二『米　自由と統制の歴史』日本経済新聞社、1974年、94〜97頁を参照。
3)　西田竜八『東京に於ける米の配給』大日本米穀会、1938年、2頁。
4)　川ното埣弘「戦時体制下の米価政策」（同『戦前日本の米価政策史研究』ミネルヴァ書房、1990年）参照。
5)　『戦時体制期』174〜177頁。
6)　以下、中村隆英・原朗編『国家総動員　1』みすず書房、1970年、698〜699頁。
7)　戦時中の営団経営の実態については、山口由等「都市における食糧流通機構の再編——戦時下の米穀商企業合同における諸問題」（日本農業史学会『農業史研究』第39号、2005年3月）において、兵庫県食糧営団の経営資料を用いて明らかにしている。
8)　以下は『更生金庫』第1巻第1号、1942年5月、ならびに各号の「道府県別引受貸付業務状況」を参照。
9)　大蔵省「国民更生金庫とはどんな仕事をやっているか」（情報局編集『週報』第245号、1941年6月）2〜4頁。
10)　山口「戦時統制と自営業者の転廃業」26頁。
11)　「東米商連案」とその影響については、武田道郎『戦前・戦中の米穀管理小史』地球社、1986年、147〜172頁、東京都食糧営団史刊行会『東京都食糧営団史』1950年、330頁参照。その大きな特徴は営業権補償に生活保障の役割を持たせようとしたことにあった。
12)　東京の場合について補足すると、これは検討段階の金額と思われ、実際の組合職員の標準月

給は60円となった。ただし、後述する実績補償を合わせると元店主の収入は月100円程度となることにも留意が必要である。
13) 伊東岩男『商業者の新体制と企業合同』伊藤書店、1941年、89～90頁。
14) 以下、武田『米穀管理小史』、中島知至「米穀配給機構に就て」(『東京市産業時報』第7巻第3号、1941年3月)を参照。
15) 呂寅満「戦時期日本におけるタクシー業の整備・統合過程」(東京大学『経済学論集』第68巻第2号、2002年7月)。
16) 「転廃業者諸君は産業界の負傷兵」(『更生金庫』第1巻第1号、1942年5月)参照。なお、『更生金庫』は、資産評価や融資業務を行う各出張所の職員向けに発行された、社内報のような機関紙であり、原朗・山崎志郎編『戦時期中小企業整備資料』現代史資料出版、2004年において復刻されている。
17) 「金庫の使命はこれからだ」(『更生金庫』第1巻第1号、1942年5月)。
18) 初期の更生金庫の事業の対象業種別構成については、本書第8章、山崎志郎「繊維関連部門の中小商工業整備」を参照。
19) 全国米穀商業組合連合会『国民更生金庫利用の手引』1941年、7頁。
20) 全米商連『利用の手引』10～13頁、63～64頁。
21) 『東京営団史』347頁。
22) 1940年7月に、農産物の流通と商業者の主管が商工省から農林省へ移管されることが決定された。(武田『米穀管理小史』121～122頁)。
23) 以下、全米商連『利用の手引』3～9頁参照。
24) 「米穀業の評価」(『更生金庫』第1巻第3号、1942年9月)、全米商連『利用の手引』33頁。
25) 以下、全米商連『利用の手引』32～59頁参照。
26) 以下、「米穀業の評価」による。
27) とくに金属類については、更生金庫を通じて転廃業者の不要設備を回収することが1942年11月の商工省通牒によって指示されたり、1943年8月には更生金庫が金属回収令による回収機関として指定されるなどの形で強化されていった(『更生金庫』第2巻第5号、第3巻第6・7号)。
28) なお、「5坪500円」というみなし最低保証は六大都市のみに適用され、その他の地方は5坪450円が標準とされた。
29) 『東京営団史』348～352頁。
30) 「食料営団設立と共助　転廃業者へは営団が実績補償　既存共助計画も肩替り」(『更生金庫』第1巻第4号、1942年10月)、「企業整備のやり方・進め方(1)　根本的要件は共助の施設　考慮すべき5項目」(『更生金庫』第1巻第6号、1942年12月)。
31) 共精共販の提唱者であった川西伊平次の影響力が東米商組の中で後退していったという事態は、その象徴的な出来事であろう(武田『米穀管理小史』209～216頁)。
32) 全米商連『利用の手引』59～60頁。
33) 東米商連一年史刊行会『東米商連一年史』1941年、140頁。
34) 直木太一郎『兵庫県食糧営団回想録』瑞穂倶楽部、1948年、2頁。
35) 「米屋の昇降器　集団住宅に更生す」(『更生金庫』第1巻第2号、1942年8月)。
36) 以下、全米商連『利用の手引』47～59、79頁、『東京営団史』352～353頁。
37) 「編集後記」(『更生金庫』第1巻第1号)。
38) 前掲「米屋の昇降機」。
39) 以下、「東京米穀業整備その後　旧店舗利用状況」(『更生金庫』第1巻第3号、1942年9月)。
40) 前掲「米屋の昇降機」。
41) ただし、支払いを助けるための金銭的補助も部分的に行われたようである(全米商連『利用

の手引』44〜45頁)。
42) したがって、有償か無償かは不明だが、それ以前は組合が引き続き使用する設備を旧業者から借り受けて使用していたものと考えられる。
43) 『東京営団史』353〜354頁。
44) 大口喜六「年頭に当りて」(『更生金庫』第2巻第1号、1943年1月)、近江忠次「中小工業者の営業権的要素の評価」(『更生金庫』第2巻第11号、1943年11月)。のちに行われる小売商整備におけるこうした変化については、第8章「繊維関連部門の中小商工業整備」を参照。
45) 閉鎖機関清算関係資料(国立公文書館つくば分館所蔵)国民更生金庫『引受物件処分伺綴(米穀商)』(本所343〜409)1941年9月〜1942年8月。この支所の書類だけが残されていた理由は不明で、残念ながら他の地区の分は見あたらなかった。
46) 制度的には、出資金、旧債償還、転業資本金の合計が貸付の上限である(全米商連『利用の手引』76〜77頁)。
47) したがって、「出資金」は形式的な使途であった可能性もあるが、組合設立時点で全額を出資できたとは限らないので、組合に対する旧店主の債務として残っていたことも考えられる。いずれにせよ、一年後には最低でも評価額の決済が保証されていることを考えれば、これらは引受と同時に決済を済ませてしまうために融資制度を利用したことによる、形式的な申請に過ぎない。後述するように、設備評価に比べると、融資金の使途に関して厳密な審査が行われていない様子が窺えるのは、そのためであろう。
48) 武田『米穀管理小史』31〜34頁、山口「戦時統制と自営業者の転廃業」33〜34頁。
49) 『東京営団史』365頁。
50) ただし、実績補償額と出資金を混同しているとみられる数値は45円として計算(簿書番号400)。なお、組合員への支払いには、この他に賞与と配当などもあった(『東京営団史』370頁)。
51) 店員の月給は年齢に応じて決められており、21歳以上では60円以上を受け取ることになっていた。退職者は10代が大部分だったので、元店員の多くは60円に格付けされたと考えられる。『東京営団史』342〜343頁参照。
52) 配給の展開と米穀商整備との関連については山口「戦時統制と自営業者の転廃業」30〜31頁参照。
53) 山崎志郎「戦時中小商工業整備の展開と国民更生金庫」(2004年、原・山崎編『戦時中小企業整備資料』解説)30頁、兵庫県食糧営団「昭和17年度業務報告書」閉鎖機関清算関係資料(国立公文書館つくば分館所蔵、兵庫食糧営団『決算書』)。
54) 大門正克・柳沢遊「戦時労働力の給源と動員——農民家族と都市商工業者を対象に」(『土地制度史学』第151号、1996年4月)38〜43頁。
55) 中島「米穀配給機構について」30〜31頁、武田『米穀管理小史』209頁、坂谷敏弘責任編集『昭和の暮らしを追ってみる』中央公論新社、2003年3月、122頁参照。また、戦時動員などが米穀配給の主要な担い手である若年〜壮年男子を引き抜き続けたため、女性職員で部分的に代替するなど人員の確保に追われたという回想がある(直木『兵庫県』37頁、49頁)。

第6章　石炭配給機関の再編

山崎　澄江

はじめに

　本章の課題は、戦時・戦後統制期を通じた石炭の配給統制機構の整備・解除の過程、これによる流通機構の変容を明らかにすることである。
　経済統制の課題は、限られた基礎資材を軍需、重工業などの戦略物資に計画に沿って、重点的に、安定した価格で配分することであった。しかし、資材の計画的配分には、従来からの生産者、仲買・小売商、需要者間の慣習やコネによる取引、複雑な流通機構が最大のネックとなった。そのため、膨大な数の仲買・小売商を整理統合し、これらを産業ごとの一手買入・販売機関を頂点とする配給統制に組み込むことが経済統制運営の重要な鍵となった。生産者から需要者までの配給経路をできるだけ単純化し、少ない取引とコストで資材を配分できる流通機構が合理的であると考えられたからである。
　戦時統制期の流通に関しては、春日豊氏の三井物産の研究が挙げられる[1]。氏は配給統制機関の設立による販売権の喪失に対応して、三井物産はこれらの統制機関の運営に積極的に参加し、中小商業者転廃の上に従来の商権の維持拡大したこと、また統制機関も大手商社の流通網を利用して配給統制を行ったことを指摘した。配給統制機構整備に対する企業の対応を明らかにした点は注目できる。
　しかし、こうした大手商社など上層の配給統制機構への再編は、配給統制機構整備の一部に過ぎない。流通業は膨大な数の中小仲買商、小売商によって担われており、配給統制機構整備において最も問題となったのは、こうした中小仲買・小売商の整理統合、利害調整など末端の配給統制機構の整備であった。一元的買入・販売機関に参加し、配給統制の中枢を担うことができた大手商社

とは異なって、中小仲買の場合、それまで開拓してきた販売権を喪失し、整理統合されることは死活問題であった。

本章ではこうした点を踏まえ、中小仲買商に着目しつつ、以下の点について検討する。第一に、戦時期における一元的買入・販売機関の設置と、それに伴う中小仲買商の整理統合過程を中心に、配給統制機構の整備・拡張過程を明らかにする。第二に、戦後復興期に、民主化課題とともに浮上した戦時配給統制機関再編過程、統制解除後の中小仲買商の復活について検討したい。

1　戦時統制期

（1）日本石炭株式会社設立と初期の配炭統制

まず、統制前の石炭の流通機構を確認しておきたい。第一に、炭鉱が直売、同一資本系列の商社を通じて販売するルートである。そのほとんどは大手炭鉱の大口需要向け販売であるが、優良中小炭鉱のなかにはこうした販売業務を備えている炭鉱もあった。第二に、専門の仲買商を通して販売するルートである。中小炭鉱や、また大手炭鉱も中小需要、家庭用暖房などの小口需要については特約契約を結んだ仲買商を通じて販売した。この場合、数段階の問屋、小売りを経るため流通機構は複雑であった。

表6-1は若松港における石炭販売業者の規模別年間取扱数量を示した表である。若松港は築豊炭の約50％を積み出していた。中小仲買商の整理統合が本格化する前の1930・39年を見ると、大手炭鉱による自社販売は全体の65～68％、その他の中小炭鉱の直売、仲買商取扱量が約35～32％を占めた。大手炭鉱・商社に比べて、中小炭鉱・仲買商の取扱量は小さいものの、会社数で見ると90％以上と圧倒的多数を占めた。

1938年の物資動員計画策定に伴って、石炭産業でも配給統制機構の整備が本格化した。38年9月に石炭配給統制規則より原料炭の配給統制が開始され、翌39年8月には石炭販売取締規則により全炭種に拡大された。初期の石炭配給統制は、大手炭鉱が加盟する昭和石炭、中小炭鉱を中心とした互助会などの生産者カルテル、地方ごとに組織された仲買商組合が利用された。各々の団体が、

表6-1 若松港における石炭販売業者（若松石炭協会加盟店）規模別積出の推移

規模（年扱量）	1930年 会社数		年扱量（千トン）		1939年 会社数		年扱量（千トン）		1950年 会社数		年扱量（千トン）	
大手炭鉱	8	6.5%	4,758	68.1%	9	4.2%	7,641	65.3%	10	17.9%	3,150	74.0%
10万トン以上	6	4.9%	1,142	16.3%	9	4.2%	1,476	12.6%	2	3.6%	474	11.1%
5万トン以上	3	2.4%	185	2.6%	18	8.3%	1,298	11.1%	4	7.1%	221	5.2%
3万トン以上	9	7.3%	348	5.0%	10	4.6%	407	3.5%	4	7.1%	169	4.0%
2万トン以上	11	8.9%	272	3.9%	11	5.1%	267	2.3%	3	5.4%	65	1.5%
1万トン以上	10	8.1%	136	1.9%	27	12.5%	387	3.3%	8	14.3%	132	3.1%
5千トン以上	11	8.9%	83	1.2%	13	6.0%	91	0.8%	2	3.6%	15	0.4%
1千トン以上	19	15.4%	46	0.7%	39	18.1%	105	0.9%	12	21.4%	27	0.6%
5百トン以上	12	9.8%	7	0.1%	26	12.0%	17	0.1%	3	5.4%	2	0.1%
3百トン以上	8	6.5%	3	0.0%	14	6.5%	5	0.0%	1	1.8%	—	—
3百トン以下	26	21.1%	3	0.0%	40	18.5%	6	0.1%	7	12.5%	1	0.0%
合計	123		6,983		216		11,700		56		4,256	

原注1）若松石炭協会加盟店積出量は、若松港全積出量の97～98％と推定される。
　　2）若松石炭協会調。
注：30年大手炭鉱は三井、三菱、住友、貝島、明治、古河、麻生、嘉穂の8社、39年は日本炭鉱を加えた9社、50年は大正鉱業を加えた10社。
出所：九州経済調査協会「九州石炭流通機構の研究」（研究報告 No43）、別表10～12頁、1954年6月より作成。

生産または取り扱う石炭の配給計画を決め、商工省の承認を受けた上で、加盟する炭鉱、仲買商に販売指図書を交付した。しかし、石炭需給の逼迫、複数団体による配炭調整の困難、団体間の炭価の相違などによって配炭統制はうまくいかず、石炭の一元的買入・販売機関の設立が課題として浮上した。

一元的買入・販売機関の最初の構想が、1939年8月の中央物価委員会「石炭対策要綱」であった。これは、①生産者の販売業務、商社を統合して、一元的買入・販売機関として日本石炭株式会社（以下日炭）を設置する、②その下部組織として一定数量以上の取扱高の仲買商を統合した地方石炭販売会社（地方石炭）を設置する、③日炭は大口需要の販売、地方石炭は日炭から共同購入し、小口需要者へ販売する、④生産原価に応じた買い取り、プール平準価格による公定価格で販売するというものであった。

しかし、これにより既得商権を失う生産者、仲買商から反対が起こった。とくに中小仲買商・炭鉱は熾烈な反対運動を展開した。仲買商は中小炭鉱に対して、一手販売権を条件に「炭代見合金」＝短期運転資金を融資するという関係にあった。リスクの高い中小炭鉱に対して融資を行う金融機関は少なく、中小

表6-2　指定仲買団体組合員数

会社名	法人	個人	合計		法人	個人	合計
北海道	20	4	24	福井	9	10	19
青森	9	7	16	京都	34	38	72
岩手	11	16	27	大阪	68	106	174
秋田	10	6	16	奈良	6	15	21
宮城	3	14	17	和歌山	5	26	31
山形	6	39	45	兵庫	40	93	133
福島	―	51	51	岡山	4	28	32
新潟	30	29	59	鳥取	6	8	14
茨城	15	31	46	島根	7	10	17
栃木	37	37	74	広島	6	78	84
群馬	58	82	140	徳島	2	14	16
千葉	16	29	45	香川	4	42	46
埼玉	69	85	154	高知	2	5	7
東京	176	62	238	愛媛	2	42	48
横浜	80	60	140	宇部	12	48	60
山梨	19	13	32	若松	63	151	214
長野	6	21	27	大分	8	48	56
富山	33	22	55	熊本	12	33	45
石川	28	10	38	宮崎	3	6	9
静岡	31	42	73	鹿児島	7	9	16
中部	126	95	221	佐賀	9	78	87
岐阜	41	31	72	肥前	14	41	55
滋賀	2	17	19	沖縄	3	10	13
				合計	1,156	1,742	2,898

出所：石炭経済調査会編『戦時石炭経済構造論』長門屋書房、1944年 184～185頁、より作成。

炭鉱も運転資金の大部分を仲買商金融に依存していた。地方石炭よる共同購入・販売案は、仲買商にとっては「炭代見合金」により開拓してきた一手販売権、得意先など営業基盤の喪失を、中小炭鉱にとっては資金梗塞に陥ることを意味した。

1940年4月に「石炭配給統制法」により日本石炭株式会社が設立され、8月には「石炭配給調整規則」によって大口需要（月850トン以上の需要者）に対する配給統制、及び配給機構の整備が実施された。しかし、石炭業界からの反対によって当初構想は大きく修正された。第一に、地方石炭は実現されず、道府県ごとに指定仲買団体と呼ばれる統制組合・会社が整備され、表6-2のように1,156企業、1,742の個人経営（42年3月現在組合員数）を組合員とする46の指定仲買団体が設立された[2]。第二に、日炭直売は見送られ、売戻し制が採られた。日炭が生産者から石炭を買い取り、プール平準による価格操作を行い、生産者・指定販売機関、指定会社[3]に売り戻す制度であった。売戻しを受ける生産者・指定販売機関、指定会社は日炭の配給統制計画に基づいた販売指図書に沿って消費者、府県別の指定仲買団体の仲買商に販売しなければならなくなった。個々の仲買商へは、指定仲買団体の配給計画による販売指図書に基づき販売された。つまり日炭は価格操作を行うトンネル会社にすぎず、配給統制について

第6章　石炭配給機関の再編

表6-3　石炭需給　(千トン)

年	供給					需要			年度末貯炭			
	前年度末貯炭	国内炭生産	輸移入	欠斤	計	荷渡高	その他	計	坑所	積出港	市場	計
1939	1,202	52,408	7,975	—	61,585	63,012	-2,900	60,112	947	526	—	1,473
1940	1,473	57,309	9,897	—	68,679	68,111	-1,136	66,975	1,035	669	—	1,704
1941	1,704	55,602	9,577	—	66,883	64,614	-1,035	63,579	2,115	1,189	—	3,304
1942	3,304	54,179	8,730	—	66,213	63,588	-257	63,331	2,071	811	—	2,882
1943	2,882	55,539	6,218	—	64,639	60,522	321	60,843	2,345	1,451	—	3,796
1944	3,796	49,335	3,250	—	56,381	51,148	1,202	52,350	2,918	1,113	—	4,031
1945	4,031	22,335	297	—	26,663	24,917	323	25,240	1,189	235	—	1,424
1946	1,423	22,523	—	—	23,946	22,389	679	23,068	682	196	—	878
1947	878	29,335	87	—	30,300	28,784	120	28,904	1,195	201	—	1,396
1948	1,396	34,793	1,475	—	37,664	36,340	-536	35,804	569	533	758	1,860
1949	1,860	37,296	1,217	-376	39,997	35,227	1,338	36,565	613	542	2,277	3,432
1950	3,432	39,330	996	-687	43,071	40,410	1,199	41,609	673	418	371	1,462

出所：日本石炭協会『石炭統計総観』1957年版、23頁。

は配給計画に基づく指図書によって既存の流通機構を利用して行われた[4]。

　このような売戻し制の下では価格統制は行い得ても、配給までは強い統制力を及ぼすことはできなかった。日炭の作成する総合配給計画は生産業者の提出する配炭予定表を集計したものにすぎず、需要者別割当などにおいて不合理性を払拭できなかった。また、販売指図書の変更が認められている上に、実際の販売、荷渡し等の実務は従来どおり生産者や仲買商に任されていたため、生産者、仲買商、小売り商、需要者間の得意先同士の取引を規制することができなかった。販売網の重複、緊急配炭への対応ができず、闇取引などの問題も生じた[5]。

　しかし、中小炭鉱・仲買商の整理統合による流通機構合理化、配炭統制強化の必要性は益々高まっていた。石炭の国内生産高は40年の5,730万トンをピークに停滞し（表6-3）、軍需関連の重工業、鉄道などの戦略産業に傾斜的に配炭されるようになった。その結果、1940年には暖房浴場用、42年以降は食料品工業など小口需要への荷渡しが減少し（表6-4）、中小仲買商が取り扱える石炭量自体が逼迫し、整理統合は避けられない問題となった。

　1940年7月には米内内閣の「内政緊急対策要綱」において石炭統制の見直しが検討され、中小炭鉱の整理と大手炭鉱への生産重点化、日炭直売、仲買商・

表6-4 産業別石炭荷渡

年　度	1937			1940			1942		
		構成比(%)	指数		構成比(%)	指数		構成比(%)	指数
産業用									
鉄鋼	6,639	12.5	100	11,439	16.8	172.3	13,315	20.9	200.6
鉱山精錬	725	1.4	100	857	1.3	118.2	778	1.2	107.3
造船造機・金属工業	863	1.6	100	1,970	2.9	228.3	2,196	3.5	254.5
化学工業	3,958	7.5	100	7,150	10.5	180.6	5,803	9.1	146.6
窯業	4,287	8.1	100	4,665	6.9	108.8	3,457	5.4	80.6
練豆炭	1,430	2.7	100	2,206	3.2	154.3	1,358	2.1	95.0
繊維工業	6,968	13.1	100	6,724	9.9	96.5	3,080	4.8	44.2
食糧品工業	1,428	2.7	100	1,503	2.2	105.3	1,218	1.9	85.3
その他	922	1.7	100	1,684	2.5	182.6	2,019	3.2	219.0
小計	27,220	51.3	100	38,198	56.1	140.3	33,224	52.2	122.1
非産業用			100						
山元消費	3,649	6.9	100	2,920	4.3	80.0	3,195	5.0	87.6
国鉄・私鉄	4,126	7.8	100	5,568	8.2	135.0	6,300	9.9	152.7
船舶焚量	4,701	8.9	100	3,804	5.6	80.9	2,517	4.0	53.5
電力	3,747	7.1	100	5,898	8.7	157.4	5,261	8.3	140.4
瓦斯・コークス	2,564	4.8	100	3,945	5.8	153.9	3,946	6.2	153.9
官需其他	188	0.4	100	694	1.0	369.1	664	1.1	353.2
暖厨房浴場	4,075	7.7	100	3,225	4.7	79.1	3,124	4.9	76.7
輸・移出用	1,935	3.6	100	1,569	2.3	81.1	1,596	2.5	82.5
特殊用	887	1.7	100	2,290	3.4	258.2	3,761	5.9	424.0
進駐軍									
小計	25,872	48.7	100	29,913	43.9	115.6	30,364	47.8	117.4
合　計	53,092	100.0	100	68,111	100.0	128.3	63,588	100.0	119.8

注：47年度は荷渡実績。
出所：配炭公団「日本石炭株式会社　戦時石炭統計集」1949年、144～150頁、日本石炭協会『石炭統計総観』1957年、48頁より作成。

小売商の整理統合、日炭下部組織である地方販売会社の設立などが再び課題となった[6]。

(2) 石炭販売業における企業整備

1940年半ばごろから原料資材不足、稼働率の低下などを背景に中小企業整備が本格化した。商業部門については41年1月「配給機構整備要綱」によって元売り・仲買商、小売商の整理統合、配給統制機構の簡素化が進められた。

第6章 石炭配給機関の再編

し実績　　　　　　　　　　　　　　　　（千トン）

	1944		1946	
	構成比(%)	指数	構成比(%)	指数
11,242	22.0	169.3	1,448	6.4	21.8
603	1.2	83.2	167	0.7	23.0
2,740	5.4	317.5	399	1.8	46.2
4,600	9.0	116.2	2,470	10.8	62.4
2,029	4.0	47.3	819	3.6	19.1
439	0.9	30.7	298	1.3	20.8
1,026	2.0	14.7	737	3.2	10.6
684	1.3	47.9	382	1.7	26.8
2,544	5.0	275.9	272	1.2	29.5
25,907	50.7	95.2	6,992	30.7	25.7
3,000	5.9	82.2	2,377	10.4	65.1
8,097	15.8	196.2	6,967	30.6	168.9
1,047	2.1	22.3	779	3.4	16.6
3,705	7.2	98.9	1,064	4.7	28.4
3,357	6.6	130.9	1,397	6.1	54.5
497	1.0	264.4	253	1.1	134.6
1,976	3.9	48.5	1,349	5.9	33.1
714	1.4	36.9	750	3.3	38.8
2,848	5.6	321.1			
			843	3.7	
25,241	49.3	97.6	15,779	69.3	61.0
39,385	77.0	74.2	22,771	100.0	42.9

28頁、日本石炭工業連盟編『石炭労働年鑑』1948年度版、

石炭産業においても中小仲買商、小売商の整理など末端部分の配給統制機構の整備が開始された。1941年9月に「指定仲買団体の石炭共同購入に関する件」「小口需要石炭配給統制要綱」によって、小口需要者に対する配給統制と、炭鉱と仲買商の個別取引禁止、指定仲買団体の共同購入が実施された。指定仲買団体のなかで商工省の承認を受けた少数の団体員が生産者・輸移入業者からの石炭購入を代行し、従来の取引実績に応じて各団体員に配当した。指定仲買団体のなかで最も団体員数が多かった東京石炭統制会社の代行業者は表6-5のとおりである。共同購入代行者は各指定仲買団体の団体員数に応じて3～10数名指定され、それぞれ購入すべき生産者、輸移入先が決められた[7]。仲買商は所属する指定仲買団体から石炭を買い入れ、指定仲買団体の指図により指定小売団体[8]、消費者へ販売しなければならなくなった。この結果、仲買商が炭代見合金によって築いてきた一手販売権は失われ、これにより仲買商金融が途絶える中小炭鉱に対しては、日炭金融部が旧債務返済資金、短期運転資金を融資した[9]。

こうして、商工省は日炭の一元的配給統制機構整備において障壁の一つとなっていた中小炭鉱と仲買商の金融的繋がりを切った上で、同年12月には「石炭下部配給機構整備に関する件」と「同要綱」により石炭仲買商、小売商の整理

表6-5　東京石炭統制組合における共同購入代行者

代行者	購入する生産者、輸移入業者系統
三四石炭	三井物産
三鱗無煙炭	三井物産
三幸商会	三菱鉱業
鈴木石炭	三菱鉱業
勝野商行	古河鉱業、麻生鉱業
清田商店	磐城入山
釜芳商店	住友、貝島
吾妻商会	杵島、東邦、日産化学、明治
東京元山	沖ノ島、東見初宇部系生産者
釜芳商店	常磐石炭、その他常磐系石炭
山下鉱業	互助会、西部筑豊採炭組合
浅野石炭銑鉄	北海道石炭
山本商会	樺太石炭
三菱無煙炭	ラサ工業三陟開発、その他
浅野石炭銑鉄	日満商事
品川染料	安宅商会鳳泉無煙炭、寿商事
共同石炭	加藤物産、三和商会、台湾炭業、岩井商店、東光商事
清田商店	有川商事
鈴木石炭	大東鉱業

出所：『日満支石炭時報』第19号、1941年11月、74頁。

統合を本格的に実施した。従来の指定仲買団体、指定小売団体は、弱小仲買商、小売商を整理した上で府県別の石炭共同買入・販売会社として再編され、小口需要（常時月当たり使用数量850万トン未満の需要）についてはすべてこの府県別石炭共同購入・販売会社によって配給されることになった。さらに、日本石炭は北海道、東京、神奈川、静岡、愛知、京都、大阪、兵庫、広島、山口、福岡、長崎など重要消費地の共同購入・販売会社に対して役員派遣、出資をした。

　この機構再編において仲買商、小売商は一応、全廃業という形をとり、過去3年間の取引実績に応じて整理補償金として共助金が支払われた。旧指定仲買団体、指定小売団体所属の仲買商、小売商はこれを新しい石炭共同購入・販売会社の出資金に宛てた。新会社はこれら仲買商・小売商を吸収して施設を買収、貸借した。一方、取引実績がないために補償金が少なく、割当てられた出資金が支払えない仲買商は完全廃業を余儀なくされ、個人経営の弱小仲買商、小売

商から整理されていった。府県別石炭共同購入・販売会社の廃業者への共助金額は約1億2,000万円に達し、日炭の負担は1,000万円、残りは各府県の共同・販売会社が地方銀行から3,000万円、国民更正金庫から8,000万円を3年分割で借り入れ、支払われた[10]。

こうして取扱い規模の小さい個人経営の仲買商、小売商は整理され、新しい統制会社の下部組織となった仲買商、小売商も、個々に仕入れ、販売することができなくなった。この下部配給機構の整備、府県別の石炭共同購入・販売会社への再編は42年6月末までにほぼ完了した。

東京所在の石炭商である三鱗石炭株式会社を事例に、仲買商の府県別石炭共同購入・販売会社への吸収過程を見ておこう。三鱗石炭株式会社は主に石炭販売を、また同資本系列の三鱗無煙炭は練炭製造を主業務とし、原料炭販売部において原料となる無煙炭の仕入れ・販売も行っていた。両社が所属していた指定仲買団体の東京府石炭統制会社は、42年3月に東京府石炭株式会社に再編され、三鱗石炭と三鱗無煙炭販売部の業務はすべて新会社に吸収されて、三鱗としての石炭販売は停止することになった。新会社設立に際して、三鱗石炭の取扱高実績が評価され、旧東京府石炭統制会社の社長でもあった三鱗石炭専務が引続き新会社の社長に就任し、また三鱗の販売業務を行っていたほとんどの社員も新会社に残ることになった。こうして新設の共同購入・販売会社は、実質的には取引実績のある仲買商の寄合いによって経営された[11]。

(3) 日炭の自売制——配給機構の一元化

周知のように、1942年半ば以降、海上輸送力の低下により原料資材不足が深刻になり、5大重点産業への重点的資源配分によって鉱工業生産を維持する方針が採られた。石炭の国内生産も1941年5,560万トン、42年5,418万トン、43年5,554万トンと停滞した上に、船舶不足により輸送状況が悪化して坑所、積出港貯炭が増加した（表6-3）。これまで各々の生産者、石炭共販会社が銘柄ごとに本船への荷役、輸送を行っていたが、これを一元的に管理し、輸送業務の合理化とコスト低下を図る必要も生じてきた。こうした状況を背景に、日炭は小口需要における府県別石炭共同購入・販売会社への再編が完了する頃には、売戻し制から自売制への切替え、炭鉱販売部門の日炭への統合、府県別石炭共

表6-6 日炭の地方石炭株式会社保有株式割合

会社名	日炭出資
北海道石炭株式会社	13.4%
東北石炭株式会社	13.2%
関東石炭株式会社	34.1%
東海石炭株式会社	25.9%
近畿石炭株式会社	44.1%
中国石炭株式会社	29.7%
四国石炭株式会社	19.7%
九州石炭株式会社	39.3%

出所:日本石炭株式会社「質問事項に対する回答」1947年5月頃、閉鎖機関清算関係資料(国立公文書館つくば分館所蔵)・日本石炭株式会社『日炭関係法規・沿革等綴』(本店456)。

同購入・販売会社のさらなる整理統合を検討していた[12]。そして43年6月に「戦力増強企業整備要綱」が出されると、これを一気に進めた。

日炭自売制切替の機構改革として、仲買商、小売商の整理統合につづいて、43年10月の「石炭上部配給機構整備要綱」により炭鉱の販売部門も日炭へ統合して、その営業活動を封じた。日炭は各炭鉱の販売部門を総額3,545万円で買収し、人員も吸収し、本店機構の拡充、支店、出張所の新設を図った。これにより日炭の社員数は43年9月末の1,770人から44年3月末には3,703人と、わずか半年の間に約2,000人もの増加となった[13]。

三菱鉱業の例では、1944年には石炭販売を停止して日炭に委譲し、従来の販売機構を大幅に縮小した。東京支店と同支店横浜出張所、出先の大湊、門司、清水、酒田、船川、函館、八戸、札幌、留萌、京城、長崎、室蘭、博多、青森を廃止し、若松支店、小樽支店を出張所へ、長崎、室蘭、釧路出張所を出張事務所へと格下げした[14]。また、北海道炭礦汽船では売炭部を縮小し、売炭部員200名のうち51名の職員を日炭へ転出させ、貯炭場、建物等を日炭へ委譲した。北炭はこの統合過程を「軍、官の圧力は十四年、中央物価委員会答申の石炭対策要綱をめぐって議論された当時とはまったくおもむきを異にし、業者の保持した販売業務の接収については寸毫も議論の余地はなかった」[15]としており、日炭自売の機構改革は半ば強制的に進められたと考えられる。

さらに、地方の配炭機関として従来の府県別石炭共同購入・販売会社を北海道、東北、関東、東海、近畿、中国、四国、九州、8つの地方石炭販売会社(以下地方石炭)に統合した。日炭は、引き続き各地方石炭に出資、役員を派遣した。表6-6のように、とりわけ関東、近畿、九州など重要工業地帯のある地方石炭へ多く出資し、統制力を強めようとした。

こうして日炭は、1943年から機構の整った地方から段階的に売戻し制を廃止

表6-7　日本石炭、地方石炭の石炭販売数量（トン）

	43年度月割		46年度6月分	
日本石炭	2,898,300	60.00%	1,156,952	75.13%
地方石炭	1,932,100	40.00%	382,981	24.87%
合計	4,830,400	100%	1,539,933	100%

出所：日本石炭株式会社「日炭及地方石炭会社ノ全国各地区別荷渡条件別石炭販売数量ニ付テ」1946年10月、日本石炭株式会社『機構改革関係書類』（本店888）。

表6-8　近畿石炭「営業報告書」記載の事業概況

1943年12月〜44年3月	「当社取扱数量の割当も著減し自然配給の不円滑を来たし」「経営の面に於ては合理化と経費の徹底的節約に努めた」。
1944年4月〜44年9月	「入荷著減し配給計画に対する実績は□□□自然当社の営業成績にも少なからざる影響を及ぼしたり」。「府県炭会社時代より存置したる積地の各出張所を撤去して人員並経費の節約を測り、社内機構に関しても現時の情勢に省みて之が改革につき研究を怠らざる」。
1944年10月〜45年3月	「諸般の事情により取扱数量は逐月激減の一途を辿るの止むなき状態に始終せり」。
1945年4月〜45年9月	「当社の取扱数量は加速度的に減少の一途を辿れり」。「期末に於ける石炭及コークス入荷は未だ嘗て其の例を見ざる数量にまで低落せり」。
1945年10月〜46年3月	「石炭及コークスの生産は未曾有の激減を見るに至り」。「当社今期に於ける取扱数量も亦暴減」。「更に経営の面につきては諸物価の昂騰に伴ふ諸経費就中人件費の増嵩は特に著しく取扱数量の減少と相俟って益々難関に逢着するに至り之が窮境打開のためには一月末社内機構の改革と共に人員の整理を断行し経営の合理化を図りたる」。
1946年4月〜46年8月	「当社今期の石炭及コークスの扱量も亦右大勢に順応するを免れず一般需要方面よりは配炭増量を切望せられたるも其要求を充たすこと能はず常に苦慮し之が調整に努力を払い漸く当局指示の配炭を行ふことを得たり」。

出所：近畿石炭販売株式会社「営業報告書」第1〜6回、近畿石炭販売株式会社『株主総会議事録』（5番89号）。

し、日炭自売制へ切り替えていき、44年度には全面的に自売制を展開した。39年の日炭設立の当初構想に近い石炭配給機構がここに至ってようやく実現したのである。

　日炭と地方石炭による石炭配給は次のように行われた。日炭が生産者から石炭をすべて買い入れ、四半期ごとの配炭計画に基づいて大口需要者、各地方石炭へ直売した。地方石炭は割当てられた数量内で自ら作成した配給計画に沿って、さらに小売りや小口需要者へ販売した。日炭と地方石炭以外の石炭販売は

禁止され、日炭は年間消費量2万トン以上の工場、国鉄、船舶用、地方石炭は2万トン以下の工場、その他家庭暖房用と、両者の販売分野も明確に分けられた[16]。

　日炭と地方石炭の取扱数量の割合は、表6-7のように自売が開始された43年度は日炭約6割、地方石炭が4割を占めていた。しかし、国内の石炭生産は41年以降漸減し（表6-3）、輸送状況も悪化するなか石炭不足が深刻化した。軍需産業、重工業、鉄道・船舶などの輸送部門への傾斜的配炭が一層顕著になり、地方石炭が取り扱う小口需要への配炭量は減少していった（表6-4）。

　そのため、地方石炭は経営規模を縮小せざるをえなかった。表6-8の近畿石炭配給統制会社の事業概況を見ると、期を追うごとに取扱数量が減少し、人員削減、出張所の撤去など経営合理化が進められた。近畿石炭は廃業者に支払う共助金を国民更生金融金庫から借り入れているが、借入れ残高は1944年9月末1,118万円、45年3月末1,491万円、45年9月末1,532万円と徐々に増加した[17]。こうして、地方石炭に吸収されてかろうじて残存した旧仲買商も地方石炭の経営合理化という形で引き続き整理が進められていった。

2　戦後統制期

(1) 配炭公団への再編

　敗戦後も石炭需給の著しい逼迫のなかで日炭自売による配炭統制が継続された。しかし、1946年に戦時の配給統制機関の「民主的」機関への改編問題が浮上し、同年8月にGHQ覚書き「統制会の解散並びに特定産業内における政府割当機関及び所要統制機関の設置認可に関する件」が出された。石炭産業でも日炭の解散と新しい統制機関の設置が決定され、石炭配給機構改善協議会において日炭、地方石炭、日本石炭鉱業会（旧石炭統制会、生産者の組織）、石炭庁などの関係者によって配炭機関・機構のあり方が議論された。最大の焦点となったのは、それぞれの石炭販売分野、取扱量の確保であった[18]。

　日炭は、石炭の著しい需給不均衡の下では一機構による強力な配炭統制が必要であるとし、全国単一の配給公社を設立する案を提示した。公社が配給計画

第6章　石炭配給機関の再編

の策定から、一手買取・販売、規格・価格の決定などの配給実務まですべてを一貫して行い、地方石炭は解体して、煩雑な小口配給を行う小売部として公社に統合するとした[19]。敗戦後、石炭生産は45～46年に約2,200万トンに激減した（表6-3）。極度の石炭不足のなかで、とりわけ日炭の主要販売先であった鉄鋼、造船造機・機械金属、化学工業など重化学工業の消費量は減少しており、日炭の取扱数量も激減した（表6-7）。日炭は45年9月にはすでに「重要産業の移動により、向後、日炭と地方石炭とが、いかなる分野において販売するかは、新たに起りたる重要問題」であるとし[20]、地方石炭との販売分野、配炭機構の見直しなど、早い段階から石炭確保のための対応策を考えていた。

しかし、この日炭案に対して、仲買商の組織である地方石炭、生産者は反対した。地方石炭案は日炭の業務縮小であった。配給統制機構は従来どおり中央機関と地方機関の二つの組織とし、日炭の支店を地方機関に統合するとした。中央機関の業務は配給基本計画の策定、一手買取、鉄道・輸出用の直売、地方機関への元売りのみに限定にし、地方機関は中央機関から石炭を買い受けて、管内の配給計画策定、鉄道・輸出炭以外の需要者への配炭業務全般を担うとした。すでに検討したように、仲買商は戦時期を通じて企業整備合理化を余儀なくされ、地方石炭に統合されたのちも取扱数量は減少し、1943年度に40％あった販売シェアは戦後には約25％まで落ち込んでいた（表6-7）。地方石炭＝仲買商はこの機構改革を機に、戦時統制のなかで日炭に奪われてきた取扱数量の拡大を図り、復活の足がかりを築こうとした[21]。

また、生産者の業界団体である日本石炭鉱業会は、配給統制機構の業務範囲をさらに狭めた売戻制を主張した。配給統制機構は生産者、需要者を株主とする会社組織とし、配給・価格に関する重要事項を決定するに止まり、売戻し制による銘柄販売を行うとした[22]。生産者もまた、戦時期に日炭に吸収された販売業務を取り戻し、需要者との直接契約・販売の再開を目指そうとした。

調整役の石炭庁は、地方石炭とほぼ同じ案であった。日炭案の単一機構による配炭は機構が膨大になり配炭が硬直的になること、また日本石炭鉱業会案の売戻制・指図販売は需給バランスが著しく不均衡な下では不可能であることなどから、生産地から離れた消費地の需要に対応するには各地方機関を拡充した方が円滑に配炭ができると考えていた。そのため中央機関と地方機関を設け、

中央機関は一手買取り、政府指定の鉄道、ガス、電力、鉄鋼など重要工場への直売、地方機関の元売りを行い、地方機関はその他の一般需要家へ広く配給するという構想を立てた[23]。生産者、需要者ともに地方石炭案、政府案を支持し[24]、政府案に沿って調整がなされ、1946年11月に答申案「石炭配給機構刷新要綱」がとりまとめられた。

しかし、翌12月に政府案は一転した。独占禁止法の立案が並行して進められており、12月のGHQ「臨時物資需給調整法の下における統制方式に関する件」が出され、緊要物資の配給は政府に酷似した公社により行うことが指示されたためであった。また、同時期に対日理事会で提案された炭鉱国家管理が検討されていただけでなく、傾斜生産方式と重要産業への重点的石炭配分が具体化しており、石炭の生産管理、配炭統制の強化が重要課題にのぼっていた。結局、11月に石炭庁がまとめた答申案「石炭配給機構刷新要綱」はGHQに否認され、政府案は一公社により買取りから配炭まで一貫して行う方針へと転換した。この配炭機構への再編を旧仲買商復活の足掛かりにしようとしていた地方石炭は、一公社案に強く反対し、「復活促進運動は俄に活発となり就中関東地方に於いては熾烈を極め来たる」ほどであった[25]。

このような反対にもかかわらず、1947年4月には配炭公団法により配炭公団が設立され、日炭は47年6月に閉鎖機関に指定された。日炭と地方石炭は配炭公団に資産を譲渡売却し、施設、人員は配炭公団の下部組織に組み込まれた。結果的には日炭が当初主張した一元的な配給公社案とほぼ同様の配炭機構が実現することになった。配炭公団による統制は指定生産資材割当規則に基づき厳格に行われた。まず経済安定本部が石炭配当計画により需要別に石炭を割当て、需要部門の主務官庁がこの割当て範囲内で工場・事業所別に割当切符を交付し、配炭公団はこの切符により石炭を荷渡した。

しかし、このような厳しい配炭統制も石炭の生産回復に伴って廃止されていった。石炭生産は1948年3,479万トン、49年3,730万トンと順調に回復し、48年秋には統制撤廃方針が打ち出された。実際、49年ドッジラインによる不況下で石炭需要が減退し、公団貯炭が激増した（表6-3）。配炭統制の必要性がなくなっただけでなく、需要減退により売掛金の累積、炭鉱未払金の増加など公団経営も悪化していた。このような状況のなかで、49年には低品位炭から段階的

に公団の買取りが廃止され、同年8月には配炭公団の廃止が閣議決定された。

(2) 仲買商の復活

　前述のように1949年から配炭統制が緩和され、同年7月には資源庁通牒「石炭及販売業者制度の実施」が出され、登録業者による石炭の自由販売が認められた。これが、1941年「下部配給機構整備要綱」以来、約8年間も営業活動を停止していた仲買商および炭鉱の販売業務再開の契機となった。それまで配炭公団から直接需要者へ流れていた石炭が登録販売業者の手を経て、需要者へ販売されることになった。さらに9月には配炭公団が解散し、一部銘柄炭を除いてすべて自由販売となった。

　若松市を事例に、炭鉱販売業務、仲買商の復活状況を見ておこう。表6-9は若松市の仲買商、および自社販売を行う炭鉱のうち年間1万トン以上の取扱業者を対象とし、取扱数量ごとに業者別の石炭積出し実績を示したものある。

　石炭販売を再開した業者で目立つのは炭鉱直売である。とくに取扱い規模10万トン以上クラスの大手炭鉱はすべて販売業務を再開し、製鉄所、化学工業、国鉄などを中心に安定した大口需要への販売先を確保した。さらに、後述の特約店を通じて中小工場などの小口需要へも販路を拡大していった。また中小炭鉱でも直売を開始したり、日本炭業のように同一資本系列の商社を新設する炭鉱もあらわれた。中小炭鉱系の独立商社は自産炭に止まらず、他の中小炭鉱石炭も扱うようになり、取扱い範囲を拡大していった。

　仲買専門で営業再開できたのは資金力のある一部の業者であった。営業を再開した仲買のほとんどは大手炭鉱との特約契約を取り付けた。特約店契約とは、炭鉱に一定の保証金を前納し、この保証金に見合った石炭を取引する制度である。特約店は主に中小工場や小口販売に対応した。特約店契約は大手炭鉱から良質の石炭を仕入れることでき、販売先も確保できるメリットがある。しかし、生産者に炭代をすぐに支払わなければならず、他方、需要者からの支払いは数カ月後になるため、保証金に加えてこの間の運転資金も必要とした。

　若松市の場合、大手炭鉱の単独特約店は少なく、複数炭鉱と特約を結び、程度の差はあるものの併せて中小炭鉱の石炭も取り扱った。大手炭鉱の特約店契約は、利幅が薄く、販売地域・販売数量を指定される場合があり、また好況期

表6-9　若松港における石炭販売業者別積出炭の推移　　　　　　　　　　　（トン）

	1930年	1935年	1939年	1950年	統制廃止後の販売形態、特約店関係	参考	
10万トン以上							
三井鉱山	955,263	1,256,576	1,538,286	476,359	○ 直売	炭鉱兼営	39年まで三井物産による販売
三菱鉱業	1,121,496	1,220,019	1,176,590	747,659	○ 直売	炭鉱兼営	
住友石炭鉱業	243,904	271,190	251,029	79,583	○ 直売	炭鉱兼営	
貝島炭鉱	897,535	1,164,313	1,306,020	484,703	○ 直売	炭鉱兼営	
明治鉱業	582,544	659,974	783,952	296,789	○ 直売	炭鉱兼営	35年まで安川松本商店
古河鉱業	419,750	700,579	832,640	197,990	○ 直売	炭鉱兼営	
麻生鉱業	490,226	523,158	634,015	276,329	○ 直売	炭鉱兼営	39年まで麻生商店
日本炭鉱		505,451	1,026,799	454,525	○ 直売	炭鉱兼営	39年は日産化学鉱業石炭部門
大正鉱業				111,251	○ 直売	炭鉱兼営	
嘉穂鉱業	48,152	133,320	92,597	64,851	○ 直売		
山下鉱業	315,712	184,515	168,743				
大阪商船	259,125	196,671	108,025				
三好炭販売(株)	183,514			―	×		
太田商店	144,322	116,865	198,914	―	×		
宗像商会	108,838	196,359	209,037		○	杵島、大正、松島等	
中平石炭	130,623	127,137	196,613	62,680	○	明治、大正、貝島等	統制解除後、大蔵商事として再開、51年に帝国石炭を創立。50年は大蔵商事の扱高
久恒鉱業		104,790	86,639		○ 直売	炭鉱兼営	
日本化成			226,012	152,287			
山幸商店		5,206	155,251	―	×		
池田石炭商店		67,616	108,294	―	×		
中徳商店	45,603	24,693	106,039	―	×		
日本発送電	―	―	―	322,376	＊		
5万トン以上							
共同石炭	50,101	46,253	53,775	42,670	○ 直売	炭鉱兼営	
占部商店	73,558	7,196	21,093	―	×		
公信洋行	62,019			―	×		
木戸炭業		68,868					
石原産業海運		62,244	62,665	―	×	炭鉱、海運兼営	
若松石炭会社	15,698	60,152	99,676		○		
山久商店	46,674	58,235	64,596	―	×		店舗はあるが積出実績なし
本間商会		8,253	74,614	―	×		
東邦炭鉱			92,554		○	炭鉱兼営	
大彌商店			85,208	―	×		
林商店	34,972	41,304	82,016	―	×		
深坂炭鉱	―	―	76,531				
藤塚商店			73,909	―	×		
日本炭業			70,639	23,382	○	同一系資本商	炭鉱兼営	戦後営業部門として

第6章 石炭配給機関の再編

会社名							
清水商店		42,953	69,319		○	社による販売 大正特約店		宝産業を新設
今西商店	27,292	24,054	62,781		○			
金丸鉱業		42,617	60,460		○	直売	炭鉱兼営	
日本タール工業			53,746					
樺太炭業				55,619			炭鉱兼営	
日本電力				50,659				
北九州石炭		—	—	55,289	*			
衛藤商事		—	—	51,285	*			
三若商事				52,613	○			
宝辺商店	22,945	30,410	77,292	17,483	○			
3万トン以上								
巴産業	43,188	20,700	16,807		○			39年までは巴組
篠原商店	31,166	21,266		—	×			
尼崎汽船部	39,381	38,255	38,647					
佐藤商店	33,524			—	×			
高山商店	36,666	40,800	27,412	—	×			
福山協栄会社	37,149	31,401	17,976		○	日本炭鉱、杵島特約店		
坂本商店		38,368		—	×			
山九運輸	46,674	34,266	21,921					
南商店			45,280					
藤井鉱業		10,374	44,996				炭鉱兼営	
小林商店		6,755	44,673		○	三井特約店		
福岡石炭商会			43,741	43,102	○	三井、三菱、明治、松島等の特約店		統制廃止後、福岡商会として再開
九州ソーダ			40,425					
釜芳商会			39,617					
木村石炭			33,908	21,599	○	住友、貝島、杵島等の特約店		統制廃止後、木村商会として再開
村松商店			33,002					
西日本鉱業				43,998	*			
2万トン以上								
中野商店	27,213	10,462		—	×			
木原商店	28,893	29,576	4,584	—	×			
植山商店	23,559	26,936	14,727	—	×			
九州炭業会社	24,662							
篠崎商店	23,045	533	2,081	—	×			
海老津炭鉱	21,740	8,203	13,361				炭鉱兼営	
坂本商店			20,367	—	×			
野上鉱業	27,743	16,626	16,640		○	直売	炭鉱兼営	
丸一近藤商店	23,865							
栃木商事会社		23,243	24,627	—	×			
若松運輸	15,892	26,516						
小川種吉商店		24,685	14,977					
岩崎炭鉱		24,389					炭鉱兼営	
木原鉱業会社		22,863						
峠石炭会社		11,037	26,562				炭鉱兼営	
住福燃料		8,049	29,176		○			
西川商店			26,202					
日満鉱業			26,037		○	直売	炭鉱兼営	

業者名						備考	
片岡商店			22,386				
古長商店			21,450	17,664	○	三井鉱山特約店	
三洋貿易		—	—	20,965	＊	貝島炭鉱特約店	
1万トン以上							
青木繁商店		17,973	15,880	—	×		
尾崎商店		13,464	15,355	—	×		
鶴丸汽船		13,417	17,126		○	汽船輸送兼営	35年までは鶴丸商店
有田市郎商店		509	19,833	—	×		
藤家商店			19,212	—	×		
三国商会			18,721	—	×		
山尾商事			16,661	—	×		
島田商会			15,535	—	×		
中国石炭				17,162	○	麻生特約店	
田篭鉱業				18,691	○	直売	炭鉱兼営
虎田鉱業所				16,540	○		
公団		—	—	18,509	＊		
小栖商会		10,050		—	×		
小畠商店				—	×		
財間商店				—	×		
伊藤商店		12,667		—	×		
矢永商店	18,479	10,483		—	×		
小川種吉商店			14,977	—	×		
中久商店	10,944	605	510	—	×		
横田商店		12,718	13,006	—	×		
豊陽商会出張所		11,530		—	×		
渡部商店		11,593	10,560	—	×		
筑豊石炭			14,556	—	×		
林慶蔵商店		1,205	13,715	—	×		
丸正運輸		8,726	12,894				
山本牧商店		3,443	12,790	—	×		
互助会石炭			12,702	—	×		
嶺商店			11,386		○	大正鉱業特約店	
水上商店			11,166	—	×		
杉本商店		4,227	10,745	—	×		
青野商店			10,633	—	×		
高木商店			10,115		○	明治、麻生特約店	
住国商店			10,078				
方一石炭		—	—	13,594	＊		
富士産業		—	—	12,992	＊		

原注：若松石炭協会調。
注1）空欄は不明。
　2）○はかつての石炭商で統制廃止後営業を再開した企業、×は廃業、＊は新たに開業した企業。
　3）若松石炭協会加盟店で積出1万トン以上の実績がある業者を対象とした。
　4）特約店関係調査は1951年度。
出所：九州経済調査協会「九州石炭流通の研究」（研究報告 No. 43)、1954年6月、別表12～23頁、若松石炭同業組合「若松港石炭集散統計」昭和10年、14年版、大同通信社『石炭年鑑』1952年版、193～231頁より作成。

には炭鉱直売が優先されるなど、数量確保や販路拡大に限界があったからであった。中小炭鉱との取引は、戦前にも見られた炭代前払い、見合金などの問屋金融により安く仕入れることができたが、問屋金融のリスクは高かった[26]。統制廃止後、炭鉱では復興金融金庫の新規融資停止、金融引締め、石炭需要の減退により資金梗塞が問題になった。とりわけ中小炭鉱は市中銀行からの資金調達も難しく、見返り資金も対象外であっため深刻であり[27]、日炭への整理統合により途絶えていた問屋金融が復活したと考えられる。このように大手炭を確保するためには多額の保証金や運転資金を必要とし、また中小炭を確保するためにも相当の資金を必要としたが、8年間もの営業を停止していた仲買商がこれら資金を調達することは難しかった。

　新規開業者も現れた。新規開業は旧公団職員、石炭鉱業会社の社員が公団貯炭を買い取って、独立するケースが多かった[28]。また、旧統制機関である北九州石炭株式会社、西九州石炭株式会社が中小炭鉱の共同販売組織として開業した。北九州石炭株式会社は、中小炭鉱の業界団体であった互助会を母体としているが、戦時統制期、前述した日炭下部組織である指定会社に再編され、中小炭鉱からの石炭買取と日炭への販売を担っていた。統制解除後は、加盟中小炭鉱からの石炭買取、販売代行、融資斡旋などを主業務とした。北九州石炭には約150の中小炭鉱が加盟し、取扱取扱数量は表6-9のように1950年で年間約5万5千トンで、販売先も九州電力、四国電力、関西電力、東京電力など電力業が中心あり、その他パルプ、製鉄などの大口需要にも対応した。中小炭を取扱う仲買としては最大手であった[29]。

　このように統制期に営業活動を停止した仲買商で復活できたものは、特約店や問屋金融を行える資力のある一部であり、それ以外はそのまま廃業した。表6-9のように戦前において取扱量10万トン以上という仲買商も例外ではなく、規模が小さくなるほど割合は高かった。

　次に、企業レベルで炭鉱の販売業務、仲買商の復活過程を見ておこう。炭鉱の販売部門では、三菱鉱業が1949年3月から戦時期に廃止した支店を復活させ、営業所を拡充し、特約店の設置を進めた。特約店の選定基準は、三菱鉱業退職者で石炭、コークスの販売に経験があるもの、優良需要先と関係が深い者がまず優先された。次いで、旧仲買店、旧三菱商事の分派会社で石炭、コークス販

売に有力な経験を保有する者、長期的に三菱炭の販売を期待し得る者が選定された。需要が多い特別地区以外は基本的に1県1店主主義を採用し、経験と資金を重視して特約店を厳選した。北炭も48年1月には支店、出張所、特約店の整備の準備を始めた。そして公団廃止とともに、配炭公団に転出させた職員30名を復帰させ、営業部門を拡充した。特約店は三菱と同様、旧北炭社員で北炭の石炭販売に寄与した者が優先された。旧特約店が必ずしも復帰できるとは限らなかった[30]。

　仲買を主業務としていた三鱗石炭は、統制解除後、三井鉱山、太平洋炭鉱、大日本炭鉱、杵島炭鉱等との特約店契約に乗り出した。しかし、長年、休業状態にあった三鱗は高額の保証金を調達することができず、これら炭鉱との特約店契約交渉は難航した。そのため同一資本系列の三鱗無煙炭社長の個人持ち株を担保に200万円を借り入れて特約店契約を結び、営業を再開させた[31]。

　このように、戦時・戦後統制期の石炭販売業の整理統合、8年間のブランクはとくに中小仲買商に打撃を与えた。中小仲買商は、長期間、炭鉱や需要者との取引も途絶え、資金も乏しく、復活できたのはごくわずかにすぎなかった。表6-1により、統制解除後の若松市全体の石炭販売業者の構成を見ると、統制解除後の1950年には大手炭鉱の直売の割合が74％と戦前・戦時に比べ10％近く増加し、それ以外の石炭販売業者（仲買専門と大手炭鉱以外の炭鉱直売）の企業数、積み出量は戦前・戦時期に比して減少し、零細になるほどその傾向が顕著であった。

　大手炭鉱は自社販売、特約店を厳選して自ら大口需要、小口需要の販路を拡大した。また有力中小炭鉱も自社販売を強化し、その他の販売部門まで整備できない中小炭鉱の石炭販売は、主に旧統制団体であった中小炭鉱共同販売組織や元公団職員などによるわずかな新規業者により担われることになった。日炭や配炭公団に吸収された大手炭鉱の販売部門、地方石炭や指定会社などの統制団体に吸収された仲買商などのように、企業としての営業は休止していたとはいえ統制機関の一員として石炭販売を継続していた企業や仲買はほぼ営業を再開し、また統制期の石炭販売の経験やコネを活かして新規に独立開業する者も生まれた。しかし、統制期に整理された多くの中小仲買商は資力のある一部を除くと、そのまま廃業した。

第6章　石炭配給機関の再編

おわりに

　以上、検討してきたように、戦時・戦後統制期において一手買取・販売機関を頂点とした配炭機構が整備され、石炭流通機構の簡素化が進められた。中小仲買商は整理され、一部の大手炭鉱の販売部門や大手仲買商のみが統制機関に吸収され、統制機関の職員あるいは代行人として石炭販売を継続することができた。統制解除後、炭鉱が自社販売を強めるなかで、営業基盤を失った多くの中小仲買商は営業を再開することができず、中小仲買商の企業数も取扱数量も減少した。戦前、中小仲買商が主に取り扱っていた中小炭鉱の石炭は、主に中小炭鉱加盟の旧統制団体や、また旧統制機関で石炭販売を担っていた職員らによる新規開業者によって主に担われていくことになった。

　統制解除の直後、朝鮮動乱によるブームのなかで石炭需要は一時増加するが、ブーム終了とともに高炭価問題、輸入炭との競合が顕在化し、石炭需要も低下していった。このようななかで、大手はさらに自社直売を強化する方向を強めていき、仲買商間の競争も激化していくことになった。

注
1) 春日豊「戦時統制と財閥商社──日中戦争下の三井物産」(1)～(4)、名古屋大学情報文化学部・名古屋大学大学院人間情報学研究科『情報文化研究』9～10号、1999年3・10月、15～16号、2002年3・10月。
2) 石炭経済調査会編『戦時石炭経済構造論』1944年、174～175、184～185頁。
3) 指定販売機関とは生産者が指定した販売機関で、主に大手炭鉱の同一資本系列の商社がこれに当たる。指定会社とは、商工大臣が指定した中小生産者が加盟する統制団体。この統制団体に所属する中小生産業者は直接には日炭には販売せず、指定会社がまとめて買い取り、日炭に売渡された。具体的には、北九州石炭株式会社、西部石炭株式会社、宇部石炭株式会社、北海道石炭販売会社の5統制団体を指す。
4) 内務省下関土木事務所「若松港を繞る石炭事情（調査報告）」1941年9月、276～286頁、北海道炭礦汽船株式会社『石炭国家統制史』1958年、280～281頁。
5) 日本石炭株式会社「日本石炭株式会社の沿革」1948年6月、閉鎖機関清算関係資料（国立公文書館つくば分館所蔵）・日本石炭株式会社『日炭関係法規・沿革綴』（本店456）。
6) 「内政関係緊急対策要綱」1940年7月、美濃部洋次文書Ad3。
7) 『日満支石炭時報』第19号、1941年11月、74頁。
8) 府県によって、小売商が指定仲買団体に加入するケースと、仲買とは別に指定小売団体を結成するケースがある。
9) 日本石炭株式会社「営業報告書」第2～4回、前掲『戦時石炭経済構造論』178頁。

10) 『日満支石炭時報』第24号、1942年4月、52～56頁、若松市史第二集編纂委員会『若松市史』1959年、679頁。
11) ミツウロコ社史編纂分科会編『ミツウロコ五十年史』1976年、65～68頁。
12) 『日満支石炭時報』第23号、1942年3月、83頁。
13) 前掲「日本石炭株式会社の沿革」。
14) 三菱鉱業セメント株式会社総務部社史編纂室『三菱鉱業社史』1976年、334～335頁。
15) 北海道炭礦汽船『七十年史・縦観編』下巻の1（第一次稿本）、1938年、246頁。
16) 前掲『石炭国家統制史』342～343頁。
17) 近畿石炭配給統制会社『営業報告書』第2～4回、1944年3月～45年9月。
18) 復興期の石炭鉱業、企業経営の分析については、荻野善弘「占領期における石炭鉱業」原朗編『復興期の日本経済』東京大学出版会、2002年。
19) 日本石炭株式会社「石炭及コークス配給機構改革大綱」、「石炭及コークス配給機構案」1946年10月。
20) 日本石炭株式会社「支店長会議開催に関する件」1945年9月、日本石炭株式会社『役員会関係書類』（本店602）。
21) 全国地方石炭連合会「石炭配給機構改革案」1946年7月、日本石炭企画課「石炭配給機構改善協議会模様の件（第三信）」1946年10月31日、日本石炭株式会社『機構改革関係書類』（本店888）。
22) 日本石炭鉱業会「石炭配給機構改革案」「石炭配給機構」年月不明、1946年7～10月頃。
23) 石炭庁「石炭配給機構刷新要綱（石炭庁試案）」作成年月不明、1946年7～10月頃、日本企画課「配給機構改善協議会模様の件（第二信）」1946年10月29日、日本石炭株式会社『機構改革関係書類』（本店888）。
24) 日本石炭会社企画課員「本協議会ノ経過及其ノ運用方針ニ関シ始終傍聴者トシテ出席シタルモノノ感想」1946年11月、日本石炭株式会社『機構改革関係書類』（本店888）。
25) 近畿石炭配給統制会社「役員会議事録」1947年2月18日、近畿石炭販売株式会社『役員会議録』（5番91）。
26) 九州経済調査協会『中小炭鉱における石炭流通過程』（九州地方中小炭鉱調査第1集）1954年3月、13頁、21～24頁。九州経済調査協会『若松市における石炭流通の現状』「若松市経済調査」中間報告、1953年5月、41頁。
27) 日本石炭鉱業連盟『石炭労働年鑑』1950年版、51頁。
28) 大同通信社『石炭年鑑』1952年版、391～401頁。
29) 前掲『若松市における石炭流通の現状』31頁。
30) 前掲『三菱鉱業社史』492～495頁、北海道炭鉱汽船『七十年史・縦観編』下巻の1（第一次稿本）。
31) 前掲『ミツウロコ五十年史』95～97頁。

第7章 「満州」における石炭業

山本　裕

はじめに

　本章では、1940年代「満州」（以下、「」略。「満州国」も同様）における石炭増産政策について、出炭、産業向分配量、貯炭率の検討を通じて解明する。
　満州国の石炭に関しては、1937年4月から開始された満州国産業開発五箇年計画が分析されてきた[1]。日中戦争の勃発により五箇年計画は修正五箇年計画へと転じ、内地における物動計画に呼応した満州国物動計画が39年1月期より実施された。しかし、それぞれ異なる目的であった両計画が同時に実行されたことから齟齬を来し、40年5月の「徹底的重点主義」によって、総合開発方針は放棄され、「五箇年計画」は破綻したと評価がされている。
　この計画の変転によって、石炭は一層の増産が求められた。石炭産出計画[2]は、1938年度[3] 1,746万5千トン、39年度2,146万トン、40年度2,641万トン、41年度3,161万トン、42年度2,694万トンと推移した。第一次五箇年計画の増産計画は、目標を達成できなくなり、42年度以降、計画改定を余儀なくされた。本章では第一に、石炭公定価格政策の推移を考察する。
　第二に、増産政策にあたっての、価格政策以外の制度的枠組みを検討する。石炭業は、炭鉱ごとに生産条件や石炭の特性が異なる。このような石炭業の増産にあたっては、平衡資金制度[4]と、石炭の品質向上のために導入された硬石硬炭混入率調査と灰分保証制度が重要な役割を演じた。
　第三に、産業別分配量を解明し、石炭の入手実態を明らかにする。
　本章では、第1節で、1930年代末からの炭価引き上げを考察し、それに伴い導入された平衡資金制度の運用実態を見る。第2節では、1941年度における石炭増産計画の実績と出炭コストを考察する。第3節では、まず石炭需給の推移

を検討し、「主要炭鉱」と、それ以外の炭鉱の出炭量と、用途別分配を考察し、次いで、「増産」の実態を解明するため、貯炭率の推移を検討する。

1 炭価の引き上げと石炭平衡資金の導入

　満州国では、1937年4月より、産業開発五箇年計画が実行され、12月、日産の満州移駐と満業（＝満州重工業開発株式会社）への改組が行われた。翌年3月には満州国政府が満鉄から譲り受けた昭和製鋼所・満炭（＝満州炭鉱株式会社）・満州軽金属・同和自動車の株式および満州国政府所有の株式が満業に譲渡された[5]。また鉱産物流通では、36年10月に、満鉄商事部・満炭営業部・撫順炭販売株式会社の3者を併せて、満州国準特殊会社として日満商事が設立された[6]。

　1938年5月以降、修正五箇年計画[7]を遂行するにあたっては、生産機構の能率的運営、配給機構の整備が求められ、石炭の増産目標は当初計画の30％増となった[8]。

　こうした課題を担うため、1939年8月9日、10日の満州国企画委員会物資委員会を経て、13日に石炭需給調整緊急対策要綱が決定された。要綱は2つの項目からなり、これがその後の満州国石炭生産・配給政策を規定した。以下、その内容をみていこう[9]。

　第一に、開発・増産方法の改善が掲げられた。産業開発五箇年計画の開始以来、満炭系炭鉱に増産が期待されていた[10]が、実際には、第2年度（1938年度）にして生産が停滞し[11]、その解決策として他の経営主体を導入する方針が盛り込まれた[12]。この結果、41年7月に密山炭鉱が満炭から分離され、密山炭鉱株式会社が設立された[13]。同炭鉱は日本製鉄清津製鉄所への製鉄用粘結炭供給を主眼とする[14]ものとなった。また、炭鉱開発の促進のため、満州国重要産業統制法[15]の統制外炭鉱の適用範囲を緩和した[16]。

　そして、生産者・消費者の双方から求められていた配給機構の整備のため、日満商事への委託販売方式に代わり、山元仕切制度（各炭鉱の山元で日満商事が石炭を買い取りその後の諸経費も日満商事が負担する）と平衡資金制度が導入され、石炭価格が上げられた[17]。平衡資金制度とは、「生産数量並適正販売

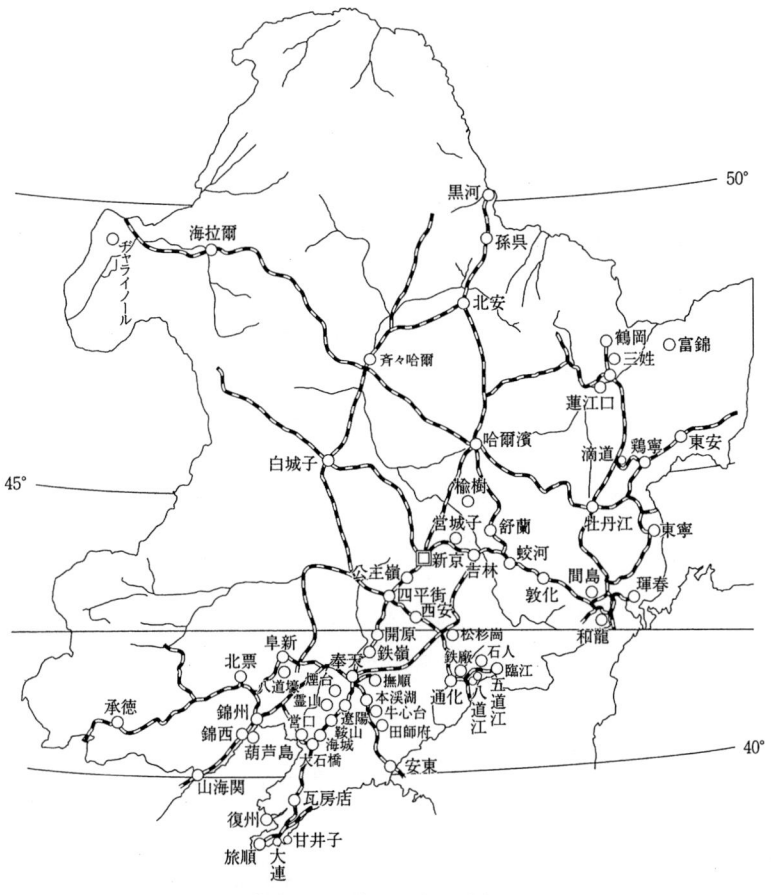

図7-1 「満州」における主要都市・鉱山・鉄道路線（1940年現在）

出所：「回想の日満商事」刊行会編『回想の日満商事』1978年より作成。

価格の為に買取、販売両価格の調節により準備せらるゝ特殊資金」[18]とされ、販売総額から山元買取（買付）費用と諸経費を差し引き、プラスになれば同制度の帳簿上「貸方」に計上し、マイナスになれば「借方」に計上して、不足分は国庫から給付を受けるというものだった。この制度によって、高生産性炭鉱の利潤を圧縮する一方で、低生産性炭鉱の増産を可能にし、満州国全体の石炭増産を目論んだ。

第二の項目には、石炭の配給機構と価格の改定が掲げられた。先述した石炭価格の上昇による一般消費者への負担過重を軽減するよう努めることが掲げられ、同時に石炭の用途・品質を考慮した上での価格調整が求められた。これらを実行するために、日満商事の機構改正と石炭指定販売人制度の調整、そして満鉄石炭運賃政策の改正が求められた。企画委員会物資委員会では、軍需、官需、特需（特殊会社需要）、民需（産業五箇年計画該当部門）、一般需要の順に、重要性順位を定め、石炭配給割当査定のうち、一般需要の採暖用炭に限り優先的に配給することが定められた[19]。

 これを受けて、同社は1939年10月、職制改正を行い、営業部門には企画部・石炭部・金属部・製品部を設置した[20]。この改正には、重要資材の総合的配給の企図もあった。職制改正以前には、各部門の配給計画が連携を欠く[21]という批判があった。そこで新設された企画部で、鉄鋼部、石炭部、金属部に提出された需要量を按配して各生産部門に総合配給を行い、国内各生産部門の需要者の重要順位を決定した。12月に日満商事が特殊会社に改組されると、名実共に、満州国の鉱産物配給統制機関となった。

 これにより、大口取引相手である素材生産メーカーへの統制が、資金・金融の面から一層強化された。一方、山元仕切制度によって、各地の貯炭費用が膨らみ、1939年12月の特殊会社への改組時に増資が行われた[22]。

 石炭需給調整緊急対策要綱に掲げられた炭価の値上げは重要な意味を持った。炭価改定は、修正五箇年計画の発足と平行して、1938年5月11日に、総平均1.12円／トンの引き上げが実施されていた[23]。しかし満州国では、絶大な影響力をもつ関東軍が、一貫して石炭の低価格供給を主張し続けており[24]、満州国企画委員会物資委員会という場で、炭価の値上げが決定されるのは、重要な政策転換を意味した。日中全面戦争から2年、さらにノモンハン事変が勃発するという状況下で、出炭コスト高騰への対応が急務となり、39年9月3日より、同要綱に基づき、山元手取価格1.50円／トンの値上げが実施された。販売価格は用途別・地売・地域別に区分けされ、総平均値上げ額は1.81円／トンとなった[25]。

 この、公定[26]炭価改定の区分けにおいて注目されるのは以下の点である。第一に、用途別炭価の上昇順位は、昭和（製鋼所）雑用＞工場其他一般＞電気＞

鉄道＞軍需＞家庭採暖用であった。第二に、各用途別、満鉄系／満炭系別に炭価上昇額を比較すれば、ともに1.50円／トンであった鉄道用炭と軍需炭を除いて、満鉄系炭が満炭系炭を上回っていた（最大で、昭和雑用炭の2.10円／トンの格差)[27]。加えて、家庭採暖用炭価の上昇額を約1.00円／トンと、最も抑え、地域別に見れば南満地域の炭価上昇額を高くすることで、地域ごとの価格差を狭めようとした。つまり、この改定によって用途別炭価水準を再構成し、用途別・地域別・資本系統別にきめこまかく価格差を是正し、配給効果を引き上げようとしたのだった。

しかし、要綱決定から9カ月後の1940年6月20日、炭価は再び引き上げられた[28]。その理由は、39年から40年に生じた物価および労賃の高騰、採掘条件の悪化、熟練工の不足（炭鉱技術工の新設工場への転出等）、能率低下などであった[29]。特に、物価騰貴と労賃高騰への緊急対策が不可欠となっていた。公定炭価は山元仕切価格（＝買入価格）で平均2.40円／トン、販売価格で平均2.60円／トン引き上げられた。そして、39年度の満州石炭需要急増による配給の不円滑[30]を是正するため、満州国を16地区に分け、各石炭を等級・指数で区分し、指数5ごとに、0.30円の格差を付ける石炭販売ブロック制が導入された。その詳細については表7－1を参照されたい。こうして、39年9月改定の用途別・地域別炭価改定は一歩進められた。

だが、1941年10月1日には、再び炭価が改定され[31]、公定価格は山元仕切価格（＝買入価格）で平均3.33円／トン、販売価格で平均4.48円／トン引き上げられた。その理由は、今回も労賃（特に労働者募集経費）・資材の高騰による採掘条件の悪化が掲げられ、現行価格では出炭の増大に伴い企業欠損も増大すると判断されたためだった。生産者・配給会社ともに、石炭生産力の伸長に公定炭価の引上げが不可避であるとしていたが、3社の上げ幅の提示には、各社の業績の実態による差異があった。満鉄は2～3円／トン、満業は5円／トンの公定炭価引上げを提示し、日満商事は7円／トンの公定炭価引上げを提示した[32]。満業が満鉄よりも大きい上げ幅を求めたのは、満業傘下の満炭系炭鉱の経営状況を反映しており、日満商事は総合的配給機関として、適正な配給統制と経営の改善を主張して最も大幅な引上げ額を提示した。しかし、消費者・使用者に高価格の負担をかける日満商事案は採用されなかった。

表7-1　1940年6月「炭価改正」におけ

(1)卸売値段表

第1区阜新切込12.85円/トンを基準とする（第1区：奉天・錦縣・阜新・撫順）

区域	第1区との格差	標準炭名と価格		主要都市名
2	0.50円	阜新切込	:13.35円	鞍山、遼陽
3	1.00円	阜新切込	:13.85円	営口、鉄嶺、開原、四平街、本渓湖、通遼、鄭家屯、瓦房店、西安、北票、山海関、大石橋
4	2.00円	阜新切込	:14.85円	新京、公主嶺、大連、旅順、安東、承徳
5	1.20円	蛟河切込	:13.15円	通化、輯安
6	1.20円	蛟河切込	:13.15円	吉林、敦化、盤石
7	0.25円	老頭溝切込	:12.20円	図們、延吉、龍井、琿春
8	1.25円	老頭溝切込	:13.20円	石峴、開山屯
9	3.40円	鶴岡切込	:17.45円	哈爾濱、富錦、三姓、農安
10	2.90円	鶴岡切込	:16.95円	牡丹江、寧安、海林
11	3.90円	鶴岡切込	:17.95円	斉々哈爾
12	2.40円	滴道切込	:15.25円	滴道、林口、東安、虎頭、勃利
13	3.90円	鶴岡切込	:17.95円	佳木斯、鶴岡、千振、弥栄
14	4.40円	鶴岡切込	:18.45円	北安、綏化、海倫、孫呉
15	0.85円	東寧切込	:12.80円	東寧
16	※13.85円			海拉爾、満洲里。左掲価格は札賚諾爾炭。同炭以外は、11区と同値

注1）標準炭価は、着駅貨車乗渡時における価格とする。松花江沿岸向は船乗渡とする。ただし、坑所地売炭及復州炭、
　2）「(1)卸売値段表」に記載した都市名に関しては、抜粋して記載。
　3）「(2)石炭指数表」は、指数5ごとに、0.30円の格差を付ける。試みに第1区の撫順切込炭を算出すれば、「(標準
　4）山元一帯及山元発着駅は0.50円安とする（当該山元生産のものに限る）。阜新炭は海州/新邱間、営城子炭（火
　5）特別炭価は第4区まで1.30円安、第5区以下は0.50円安とする。
　6）煙台切込炭は阜新切込炭と同値。粉炭は0.50円安とする。
　7）復州特粉炭は撫順切込炭と同値。同並粉炭は0.50円安、同2号粉炭は4.00円安とする。
　8）牛心台特粉は撫順切込炭と同値。同1号粉炭は2.00円安とする。
　9）本渓湖洗切込炭は撫順切込炭より2.50円高とする。
出所：「石炭統制ノ現状」張公権文書 R4-55より作成。

　この炭価改定で注目されるのは以下の2点である。第一には、輸入炭販売価格を、昭和製鋼所・満州化学・南満鉱業等が用いる特殊炭は実際輸入価格[33]のまま、一般工場用・採暖用の輸入炭販売価格は、国内同格炭の販売価格とし、差額は平衡資金制度を運用して、国庫[34]等より支弁することとした。第二には、各炭種間の格差について、撫順・阜新炭等の上級炭は平均よりも大幅に引き上げ、琿春炭等の下級炭は平均よりも小幅の引き上げとした。ただし、新京以南地域における国内販売価格は、採暖用価格と一般工場用価格との差額を従来の1.30円/トンから0.80円/トンへと圧縮して、高炭価水準に対する一般工場

る石炭販売ブロック制・石炭指数表一覧

(2)石炭指数表						(3)炭種価格差	
等級	炭名	指数	等級	炭名	指数	炭種	切込炭との価格差
1級品	撫順	125	4級品	東寧	85	塊炭	2.00円
1級品	穆棱	125	4級品	缺厰子	85	中塊炭	3.00円
1級品	鶴岡	120	4級品	蛟河	85	中塊炭（蛟河）	2.50円
1級品	恒山	110	4級品	老頭溝	85	2号塊炭	1.00円
2級品	西安	105	4級品	八道溝	85	2号切込炭	-1.00円
2級品	阜新	100	4級品	琿春	85	粉炭	-1.00円
2級品	滴道	100	4級品	札賚諾爾	80	特粉炭	-0.50円
2級品	田師付	100	4級品	五道江	80	洗粉炭	0.50円
2級品	煙筒溝	100	4級品	八道江	80	微粉炭	-5.00円
2級品	瓦房店有煙	100	5級品	舒蘭	70	洗別粉炭	-3.50円
3級品	城子河	95	5級品	璦琿	70	2号粉炭	-4.00円
3級品	杉松崗	95	5級品	瓦房店無煙	70		
3級品	城南	95	特殊炭	煉炭	撫順中塊炭と同値		
3級品	営城子	95	特殊炭	煙台	阜新切込炭と同値		
3級品	火石嶺	95	特殊炭	復州	撫順切込炭と同値		
3級品	林子頭	90	特殊炭	本渓湖			
3級品	三姓	90	特殊炭	牛心台	撫順切込炭と同値		
3級品	和龍	90					

大連、旅順貯炭場は山渡値段とする。

値：阜新切込炭）12.85円」＋0.30円×（125－100）÷5＝14.35円
石嶺）は、営城/新京（孟家屯を含む）間に適用する。

用・採暖用炭価の「低水準」を維持しようとした。

　また、この改定に先立つ同年9月より、満州国政府は硬石硬炭混入率調査を開始し、炭価改定と同時に、石炭の灰分の保証制度を実施した[35]。前者は毎月1回、大連・奉天・新京・哈爾濱の日満商事貯炭場にて約2トンの試料を採取して岩石および硬炭の混入率の調査を行い、25ミリ以上の岩石・硬炭を除去して、それによる欠斤・荷役賃等は石炭平衡資金より補填することが定められた。後者は各品種炭に保証灰分率を設定し、保証灰分以下（低灰分率ほど一般的に高品質）の場合は1％につき買取価格を2％引き上げ、保証灰分以上の場合は、

当分の間は一定の許容率（3％もしくは5％）を超過したものに対して灰分1％につき買取価格を2％引き下げることが定められた。そして、両制度ともに1942年5月1日に改定され、混入率調査は、硬炭混入率に岩石混入率の2倍を加えた率が15％を超えた時に、超過1％に付き2％、買取価格を減額することとした[36]。灰分保証制度は、検定調査を月1回から3回へと変更した上で許容率を撤廃し、保証灰分率もより精緻に再設定された。すでに40年度下半期より出炭奨励金が石炭平衡資金より支出されていたが[37]、両制度の導入は、炭鉱企業に対して品質面に関するペナルティを課す一方、生産現場における選炭設備の設置を促した。

　1941年10月改定は、上級炭・特殊炭の価格水準を引き上げることによって、それらを採掘する石炭生産者の業績好転を期待する一方、主要ユーザーたる満鉄・重化学工業メーカー・エネルギー企業等に負担を強いることとなった。これまでの改定ではすべての炭鉱企業の経営改善が試みられてきたが、40年5月の五箇年計画第四年度計画実施方策大綱において掲げられた徹底的重点主義に基づいて[38]、会社別の炭価改定を廃して品種別の炭価改定へとシフトした上で、高品質炭を産出できる炭鉱に価格インセンティヴを与えた。そして、生産条件的に高品質炭を産出できない炭鉱に対しては、選炭工程を充実させることによって価格面でそれに保障を与えるという二段構えの対応であった。

　生産者への利益保証と消費者への安定価格供給との相反する課題に対処するため、国家によって導入されたのが、平衡資金制度であった。1939年9月改定に比べて、炭価改定のヘゲモニーは満州国政府が掌握し、平衡資金制度が本格的に実施されたところが、今次改定の特徴だった。ここでは、同制度の導入直後の運用実績を示した表7-2と、43年3月現在の日満商事における各種平衡資金を示した表7-3を見ていく。

　表7-2からは、以下の3点が指摘できる。第一には、満炭系炭鉱の買付費用が大きく伸び、其他系炭鉱は実に買付数量が4倍になった。第二には、平衡資金勘定において利益を確保できたのは満鉄系炭鉱のみで、満炭系・其他系炭鉱は赤字であり、その原因のひとつに経費の増大があった。1939、40年度のトン当たり諸経費は、満鉄系炭では6％低下したのに対し、満炭系炭は19％、其他系炭は23％上昇した。第三には、経費に占める鉄道運賃の問題である。39、

第7章 「満州」における石炭業

表7-2 石炭平衡資金推移 1939〜40年度　　(千円、千トン)

			満鉄系統	満炭系統	其他系統	合計金額
1939年度		買付費	29,122	26,239	7,231	62,592
		(石炭買付数量)	3,720	3,386	570	7,677
	経費	鉄道運賃	8,242	6,142	1,717	16,101
		其他諸費	177	977	189	1,343
		統制手数料	1,004	914	154	2,073
		其他支弁				-177
		販売収入	40,117	34,191	9,258	83,567
		平衡資金	1,572	-81	-33	1,282
1940年度		買付費	47,541	72,320	32,826	152,687
		(石炭買付数量)	4,828	7,400	2,317	14,545
	経費	鉄道運賃	9,830	14,395	8,630	32,855
		其他諸費	309	4,485	1,113	5,907
		統制手数料	1,292	1,976	564	3,833
		其他支弁				-268
		販売収入	62,444	88,909	40,876	192,229
		平衡資金	3,472	-4,268	-2,256	-3,321
		合計	5,044	-4,349	-2,289	-2,039
		(石炭買付数量合計)	8,549	10,787	2,887	22,222

注1) 1939年度は、1939年9月3日〜1940年3月末日まで。
2) 1940年度は、1940年4月1日〜1941年3月末日まで。
3)「其他支弁」には、諸口収入及び諸口支出を含む。
4) 千円／千トン以下四捨五入のため、各項目の数値と合計が合致しない場合がある。
出所：満洲興業銀行考査課「満洲石炭経済統計」1941年11月、13頁。

　40年度のトン当たり鉄道運賃を比較すれば、満鉄系炭は8％低下したのに対し、満炭系炭は8％、其他系炭は24％上昇した。40年度の其他系炭鉱ではトン当たり鉄道運賃が「販売収入－買付費」のトン当たり単価をも上回った。
　まとめれば、1940年代初頭、増産の担い手は満炭系・其他系炭鉱にシフトしつつも、両系統炭鉱の低生産性・高コスト体質が顕在化し、平衡資金勘定への国庫給付がなされた。41年10月炭価改定が、会社別の炭価改定を廃して品種別の炭価改定へとシフトした理由のひとつには、導入2カ年間の平衡資金収支から、より合理的な増産政策が必要であることが明らかになったからだといえよう。高生産性炭鉱の利潤圧縮による低生産性炭鉱の増産実現という、制度導入

表7-3　日満商事における各種平衡資金動向　1943年3月現在（＝1942年度末）
（千円）

		前月迄	本月分		本月末
	項目名	残高	借方	貸方	残高
平衡資金引当預り金	石炭平衡資金	2,797	1,814	4,611	0
	鉄鋼平衡資金	9,091		1,414	7,677
	非鉄金属平衡資金	416	744	3	1,157
	化学薬品平衡資金	4,873		803	4,070
	鉱石平衡資金	2,287	491		2,779
	合計	19,466	3,049	6,832	15,683
平衡資金立替金	石炭平衡資金		2,396		2,396

注：千円以下四捨五入のため、各項目の数値と合計が合致しない場合がある。
出所：日満商事『決算表』、閉鎖機関清算関係資料（国立公文書館つくば分館所蔵）・日満商事簿冊番号2番2号、24頁。

当初の目的は、ここに変更を迫られた。そして、僻地に偏在する其他系炭鉱の輸送コスト高を是正するため、40年6月炭価改定の主眼である、石炭販売ブロック制に基づく合理的配給の徹底を促すこととなった[39]。

表7-3より、石炭平衡資金勘定を見れば、1940年度の約332万円の国庫給付金に比して42年度は約240万円に低下した。41年10月炭価改定の影響が現れているものの、依然として国庫給付を仰いでおり、生産費・諸経費の高水準動向は是正されていない[40]。また、品目ごとの平衡資金を見れば、全品目において国庫からの給付金を受けており、金額順に並べれば鉄鋼＞化学薬品＞鉱石＞石炭＞非鉄金属であった。

以上、1939〜41年における炭価の改定と平衡資金制度の導入・運用実態について振り返ってきた。次節では、五箇年計画最終年度にあたる1941年度の石炭増産計画と実態を検討する。

2　石炭増産計画と実態

(1) 1941年度計画の実績

増産計画達成のために、矢継ぎ早に政策が変更されてきたが、五箇年計画そ

れ自体は、どのような成果を収めたのか。最終年度たる1941年度を事例に考察を行う。

1940年度末に、満州国政府・満鉄・満炭・東辺道開発・本渓湖煤鉄等の関係各機関が協議して、41年度石炭増産計画が立案された[41]。計画では、製鉄原料炭を産出する満炭系の北票炭鉱と、満炭から分離・独立した密山系炭鉱、そして、阜新・鶴岡・西安といった満炭系主要炭鉱に力点が置かれ、満炭系炭鉱全体で前年度比40％、密山系炭鉱全体で18％の増産が計画された。一方で満鉄系炭鉱、特に撫順炭鉱は鉱脈の老朽化等によって目標は40年度実績並にとどめられた。また、開発の端緒段階にあった東辺道系炭鉱、そして、舒蘭・琿春炭鉱には高い増産目標が定められた[42]。全満総出炭目標は、40年度実績の27％増を見込んだ[43]。41年度に入ってからも、増産方策が実施された。例年、労働力の移動によって生産が低下する夏季の6～8月を石炭増産期間とし、輸送面等の改善にも着手した[44]。

1941年度石炭増産計画を示した表7-4、ならびに、石炭販売ブロック制度（40年6月炭価改定）と41年10月炭価改定の、2つの政策効果を考察するため、石炭指数表に基づく増産動向を示した表7-5を見ていこう。

表7-4から確認されることは、第一に、1940年度の出炭実績が計画数値の80％にとどまり、41年度の計画は、39年1月の「生産力拡充計画要綱」で掲げられた出炭計画値ではなく、40年度の実績を元に再設定されたことである。41年度の出炭計画は、当初の出炭計画値よりも15％切り下げられた。第二には、密山系炭鉱で著しい増産が達成され、密山系統も併せた「旧満炭系」の生産実績は計画の9割弱を維持したことである。ただし、製鉄用粘結炭を産出する北票炭鉱の出炭量は微増したが、計画には及ばなかった。第三に、採掘の端緒段階にあった東辺道系炭鉱の実績は計画の8割半ばを示し、高い増産目標が定められた舒蘭・琿春炭鉱は、計画値から見れば全くの期待外れであったが、著しく出炭量が増加した。41年度全満生産実績は約9割の達成率を示し、数量的には前年度よりも3,070千トン、14.5％増産した。

表7-5を見れば、1級品炭の占有率は、1939～40年度間に約10％減少したが、その後は約4割の水準を維持し続けた。2級品炭の占有率は上昇傾向にあり、1級品炭と併せた占有率は7割台を維持した。この間一貫して占有率が上昇し

表7-4　1941年度「満州」炭鉱別石炭増産計画／達成比率　　　　（千トン）

資本系統	炭鉱名	1940年度実績	1941年度増産計画（対40年度実績比）	1941年度実績	1941年度計画達成比率	1942年度実績
満炭系	阜新	3,599	+33%	4,127	86.2%	3,738
	鶴岡	1,204	+26%	1,715	113.0%	2,071
	西安	1,554	+25%	1,678	86.4%	1,370
	北票	1,078	+40%	1,110	73.6%	1,092
	（密山系）			（密山系）		（密山系）
	滴道	692		1,008		1,091
	恒山	249		494		599
	城子河	190		405		493
	「満炭系」計	9,674	+40%	10,022	88.1%	9,006
	「密山系」計	(1,132)	+18%	1,906	142.8%	2,207
東辺道系	計	696	+50%	882	84.4%	847
本渓湖系	計	769	+39%	898	84.0%	801
其他系	舒蘭	253	+400%	545	43.1%	215
	琿春	218	+250%	340	44.7%	378
	営城子	204	+20%	246	100.1%	382
満州出炭実績合計		21,120	+27%	24,190	90.2%	24,169
満州出炭計画合計		26,410		31,610		26,940

注1）各炭鉱の資本系統の分類は後掲する『満洲石炭用途別統計年報』にその多くを拠った。
　2）1941年度増産計画は40年度末期に作成され、確定した40年度実績を踏まえてはいない点に注意を払う必要がある。
　3）1941年8月に「密山」系炭鉱が満炭系統から分離し、原資料において「密山」系炭鉱は41度年から別勘定として計上。40年度実績における「40年度『密山系』計」項目の数値の括弧は、それに拠る。
　4）本表において、「満炭系」炭鉱の増産計画は、1940年度実績の「満炭系」合計に「密山系」合計を加算したもの。達成比率は、41年度「満炭系」・「密山系」生産実績を、40年度「満炭系」・「密山系」生産実績に増産計画を乗じた数値で、除した値を記載した。
　5）1942年1月に、田師付・牛心台両炭鉱が本渓湖系統・満鉄系統・其他系統から分離し、原資料においては1942年度から渓城系統として計上。42年度の本渓湖系出炭実績には、前年度、同系統に属した両炭鉱の出炭数値は含まれていない。
　6）千トン以下四捨五入のため、各項目の数値と合計が合致しない場合がある。
出所：日満商事石炭部調査室『満洲石炭用途別統計年報（自康徳3年度至康徳9年度）』（1944年2月15日）1～2頁。
『満洲経済情報』第6巻第3号（日満実業協会満洲支部、1941年3月）、9～12頁。前掲、松本俊郎『「満洲国」から新中国へ』72頁より作成。

たのは3級、4級品炭であり、低品質炭（3～5級品炭）の増大が顕著である。また、製鉄用コークス向けが過半を占める特殊炭は、この間に出炭量は現状を維持したが、占有率は緩やかに減少した。

　品質と価格をリンクさせた販売ブロック制度の導入は、地域別同品質炭価の均一化という目的に加えて、高品質炭としては2級炭の増産に効果を発揮した。

表7-5 「満州」等級別石炭生産指数推移 (1939～42年度)

	1939年度		1940年度		1941年度		1942年度	
	各等級占有率	生産指数	各等級占有率	生産指数	各等級占有率	生産指数	各等級占有率	生産指数
一級品	56.3%	100	46.0%	87.2	41.2%	89.8	42.1%	91.1
二級品	25.2%	100	31.8%	134.6	33.0%	160.8	30.5%	147.6
三級品	1.4%	100	3.2%	243.4	4.2%	360.4	4.9%	422.4
四級品	8.2%	100	10.1%	131.4	12.0%	180.1	14.4%	213.2
五級品	0.5%	100	1.4%	291.5	2.6%	627.7	1.2%	287.0
特殊炭	8.4%	100	7.5%	94.9	7.0%	101.5	6.9%	99.7
各等級別炭合計	100.0%	100	100.0%	106.7	100.0%	122.7	100.0%	121.8

注1) 各等級に分類された石炭の内、前掲『満洲石炭用途別統計年報』に記載の無かったものはこれを省いて算出した。
 2) 瓦房店炭については、原資料に有煙／無煙炭の区別が無かったため、これを省いた。
出所：前掲『満洲石炭用途別統計年報(自康徳3年度至康徳9年度)』1～2頁。本章表7-1「1940年6月『炭価改正』における石炭販売ブロック制・石炭指数表」(「石炭統制ノ現状」張公権文書 R4-55) より作成。

　しかし、1941年10月改定の主眼であった高品質炭の一層の増産は、低品質炭の増産を伴い、41～42年度の全満出炭量が減少するという結果になった。

　低品質炭の増産に比して、高品質炭の増産ができなかった理由については、各炭鉱での生産コストを考える必要がある。五箇年計画の施行以来、公定価格を上回って生産コストは上昇し[45]、1936年から40年にかけて、生産コストは実に4倍となった[46]。また、40年度以降のトン当たり生産コストを、高品質炭を産出できる撫順・阜新・鶴岡・西安・北票・密山・本渓湖の7炭鉱と、資料的に確認できるそれ以外の炭鉱で比較すると、40年度は13.13円に対して11.57円(17炭鉱)、41年度は16.01円、13.37円(16炭鉱)、42年度は18.46円、15.44円(18炭鉱)、43年度は20.84円、18.34円(21炭鉱)、44年度は25.07円、26.66円(26炭鉱)と推移した[47]。加えて、製鉄用粘結炭を産出する北票・密山・本渓湖炭鉱は、当該期間を通じて一貫して、それ以外の炭鉱の平均生産コストを上回っていた[48]。高品質炭の増産が鈍った理由として、高コストに見合う価格設定がなされていなかったことも要因のひとつとして考えられる。

　公定炭価をも上回る生産コストの上昇傾向を是正するため、1942年度以降も炭価は改定された。43年8月20日に鉄廠・滴道・大興炭価格が改定され[49]、同年9月3日には、穆稜炭が改定された[50]。そして44年4月1日に全面的な炭価改定が行われた[51]。この改定に伴って、販売ブロック制度は40年6月炭価改定

以来の16ブロックから9ブロックに変更された。そして敗戦目前の45年6月21日にも、満州国期最後となる全面的な炭価改定が実施された[52]。

表7-4、表7-5という二つの表を通して、1941年度増産計画、ならびに、当該期の二つの政策効果を考察した。41年度の増産計画は、当初計画値を切り下げて再設定した結果、約9割の達成率を示した。ただし、これら炭鉱の翌年度の実績値を見れば、約半分の炭鉱・資本系統で出炭量は減少し、大幅な減産を示した炭鉱も認められた。

(2) 石炭増産計画の推移

満州国の石炭業は、増産計画の実施期間いかなる生産動向を示したのか。各炭鉱・各資本系統における生産量推移を示した表7-6からは以下の5点を指摘できる。

第一に、満州の石炭生産量は1944年度まで上昇し続けた。

第二に、従来、枢要な地位を占めていた満鉄系炭鉱の占有率が、1939年度の51.1％から44年度の24.7％へと著しく低下した。

第三に、満鉄系炭鉱の替わりに占有率を上昇させたのは「満炭系」[53]、そして1941年7月に新たに設立された密山炭鉱に包摂された密山系であった。39年度には36.1％の占有率であった「満炭系」は、44年度には「満炭系」と密山系の占有率合計で56％にまで上昇した。特に密山系炭鉱の増産は著しく、分離・独立した41年度の1,906千トンから、44年度には2,900千トンまで上昇させた。また、「満炭系」炭鉱は、生産性上昇を企図して分離・独立された43年度以降、生産量を上昇させており、その限りにおいて分離・独立という施策は功を奏した。

第四に、第一次五箇年計画立案時より増産を期待された東辺道系諸炭鉱は、増産されたものの占有率という観点から見ればさほどの上昇を示さなかった。

そして第五に、「其他系」炭鉱が産出量・占有率ともに上昇し、特に1943、44年度の両年度は、「其他系」における「其他炭鉱」、すなわち、新規採掘に着手した多くの炭鉱からの出炭量が増え、44年度にはそれらの小規模炭鉱からの出炭量が767千トンに達した。満州国最末期における増産を担ったのは、それまでは採掘を行っていなかった数多くの小規模炭鉱であり、「根こそぎ」的な

第7章 「満州」における石炭業

表7-6 「満州」資本別・各鉱別出炭実績抜粋（1939～44年度） （千トン、%）

		1939年度	1940年度	1941年度	1942年度	1943年度	1944年度
満鉄系 (A)	撫順	8,919	7,268	6,706	6,359	5,374	4,673
	計	9,915 (A/H) 51.1	8,375 (A/H) 39.7	8,269 (A/H) 34.2	8,328 (A/H) 34.5	7,500 (A/H) 29.6	6,320 (A/H) 24.7
満炭系 (B)	阜新	2,785	3,599	4,127	3,738	4,039	4,121
	鶴岡	971	1,204	1,715	2,071	2,548	2,679
	西安	1,291	1,554	1,678	1,370	1,810	2,095
	北票	690	1,078	1,110	1,092	1,251	1,238
				(密山系 (C))			
	滴道	378	692	1,008	1,091	835	870
	恒山	77	249	494	599	685	878
	城子河	57	190	405	493	580	738
	「満炭系」計	7,004 (B/H) 36.1	9,674 (B/H) 45.8	10,022 (B/H) 41.4	9,006 (B/H) 37.3	10,703 (B/H) 42.3	11,430 (B/H) 44.7
	「密山系」計			1,906 (C/H) 7.9	2,207 (C/H) 9.1	2,401 (C/H) 9.5	2,900 (C/H) 11.3
東辺道系 (D)	計	526 (D/H) 2.7	696 (D/H) 3.3	882 (D/H) 3.6	847 (D/H) 3.5	1,129 (D/H) 4.5	1,010 (D/H) 3.9
本渓湖系 (E)	本渓湖	861	701	793	801	865	951
	計	861 (E/H) 4.4	769 (E/H) 3.6	898 (E/H) 3.7	801 (E/H) 3.3	865 (E/H) 3.4	951 (E/H) 3.7
渓城系 (F)	計				815 (F/H) 3.4	827 (F/H) 3.3	771 (F/H) 3.0
其他系 (G)	舒蘭	77	253	545	215		
	琿春	62	218	340	378	367	352
	営城子	118	204	246	382	388	359
	其他炭鉱					171	767
	計	1,095 (G/H) 5.6	1,605 (G/H) 7.6	2,213 (G/H) 9.2	2,165 (G/H) 9.0	1,895 (G/H) 7.5	2,208 (G/H) 8.6
合計 (H)		19,401	21,120	24,190	24,169	25,320	25,591

注1）作成者が「主要炭鉱」と判断したものを抜粋して本表に掲載した。各系統別出炭量合計と掲載した炭鉱の出炭量小計の差異はそこに求められる。
2）各炭鉱の資本系統の分類は、1942年度までは前掲『満洲石炭用途別統計年報』、43年度以降は後掲『東北経済小叢書』にその多くを拠った。
　ただし、後述する、1943年以降に満炭系統から分離した炭鉱は、それ以前の分類のまま勘定を行った。
3）1941年7月に「密山」系炭鉱が満炭系統から分離した。なお、原資料において「密山」系炭鉱は1941年度から別勘定として計上されており、それに倣った。
4）1942年1月に、田師付・牛心台両炭鉱が本渓湖系統・満鉄系統・其他系統から分離し、原資料においては1942年度から渓城系統として計上された。
5）1943年2月に鶴岡炭鉱、北票炭鉱、阜新炭鉱・八道溝炭鉱（＝「阜新」系統）、西安炭鉱（同年から採掘を開始した平崗炭鉱と合わせて「西安」系統）、復州炭鉱が満炭系統から分離。
出所：前掲『満洲石炭用途別統計年報（自康徳3年度至康徳9年度）』1～2頁。
　　　東北物資調節委員会研究組編『東北経済小叢書⑧　煤炭』京華印書局、1948年より作成。

出炭が強行された。

　同表より、生産量は1944年度まで上昇を示していたが、石炭需要量のピークは43年度であった。このことは、石炭輸入量の推移（41年度以降の著しい上昇

と44年度の激減)と、後述する貯炭量の増加によって配給炭の割合が低下していったことが要因であった。

3 「満州」における石炭需給の推移——「増産」の実態

　石炭増産は、数量面のみならず、政策当局の期待する諸産業への供給、ならびに、生産数量と供給数量の乖離の推移、そして、クオリティについても検討した上で、増産の実態そのものを判断しなければならない。ここでは、満州全土における出炭量・各産業別供給量・貯炭量と品質面について検討する。

　産出された石炭はどの分野に振り分けられたのか。それを示したのが表7-7である。

　第一に、満州からの輸出動向を見れば[54]、日本向が減少し、また、朝鮮向が1942年度以降激増した。朝鮮向の輸出激増の一端を、輸出炭の詳細が資料的に確認できる42年度の事例で見れば、前述の日本製鉄清津製鉄所への密山系炭鉱からの石炭供給が47万4千トンに達したことにその多くを負っている。同年度においては、地理的要因も作用して東辺道系炭鉱から11万4千トン、そして、これまで朝鮮向輸出の無かった鶴岡・西安炭鉱からも合計9万1千トンが輸出された。42年度以降の船焚用炭の減少と併せてこれらの動向からは、42年10月の日本政府決定「戦時陸運ノ非常体制確立ニ関スル件」による海上輸送の陸運転移が満州炭の輸出動向にも大きな影響を与えたことがわかる[55]。ただし、全般的な満州炭の輸出実績(船焚用含む)を39年度から42年度の期間について見れば、撫順炭は占有率を79.1％から50.7％へと低下させたものの依然として過半数を占めた。撫順炭を阜新炭が補完することになったが(「船焚用」撫順炭占有率85.1％→62.3％／阜新炭15.0％→33.3％)、内地向輸出について見れば、当該期間において撫順炭の地位はむしろ高まった(84.3％→96.7％)。内地の鉄道・電力・製鋼等の産業に一般燃料炭として輸入までして利用されるのは、低灰分・長焔といった特徴を有する撫順炭以外になかった。

　第二に、満州への石炭輸入動向を見れば、前述の如く1941年度より激増し、その水準は43年度まで維持・上昇した。44年度には前年度より100万トン近く激減したが、これは、戦争末期における輸送難等[56]に因るものである。また、

輸入炭の分野・産業別振り分けについて、資料的に確認できる39〜42年度では[57]、輸入炭に占める華北炭の圧倒的な地位（占有率は88.1％→80.3％→76.2％→90.0％と推移)[58]がまずは指摘される。華北炭の振り分けでは、昭和製鋼所が枢要な地位を占め続けた（全華北の78.2％→84.2％→64.3％→56.4％）が、実は輸入が激増した41年度以降、ほぼすべての分野・産業に華北炭は振り分けられた。41年度の華北炭の供給割合の第2位は一般採暖向であり（20.5％、38万5千トン）、それは42年度も変わらなかった（22.2％、58万4千トン）。他の輸入炭について見れば、41年度のみ、内地炭の輸入量が51万7千トンと、前年度の9万トン、翌42年度の7千トンと比しても突出していた。しかしその振り分け先は、「特殊口　イ」（＝軍向）が47.7％、一般採暖向38.4％、満州セメント向4.8％であった。これは、同年7〜9月の関特演[59]の影響で、内地炭の緊急輸入と軍部・軍需向であったと推測される。次に、輸入炭の分野・産業別割合を見ると、同期間において一定以上の割合で輸入炭を需要していたのは、昭和製鋼所（6.8％→15.0％→38.1％→44.0％）、満州化学（24.4％→0％→42.3％→22.7％）、窯業（3.7％→5.4％→12.5％→20.4％）等であり、41年度以降の輸入炭激増に伴って、一般向採暖（41年度13.6％→42年度14.9％）、満州セメント（16.6％→25.5％）、非鉄金属鉱業（7.7％→5.5％）、紡染色工業（13.3％→15.1％）、農畜産工業（3.9％→13.1％）、食料品工業（17.4％→21.2％）、雑工業（7.7％→13.3％）等でも輸入炭が需要された。41年10月炭価改定によって、輸入炭販売価格は一般工場用・採暖向は国内同格炭の販売価格と同額にされており、これによって「平和産業」においては、輸入炭の需要割合が増大していった。価格政策の効果が顕著に出た事例であった。

　第三に、満州国内向需要者への振り分けについて、一般向・特殊口向を見ると、一般採暖向は1943年度が供給量のピーク、40年度が占有率のピークであるが、44年度まで一定以上の水準を保持している。ただし、満州国の人口は39年から42年の間に約540万人、13.2％も増加していることを考慮する必要がある[60]。また、「特殊口　イ」（＝軍向）への供給量が、41年度に前年度比で倍増近くを示したのは前述した関特演の影響と思われるが、それ以後も、供給量・占有率共に高い水準を示し続けたことは注目される。

　第四に、満州国内の各種産業への振り分けを見れば、満鉄（＝鉄道用炭）向

表7-7 「満州」内石炭需給実績（1939～44年度）

供給		1939年度		1940年度		1941年度		1942年度		1943年度	
繰入貯炭	山元	347		1,235		956		1,997		(1,531)	
	市場港頭	129		140		173		411		(289)	
	計	475		1,375		1,129		2,407		1,820	
出炭		19,401		21,120		24,190		24,169		25,320	
煉炭生産		347		331		314		388		418	
(煉炭原料)		314		315		287		352		385	
輸入		250		615		2,713		2,817		2,979	
(山元消費)				3,914		4,419		4,561		4,068	
回送途中其他		3,309		-309		-194		178		-106	
繰越貯炭	山元	1,235		956		1,997		1,638		(1,967)	
	市場港頭	140		173		411		289		(225)	
	計	1,375		1,129		2,407		1,927		2,182	
供給合計		15,476		17,773		21,038		23,118		23,796	
需要			百分率		百分率		百分率		百分率		百分率
輸出	日本向	845	5.5%	772	4.4%	671	3.2%	643	2.8%	577	2.4%
	朝鮮向	366	2.4%	276	1.6%	348	1.7%	941	4.5%	1,364	5.7%
	海外向	9	0.1%	2	0.0%					4	0.0%
	船焚用	642	4.2%	587	3.3%	597	2.8%	397	1.9%	233	1.0%
	計	1,862	12.0%	1,638	9.2%	1,616	7.7%	1,981	9.4%	2,178	9.2%
国内	一般採暖	3,390	21.9%	3,919	22.1%	4,231	20.1%	4,470	21.3%	4,769	20.0%
	特殊口 イ	856	5.5%	1,368	7.7%	2,500	11.9%	2,397	11.4%	2,563	11.4%
	特殊口 ロ	96	0.6%	104	0.6%	121	0.6%	145	0.7%		
	満鉄	3,256	21.0%	4,278	24.1%	4,973	23.6%	5,581	26.5%	6,246	26.3%
	昭和製鋼所	2,527	16.3%	2,591	14.6%	3,170	15.1%	3,448	16.4%	3,382	14.2%
	本渓湖煤鉄	75	0.5%	106	0.6%	356	1.7%	455	2.2%	554	2.3%
	満州電業	814	5.3%	1,033	5.8%	1,273	6.1%	1,242	5.4%	793	3.3%
	満州瓦斯	117	0.8%	138	0.8%	172	0.8%	227	1.0%	235	1.0%
	其他	2,483	16.1%	2,597	14.6%	2,625	12.5%	3,172	13.7%	3,078	12.9%
	計	13,614	88.0%	16,134	90.8%	19,422	92.3%	21,137	91.4%	21,618	90.9%
需要合計		15,476	100.0%	17,773	100.0%	21,038	100.0%	23,118	100.0%	23,796	100.0%

注1）数量は100トン以下を、百分率表示は小数点第2位を四捨五入して算出したため、各項目の合計と小計が合致しない。なお、原資料の記載合計値が各項目の合計と異なる場合には訂正を施した。
 2）供給合計の算出式は、
   「供給合計」＝「繰入貯炭」＋「出炭」＋「煉炭生産」－「(煉炭原料)」＋「輸入」－「(山元消費)」－「回送途中其他」－「繰
 3）1943年度の「繰入貯炭」の詳細、「繰越貯炭」の詳細は、原資料に記載されていなかった。なお、（ ）内の数員関係調査資料』所収、「満洲：昭和20年2月現在『総動員物資ノ需給，交通，運輸，労務ノ現況総合調査』」（同
   （ ）内の数値と「合計」項目は合致せず。
 4）1944年度（A）の繰入／繰越貯炭項目は原資料に記載なし。1944年度（B）の煉炭生産／原料項目は、原資料に
 5）1943・44年度（A）の「一般採暖」項目は、上記史料の照合により、1942年度までの、「一般採暖」項目と、「特ると判断される。なお、「特殊口 イ」項目は軍向、「特殊口 ロ」項目は官公庁向の意である。
 6）1944年度（A）・（B）の「供給合計」項目は、供給項目に不明な点が多いため、それぞれの「需要合計」項目数
出所：1939～42年度：前掲『満洲石炭用途別統計年報（自康徳3年度至康徳9年度）』3頁。
   1943年度：「全東北炭田埋蔵量並炭質一覧表、他」張公権文書 R2-30。
   1944年度：(A)『旧満州経済統計資料 「偽満時期 東北経済統計」1931～1945年』柏書房復刻版、1991年、250
   1944年度：(B)「昭和20年5月現在 満洲 主要物資生産ノ見透シ」110頁（永島勝介・安冨歩編・解題『関東五年戦争極秘資料集 補巻13)』不二出版、2000年）より作成。

(千トン)	
1944年度	
(A)	(B)
	1,954
	226
	2,180
25,591	25,621
192	
173	
2,009	2,012
4,364	4,631
	2,341
	122
	2,463
22,215	22,914

(A)	百分率	(B)	百分率
590	2.7%	590	2.6%
1,568	7.1%	1,522	6.6%
136	0.6%	137	0.6%
2,294	10.3%	2,248	9.8%
4,033	18.2%	4,155	18.1%
2,713	12.2%	2,557	11.2%
		161	0.7%
6,493	29.2%	6,471	28.2%
2,513	11.3%		
658	3.0%	3,387	14.8%
566	2.5%	620	2.7%
225	1.0%	228	1.0%
2,720	12.2%	3,087	13.5%
19,921	89.7%	20,666	90.2%
22,215	100.0%	22,914	100.0%

ないことがある。

越貯炭」
値は、後掲『関東軍参謀部作成総動員書、13頁）記載数値を転載。よって、

項目設置されず。
殊口　ロ」項目の和が記載されてい
値を転載した。

～251頁。
軍参謀部作成総動員関係調査資料（十

は、供給量、そして占有率についても1944年度までほぼ一貫して上昇し続けた[61]。特に44年度の供給量は、39年度の供給量に比してほぼ倍増している。それは、39年度から43年度にかけて、満鉄（＝満鉄社線・満州国線・北鮮線）の貨物輸送総量が43.5％増加した[62]ことに対応している。また、昭和製鋼所向の供給量のピークが42年度であるのは、先行研究の示すとおり、41年度以降の華北からの原料炭が大幅に増加したことと併せて考える必要がある[63]。

第五に、満州石炭供給において12～16％の占有率を占め続けた「其他」の詳細である。1943年度までしか資料的には判明しないが[64]、最も高い供給量・占有率を示したのは窯業で、39年度106万トン（「其他」における占有率42.7％）、40年度114万7千トン（同44.2％）、41年度101万8千トン（同38.8％）、42年度128万7千トン（同40.6％）、43年度131万1千トン（同42.6％）と推移した。わけても、セメント・耐火煉瓦・ガラスが39年度から43年度にかけて占有率を上昇させ、軍事用建築資材の需要増[65]により石炭の供給が増加したものと思われる。同様に39年度から43年度にかけて占有率を著しく上昇させたのは、コークス原料（「其他」における占有率0.4％→2.0％）、鉱業・非鉄金属（同0.7％→2.1％）、軽金属（同1.5％→2.9％）、鉄鋼機械分野（同12.8％→15.0％）等が挙げられ、逆に同期間において占有率を減少させたのは、農畜産工業（同14.0％→8.9％）、紡染織（同3.4％→2.3％）、雑工業（同2.6％→1.2％）であり、「平和産業」向けは圧縮

された。

　では、これらの各種分野・産業には、満州全土のどの炭鉱から産出された石炭が充てられたのか。撫順・阜新・鶴岡・西安・北票・本渓湖の主要6炭鉱をとり扱った表7-8を見ていこう。いずれも第一次五箇年計画立案以前より一定以上の産出量を示していた炭鉱であり、五箇年計画においても石炭生産の主要な地位を期待されていた炭鉱である。しかしこれらの主要炭鉱の全満出炭量における占有率は80.0％から63.8％へと低下し、供給量では30％近く低下した。

　一方、各種分野・産業への主要6炭鉱炭の振り分け動向を見ると、まずは輸出炭においては朝鮮向を除いて（主要6炭鉱には密山系炭鉱を入れなかったため）その地位はむしろ上昇した。次いで満州国内の各種分野・産業を見れば、主要6炭鉱炭を必要とする、または、入手できる分野・産業（満鉄・本渓湖煤鉄・満州電業・満州瓦斯・軽金属・鉄鋼機械等）と、「主要炭鉱」炭を必要としない、または、入手できない分野・産業（一般採暖・特殊口・満州セメント・窯業・化学工業・紡染色工業・農畜産工業・食料品工業・雑工業等）とに二極分化した。しかも、主要6炭鉱炭の需要割合が高い分野は、交通・大部分の重化学工業（昭和製鋼所は既述の如く華北炭の需要が増加したため主要6炭鉱炭の割合は低下した）であり、それらの分野では、当該期において生産量を増大させた「新規」炭鉱からの産出炭が充てられることは極めて限定的であった。

　ここで解明されたのは、以下の2点である。第一に、満州国期において石炭の生産量は1944年度まで増大し続けたものの、前述した主要炭鉱以外の炭鉱からの産出炭が、主要炭鉱炭に取って替わって、交通・重化学工業といった重要分野・産業向けの石炭には、必ずしもなり得なかったということである。このことは主要炭鉱以外からの産出炭の多くが、品質面等で劣っていたことを示唆している。第二に、生産量のピーク（44年度）と供給量のピーク（43年度）には差異が存在していたこと、そして、「平和産業」では、輸入量が増大した41年度以降、輸入炭を一定の割合で入手しており、満州国の石炭需給は、「軍需」関連といった特殊用途のみならず[66]、一般産業向においても、自給は不可能になっていた[67]。

　配給機構の再編と価格改定は、需要の拡大する一般向・採暖用に対して、地

表7-8 「満州」内石炭生産・消費における主要炭鉱の地位（指数推移）1939～42年度 (%)

		1939年度	1940年度	1941年度	1942年度
供　給		主要炭鉱／合計	主要炭鉱／合計	主要炭鉱／合計	主要炭鉱／合計
出　炭		80.0	72.9	66.7	63.8
供給合計		82.6	82.6	55.3	52.9
需　要		主要炭鉱／合計	主要炭鉱／合計	主要炭鉱／合計	主要炭鉱／合計
輸出	日本向	89.7	81.3	92.8	96.9
	朝鮮向	89.6	81.3	81.2	37.5
	海外向	100.0	99.8	96.8	95.5
	船焚用	100.0	100.0		
	計	93.3	88.0	91.8	68.4
国内	一般採暖		53.4	35.9	21.9
	特殊口イ	68.5	42.7	34.4	38.2
	特殊口ロ		57.0	44.4	28.4
	満鉄	94.9	88.7	82.8	75.8
	昭和鉄鋼所	85.7	73.0	53.7	45.3
	本渓湖煤鉄	99.6	96.5	88.6	78.2
	満州電業		82.6	74.0	78.7
	水電私電	84.9	64.2	51.3	60.0
	満州瓦斯	100.0	100.0	96.9	96.4
	洋灰	76.3	66.0	46.1	50.5
	窯業	76.3		54.1	43.3
	満州化学	72.6	57.5	49.8	62.4
	化学工業	66.7		50.9	39.2
	骸炭原料	0.0	12.3	14.7	8.5
	官私鉄航空	85.0	53.6	53.0	57.2
	非鉄金属鉱業			60.1	66.8
	軽金属	90.4	85.8	92.0	89.1
	鉄鋼機械	92.9	82.4	80.0	77.7
	紡染色工業	86.3	69.1	48.8	37.2
	石炭	—	97.0	95.5	71.8
	農畜産工業			50.7	32.0
	食料品工業	81.7	65.5	44.7	33.1
	雑工業	56.8		39.4	28.5
	計	81.1	69.6	57.4	51.5
需要合計		82.6	71.1	60.1	52.9

注1）本表における主要炭鉱は、撫順・阜新・鶴岡・西安・北票・本渓湖の6炭鉱。
　2）1939年度の「一般採暖」・「特殊口イ」、「特殊口ロ」、「満州電業」・「水電私電」、「非鉄金属鉱業」、「軽金属」、「農畜産工業」・「食料品工業」は原資料において分類されておらず、それぞれの項目合計の占有率を記載した。
　3）1940年度の「非鉄金属鉱業」・「軽金属」、「洋灰」・「窯業」、「満州化学」・「化学工業」、「農畜産工業」・「食料品工業」・「雑工業」は原資料において分類されておらず、それぞれの項目合計の占有率を記載した。
出所：前掲『満洲石炭用途別統計年報（自康徳3年度至康徳9年度）』16～27頁より作成。

表7-9 「満州」貯炭率推移［主要炭鉱抜粋／「密山系」］1939〜42年度／1937〜38、43〜44年度（全満州）

(千トン)

		合計	撫順	阜新	鶴岡	西安	北票	本渓湖	主要炭鉱計	「密山系」
1939年度	繰入貯炭合計	475	107	119	103	9	9	1	245	10
	繰越貯炭合計	1,375	209	68	300	10	8	52	103	199
	「貯炭」率	6.9%	2.3%	2.3%	27.9%	0.8%	1.1%	6.0%	4.1%	37.9%
	「山元貯炭」率	6.3%	1.8%	1.7%	28.3%	0.5%	1.1%	6.0%	3.6%	36.5%
1940年度	繰入貯炭合計	1,375	209	68	300	10	8	52	647	199
	繰越貯炭合計	1,129	101	55	67	9	10	26	269	178
	「貯炭」率	5.0%	1.4%	1.5%	4.5%	0.6%	0.9%	3.5%	1.7%	13.4%
	「山元貯炭」率	4.3%	0.8%	0.8%	4.3%	0.4%	0.7%	3.2%	1.2%	12.2%
1941年度	繰入貯炭合計	1,129	101	55	67	9	10	26	269	178
	繰越貯炭合計	2,407	162	136	114	60	51	28	552	520
	「貯炭」率	9.5%	2.4%	3.3%	6.4%	3.5%	4.6%	3.4%	3.4%	25.0%
	「山元貯炭」率	7.9%	1.4%	2.4%	5.8%	3.3%	2.4%	2.3%	2.1%	24.4%
1942年度	繰入貯炭合計	2,407	162	136	114	60	51	28	552	520
	繰越貯炭合計	1,927	221	131	56	8	30	20	466	348
	「貯炭」率	7.2%	3.4%	3.4%	2.6%	0.6%	2.6%	2.4%	2.9%	12.8%
	「山元貯炭」率	6.3%	2.7%	2.8%	2.5%	0.5%	2.3%	1.9%	2.4%	11.9%

注1）貯炭数量は1,000トン以下を四捨五入して算出したため、各項目の合計と小計が合致しないことがある。
2）1939年度本渓湖炭鉱の前年度繰入貯炭および次年度繰越貯炭の一部は不明。
3）「密山系」炭鉱の詳細は、1939〜41年度までは滴道、恒山、城子河炭鉱。42年度にはこれらに麻山炭鉱が加わる。
4）1939年度恒山、城子河炭鉱の前年度繰入貯炭及び次年度繰越貯炭の一部は不明。
5）1943年度の「貯炭」率は、8.0%。「山元貯炭」率は、7.3%。44年度の「貯炭」率は、8.9%。「山元貯炭」率は、8.5%（本章表7-7より算出。44年度は表7-7の（B）より算出）。
6）なお、1937年度の「貯炭」率は6.1%、「山元貯炭」率は：4.6%。38年度の「貯炭」率は2.8%、「山元貯炭」率は2.1%であった（前掲『満洲石炭用途別統計年報（自康徳3年度至康徳9年度）』3頁より算出）。
7）「貯炭」算出式は、繰越貯炭／（「繰入貯炭」＋「出炭」）。「山元貯炭」算出式は、山元繰越貯炭／（「山元繰入貯炭」＋「出炭」）。

出所：前掲『満洲石炭用途別統計年報（自康徳3年度至康徳9年度）』16〜31頁より算出。

域の新規開発炭鉱からの産出炭を充てることを可能にし、かつ、41年10月の炭価改定とそれに伴う輸入炭価格政策の変更によって、幅広い領域で輸入炭が使用されるようになり、「豊富な満州炭」という、一般に流布した言説が、戦時経済の進展によって、虚構となっていった。

最後に、当該期に増産を成し遂げた主要炭鉱以外の産出炭は、どの程度石炭使用者の手に渡ったか、すなわち貯炭率の問題と品質に注目して考察を行う。

表7-9から、主要炭鉱および密山系の貯炭率と、全満炭鉱の貯炭率を見よう。第一に、主要炭鉱の平均貯炭率は一貫して、全満炭鉱の貯炭率平均を下回っていた。各年度・各炭鉱において貯炭率にはいくつかのバラツキが散見されるも

第7章 「満州」における石炭業

表7-10　鉄道運行用石炭消費高等級別推移（1937年、39～40年、41～42年度）

(千トン)

	1937年度		1939年度		1940年度		1941年度		1942年度	
	数量	百分率	数量	百分率	数量	百分率	数量	百分率	数量	百分率
1級炭	862	55.4%	1,465	54.5%	1,098	34.0%	888	23.6%	906	21.2%
2級炭	179	11.5%	273	10.1%	578	17.9%	829	22.1%	1,368	32.0%
3級炭	461	29.6%	938	34.9%	1,537	47.6%	1,995	53.1%	1,887	44.1%
4級炭	55	3.5%	15	0.6%	13	0.4%	46	1.2%	116	2.7%
運行用石炭合計	1,557	100.0%	2,691	100.0%	3,226	100.0%	3,758	100.0%	4,277	100.0%

注1）各炭の等級付けと詳細は以下のとおり（前掲『旧満州経済統計資料　「偽満時期　東北経済統計」1931～1945年』422頁。前掲満鉄調査部「昭和十七年四月　資源開発研究報告書其ノ一　鶴岡炭鉱」、18頁）。
　1級炭：撫順（無条件最適）
　2級炭：鶴岡、穆陵、煙台煉炭、鶏西、華北（選炭良好ナラバ単線使用トシテ適当）。
　3級炭：西安、阜新、恒山、営城子、滴道、城子河、北票、復州煉炭、朝鮮（選炭良好ナラバ軽貨列車用又ハ上級炭ト混炭使用可能）
　4級炭：蛟河、老頭溝、田師付、札賚諾爾、和竜、琿河、舒蘭、琿春、火石嶺等（選炭極メテ良好ナル場合ニ限リ極少量散布混炭程度トシテ使用可能）
2）四捨五入の結果、各項目の和と合計が合致しない場合があるがそのままとした。
出所：1937年、1939～40年：『旧満州経済統計資料　「偽満時期　東北経済統計」1931～1945年』柏書房復刻版、1991年、422頁。1941～42年度：満鉄『昭和17年度鉄道統計年報　第2編　運転』満鉄、1943年、441頁。満鉄調査部「昭和十七年四月　資源開発研究報告書其ノ一　鶴岡炭鉱」満鉄、1942年、18頁より作成。

のの、主要炭鉱炭は、かなりの高い割合で石炭使用者の手に渡っていた。第二に、増産計画という観点からは「失敗」とも目された1941年度において、貯炭率が高かったことである。関特演の影響以外に、前年度に比して供給量で327万トンも上昇したことで輸送力が不足し、貯炭率の上昇を導いたと推測される。第三に、密山系炭鉱の著しく高い貯炭率である。密山系炭鉱からの出炭を、関東軍よりトラック用ガソリンの特別配給を受けて、鞍山や清津の製鉄所へ輸送していたという[68]。第四に、全満の貯炭率はほぼ一貫して上昇した。山元貯炭のみならず、市場港頭貯炭も上昇傾向にあり、39年度以降、140千トン→173千トン→411千トン→289千トンと推移した[69]。このことが生産と供給のピークのズレを生んでいた。

次に、品質の低下を、鉄道用炭を例にとって見よう。

表7-10では、1級炭（＝撫順炭）の占有率が低落しているが、1級炭と2級炭とを合わせれば、1942年度においても、53％の占有率を示している。鉄道用炭の等級とはいささか異なるものの、すでに表7-5より、マクロ的な等級別石炭の生産指数が確認され、それから得られた知見から、鉄道用炭への供給

は優遇されていたと言いうる。また、鉄道における走行キロ当たりの石炭消費量は、37年度24.98kg（指数100）→38年度26.79kg（同107）→39年度29.17kg（同117）→40年度31.73kg（同127）→41年度34.28kg（同137）→42年度35.10kg（同141）と推移し[70]、37～42年度に40％増大した。また、この消費水準は、当該期の内地国鉄・朝鮮国鉄のそれよりも上回っていた[71]。機関車の経年数、修理動向の推移が資料的に確認できないが[72]、この要因は石炭品質の悪化を第一として指摘できる。

貯炭率と品質面の検討から、主要炭鉱の貯炭率は全満炭鉱平均の半分から3分の1程度であり、主要炭鉱以外の炭鉱においては、品質面と輸送インフラ面に起因する高貯炭率という、二重の意味で利用しにくい石炭を増産していた。また、品質面においては優遇されていた鉄道用炭においても、1937～42年度に約40％消費量が増大していたことから、他産業においてはさらに劣質な石炭の使用を強いられていた。

おわりに

本章を通じて、以下の点が明らかになった。

第一には、度重なる公定価格の引上改定は、生産系統ごとの価格差異の是正を促し、同時に、石炭配給の効果・効率を上昇させた。高品質炭の大幅値上げと低品質炭の値上げ抑制は高品質炭増産に向けた環境を整備した。そして、灰分率と岩石・硬炭混入率を重視することで、石炭生産者に対して増産のみならず選炭作業に関してもインセンティヴを付与した。

第二には、このような高品質炭増産の環境が整備されたものの、実際の増産の担い手となった炭鉱は中・低級炭を産出する諸炭鉱であり、そして、これらの炭鉱はほぼ生産効率が低く、石炭平衡資金勘定への国庫からの資金給付が常態化した。

第三には、満州における石炭生産量・供給量を見ると、生産は1944年度まで上昇しているものの、山元消費量・貯炭量が年々上昇した結果、供給量のピークは43年度であった。しかも、等級別石炭生産量を見れば、中・低級炭の生産に占める割合が年々上昇した。特に、43年度が供給量のピークとなった主因は、

第7章 「満州」における石炭業

41年度より激増した華北炭を中心とした輸入炭が44年度には戦況の悪化等から入手できなくなったことが挙げられる。これら輸入炭は鉄道・重化学工業といった軍需向の特殊需要を満たすのみならず、41年10月炭価改定の効果もあって、一般産業向需要をも満たした。つまり、41年度の段階で、満州ではすべての分野において石炭自給が困難となり、華北炭への依存は決定的なものとなった。そして、主要炭鉱の平均貯炭率は全満州の平均貯炭率を下回ってはいるものの、コークス用強粘結炭を産出する密山系炭鉱は全満州の平均率をも遥かに上回った。また、生産者にとって、石炭の品質保持工程（＝選炭作業）にインセンティヴを与える政策体系が整備されてはいたものの、鉄道用炭に代表されるように、石炭の品質は年を経るごとに悪化の一途を辿っていった。

最後に、当該期の石炭増産政策を規定した「第一次産業開発五箇年計画」の性格について言及する。先行研究において、五箇年計画は後半2年間で性格の異なるものとなり、1941年の実施方針では石炭優先第一、対日供給の可及的増大等が追及されたと評価された[73]。事実、当該期間に数値的には生産増大が成し遂げられ、特に41年度の出炭量は前年度比で飛躍的に増加した。しかし、対「日」供給の増大は42年度以降の朝鮮向輸出においてのみ実現し、また、満州炭の総輸出量は、1929年度の3,794千トンが頂点であった[74]。むしろ、当該期間に全満州での需要量が飛躍的に増大した[75]ところに、最大の特色があった。ただし、需要量と供給量の飛躍的増大は、貯炭率からも明らかなように、輸送能力を超えるレベルにあった。特に、41年度の全満貯炭率が最高であったことは、急激な需要・供給量の増大、そして、同年7～9月の関特演という「限定された戦時」に、国防国家建設を第一に掲げた「準戦時の計画経済」が対処できなかったことを意味したのだった。

注
1) 経済政策については、原朗「一九三〇年代の満州経済統制政策」（満州史研究会編『日本帝国主義下の満州』御茶の水書房、1972年）、同「『満州』における経済統制政策の展開——満鉄改組と満業設立をめぐって」（安藤良雄編『日本経済政策史論』下巻、東京大学出版会、1976年）。満州国産業開発五箇年計画の推移と実態については、君島和彦「鉱工業支配の展開」（浅田喬二・小林英夫編『日本帝国主義の満州支配』時潮社、1986年）を参照。
2) 松本俊郎『「満州国」から新中国へ』名古屋大学出版会、2000年、72頁。原資料は、国民経済研究協会「満洲国重要物資生産並実績票」（1946年5月29日、『水津利輔氏旧蔵資料』目録番号2742）。なお、1942年度の計画量は、「満洲国産業（鉱工業）ノ最近ノ傾向」（解学詩監修・

解題『満洲国機密経済資料　第9巻　産業五ヵ年計画鉱業（下）』本の友社、2001年、所収、233頁）によれば27,500千トンであるが、ここでは上記資料の数値を採った。
3）　本章における「年度」は、「会計年度」である。
4）　平衡資金制度については、松本俊郎『侵略と開発』御茶の水書房、1988年、「第3章第2節満洲鉄鋼統制価格制度の運用と円ブロックの崩壊」が、昭和製鋼所の炭価、炭質の推移、そして、1940～41年度における鉄鋼平衡資金制度の保証内訳・財源を分析しており、重要である。
5）　満業に関する記述は、前掲、原朗「『満州』における経済統制政策の展開」230～233、248～250頁に拠る。
6）　同社の設立過程については、山本裕「『満洲国』における鉱産物流通組織の再編過程──日満商事の設立経緯　1932-1936年」（『歴史と経済（旧土地制度史学）』第178号、2003年）を参照。
7）　修正五箇年計画の内容については、前掲、原朗「一九三〇年代の満州経済統制政策」71～80、103～111頁。前掲、君島和彦「鉱工業支配の展開」625～633頁を参照。
8）　ただし、この修正五箇年計画における石炭生産量の目標値は、1939年1月の日本の閣議決定である「生産力拡充計画要綱」においては、約10％、目標値が下げられた（前掲、原朗「一九三〇年代の満州経済統制政策」76～77頁）。
9）　以下、石炭需給調整緊急対策要綱ならびに要領の内容については、満鉄調査部（執筆者：新京支社調査室宮西義雄）「満洲ニ於ケル石炭需給調査」満鉄、1940年、156～159頁の記述にその多くを拠る。
10）　産業開発五箇年計画における石炭部門についてみれば、満炭は当初、増産分の97.4％を担うとされ（前掲、君島和彦「鉱工業支配の展開」608頁所収、第8.21表「石炭五箇年計画表」より算出）、修正五箇年計画においても、満炭は、増産分の70.3％を担うとされた（前掲、原朗「『満州』における経済統制政策の展開」259頁所収、第10-5表）。計画において、満鉄、わけても撫順炭鉱に増産を期待しなかった経緯については、前掲、君島和彦「鉱工業支配の展開」608～610頁を参照。
11）　前掲、原朗「『満州』における経済統制政策の展開」258頁。
12）　実際には、後述する密山炭鉱を除いては、満炭傘下の阜新、西安、鶴岡、北票、札賚諾爾の各炭鉱を分離して、満業の直接子会社へと改組する方針が実施されるにとどまった（満洲国史編纂刊行会編『満洲国史（各論）』満蒙同胞援護会、1971年、550頁。閉鎖機関整理委員会編『閉鎖機関とその特殊清算』在外活動関係閉鎖機関特殊清算事務所、1954年、409～410、432～433、435～438頁）。
13）　同社の資本金は1億円で、1942年2月に2億円へと倍額増資した。その時の株式引受比率は、満業50％、日本製鉄25％、日鉄鉱業25％であった（前掲『閉鎖機関とその特殊清算』433頁）。
14）　山本有造『「満洲国」経済史研究』名古屋大学出版会、2003年、53頁。
15）　1937年5月1日付勅令第66号。同年5月10日公布実施（満洲国史編纂刊行会編『満洲国史（総論）』満蒙同胞援護会、1970年、539頁。満洲帝国政府編『満洲建国十年史』原書房、1969年、328頁）。
16）　統制外炭鉱の適用範囲は、最高30万トン（許可類についてはさしあたり20万トン）まで緩和することが定められた。しかし実際に1940年11月、重要産業統制法が改正されるにあたっては、中小炭鉱の範囲は年産10万トン以下としてこれを統制外とし、「或程度ノ自由性容認ニ依ル出炭増加ヲ企図シテ現下ノ石炭増産ノ一翼タラシメン」とすることがその説明趣旨であった（満鉄調査局資料課編『満洲ニ於ケル統制外石炭事情』満鉄、1942年2月、1頁）。この統制範囲の緩和について、先行研究においては、満炭による石炭増産がはかばかしく進まなかったためであるとされている（前掲、原朗「『満州』における経済統制政策の展開」、263頁）。
17）　山元仕切制度・平衡資金制度は、輸出炭に関しても適用された（前掲、満鉄調査部「満洲ニ於ケル石炭需給調査」158頁）。

18) 池谷利治「石炭平衡資金に就て」（日満商事調査室『調査統計月報』第5巻第3・4号、1941年9月［遼寧省档案館整理番号：商事209］）2頁。
19) 奉天商工公会『奉天経済事情』（1940年1月）140頁。
20) 前掲『回想の日満商事』35頁。
21) 新京商工公会『新京商工月報』第16号（1939年12月）129頁。
22) 前掲、満鉄調査部「満洲ニ於ケル石炭需給調査」104-105、167頁。日満商事は設立時の資本金は1,000万円（払込資本金600万円）で、満鉄が60％（のち、昭和製鋼所に全体の7％、本渓湖煤鉄公司に2％の株式を満鉄が割り当てる）、満炭が40％の株式を引き受けていたが、準特殊会社から特殊会社への改組に伴い、資本金は3,000万円（払込資本金1,500万円）に増額し、かつ、満炭・昭和製鋼所・本渓湖煤鉄への株式引受を満州国政府が買い取り、政府が50％、満鉄が50％の株式を引き受けることとなった。
23) 哈爾濱石炭販売組合（石川敬一著）『満洲石炭問題年表　自昭和六年九月至昭和十六年三月』（1941年5月）4頁。
24) 前掲、山本裕「『満州国』における鉱産物流通組織の再編過程――日満商事の設立経緯1932-1936年」30頁。
25) 前掲、満鉄調査部「満洲ニ於ケル石炭需給調査」178頁。
26) ただし、この時の公定価格は、実際には認可価格であった。各地貨車乗値段を経済部大臣が、各地貯炭場渡値段を各省長・新京特別市長が法令上定める「公定」価格となったのは、後述する1941年10月炭価改定からであった（日満商事商和会編『商事』第44号、58頁、1941年11月10日）。なお、本章では認可価格・公定価格ともに、公定価格として統一表記する。
27) 前掲『満洲石炭問題年表』7～8頁。奉天商工公会『調査月報』第2巻第9号（1939年9月）71～72頁。奉天商工公会『調査月報』第2巻第11号（1939年11月）89～90頁。前掲、満鉄調査部「満洲ニ於ケル石炭需給調査」178頁。
28) 「炭価大幅引上げの意義」（『満洲評論』第19巻第1号、1940年7月6日）。また、同改正による、価格改定等も含む詳細は、「石炭統制ノ現状」（張公権文書R4-55）を参照。
29) 前掲、「炭価大幅引上げの意義」3頁。
30) 「本年度各部門物資振当細目策定方針」（『満洲経済情報』第5巻第6号、1940年6月15日）。
31) 以下、1941年10月炭価改定の内容については、「炭価の引上げ断行」（『満洲経済情報』第6巻第10号、1941年11月15日）、「満洲国の炭価改正と産業界への影響」（『日満実業協会通報』第45号、1941年11月20日）、楠田元「炭価改訂と価格政策の重要性」（『鉱工満洲』第2巻第11号、1941年11月）にその多くを拠る。
32) なお満業は、1941年5月の段階ですでに、炭価の値上げ要望を政府に申請していた（「最近に於ける石炭及銑鉄価格調整問題」4頁。『満洲経済情報』第6巻第6号、1941年6月15日）。
33) ただし1941年度においては製鉄経営適正化の一助として製鉄用原料炭を安価に供給し、日満商事の勘定に対しては国庫補助が行われた。その後、1942年6月15日付勅令第142号によって華北からの粘結炭の輸入税は免除となった（日満商事商和会編『商事』第50号、53頁、1942年8月10日）。
34) 同改定では、炭価の引上げ額の全面的消費者負担を極力回避するために、石炭平衡資金に対して年間1千数百万円の補給金を国庫支出することが決定された（前掲「炭価の引上げ断行」11頁）。
35) 以下、本段落の記述は日満商事商和会編『商事』第44号、63頁（1941年11月10日）。日満商事商和会編『商事』第49号、83頁（1942年6月10日）。『満洲経済情報』第6巻第9号、15～16頁（1941年10月15日）に拠る。
36) 同調査について日満商事は1942年11月1日、取り出した硬石を当該地区の標準石炭第一種価格（同年12月1日以降は、日満商事石炭部長が別途通牒する価格）で買い取り、買取費用・諸

費用は石炭平衡資金から補填することとした（日満商事『社報』第327号、1942年11月16日。同第333号、1942年12月18日）。

37) 日満商事商和会編『商事』第41号、43頁（1941年7月10日）。なお、同期の奨励金対象炭鉱は満鉄系4炭鉱、満炭系11炭鉱、其他資本系9炭鉱だったが、増産強行に対する緊急措置的性格が相当強く炭質の低下も付随したため、批判も大きく、1942年以降厳格な適用を行うよう是正がなされた（日満商事商和会編『商事』第46号、71頁、1942年2月10日）。

38) 徹底的重点主義の内容とその評価については、前掲、原朗「一九三〇年代の満州経済統制政策」106～114頁を参照。

39) 平衡資金勘定からは、先に触れた出炭奨励金が支出され、のちには、引込線未設置の炭鉱からの石炭緊急搬出費や中小炭鉱の引込線建設費等を支出していった（前掲『回想の日満商事』399頁）。

40) なお、1942年5月5日に勅令第125号「経済平衡資金ニ関スル件」が制定され、43年10月11日に勅令第273号が公布されて満州中央銀行内に経済平衡資金部が設立された。同制度は42年に運用が始まり、終戦までに690百万円を徴収し、補助総額は2,033百万円（内、鉱業品794百万円）に達したという（安冨歩『「満洲国」の金融』創文社、1997年、89～90頁）。1942年11～12月の日満商事への経済平衡資金支払実績は1,057万5千円であったという（柴田善雅『戦時日本の特別会計』日本経済評論社、1999年、188頁）。

41) なお、1941年3月19日に、満鉄、満業、満炭、東辺道開発株式会社、本渓湖煤鉄株式会社、日満商事等の企業間において、石炭協議会が結成された。時期的に考えれば、五箇年計画最終年度に向けた計画達成のために、石炭業界の協調がはかられたと理解されよう（前掲『満洲国史（各論）』590頁）。

42) 以上の記述は、『満洲経済情報』第6巻第3号、9～12頁（1941年3月15日）に拠る。

43) 『満洲経済情報』第6巻第2号、19～20頁（1941年2月15日）。

44) 『満洲経済情報』第6巻第7号、17～18頁（1941年8月15日）。

45) 生産コストの過半を占める労働賃金の問題については、労務政策の観点から検討した、以下の研究を参照。松村高夫「満州国成立以降における移民・労働政策の形成と展開」（前掲、満州史研究会編『日本帝国主義下の満州』所収）。兒嶋俊郎「満州国の労働統制政策」（松村高夫・解学詩・江田憲治編『満鉄労働史の研究』日本経済評論社、2002年）。

46) 東北物資調節委員会研究組編『東北経済小叢書⑧ 煤炭』京華印書局、1948年、26頁。

47) 同上、26～28頁より算出。

48) 同上、26～28頁より算出。本渓湖煤鉄公司産出炭価格の上昇過程については、村上勝彦「本渓湖煤鉄公司と大倉財閥」（大倉財閥研究会編『大倉財閥の研究――大倉と大陸』近藤出版社、1982年）674頁を参照。なお、当該期間における製鉄メーカーの原料炭入手価格の上昇過程については、前掲、松本俊郎『侵略と開発』147～154頁を参照。

49) 1943年8月19日付満州国経済部布告第301号「石炭販売価格公定ニ関スル件」（日満商事『社報』第369号、1943年9月6日）。

50) 1943年9月3日付満州国経済部布告第326号「石炭ノ販売価格公定ニ関スル件」（日満商事『社報』第370号、1943年9月13日）。

51) 1944年4月1日付経済部布告第100号「石炭販売価格ニ関スル件」（日満商事『社報』第399号、1944年4月10日）。

52) 1945年6月18日付満州国経済部布告第171号「石炭販売価格ニ関スル件」（満州国『政府公報』第3296号、1945年6月18日）。

53) 表7-6の注にも記載した如く、1942年度末に従来の満炭系炭鉱のほとんどが分離・独立したが、本章の叙述においてはそれらの独立した満炭系炭鉱も「満炭系」として取り扱うこととする。

54) 以下、輸出動向に関する記述は、前掲、日満商事石炭部調査室『満州石炭用途別統計年報（自康徳3年度至康徳9年度）』4頁に基づく。
55) 大陸物資の朝鮮経由陸運転嫁輸送の詳細については、林采成『戦時経済と鉄道運営──「植民地」朝鮮から「分断」韓国への歴史的経路を探る』東京大学出版会、2005年を参照。
56) 満州向輸入炭として枢要な地位を占めた華北炭は、当該地域におけるインフレーションの激化に基づく高炭価により、輸入が鈍ったこともここでは指摘しておく。
57) 以下の記述は、前掲、日満商事石炭部調査室『満洲石炭用途別統計年報（自康徳3年度至康徳9年度）』19、23、27、31頁に拠る。
58) これら占有率は、輸入量ではなく、貯炭量を加減した供給量の合計から算出した。
59) 関特演（＝関東軍特別演習）については、防衛庁防衛研修所戦史室『戦史叢書73 関東軍（二）関特演・終戦時の対ソ戦』朝雲新聞社、1974年、山田朗「軍事支配(2) 日中戦争・太平洋戦争期」（前掲、浅田喬二・小林英夫編『日本帝国主義の満州支配』所収）、228〜240頁を参照。
60) 満州国の人口推移については、ここでは、山中峰央「『満州国』の人口と労働力──各種統計と産業別人口」（社会経済史学会第72回全国大会自由論題報告、2003年6月1日）、表1を参照した。
61) 日本国内においても、1943〜44年度間の産業別配炭実績を見れば、44年度より新たに項目が設置された軍用配炭を除けば、鉄道向配炭のみが777万9千トンから809万7千トンへと増加（4.1%増）した（荻野喜弘「占領期における石炭鉱業」141頁、原朗編『復興期の日本経済』東京大学出版会、2002年所収）。
62) 蘇崇民（山下睦男・和田正広・王勇訳）『満鉄史』葦書房、1999年、365頁所収、「表12 鉄道貨物品目別運輸状況」より算出。
63) 前掲、松本俊郎『満州国から新中国へ』73頁所収、「付表1-3 昭和製鋼所、本渓湖煤鉄公司の原料炭入手先一覧」。ただし、同表では、満州からの原料炭入手のピークは1941年度となっているが、本章の表7-7には、製鋼用のガス発生炉向炭といった、原料炭以外の石炭も併せた全入手量が示されていることから差異が生じたと理解されよう。
64) 以下の記述は、前掲、日満商事石炭部調査室『満洲石炭用途別統計年報（自康徳3年度至康徳9年度）』4頁、「全東北炭田埋蔵量並炭質一覧表、他」張公権文書 R2-30に拠る。
65) この点については、1939年4月に決定された3カ年の「北辺振興計画」に拠るところが大きい。同計画についてはとりあえず、鈴木隆史『日本帝国主義と満州 1900〜1945（下）』塙書房、1992年、348〜351頁を参照。
66) 前掲、松本俊郎「第3章第3節 満州鉄鋼原価の急騰と原料問題」『侵略と開発』145〜155頁も、昭和製鋼所が原料炭・鉄鋼石の華北資源依存を余儀なくされていった過程を詳細に示している。
67) 戦時日本のブロック経済圏の拡大（「日満」経済ブロック→「日満支」経済ブロック→「大東亜共栄圏」）の結果、従来、満州国の自給という課題はあまり指摘されていないが、満州国経済部大臣を1944年当時務めていた阮振澤は、「何を措いても満洲の産業経済を賄ふだけの石炭の需要完全充足の確立といふ事が必須条件となり本年度は更に此の方針を強化して増産に邁進することになってゐる」と述べており（「大東亜戦争第四年を迎へて我が満洲国の経済建設方策に就て」『東亜経済懇談会会報』第15号、1944年1月、4頁）、対日経済供与に軸足を移しつつも、満州国首脳は最後まで、石炭の完全自給を目標に掲げていた。
68) 阿片久五郎「石炭部の十年」前掲『回想の日満商事』125頁所収。ただし、密山炭を鞍山へ輸送する際には、通常、虎林線から牡丹江・哈爾濱を経由して運搬しており、満鉄は1938年5月1日以降、品目運賃率を設置して、遠距離逓減をより一層強化していた（高橋泰隆『日本植民地鉄道史論』日本経済評論社、1995年、379〜381頁）。

69) 前掲『満洲石炭用途別統計年報（自康徳3年度至康徳9年度）』16～31頁。
70) 満鉄『昭和17年度鉄道統計年報　第2編　運転』満鉄、1943年
71) 前掲、林采成『戦時経済と鉄道運営』121頁所収、「表3-1-7　朝鮮国鉄の燃料炭供給状況」。
72) 前掲、高橋泰隆『日本植民地鉄道史論』409頁所収、「第5-23表」（また、同書410～415頁も参照）において、1937～42年度間の機関車使用効率の推移を掲げ、運用機関車の割合が上昇する一方で「予備」・「休車」の割合が低落傾向にあることを示したが、具体的な修理動向・平均経年数の推移については残念ながら検討されていない。
73) 前掲、原朗「一九三〇年代の満州経済統制政策」112頁。
74) 満鉄編『統計年報』各年度、龍渓書舎復刻版、1992年。なお、日本向け輸出の頂点は、1934年度の2,735千トンだった。
75) 1937年度全満州石炭需要量：12,328千トン→同41年度：21,038千トン（前掲『満洲石炭用途別統計年報（自康徳3年度至康徳9年度）』3頁）。

第8章　繊維関連部門の中小商工業整備

山崎　志郎

はじめに

　戦時経済下において徹底的な整理・縮小の対象となり、工場、店舗等の資産や営業権を失った中小商工業者の再編成を総動員体制の段階的変容の中に位置づけることが、本章の課題である。企業整備の政策経過は一般に知られているものの[1]、その実態については、個々の工業組合・商業組合の組合史編纂で部分的に触れられているに過ぎなかった。また、企業整備を促進するために、整備企業の資産評価、買い上げや、転業用資金の貸与を実施した国民更生金庫の業務については全く不明であった。ここでは、国民更生金庫の内部資料等を基に、企業整備の実態を検討しよう。

　戦間期の職業構成、階層構造分析が明らかにしているように[2]、戦時経済総動員を実施する前の都市においては、中小商工業者を中心とする厚い旧型中間層が存在し、農村から都市に吸収された不熟練労働者等が、中小の商業、サービス業に就業機会を得ていた。昭和恐慌期には中小商工業者の金融難や、劣悪な下請加工契約が社会問題化し、工業組合等を通じた組織化と共同行為による経営の安定対策や合理化が端緒的に行われた。

　しかし、1930年代半ばから日中戦争期の好景気のなかで、不況対策を中心とした中小商工業政策は転換する。労働力不足は次第に深刻化し、物資動員計画による資材制限、奢侈品等の生産禁止措置などから、中小商工業者は自ら時局産業等へ転換を図った。その一方で民需関連事業では零細企業から縮小・淘汰が始まった。

　1940年以降、輸入原料を利用した産業はもちろんのこと、主な市場を海外にもち輸出促進政策の中で優遇されてきた産業も、第三国貿易の縮小によって、

操業が維持できなくなった。40年10月の閣議決定「中小商工業者に対する対策」は、そうした民需向け中小企業を速やかに縮小均衡させるための方策をまとめたものだった。

　整備規模において最大の犠牲産業は、織物業や紡績業などの繊維産業であった。このうち紡績資本は早くから大企業化が進み、内部留保や資金調達力を基に多様な事業展開の方向を探り始め、その一部は新規事業への転換や多角化に活路を見いだしていった[3]。それぞれの業界で、多かれ少なかれそうした生き残り戦略が採られ、その意味で企業整備自体に産業誘導政策としての側面を見出すことができる。しかし、そうした事業の展開能力は、業種や企業体質によって大きな格差があった。整備政策の進展とともに、時局産業への転換の可能性は狭まり、多くの民需部門は縮小し、事業主・従業員は労務動員計画の給源となった。以下では、1940年前後から本格化し、中小企業整備政策の代表事例と見られる織物関係を中心に、製造、卸売り、小売商業部門の整備実態を明らかにする。

1　織物製造工業の整備

(1) 織物業整備と組織化

　織物製造工業の企業整備は、中小工業の企業整備のなかでも最も早い事例の一つである。日中戦争期の外貨危機の中で、1938年3月に羊毛、7月には綿業など7部門で外貨獲得と原料綿糸割当を対応させた輸出リンク制度が実施され、産地織物業者は紡績業者の賃織り的地位となった。輸出製品に強みのある兼営織布に比して、産地織物業者の原料糸確保は不利であったが、この制度下で輸出向け・軍需向けにシフトしつつ、ある程度の稼働率を維持していた[4]。しかし、輸出入品等臨時措置法に基づく商工省令「繊維工業設備ニ関スル件」(1938年1月)によって、原料糸生産設備の制限が始まり、翌39年6月には全繊維工業の設備に規制が拡大して、企業整備の環境は作られていった。

　1939年2月の糸配給統制規則の実施に先だって、同年1月には所属団体ごとの重複配当を避けるため、綿糸消費統制協議会、ス・フ割当協議会、人造絹糸

第8章　繊維関連部門の中小商工業整備

割当協議会を統合した繊維配給協議会が設立され、5月には需給調整協議会令に基づく法的な原料割当機関である繊維需給調整協議会[5]へと改組された。これに伴って、割当の基準となる保有設備の調査が実施され、39年10月時点の織機設備は、綿ス・フ織機37万台、絹織機12.7万台、人絹織機18.6万台、毛織機2.3万台など、72万台であることが確認された[6]。従来の各種工業団体の登録織機は、合計120万台にも上っていたので、これによって50万台近い重複登録分が原料割当から削除され、統制は厳格化した。こうした設備実態の把握を基に、40年3月から生産品種・配給先を指定して、原料ス・フ糸配給を行う生産指定制が実施された。しかし零細機業家の多い織布業部門の計画生産は困難を極め、操業状況も次第に悪化した。

　三国同盟締結の前後から、事態は深刻になった。1940年6月には、イギリスの為替管理政策の強化からポンド決済は困難となり、輸出の大半を占めたポンド・ブロック向けはなくなり、9月の三国同盟締結によって第3国輸出は絶望的となった。こうした背景から、紡績業でも第1次企業整備が展開し[7]、産地織物業界に対しても、11月に商工省から「織物製造業者ノ合同ニ関スル要綱」が示達された。これが組織的な中小工業整備の嚆矢となった。同要綱は織物製造業者の一定規模以上への合同と、優秀設備への生産集中による合理化を求めるものであった。合同基準は、綿ス・フ織機300台、絹人絹・毛織機100台、タオル織機150台とされ、複数種の繊維を扱う一般織物業者も、最低1種は上記基準を達成することが必要とされた。これを受けて各工業組合での整備方針が協議された。大日本莫大小(メリヤス)工業組合連合会では、41年2月に本格的検討が始まり、4月には「莫大小工業の企業統合要綱」を策定した。それは、①企業統合によって登録機械を廃棄しても糸割当に影響させない、②製品別統合体とする、③小組合形式の統合を適当と認めるとし、企業統合を促した[8]。

　各府県でも、この通達の前後頃から、所管の府県織物工業組合に合同体設立を強く求めた。商工省も繊維局長・課長らからなる企業合同促進班を組織し、これを主要機業地に派遣して、統合の必要性と具体化の方法を伝えた。さらに、地方庁の承認した合同体に対しては、4～6月期からの原料糸配当を増配し[9]、41年度末からは全面的指定生産制を実施した。こうした結果、生産品種の指定織物や軍需織物への転換が速まるともに、1940年末以降、工業小組合・有限会

表8-1　機業合同進捗状況（1941年7月）

		有限会社	小組合	その他	計
綿ス・フ	合同体数	104	410	154	668
	組織員	770	4,023	1,744	6,537
	設備台数	33,737	93,423	42,691	169,851
人絹	合同体数	62	331	202	595
	組織員	379	2,947	1,287	4,613
	設備台数	5,300	18,685	21,192	45,177
毛	合同体数	39	140	27	206
	組織員	347	1,364	331	2,042
	設備台数	4,120	10,952	2,769	17,841
絹	合同体数	30	158	65	253
	組織員	254	1,671	538	2,463
	設備台数	1,579	6,512	2,204	10,295
タオル	合同体数	1	38	0	39
	組織員	3	290	0	293
	設備台数	41	6,604	0	6,645
その他	合同体数	10	124	123	257
	組織員	74	1,251	482	1,807
	設備台数	541	21,541	4,954	27,036
計	合同体数	236	1,077	448	1,761
	組織員	1,753	10,295	3,900	15,948
	設備台数	44,777	136,176	68,856	249,809

注：統合形態の「その他」には任意組合、商事会社、合併・買収による合同が含まれる。製品の「その他」は麻、特殊織機業者など。設備台数には手機、足踏機を含む。
出所：『繊維需給調整協議会報』第2巻15号、1941年8月25日。

社形態による企業合同体が急増し、41年7月までには表8-1のように1,700余りとなった。

さらに商工省は、1941年10月、「繊維製品配給機構整備要綱」を通牒し、生産・配給・消費に関する強力で公正な配給統制を目指して、綿ス・フ織物、莫大小製品、足袋、タオルの4製品について、製造統制会社を設立することとした。同要綱による配給機構の整備は後述するが、生産統制については、関係工業組合、製造卸業者などの出資によって綿ス・フ織物統制株式会社（特免織物製造統制会社を拡充）、日本内地莫大小統制株式会社（42年3月莫大小製造統制に改称）、全日本足袋共同販売株式会社、大日本輸出タオル株式会社が設立された。これらの製造統制会社は、それぞれの製品の生産計画、原料糸等の一手購入、製品の委託製造と一手販売を行った。

こうした一元的な生産統制会社の下で既存織物業者は賃織化し、割当を受けるための統合体結成の動きも高まった。織物工場の総数はピークとなった1940～41年の2万8,000台から42年には2万5,000台へと減少を始めていたが[10]、表8-2のように、1942年3月までには、このうち1万5,000余の業者が2,800の合同体を組織し、業者数にして58％、織機台数にして48％が統合に参加した。この結果、すでに統合基準規模を超えているため統合の必要のないものを除く

表8-2　合同体結成状況（1942年3月末状況）

	業者（組織員）数	織機台数
合同体2,796の構成	15,015	367,804
すでに基準を超えて合同が不要の業者	321	251,899
未合同	10,310	139,361
計	25,646	759,064

出所：『繊維需給調整協議会報』第3巻10号、1942年5月25日。

と、整理統合が求められるのは事業者数の40％、織機数の18％となった[11]。

　綿ス・フ織物工業組合連合会は1941年12月、合同体内部における優秀工場への操業を集中する集中生産実施要綱を策定した。こうした集中生産など本来の生産合理化には会社形態での統合が要望されていた。しかし、整備要綱から1年余りの時点では、個別事業の実態を強く残す小組合制度が事業統合の過半を占めていた。特に原料が優遇された品種を生産し、比較的稼働率が高い場合には小組合にとどまるケースが多かった。繊維需給調整協議会が100余の統合体を調査した結果である表8-3をみると、平均して織機十数台、工員十数名の小工場が十数カ所集まったものが多かった。操業工場数と組合員数の差がないことからもわかるように、まだ休廃止工場も少なかった。

　統合のメリットとして、仕入れ、染色加工、倉庫、運搬の共同化による経費節減効果は一般に見られたが、小組合形態では優秀工場への集中と稼働率引き上げは難しく、電力コストの軽減効果も薄かった。小組合から完全な統合体へと進まない理由として、絹織物業では、①小規模な家内工業が多く、意見の統一が困難なこと、②同一規模の工場が多く、操業工場の選定が困難なこと、③農家副業の場合、失職による現金収入の減少を付近への転職でカバーできないこと、④部門によっては資源制約が比較的緩く、操業率が比較的高いため、現状維持の希望が強いことなどが上げられていた[12]。

　臨時対応の統合体であるため、小組合の稼働率は全体的に低く、また小組合形式では個別事業主の経営が実態的に残存し、過剰設備の休止や優秀設備への生産の集中が遅れ、余剰人員の滞留など、さまざまな整備課題が残った。このため1942年4月23日には、繊維局長から「織物製造業者ノ合同ニ関スル件」が各知事に通牒され、6月末（5月30日の通牒で9月末に変更）までに基準台数

表8-3　機業統合体運営状況（1組合当たり平均）　(1942年6〜8月調査)

	出資金	組織員	工場数	織機数	工員数	うち女工	職員	家族	操業率	サンプル数
一般織物小組合	49,088	13.4	12.6	382.2	201	175.6	3.9	25.5	64.3	17
一般織物有限会社	162,382	10.4	9.1	282.6	142.7	109.8	7.1	11.1	52.7	14
綿ス・フ織物小組合	59,365	12.5	12	486.2	171.4	154	4.9	16.7	53.2	26
綿ス・フ織物有限会社	211,550	14.9	11.6	503.4	84.4	67.9	9	23.3	45.1	8
タオル小組合	116,333	12	11.3	223.8	86.3	73.2	8.8	4	33.8	6
絹人絹織物小組合	47,454	12.3	13.4	183.1	107.1	84.3	6.3	28.3	77.3	20
絹人絹織物有限会社	133,393	9.9	7.1	163.9	106.4	97.7	6.9	14.6	75.9	16
毛織物	446,600	19.5	16	190.4	150.8	140.4	13.5	11	56.6	5

出所：繊維需給調整協議会『機業合同体運営状況に関する資料』第1輯、第2輯。

規模の合同を完了しない小規模業者への糸割当を停止するとし、一段と厳しい統合指示が出された。また、統合体によって綿ス・フ、絹人絹など複数機種の織機を保有し、1機種ごとにみると、統合単位に満たないという問題もあった。例えばこの時点の人造絹織物工業組合所属の1,556統合体でも、人絹織機の保有台数でみると100台の基準を満たさないものが44％の685にのぼった。このような統合体の端数織機についても、原料割当を停止し、一層の事業単位の拡大と設備廃棄が求められた[13]。

(2) 戦力増強企業整備要綱と織物業

そして周知のように1943年度からは、6月の戦力増強企業整備要綱を機に、あらゆる産業に対して整備率が提示され、徹底的な企業整備と金属供出が求められた。これは、軍需関連部門も含めて、徹底的に原材料・資材、労働力を動員するというもので、政府も、企業整備に莫大な国家予算を投じることを躊躇してきた従来の姿勢を転換した。巨額な交付金の散布によるインフレ懸念に対しては、封鎖預金化で対応して、なりふり構わぬ民需部門の破壊と資源化を推進した。

企業整備計画を短期間にまとめるため、統合や買収の際の営業権評価方法も1943年度に改訂された。従来の方法では、純益の1割還元額から物的全資産の評価を控除したものとし、これを物的資産に按分加算して処理した。この場合、物的資産の評価が終わっても、自家労賃の計算が困難なことから純益（営業収益－自家労賃）が確定せず、営業権価額が算定できずに、整備計画の取りまと

めが遅れがちだった。そこで、これまでの企業整備の経験から、営業権評価が概ね平均収益の1年分であること、また機械諸設備評価額の3割程度に相当したことから、これらを4対6の比重で評価することとし、次のような計算式を使って手続を簡素化した[14]。

営業権評価額＝1年分営業収益×0.4＋機械設備評価額×0.3×0.6

一方、残存商工業者数の減少によって、業者団体の共助金負担能力は低下していた。そのため、共助金のうち、生活援護共助金の国庫負担分は、従来の300円から、団体の負担能力に応じて600円にまで拡大された[15]。そして、委託資産の処理を迅速にするため、1年以内に適当な売却ができない場合に、国民更生金庫が引受価額で買い取るという従来の手続を、引受と同時に評価額相当を交付し、事実上金庫による買入処分に切り替えた。これによって転廃業者の債務処理などのために、引受額を限度としていた貸付金の制度も不要となった[16]。

綿ス・フ、絹人絹、毛織物業者に対してもあらためて、7月28日商工次官より地方長官を通じて、「織物製造業ノ企業整備ニ関スル件」が通牒され、「織物製造業整備要綱」による徹底した整理が要請された。要綱は戦力増強企業整備要綱の基本方針に沿って、「織物計画生産数量確保ニ必要ナル最少限度ノ工場ニ生産ヲ集中シ生産工場ニ於ケル労務資材等ノ有効利用ヲ図ルト共ニ近キ将来ノ需給関係ノ変動ニ備ヘ必要最小限度ノ生産力ヲ別ニ保有シ他方之ニ依リ不要トナルベキ設備ノ屑化供出ヲ図ルト共ニ労務、工場施設等ノ軍需其ノ他重点部門ヘノ計画的転活用ヲ図ル」と、設備の屑化と労務供出を重視していた。そして兼営織布会社は、商工省と協議しながらこれを実施し、産地織物業界では府県別・業種別に整備計画を策定し、割当鉄量の供出を達成するよう指示された。

商工省は、当初2割程度の設備を「保有」扱いとする予定であったが、結局表8-4のように操業工場を4割程度とし、半分以上の織機を廃棄・屑化することを求めた。これによる鉄屑供出量は、紡織関係機械全体で39.6万トンを予定した。綿ス・フ、絹人絹、毛織機については19万トン、うち大手紡績会社の兼営分が4万トンであったから、鉄供出の多くは零細工場が負担している[17]。タオルのように、小規模で分散している業種の場合は、府県別で見ると、零細

表 8 - 4 　織物製造業整備要綱に基づく整備率指示（1943年7～10月）

	整備前		整備率%		
	工場数	織機数	操業	保有	廃棄
綿ス・フ織物製造業	7,254	332,000	40	7	53
毛織物製造業	2,212	四幅19,000　二幅10,000	45	—	55
絹人絹織物製造業	23,689	力織機356,000　平織機151,000	35	—	65
タオル製造業		8,791	40	—	60

出所：国民更生金庫「戦力増強企業整備進捗状況」1944年3月『金属屑処分数量報告書』更生金庫大津453所収、商工省繊維局「織物製造業ノ企業整備ニ関スル件」1943年10月『業務概況』更生金庫本所262所収。

規模の香川・徳島・東京・神奈川・埼玉・秋田では全廃棄が指示され、一方岐阜は全設備が操業工場として認められるなど、操業か、全廃棄かに振り分けられた[18]。

そして後述のように、府県企業整備協議会を強化した企業整備委員会専門部会で、転廃業工場の選別が行われた。転廃業工場の選定方法は、まず①軍需等の重点部門へ優先的に転換利用すべき工場、②転廃業希望者で転業容易なものを決定し、残された業者を、生産品種の特別な必要性、生産性、立地条件の優良性、事業者の転業困難性などの観点から選別した。

また要綱は「今般ノ整備ニ当リテハ現存企業者ヲ以テ其ノ儘有限会社、株式会社等ノ合同体ヲ組織シ之ニ依リ所謂不完全転廃業ヲ為サシムルガ如キ方法ヲ採ラズ現存企業者ニ付テ具体的個別的ニ転廃業ヲ為スベキモノヲ決定スル」として、形式的な統合は認めなかった。

供出設備は中古品価格で、営業権等の資産は、過去3年の平均純益を1割の資本還元で求めた額と、国民更生金庫の買い上げ評価基準を調整した額で買い上げた。商工省から割り当てられた整備目標に対して、各府県の企業整備委員会は整備計画の具体化を検討し、操業工場と転廃業工場を選定した。

奈良県では、県企業整備委員会織物製造業部会が1943年12月までに企業統合体である会社、工業組合、小組合等との協議を終え、表8-5のように整備計画をまとめた。そして、統合体の中から工場単位で整備工場を選定し、県内50工場のうち6月時点で操業中止状態であった9工場を含む21工場、力織機の61%に当たる部分を転廃業工場とし、力織機の屑化を決めた。転用適格となる

建坪500坪以上の工場は県内に5工場しかなかったが、このうち2工場は大阪陸軍被服廠へ、1工場は金属工業へ転用された。小規模事業者を統合した小組合内部での選定作業を見ると、必ずしも小規模工場から順に廃止を決めた訳ではなく、整備要綱の適格性基準に基づいて、個々の経営者の事情を勘案しながら決定したものと見られる[19]。

表8-5 奈良県織物製造業整備実施計画（1943年12月）

		工場数	力織機数
総数	綿ス・フ織物業	44	2,946
	絹人絹織物業	6	218
	計	50	3,164
操業	綿ス・フ織物業	25	1,121
	絹人絹織物業	4	102
	計	29	1,223
転廃業	綿ス・フ織物業	19	1,825（884トン）
	絹人絹織物業	2	116　（61トン）
	計	21	1,941（945トン）

出所：『織物製造業ニ関スル綴』更生金庫奈良64。

山形県の織物業に対しても、機械設備の60％の供出が求められた。これに対して、全経営に一律60％を適応するのではなく、以下の三つのケースに分けて対応することになった。①廃業し全設備を供出する、②1工場当たり30台を超える分の機械を供出する、③30台以下の小工場について、県の供出負担から①②を差し引いた分を按分供出する。

織機30台を上限として会社組織を優先的に残し、小規模事業所の負担を軽減するなど、共助金の負担問題や、転廃業の困難な小経営への配慮が見られた。また、県織物工業組合と商工省との交渉で、整備率を54％に引き下げさせることにも成功した[20]。しかし、結局多くの小経営は消滅することになった。廃業工場の設備や供出機械は、時価評価によって国民更生金庫が買い上げ、営業権評価額と、工業組合や政府からの転廃業支援資金などの共助金が転廃業者に交付された。一部の有力工業組合を除けば、組合は交付共助金の調達に国民更生金庫の融資を利用した。

2　商業部門の企業整備

(1) 商業部門の整備方針

周知のように、物資動員計画の開始とともに、重要物資から順次配給統制機

構が整備され、産業別の原料割当・生産割当機関、指定販売機関など、配給統制の枠組みが作られた。商工省は、1940年半ば、総合的な配給統制機構の一元化、簡素化に乗り出し、これと平行する形で商業部門の企業整備にも着手した。

繊維卸商に対しては、1940年夏頃から整備構想が示された。8月の日本毛織物元売卸商業組合理事会の席上、商工省事務官は組合員を30～50組織に統合すべき意向を述べ、10月の理事会でも商工省羊毛製品課長は「元売組合の場合千数百名と云ふ業者は絶対に必要としない。或程度の犠牲、摩擦を覚悟しても整理統合は之を断行せねばならぬ」と指示した[21]。

組合理事会はこれを受けて10月に、業界を50の配給取扱所と更生糸織物のみを扱う2つの配給機関に再編することを決定した。これに伴って、販売実績の少ない組合員は、取扱規模に比して統合体への参加負担が大きくなり、組合は自発的脱退を指導することになった。配給実績を他社へ譲渡する場合の基準価格を策定し、翌1941年1月の理事会は「整理統合に依る転廃業者実績買上の件」を決定し、実績の売買価格を純利益の3年分とした。このため、まず37年以降2年半分の事業記録から業界の年間平均販売額を2億円、平均純益を2％と見て、その3年分に当たる1,200万円を業界の総純利益と算出した。そして、これを基に実績比率0.1％当たり1万2,000円という基準価格を設定した[22]。この純益の3年分という転廃業資金の基準は、実績を買い上げ、償却する残存業者側の支払い能力と、転廃業の補償金としての両面で、行政側も概ね妥当と見なし、その後国民更生金庫が介在した転廃業者への共助金の算定に際しても考慮されることとなった。

こうした先行事例を踏まえて、1941年1月には「配給機構整備要綱」によって、元売・卸売・小売の各段階にわたる、商業部門全般の整理・合理化方針が打ち出された。これは生産者による販売事業の直営を排し、既存商業者の経営規模の拡大と取引機構の大幅な簡素化を計り、その上で元売・小売間の利害を調整して、統制機能を強化しようというものだった。このため商業者の業態に応じて商業団体を組織して、重要物資の卸売については、商工業組合等による団体取引を原則とした。

多段階にわたる卸売機構の整備方針は、次の原則によるものとされた。

①生産者・需要者ともに大口取引の場合は中間配給機関を1段階とし、場合によっては生産者団体と需要者団体の直接取引とする。
②少数の生産者に対して多数の小口需要者がある場合は、元売・卸の2段階を認めるが、必要があれば1段階に整理する。
③生産者・需要者ともに小口の場合は、産地問屋・消費地問屋を認め、更に必要な場合は集散地問屋を認める。
④多数の生産者に対して大口需要者がある場合は、産地問屋のみの1段階にまとめ、必要があれば生産者団体と需要者あるいは需要者団体との直接取引を認めて整理する。

これに伴って商業者の統合を強力に推進することとなり、①元売・集散地問屋は全国単位あるいはブロック単位に商業組合を設立し、必要な場合は会社組織とする、②地方卸商、産地問屋は道府県単位あるいはブロック単位で商業組合を設立し、これも必要な場合は会社組織とすることとした。

一方小売については、消費財についてのみ存続を認めるが、卸機関から購買会等の大口消費者組織に販売することも認めて、企業整備を促した。小売は地域ごとに業種別商業組合に組織し、物資別の小売商業組合連合会に加入させた。百貨店には百貨店組合を通じて配給することになった。小売商業界は、昭和恐慌期には産業組合による共同購入や百貨店進出などで、販路縮小が問題となり、総動員体制の中では、過剰人員のプールと見なされ、その合理的再編が課題とされてきた。そして、この整備要綱以降、1941年度を通じて商業組合などへの組織化が進み、組合による整備計画が始まった。42年度には小売商業の第1次整備が実施され、1943年6月の戦力増強企業整備要綱決定を機に、第2次企業整備が開始された。戦力増強企業整備要綱の中心は民需関連製造業であったが、卸売・小売業部門でも可能な限りの追加整備が求められた。

(2) 卸売部門の企業整備

1) 綿ス・フ織物卸売業の企業整備

卸売業部門の事例として、綿ス・フ織物卸商の配給機構簡素化と、企業整備を見ておこう。輸出入リンク制度以来、国内向けを中心とした繊維2次製品の

問屋は、その業務範囲を縮小させていた。原料糸・規格の制限強化、指定生産制の拡大によって、本来の問屋的活動の余地も失い、1941年に入ると業界整理が必要となった。輸出用純綿製品の内地流入を統制することを目的に1938年4月に設立され、4,500の綿ス・フ織物卸商を擁する日本綿織物卸商業組合聯合会（綿商聯）は、41年1月の理事会で、商工省繊維局綿業課長吉田悌二郎らから、「少なくとも十分の一以内に縮合する様自治的に機構整備に進むべき」ことを指示された。吉田はまた「二三年先の情勢を予測しむしろ商業者の必要を是認され居る現在徹底的に整備を為し置くが良策と思ふ。例えば二三年後に於ては情勢が悪化し卸機関は一会社に纏めらるゝが如き憂ひも考へられる」と述べ、元売1社体制がすでに構想されていることを示唆した。また共助金などの整備資金については、「国家保障(ママ)は今のところ考へられない。同業者の利潤を裂いて廻すことゝなろう」として、「商業組合に於て配給利潤の一部を積立て之を整理統合資金に当つる等同業者間の協力援助に依って打解(ママ)すること」を指示した。

　卸商の存続を危うくする構想が打ち出される中で、綿商聯では1941年5月26日、産地問屋、集散地問屋、地方卸の代表が集まり、配給機構整備懇談会を設置した。そして、7月初めまでに、商工省当局との交渉を続けながら、業界整備案を取りまとめ、7月19日の総会で綿商聯独自の「配給機構整備要綱」を決定した。綿商聯案は、配給機構を元売（集配所）と卸売（地方配給会社及び朝鮮・台湾移出会社）に整理し、元売となる資格は、買付実績から対小売販売実績の90％を控除した金額を基準として、1938年1～6月期基準額が200万円以上のものを中核体とし、それに達しない組合員は中核体に統合するとした。また地方の卸売については、元売業者を中心に道府県単位の株式会社に統合するという、大規模元売業者を主体とするものだった。

　この綿商聯の府県卸売会社構想は、市・郡単位の地域小売商業組合を通じて共同仕入れを行い、収益性を確保しようとしていた小売業界の強い反発を生むことになった。それ故商工省は、「元売機構ニ付テハ大体異存ナキモ地方卸ニ付テハ当局ニ於テ絹、人絹ヲモ含メテノ機構改革ヲ立案中ニ付地方ノ一元化機構実施ニ当リテハ商工省案ニ従ハレ度シ」と、綿商聯案を抑え、府県別地方配給会社の設立については、商工省側の調整案を待つよう指導した。

第8章　繊維関連部門の中小商工業整備

図8－1　繊維製品配給消費統制規則（1942年1月）に基づく生産・配給機構整備

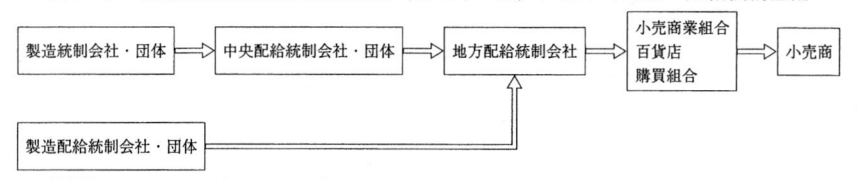

製造統制会社・団体 ⇒ 中央配給統制会社・団体 ⇒ 地方配給統制会社 ⇒ 小売商業組合／百貨店／購買組合 ⇒ 小売商

製造配給統制会社・団体 ⇒（地方配給統制会社へ）

製造統制機関：日本ス・フ織物製造、日本内地莫大小統制、全日本足袋共同販売、日本タオル製造統制、日本人造絹織物工業組合連合会、大日本毛織物工業組合連合会など8団体
製造配給統制機関：作業衣団体服中央製造配給、既製服中央製造配給統制、和装製品中央製造配給統制、布帛製品中央製造配給統制など11団体
中央配給統制機関：日本綿ス・フ織物配給、莫大小製品中央配給統制、足袋中央配給統制、タオル中央配給統制、日本絹人絹織物配給統制、毛織物中央配給統制など10団体
地方配給統制機関：1道3府43県にそれぞれ1繊維製品配給統制株式会社

　綿商聯側はこれを無視して地方配給会社の設立を急いだ。臨時資金調整法の許可対象となる資本金20万円以上の株式会社を避け、全社とも資本金を19万8,000円として、10月1日より業務を開始することなどを決定した。また元売についても9月までに全国102の中核体を決定し、各業者はこの中核体の構成員に組織されることになった[23]。

　しかし、商工省はこの元売業界が地方卸売事業を支配しようとする動きを遮り、10月14日「繊維製品配給機構整備要綱」を通牒し、図8－1のような繊維製品全般にわたる配給機構整備案を提示した。まず、元売部門については、綿ス・フ織物、絹人絹、毛織物、莫大小製品、足袋、タオルの6つの製品分野で中央配給統制会社を設立し、有力卸商はその代行人に再編する。また労働作業衣類、既製服類、和装既製品、布帛雑品の4種については、業者の多くが卸と製造を兼業していたことから工業組合・製造卸業者・仕入業者によって、それぞれ中央製造配給統制会社を設立する。そして、生産計画、原材料一手購入、製品委託生産、集荷、一手販売を行い、有力業者はその業務代行人に再編するとした。

　懸案の地方卸売商については、府県単位に、小売業者も出資する形で地方配給統制会社を設立し、各種繊維製品を中央配給統制会社や製造配給統制会社より一手に購入し、府県内の小売商業組合を通じて小売商に販売するとした。これによって繊維製品全般について生産・元売の中央配給機構から、地方卸・小売に至る一貫した配給機構が整備されることになった。

しかし、企業整備・流通業界再編の中で、卸売業者の利益を擁護してきた綿商聯内部では、この要綱を巡って激しい紛議が生じた。第一に、取引が複雑な問屋の場合、元売・卸の業態を明確に分離する方針は両方を兼務する業者には不利であった。また、大規模業者の問屋金融機能を利用するため、元売傘下には業務代行人が置かれ、卸売業者の事業継続が事実上可能であったのに対して、地方配給会社では業務代行人を置かずに完全統合を図った。このため、元売やその傘下の業務代行人になれない地方卸商にとっては、経営の独自性や、安定的な口銭確保などの商権が消滅するという問題があった。さらに地方配給会社の株主・役員に小売商業組合・百貨店を参加させることになったことも、卸売商の強い反発を生んだ。

一方、小売商業組合を組織する全国繊維製品小売商業組合聯合会（繊商聯）側には、製造業者団体の「綿ス・フ工聯から直接荷物を貰へば綿商聯は不要なる旨強硬なる主張あり、且つ綿商聯が（小売業者団体である—引用者）繊商聯に相談なく地方配給会社を設立せるは甚だ不都合」などとする不満があった。商工省はこの妥協策として、地方配給統制会社を、卸商と小売商業組合の中間的存在と位置づけ、その出資金、役員の半分を地方小売商業組合から出すこととし、綿商聯の主導権の下で設立された地方配給会社は、11月15日までに解散することなどを指示した。

小売商全般の本格的整備が始まっていない状況で、卸商の犠牲だけが先行する形となったため、綿商聯理事会は紛糾した。一時役員全員が辞意を表明する事態となったが、やむなく10月22日の総会でこれを了承することになった[24]。こうして、翌1942年1月の繊維製品配給消費統制規則の公布により中央配給統制機関として日本綿ス・フ織物配給株式会社（綿配）はじめ、タオル中央配給統制株式会社、日本絹人絹織物配給株式会社、毛織物中央配給統制株式会社、毛布肩掛中央配給統制株式会社などが業務を開始した。

そして、これらの中央配給統制会社、中央製造配給統制会社、地方配給統制会社が主体となって、卸売業の企業整備計画の策定や転廃業共助金の交付を行うことになった。綿ス・フ織物卸商の企業整備では[25]、1941年11月に設立された綿配が担当した。同社は、41年10月の整備要綱を受けて、39年11月に全国的元配給機関として設立された日本特免織物製造株式会社を綿ス・フ織物製品全

第8章　繊維関連部門の中小商工業整備　　241

表8-6　地方繊維配給会社在庫
(100万円)

1942年1月	2,050
1943年1月	1,490
1944年1月	960
1944年12月	250
1945年6月	100

出所:「近畿ブロック地繊会議記録」1946年3月20日（兵庫県繊維製品株式会社19-177「雑書類」）。

表8-7　1942年度綿ス・フ織物卸商企業整備数および共助金支給状況
(千円)

	第1・2次	第3次	合計
個人数	2,612	286	2,904
法人数	557	72	629
計	3,175	358	3,533
転廃業者交付	24,741	4,283	29,023
組合手数料	225	39	264
綿工聯手数料	25	4	29
計	24,991	4,326	29,317
更生金庫借入	18,688	3,620	22,308
自己資金	6,303	706	7,009

出所:日本綿ス・フ織物配給株式会社「転廃業資金交付状況第二回報告書」1943年4月、日本綿織物卸商業組合聯合会「昭和十七年度事業決算報告書」『共助金貸付伺書綴』更生金庫本所803所収。

般を扱うよう拡充し、日本特免帆布元配給株式会社など7社を統合したものだった。転廃業の申請受付、営業権等の算定は、日本綿織物卸商業組合聯合会（綿商聯）が主体になって進め、転廃業共助金は綿配から支出することになった。

太平洋戦争期の繊維配給は窮迫の度を深め、各種糸類の配給総量は1942年度の4億7,500万ポンドから44年度には1億6,700万ポンドと3分の1になり[26]、地方配給統制会社の繊維製品全在庫は表8-6のように推移して、敗戦直前には同社設立当初の5％になるなど、大幅な企業整備が不可避であった。綿商聯では、所属組合に対して42年5月15日を期限とする第1次転廃業の申請を促し、次いで主として法人を対象に、第2次申請期限を6月15日に設定して、転廃業を促した。これに対して、表8-7のように第1次・第2次を合わせて3,175名の申込があり、12月には転廃業資金が交付された。しかしその間も織物業工場の稼働状況は悪化し続け、一層の卸商の整理が必要になった。このため11月30日を締め切りとする第3次転廃業申請を受け入れることになり、さらに358名の申請があった。結局1942年度中には3,533名が転廃業し、残存業者は790となった。表8-8は、これまでの転廃業者と残存業者を、取引形態（a～e）ごとに比較したものであるが、数の上で83％を占める転廃業者は、いずれの取引でも売上額が少なく、小売との取引の比重が高い卸商と見られる。残存業者は

表 8-8　綿ス・フ織物卸商の整備状況　　　　　　（千円）

	整備開始前	転廃業	(%)	残存業者	(%)
業者数	4,733	3,943	83.3	790	16.7
a. 生産者からの仕入額	368,401	101,747	27.6	266,654	72.4
b. 卸売業者からの仕入額	390,584	186,756	47.8	203,828	52.2
c. 卸売業者または朝鮮・満州への販売額	578,271	185,155	32.0	393,116	68.0
d. 小売業者への販売額	193,488	118,815	61.4	74,674	38.6
売買総額	1,530,744	592,472	38.7	938,272	61.3
e. 染晒委託加工費	49,349	11,789	23.9	37,560	76.1

注：売買実績は1938年上期、加工費は1938年7月から1年間の実績。
出所：日本綿ス・フ織物配給株式会社「転廃業資金交付状況第二回報告書」1943年4月、前掲『共助資金貸付伺書綴』所収。

　生産者からの仕入れが多く、卸売業者への販売比率が高い大口卸商であった。790の残存業者のうち、主に産地集荷問屋の性格の強いものは、綿配の購入代行人46店に統合再編され、集散地問屋の性格の強いものは綿配の販売代行人57店に再編された。このように、残存業者は103（その後104）の合同体となって、卸商としての簡素化された配給実務を担当することになった。

　転廃業共助金を受け取れるのは、組合を脱退する者ないし綿配の業務代行人である統合体を脱退する者に限定された。支給する共助金の算定方法は、表8-8のa～eの区分に相当する各自の1938年上期取引額を基に、次の計算式によって決定した。半期販売実績の4.5％を基準に小売業への販売実績をやや大きく評価して、これに転廃業者に一律2,000円を調整金として支給した。

　　転廃業共助金＝$(0.9a+0.8b+0.6c+1.1d) \times 0.045 + 0.045e + 2000$

　転廃業共助金は現金および公債等で支給され、法人の場合は原則的に公債で支給されて3年以内の換金を制限し、指定機関に委託された。第1次・第2次申請分の転廃業共助金は2,499万円にのぼり、当初はこの全額を国民更生金庫から調達することを予定していた。しかし、所管省と国民更生金庫から、一律2,000円の調整金については綿配の自己資金で負担すること、さらに極力現金交付を減らすことなどの指導を受けた。この結果、国民更生金庫からの借入は1,868万円となり、残り630万円は綿配の自己資金となった。第3次申請分の転廃業共助金は432万円となった。これを金庫から362万円、自己資金70万によっ

てまかなったが、金庫側の要望で現金交付率はさらに低下した。42年度に実施した綿ス・フ織物卸売商の共助金の総額は、結局2,931万円となり、うち2,230万円を金庫からの借入に依存した。金庫への返済は、商工省からの全額利子補給を受け、1年間の据置期間の後、1943年9月から7年間に14回分割で償還することになった。

整備後の関係者の転業状況をみると、表8-9のように事業主は地方配給会社、その他繊維産業への転職も多かったが、従業員は労務逼迫が著しい業種への転職が多かった。

表8-9 綿ス・フ織物卸商の転業状況（1943年3月20日）

		第1・2次	第3次	計
	報告数	3,366	342	3,708
業主	未定	1,122	84	1,206
	地方配給会社	192	0	192
	その他繊維関係	1,429	155	1,584
	新方面	623	103	726
従業員	未定	692	61	753
	地方配給会社	529	5	529
	その他繊維関係	2,421	410	2,831
	新方面	5,186	763	5,949
	計	8,817	1,239	10,056

出所：日本綿ス・フ織物配給株式会社「転廃業資金交付状況第二回報告書」1943年4月、前掲『共助資金貸付伺書綴』所収。

2) 絹人絹織物卸商の企業整備

絹人絹織物卸売商に関する企業整備も1941年8月から本格化した。商工省繊維局は日本絹人絹織物卸商業組合聯合会に対し、配給機構整備の立案を指示し、同月末の聯合会理事会では絹織物配給統制委員会を設置して高田良平副理事長の私案を基に整備案を検討した。9月末に策定した委員会案を、10月に発表された繊維製品配給機構整備要綱を踏まえて、聯合会で調整した整備要綱案が、11月に商工省から絹人絹織物配給機構整備要綱として通牒された。整備要綱は次のとおりであった。産地元売は1産地1社を原則とし、無理ならば企業数を4分の1以下とする完全統合体とする。東京・横浜、大阪・神戸、名古屋、京都の集散地卸は第1次合同として4分の1以下へ完全統合を進め、第2次統合で不完全統合体も含めその数を10分の1とする。産地元売、集散地卸の第1次統合体を株主として全国を一元的に統括する中央配給統制会社（資本金2,000万円）を設立する。地方卸業者は、集散地卸へ統合するか、道府県単位に統合するかを選択し、道府県卸は、中央配給統制会社、道府県別小売商業団体、百

貨店と共同して地方配給会社を設立する。廃業する者へは中央配給統制から補償金を交付する。具体化のために中央・地方の企業整備委員会を設置する。

これに基づいて、聯合会に企業整備中央委員会が設置され、産地・集散地には地方委員会が設置され、全国1万2,180の卸商の整備計画が策定された。この結果、表8-10のように産地問屋は71の統合体へ、集散地問屋は642の統合体へと再編され、一般地方卸業者は地方繊維製品配給統制株式会社の代行人に組織された。そして、産地・集散地問屋等の723の統合体の出資によって、1941年12月日本絹人絹織物配給統制株式会社が設立され、その下で産地の71統合体は購入代行人となり、その他は販売代行人として業務を継続することになった[27]。一方、この配給機構の再編に参加しなかった4,930の業者は廃業することになり、転廃業資金として聯合会が960万円を交付することになった[28]。

1943年にはいると戦力増強企業整備要綱を背景に、業務代行人の整備も始まった。同年10月、商工省は、やや遅れていた絹人絹織物製造業の企業整備が進捗したことや、国民戦時衣生活簡素化実施要綱の閣議決定を受けて、日本絹人絹織物配給統制株式会社の傘下で業務代行人となっていた卸商の整備要綱を通牒した[29]。整備要綱は、傘下の業務代行人について、①12月までに産地集荷問屋機能を担う業務代行人を32以下の統合体に半減させる、②集散地問屋機能を担う業務代行人も一挙に70以下の統合体に整理する、③有限会社ないし株式会社による完全統合体とし、不完全な転廃業を認めないとした。

これを受けて同社は、1943年12月4日農商務省繊維局に次のような整備計画を提出し、認可を受けた[30]。企業整備方法は、年間取扱額を基にした基準実績を残存業者が買収する形とした。基準実績の計算方法は、まず購入実績を縦購入（産地業者の場合は生産者からの購入、集散地業者の場合は生産者または産地業者からの購入）と横購入（上記以外の購入）に区分する。同様に販売実績を縦販売（産地業者の場合は小売商・地方卸商・集散地業者への販売、集散地の場合は小売商・地方卸商への販売）と横販売（上記以外の販売）に分け、下の計算式によって算出した。絹人絹織物卸商の場合も、生産者からの縦購入業者の実績評価額を大きくし、同業卸売商から購入する業者の評価額は小さかった。これは取扱数量の減少や配給機構の整備によって、同業卸売商等からの横購入は自然淘汰されると見ていたためだろう。

第8章　繊維関連部門の中小商工業整備

表8-10　絹人絹織物卸商整備状況（1941年末）

	整備前	1941年末
産地問屋	4,500	71
集散地問屋	5,400	642
外地向商社	60	4
特殊地方卸	7	6
一般地方卸	1,995	各府県1社

出所：日本絹人絹織物工業会『日本絹人絹織物史』1959年、402〜403頁。

表8-11　絹人絹織物配給機構整備（1943年末）　（千円）

		整備前	残存業者	転廃業者
集散地	統合体	636	69（買収277）	290
	実績	840,170	566,015	274,155
	共助金			13,236
産地	統合体	71	*26	14
	員数	2,114	782	1,332
	実績	534,119	221,400	312,719
	共助金			7,883

注：*44社を統合した12社を含む。
出所：日本絹人絹織物工業会『日本絹人絹織物史』1959年、403頁、国民更生金庫「日本織物統制株式会社共助施設概要」、同「実績補償共助金交附内訳書」、『共助資金貸付伺書綴』更生金庫本所801所収より作成。

$$基準実績 = 縦購入縦販売額 \times 0.6 + 縦購入横販売額 \times 0.6$$
$$+ 横購入縦販売額 \times 0.4 + 横購入横販売額 \times 0.4$$

　残存を希望する者は、基準実績で300万円を超えるまで業者を合併・買収するか、転廃業者の基準実績を買収することを義務づけられた。被合併・被買収企業、転廃業者に対しては、それぞれの基準実績を基に、零細業者にやや厚くなるよう配慮して共助金を支出することになった。この結果、表8-11のような整備案がまとめられ、主要都市の集散地業務代行人は、残存を希望する69業者が277業者の基準実績を買収し、290業者が転廃業した。産地業務代行人については、14社を解散し、44社を12社に統合して、26社とすることになった[31]。基準実績で32％を占めた1割の業者が、35％の基準実績を合併または買収して、営業権を拡張して残存することになり、表8-12のように、京都、東京、大阪以外は、主要都市でも数社を残すのみとなった。一方、廃業者に対する共助金は、表8-11のように、集散地・産地合わせて2,112万107円となった。これを、共助主体である日本織物統制株式会社は、自己資金2万107円と国民更生金庫からの2,110万円の借入で賄うこととし、6年間で返済する計画を立てた。
　こうした産地卸商、集散地卸商の整備と平行して、地方卸商の整備も進展し

表 8-12　絹人絹織物集散地卸商整備状況（1943年12月）　　（千円）

		総基準実績	残存業者	被統合	譲渡	廃業
東京	基準実績	196,127	67,331	16,558	61,179	51,059
	員数	128	20	12	49	47
横浜	基準実績	15,395	863	749	10,291	3,493
	員数	28	2	2	19	5
名古屋	基準実績	52,161	21,752	10,262	11,469	8,679
	員数	80	5	17	31	27
京都	基準実績	299,782	83,511	20,831	81,788	113,653
	員数	222	21	15	65	121
大阪	基準実績	236,835	81,286	22,640	44,871	88,037
	員数	142	14	15	35	78
神戸	基準実績	32,570	7,674	956	14,705	9,235
	員数	30	2	2	15	12
特殊地方卸	基準実績	7,299	6,372	927		
	員数	6	4	2		
合計	基準実績	840,170	268,789	72,923	224,302	274,155
	員数	636	68	65	213	290
	構成比%	100	32	8.7	26.7	32.6

注：前表に比して残存業者が1名減少しているが原資料のまま。
出所：日本絹人絹織物配給統制株式会社「業務代行人ノ整備ニ関スル具体的措置」1943年12月、前掲『共助資金貸付伺書綴』更生金庫本所801所収。

た。1942年3月には、すでに見たように、絹人絹織物関係の地方卸商は、道府県ごとに1社となった繊維製品配給統制株式会社の業務代行人に再編されていた。業務縮小に伴って、代行人を整理するため、43年11月には農商省繊維局は「地方繊維製品配給株式会社ノ普通生産絹人絹織物関係業務代行人タル地方卸商ノ包括的代行制廃止ニ伴フ転廃業実績補償共助金交付ニ関スル件」によって、地方卸売商の整備を指示した。これを受けて、日本絹人絹織物配給統制株式会社が主体となって、整備計画と共助金算出方法を立案した[32]。基準実績の算出は、1938年販売額の全額、39年販売額の8割、40年販売額の5割を合算し、この販売実績を縦購入（生産者・産地業者・集散地業者からの購入）と横購入（上記以外）、縦販売（小売業者への販売）と横販売（上記以外への販売）に区分し、下記の計算式によった。

基準実績＝縦購入縦販売額×1＋横購入縦販売額×0.8＋縦購入横販売額
　　　　×0.5＋横購入横販売額×0.4

　この基準実績に、集散地卸業者の交付率を準用して共助金を算出した。その結果、整備計画前に2,000程度あった地方卸商のうち1,106社が廃業を決めた。そして、その基準実績6,823万円に対して、340万円の共助金が交付された。
　このようにして、絹人絹織物卸業界の整備が実施され、1941年度実施分と合わせて、およそ3,500万円の転廃業共助金が更生金庫からの借入に依存して交付されることになった。
　1943年10月には、統制会社令公布とその指定によって、配給統制機関の機能が大幅に強化されたこと、そして戦力増強企業整備以降、民需品の配給量が顕著に減少したことを背景に、繊維製品の中央配給統制会社も整理統合された。10月1日商工省は「繊維製品配給機構ノ整備ニ関スル件」を通牒し、業態別29の配給統制機関を8機関に統合することを指示した。44年1月には日本絹人絹織物配給、日本綿ス・フ織物配給、日本毛織物配給、日本タオル統制、日本毛布肩掛配給の5社を統合して日本織物統制株式会社が設立された。同時に、繊維2次製品についても、布帛製品中央製造配給統制、作業衣団体中央製造配給統制、既製服中央製造配給統制、和装製品中央製造配給統制の4社と全国中等学校制服商業組合連合会を統合して、日本布帛製品統制株式会社（44年6月には日本衣料製品統制に改称）が設立され、生産・元売配給機構を次々に簡素化していった[33]。
　こうした機構再編の結果、1944年1月に日本織物統制株式会社が継承した国民更生金庫借入残高は、3,500万円近くを残す絹人絹織物関係分のほか、綿ス・フ織物関係2,231万円、タオル関係81万円、毛織物関係880万円、毛布関係177万円など、計7,000万円近くになった[34]。

(3) 小売部門の企業整備

1) 小売業企業整備の手続き

　一般の小売業の企業整備構想も1940年秋に始まった。同年11月の「生活必需品配給機構整備ニ関スル件」などによって、まず商業組合を整理統合し（概ね

食料品、燃料、繊維製品、家庭用雑貨に区分)、府県ごとに聯合会を組織した。これによって聯合会は府県からの配給指示に基づき、傘下の地域商業組合による消費物資配給の適正化を図った。一般の小売業整備は、この商業組合組織を通じて具体化された。

なお、これとはやや異なる整備方式を取ったのが、石油・石炭・燃料・米穀であった。これらは、いち早く重点的整備と配給統制強化の対象とされ、まず卸商が全国的一元配給統制会社と府県別配給会社へ先行的に再編され、小売商は1941年頃までにその下部組織としての商業組合や、配給所などに再編された。その過程で多くの燃料商・米穀商等の小売業の転廃業者を出したが、その場合の転廃業資金の交付は、国民更生金庫を利用しつつ、府県別配給会社が担当した[35]。

1941年は小売業整備の準備段階として、商業組合への組織化が徹底的に進められ、翌42年に入って、第1次小売業整備が本格的に実施された。一般小売業は、業種も多彩である上、零細業者が中心であったため、全国的組織である工業組合や組合聯合会を中心に、株式会社化などによって利害を調整した製造業や卸売業のようにはいかなかった。廃業者の選定基準、実績額の推定、営業権の評価などでも、困難が多かった。このため、店舗の分布、転換の難易度などを個々の商店ごとに検討して、転廃業者を抽出する方針が取られた。

こうした事情を背景に、地方ごとの特性などを考慮して、地方長官を中心に府県単位の整備計画を策定させる方針が採られた。1942年1月の商工・農林・厚生次官通牒「中小商工業再編成協議会ニ関スル件」や、2月の3省次官通牒「中小商工業再編成協議会要綱」に基づいて、地方長官を会長とする官民協力機関である協議会が設置された。これは府県学務部所管であった従来の職業転換協議会を改組・拡充したものであった。小売業に限らず、県単位の中小企業整備計画は、これ以降この協議会が整備計画を策定することになったが、42年度の協議会業務は、小売業の整備問題が中心になった。協議会の下の各部会は、指定業種の整備計画について商業組合側と協議しつつ、転廃業者の選定、共助金額などを具体化した。

そして、4月21日に閣議決定された小売業整備要綱に基づいて、所管省は6月以降、整理目標、基準などを、地方庁と協議会を通じて府県内の商業組合に

提示した³⁶⁾。また府県商工課には、転廃業者への生活保障共助金を各種商工組合や殷賑業界から集めるため共助会（共済会）が設置され、その実務は府県商業報国会や、有力な商業組合聯合会が担った。

協議会は1942年7月頃までに全ての道府県で設立された。9月下旬から10月には、東京・大阪・金沢・広島・福岡・新潟で、商工省主催の地方別ブロック会議が開催され、企業整備手順・資産評価方法に関する説明と打ち合わせが行われた。各府県に対しては、9月半ばまでに目標整備率を提出するよう求め、これを企画院の国民動員計画・物資動員計画の見通しと照合して、所管省が査定した。10月下旬には府県に対して、あらためて業種別整備目標が示され、整備計画の取りまとめが指示された³⁷⁾。

転廃業者に支給される転廃業資金には、①1人当たり一律に支給される生活保障的要素、②処分可能な資産評価分、③実績評価による営業権評価分などがあった。生活保障的部分は、府県共助会（共済会）が基本的に1人300円の国庫助成を基に、1人600円を交付した。

国民更生金庫による買上処分の対象となる資産や、営業権評価方法の策定には、会計学者を集めた転廃業者資産評価中央委員会が当たった。1942年3月頃から小売業の資産評価方法を検討し、納税額から販売実績と平均純益を推定し、9月15日、30業種分の営業権＝暖簾代の算出方法を決定した。営業権は、単独では評価せずに、一般営業用什器の資産評価に合算して評価された。つまり、不動産、電話・金庫・貨物自動車などの単独に評価しうる備品・什器類や手持ち商品・原材料については、工業部門同様、時価評価を採用し、残されたショーウィンドー、戸棚などの造作、一般営業用雑什器などの単独評価が困難なものは一括して売上額を基にした評価基準を策定し、これに営業権的要素を反映させることになった³⁸⁾。一般営業用什器については、再資源化などの処分ができないか、それ自体としてはほとんど資産価値を持たないため、国民更生金庫による引受の手続を済ませたのち、原則的に評価額の5％程度で、転廃業者が買い戻した³⁹⁾。したがって一般営業用什器の評価額が、事実上の暖簾代ないし営業権放棄に対する代償であり、この価格で、国民更生金庫が営業権を買い取ることとなった。買い戻した什器類のうち、金属類は金属回収統制株式会社の指定商へ供出することが求められたが、その他の一般什器類は廃業を届け出

表8-13 第一次小売業整備の実績

		整備前業主	整備業主	整備率
農林省	米穀商	143,753	89,770	62.4
	木材商	96,000	52,800	55.0
	木炭商	106,509	31,953	30.0
	農機具商	7,194	3,957	55.0
	農薬商	3,064	1,380	45.0
	味噌醤油商	49,889	21,153	42.0
	計	406,409	201,013	49.5
商工省	石油商	10,341	8,422	79.9
	石炭商	2,945	2,818	95.7
	自転車商	34,588	8,339	24.1
	金物商	20,953	6,439	30.7
	うち完全転廃業		4,104	19.5
	貴金属時計商	15,583	2,176	13.9
	うち完全転廃業		2,147	13.7
	陶磁器商	30,688	7,371	24.0
	うち完全転廃業		4,569	14.8
	硝子商	10,170	2,548	25.0
	うち完全転廃業		1,089	10.7
	呉服商	69,159	26,989	39.0
	うち完全転廃業		15,375	22.1
	洋品雑貨商	55,755	25,183	45.1
	うち完全転廃業		7,873	14.1
	洋服商	43,641	14,542	33.3
	うち完全転廃業		9,502	21.7
	計	294,023	104,774	35.6

注：上記業種の他に第一次小売商整備の対象となった菓子商、酒商、麻雀倶楽部、カフェ、バー、周旋屋の実績は不明。
出所：総力戦研究所「帝国（勢力圏ヲ含ム）ノ国力判断（二分冊ノ一）」1943年8月5日（国立公文書館蔵）。

た後も、営業再開に備えて保有するケースが少なくなかったと見られる。

また手持ち商品は、国民更生金庫が一旦小売実売価格で引受け、直ちに商業組合等の残存業者団体が卸実売価格と小売実売価格の中間価格で引き取った。この引取り資金については更生金庫からの融資も受けることができた[40]。この場合、残存業者が卸売統制価格より高価で買取をすることになるため、価格統制令の例外許可を所管府県庁に求めることになるが、「整備計画ノ円滑ナル実現ヲ期シ且転廃業者ノ将来ニ対スル生活不安ヲ除去スル為可及的有利ノ方法ヲ講」じ、「手続ノ簡易迅速ヲ図ラムトスル方針」[41]を取ることになり、在庫品の引き取りを通じても転廃業者に利益が出るように配慮された。

これに加えて、主に営業実績を基準に商業組合が独自に算出した共助金があり、これは中小商工業再編成協議会や、共助金原資を融資する国民更生金庫支所などと協議しながら個別に決定された。すでに生活関連商品の仕入量は急速に減少し、零細小売業者の事業継続は困難になっていたから、これらの措置は転廃業を考える商業者にとって決断を促すきっかけになった。

国民更生金庫は、こうした転廃業資金が過度に支給されないよう、特に金庫借入を前提に当該商業組合による実績評価共助金が支払われる場合には査定を

行った。当初は、実績共助額が膨らまないよう、組合が支出する共助金相当額を、営業用什器評価額から控除する方針をとった。しかし、第1次小売業整備の最終的な詰めの段階になって、こうした圧縮方針も、組合共助金が一般営業用什器評価の2倍を超える場合に限定され、相当額の転廃業資金の交付が可能になった[42]。このようにして、1943年3月頃までに資産評価・処理、組合による共助金の支出、国民更生金庫借入・返済計画などが整った。

1942年度までの指定小売業種の整備実績について、判明する農林省・商工省所管分を見ると、表8-13のようになった。農林省関係で50％、商工省関係では全国的な配給機構再編によってほぼ消滅した石油・石炭商を除いて、概ね30％〜40％であった。もっとも、完全転廃業とはせずに、企業統合によって事業者数が減少した業種も見られた。

2）第1次小売業整備の事例

滋賀県中小商工業再編成協議会　以下では滋賀県の事例から、県、商業組合、更生金庫出張所などの対応を見ておこう。滋賀県では中小商工業再編成協議会設置に関する3省次官通牒に基づいて、1942年3月25日協議会規程が制定された。次いで、5月8日には県知事を会長とする役員等の任命と、第1次指定業種ごとの部会が設置された。

すでに滋賀県でも木材、燃料、石炭、米穀販売業については、配給機構の整備が進められていた。1942年度半ばまでの状況は、表8-14のとおりであり、木材業では滋賀県木材株式会社の下に、15木材小売会社、36伐出組合に集約されるなどの事業統合が進んでいた。

1942年10月末、滋賀県が商工省から示達された整備率は表8-15のとおりである。県独自の裁量も認められていたようで、11月の協議会で決定された地区別店舗整理概数は、ややこれを下回るものであった[43]。協議会の整備目標は、各地区の当該商業組合に提示され、協議会内の業種別部会で整備計画の策定作業にはいった。そして地区別業種別の整備検討作業を経て、年末から翌43年初め頃までに転廃業者を選定し、協議会がそれをまとめた。こうして第1次商業整備は、年度末までには一応完了した。

転廃業希望者が整備目標に満たないような場合には、転廃業者を具体的に選

表8-14 滋賀県における1942年度までの小売業整備

共助主体（出資者数）	整備状況	整備前業者	転廃業者
滋賀県木材株式会社（300）	木材小売15社（出資者236）、伐出組合36（加入者566）	1,355	253
滋賀県石油販売株式会社（64）	大配給所11（担当者18）、小配給所50（担当者50）	151	87
滋賀県石炭株式会社（58）	配給所6、出張所10	52（他に県外業者105）	全業者

注：この他に燃料小売商業組合で共同販売などの事業統合が進められ、県食糧営団による全米穀商業者の整備が進行中。
出所：「滋賀県中小商工業再編協議会参考資料ノ二」『中小諸工業再編成共議会書類』更生金庫大津473所収。

定する基準が必要となった。その場合には、東京府がまとめた「小売業整備ニ関スル転業者選定方法」が参考にされた。選定方法は、最寄品、買廻品ごとに、転廃業適格基準が設けられ、転廃業希望者のほかは、体力・柔軟性などの人材能力面、当該店の地域での配給能力などを採点し、転業順位を付けるというものであった。転業適格者から除外されるケースは、①年齢45歳以上の男子営業主、②婦人営業主にして転業が困難な者、③身体的理由から他の労務に堪え得ない者、④戦病死者の遺族・出征軍人留守宅・傷痍軍人宅、⑤扶養家族が多い者、⑥配達・運搬に特に壮健な者の残存を必要とする場合、⑦優秀な技術の保存に必要な場合などであった。したがって小売商の集中する地域にあって、小規模店の若年店主から転業者を選出するのが原則となった。

　転廃業計画がまとまると、資産評価に次いで、転廃業者に対する共助措置が具体化された。生活保障的要素の一律600円に加え、資産評価、営業実績を基にした組合による共助金が算定された。組合による共助金には当該商業組合の自己資金の拠出分もあったが、その多くは国民更生金庫からの借入金に依存した。各地の商業組合の残存業者による共助金支出に当たっては、小売業整備模範地区として、最も早く共助計画をまとめた岡山県商業組合連合会の事例が、参考にされた。

　岡山県では1942年度末までに30％の企業整備計画をまとめ、今後の商品取扱量の減少を38.5％と見込んで共助金額を検討した。その決定方法は、年間営業純益の2倍を基準に、1,000円を超える場合は倍率を漸次逓減させるというも

第 8 章　繊維関連部門の中小商工業整備

表 8-15　滋賀県への商工省指示整備目標（1942年10月）と再編成協議会決定（11月）

	現在数		指示整理数			整備率 %	残存店舗	協議会決定	
	業主数	店舗数	業主数	店舗数	従業員数			業主	転業者数
金物商	183	788	55	237	—	30	551	13	55
貴金属時計商	118	217	36	44	—	20	173	13	36
陶磁器商	132	788	26	158	—	20	630	8	22
硝子商	48	290	5	29	—	10	261	3	5
呉服洋品雑貨商	1,015	1,715	304	514	170	30	1,201	81	305
洋服商	221	239	66	72	20	30	167	33	66
合計	1,780	4,037	492	1,054	190	26.1	2,983	151	489

注：上記の他に、協議会では自転車商374名中6（38）名、燃料商282名中31（77）名、味噌醤油商1,069名中20（20）名、酒商3,084名中60（60）名、農薬商63名中3（3）名、農機具商173名中20（20）名の転業主（転業者）を決定。
出所：「滋賀県小売業整備目標整備率」「滋賀県小売業整備概定率（11月8日再編成協議会ニテ決定）」『小売業者関係綴』更生金庫大津481所収。

のだった。同県転廃業小売商の平均純益額820円から平均支給額を1,640円とし、これを第1年度に半額、第2年度3割、第3年度2割と3年間に分割して支給するとした。このため共助財源として残存業者に対して、年平均営業純益相当額を徴収することとし、第1年度はその4割、第2～4年度各2割と、4年間で払込を完了させることとした。この結果、米穀・繊維製品以外の生活必需品取扱商業組合の連合会として、共助総額約1,050万円を給付することとなり、このうち約500万円は国民更生金庫から融資を受けることになった。更生金庫側は、「残存業者ノ負担ハ、将来商品ノ減少モ予想セラレ業者ノ整理率ニ於テモ亦現時ノ段階ニ於テハ素ヨリ逆賭シ難キモノアリ」と、その将来リスクを計り得ないとしていたが、この共助計画を適当と認め、各支所・出張所へ参考として配布した。

　このような先行事例を利用しつつも、滋賀県での具体化作業では、共助金の分割支払い方式が係争点となった。調整を担当した更生金庫大津出張所から本所への報告では、「（県側が）総テ現金ヲ以テ一時払トスル旨公約被致居候事情有之御指示通リノ取扱ニハ相当難色ヲ示サレ候」と、更生金庫が原則としていた分割払いでは調整が難しい事情が早くから説明されている。このため1943年3月19日の中小商工業再編成協議会では、商工省事務官が提案した生活援護共助金（一律600円）についてのみ、県共助会に対する国庫助成未交付分200円を

更生金庫貸出で補填して、一時給付するという妥協案も模索された[44]。

　一括給付が争点化するのは、一時所得とした場合には課税対象外であったのに対して、分割支給では課税されるというという税制上の事情もあったためで、全国的にもそうした事例は少なくなかった[45]。共助金の中心は実績補償分で、この算出方法は組合によって様々であったが、このうちの大部分は更生金庫借入でまかなうこととなった。いずれにせよ、商業組合側には、原価積み上げの配給価格決定方式に拠るかぎり、借入金の返済が困難になることはないとの見通しがあり、共助金計画が膨らむ傾向があった。

　これに対して更生金庫本所監理課では、更生金庫からの分割借入ではなく、一時借入による一括処理になる場合や、共助金が一般営業用造作什器評価額（≒暖簾代）の２倍を超える場合には修正を求めた。大津出張所に対しては、「特ニ中等学校制服商洋服商ノ如ク当金庫ヨリノ借入希望額ト一般営業用造作什器基準評価額トノ振合稍高キニ失スル嫌アルモノハ一部自己資金ニ拠ルカ共助額ヲ多少圧縮スル等ニヨリ金庫貸付額ヲ呉服雑貨商ノ程度ヲ超エザルコトト致度候」と指示している[46]。これを受けて策定段階で共助額が9,493円と、暖簾代の2.24倍であった県中等学校制服商業組合の計画[47]は、8,889円とほぼ２倍に調整された。しかし、県当局や各商業組合との調整は難しく、洋服商については変更はなかった。また分割貸付とする更生金庫側の意向も受け入れられず、大津出張所としては、全額一時貸付方式とせざるをえないこと、また「造作代評価額ト金庫貸付額トノ振合高ニキ過グルモノノ処置ニ付テハ組合トハ従来共交渉致居候へ共共助額ノ圧縮ハ勿論自己資金調達モ計画書ニ計上アル以上ニハ到底見込無之候」としていた。県側は一時貸付方式を「強硬ニ主張シ」ているうえ、商工省など「中央当局ノ諒解ヲ得タルモノト思料セラル、事情」から「当出張所ノ立場モ御諒察ノ上原案ご承認方御取計被下度候」と、大津出張所は滋賀県小売業整備の共助金貸出がやや放漫な融資とならざるをえなかった事情を本所に説明していた。

　結局、1943年４月頃までに、協議会でまとめられた第１次小売業整備と共助計画は表８-16のようになり、一括一時支払いとなった。共助金の中心は実績補償分で、この算出方法は組合による独自基準が使われた。また酒商と味噌醤油商の一部は共助金に更生金庫を利用していないが、多くは更生金庫借入で共

助金をまかなった。こうして同年夏頃までには更生金庫による資産引受・処分、所属商業組合による共助金給付など一連の企業整備を終えた。

佐世保呉服商業組合 次に、長崎県佐世保呉服商業組合の事例を見ておこう。長崎県でも、県中小商工業再編成協議会で企業整備の基本方針が策定され、具体的整備目標が商業組合・工業組合に示達された。整理店舗・転業者の選定基準は、①立地の消費者利便性、②配給能力、③経営合理性、④営業主の適格性、⑤接客態度、⑥経営年数など経営に関する評価基準に照らして評価の低い者が対象者となり、これに営業主の個別事情として、⑦体力がある者、⑧扶養家族の数が少ない者、⑨営業外収入が多い者、⑩特殊技能を持つ者などが転廃業の適格者とされた。共助額は組合によって算定方法が異なるが一般営業用什器評価とほぼ同額を基準とするなどの方針が取られた[48]。

　佐世保市の呉服販売では、1934年12月設立された佐世保商業組合が配給統制に当たり、年間取扱額は約120万円、69店の平均取り扱い額は1万7,000円余りであった。しかし42年1月に実施された衣料切符制によって購買力は抑制され、利幅の少ない公定価格販売は小店舗の経営を圧迫した。その一方、大規模店では、従業員の移動による人手不足も生じていた。42年12月10日、県から示達された整備率27％に対して、組合は、「企業整備委員会ヲ再三開催シ凡ユル点ヨリ考究シタル結果抜取整理ノ方法ガ最善ナリトノ結論ニ達シ」[49]、希望者を募った。転廃業促進用に組合員に配布した組合文書には、「政府（直接には国民更生金庫──引用者）ヨリ」の措置として、①手持商品の小売実売価格買い上げ、②営業用指定什器の時価買い上げ、③年間売上の13％相当での一般営業用什器買い上げを示し、12月末までに決定したものに対する所得税、営業収益税などの免除を説明した。そして組合からの共助金について、配布文書には「今回ノ整理計画後転廃業スル者ニハ絶対適用サレマセヌ！」と大書され、今回限りの特別措置であることが強調された。そして、営業権・配給権の代償に当たる「営業整理金（暖簾代ヲ含ム）」は、更生金庫の一般営業用什器買い入れ価格と同額（1万円を上限、39年以降の開業者は1割引、40年以降の開業者は2割引き）とした。また、生活困窮者への600円を上限とする手当、従業者転業手当100円、感謝記念品代100円、緊急部門（軍需工業・開拓移民）転業者への壮行奨励金300円の支出を提示した。このほかに、県共助会等からの若干の共助金

表 8-16　滋賀県第一次小売業整

業種	共助主体	現在数	転廃業者数	整備率 %	共助 実績補償	生活共助
自転車商	県自転車商業組合	423	29	6.9	34,240	6,750
洋服商	県洋服商業組合	241	78	32.4	97,466	17,182
中等学校制服商	県中等学校制服商業組合	42	7	16.7	8,689	200
農機具商	県農用機械器具商業組合	181	123	68.0	14,320	1,500
味噌醤油商	大津食料品小売商業組合	184	93	50.5	40,307	3,062
同上	栗太郡食料品小売商業組合	74	20	27.0	2,100	600
同上	野洲郡食料品小売商業組合	61	14	23.0	1,612	124
同上	八日市食料品小売商業組合	―	66	―	10,502	1,650
同上	滋賀郡ほか10組合	―	341	―	62,244	14,000
燃料商	県燃料商業組合連合会	1,276	633	49.6	92,600	12,400
呉服雑貨商	県繊維製品小売商業組合連合会	1,689	543	32.2	526,498	82,500
貴金属時計蓄音機商	県時計眼鏡商組合連合会	220	18	8.2	4,611	4,275
陶磁器硝子金物商	県家庭用雑貨商業組合連合会	―	156	―	57,003	15,550
酒商		2,850	1,824	64.0	348,993	36,500
計			3,945		1,301,177	196,293

注：―は不明。生活共助金には組合共助のほかに国庫補助による1人一律600円の共助金があるが、本表には含まれて
43年7月に栗太郡食料品小売商業組合は更生金庫借入申請を取り消し、時計眼鏡商組合連合会は借入を8,000円に
出所：「第一次指定小売業者共助計画書（滋賀県）」、滋賀県中小商工業再編成協議会酒部会「転業者ニ対スル同業者ノ
貸付ニ関スル協議ノ件」1943年5月3日、「第一次指定小売業者資産評価概要」1943年6月21日決定、前掲『小売

表 8-17　佐世保呉服商業組合の整備計画

	事業主		家族従業員		従業員		計	
	男	女	男	女	男	女	男	女
残存業者（兼業）	47 (2)	2	8	65	28	100	83 (2)	167
廃業者	1	7	2	8	0	2	3	17
転業者	12	0	0	9	3	8	15	17
計	60	9	10	82	31	110	101	201

出所：佐世保呉服商業組合「整備計画書」1943年4月『共助貸付書類』更生金庫長
崎88所収。

があることなどを明記して、組合員の決断を促した[50]。

　手持ち商品や市場評価の可能な資産を除いた営業権的資産評価の受取額だけでも営業純益の2～3年分に上ったため、佐世保呉服商業組合では整備目標を満たす23名の転廃業希望があった。1月には県の実態調査を経て、4月までに表8-17のように、69事業主中20業主、従業員を含め52名を転廃業させるとい

第8章　繊維関連部門の中小商工業整備

備共助計画

(人、％、円)

計画		1人あたり	実績補償共助の決定方法	一般営業用造作什器評価額	共助資金財源	
激励金	計				自己資金	金庫借入
0	40,990	1,410	収益の3年分	13,969	6,750	34,241
15,900	130,548	1,673	造作評価の1.7倍	56,891	20,548	110,000
0	8,889	1,355	造作評価の2倍	―	889	8,000
370	16,490	131	組合査定	―	6,190	10,000
465	43,834	471	実績醬油1石15円	30,456	3,834	40,000
300	3,000	150	／味噌10貫3.6円	―	2,000	1,000
0	1,726	123		―	626	1,100
0	12,152	184		―	10,502	1,650
0	76,224	223		―	76,244	0
4,421	109,421	172	年間売上の1/10	―	10,421	99,000
19,964	628,962	1,150	収益の2年分	406,136	128,962	500,000
4,230	13,116	493	収益の半年分	11,255	3,116	10,000
5,453	78,006	500	収益の1.5年分	42,078	16,506	61,500
0	385,493	211		132,810	385,493	0
51,103	1,548,573	395			672,083	876,490

いない。激励金には商品引取による残存組合員差損額、扶養家族手当、従業員餞別が含まれる。なお減額修正があった。
「共助施設ノ要領」1942年12月、前掲『中小諸工業再編成共議会書類』所収、大津出張所「小売業共助業者関係綴」所収。

う整備計画をまとめた。商業組合でまとめた共助計画は、表8-18のとおりである。転廃業者の在庫商品8万2,149点の引き取りに関しては、更生金庫による実売小売評価額から通常の販売手数料の半額分を差し引いた価額14万1,594円で残存業者が買い入れることとし、卸売価格との差額1万5,885円が引き取りにともなう共助措置と見なされた。これにともない、更生金庫は共助部分の融資1万5,291円を含めて14万1,000円を融資した。

　金銭給付による共助措置では、生活援護金として1人600円、計1万2,000円を支給し、うち半額は国庫補助金から、半額は組合から支出した。実績補償＝営業権補償は6万4,915円と見積り、種々の手当と合わせて7万5,870円となり、組合共助金総額は9万1,755円となった。これは転廃業者の一般営業用什器評価額の101％と、ほぼ同額であり、滋賀県の呉服商業組合の共助金よりやや少額ではあったが、この水準は全国的には一般的であったと見られる。このうち組合自己資金で賄えるのはわずかに過ぎず、更生金庫からの共助金借入は8万

表8-18 佐世保呉服商業組合の共助措置（1943年6月）

	残存業者数	49	
	転廃業者数（整備率）	20 (30%)	
商品引取	更生金庫小売評価価格	157,479	
	実売卸売価格	125,709	
	残存組合員引取価格	141,594	
	自己資金	594	
	国民更生金庫借入	141,000	a
	実売価格と引取価格の差額	15,885	b
	国民更生金庫利用分	15,291	c
金銭給付	生活援護金	6,000	
	（外からの援護金）	(6,000)	
	生活助成（実績補償）金	64,915	
	自己資金	5,870	
	国民更生金庫借入	59,045	
	扶養家族手当金（16人分）	1,600	
	国民更生金庫借入	1,600	
	転業奨励金（14人分）	1,300	
	国民更生金庫借入	1,300	
	従業員転業手当（15人）	1,055	
	国民更生金庫借入	1,055	
	壮行金	1,000	
	国民更生金庫借入	1,000	
	計	75,870	d
	国民更生金庫借入	70,000	e
	組合共助金合計	91,755	b+d
	うち国民更生金庫借入	85,291	c+e
	一般造作什器評価額との比	101%	
	国民更生金庫借入総額	211,000	a+e

注：外からの援助金は長崎県中小商工業再編成費補助。
出所：国民更生金庫長崎出張所「共助貸付書類（呉服小売商）」前掲『共助貸付書類』所収。

5,291円、商品買い入れ資金を含む総借入額は22万1,000円に上った。

佐世保呉服商業組合の共助金は、2年間にわたって分割給付され、更生金庫借入も43年7月の4万円と44年9月の3万円の2年にわたって実施された。一方償還計画についてみると、商品引取融資分14万1,000円は1946年9月までの3カ年間での償還とした。共助金借入分は今後の残存業者の取扱商品について、組合が手数料1.6%を徴収することとした。これによって、今後6年間に44%の商品量の減少を予想していたが、1949年までには償還を終えるとしていた。

配給量見通しの確実性はともかくとして、借入金利については全額国庫補助が認められており、配給機関による排他的取扱と配給コストを勘案した公定価格設定が行われるかぎり、償還計画は保証されていたといえよう。

3）第2次以降の小売業整備

こうして全国的に第1次整備計画の細部が確定したところへ、1943年7月、第2次小売業整備となる商工・農林・厚生・大蔵・内務5省次官通牒「小売業ノ整備ニ関スル件」が地方庁に通達された。第1次の際のような業種指定は原

則的に行わないものの、地方官庁において必要と認めるもの、または業者団体で希望する場合に、整備を行うとされた[51]。整備計画の立案・実施方法は第1次同様とされ、売上額を基準とした一般営業用造作什器基準評価額も、第1次の30業種に新たに13業種が追加され、営業収益から売上額を推計するための還元率についてもそれぞれ示された[52]。戦力増強企業整備要綱の実施に当たって、小売業は整備事業の中心ではないが、44年夏頃までに、整備計画の策定や、更生金庫による資産の引受処分、共助金貸し出しなどが完了している。

1943年7月には地方行政協議会が設置され、徹底した企業整備の実施に当たって、地方行政機能も強化された。従来の企業整備協議会は改組され、小売業・工業部門の迅速な整備を実施するため、中央官庁と連絡を取り、関連機関を網羅した府県企業整備委員会が7月に設置された[53]。その構成は、知事を委員長に、府県部長、商工省工務官、陸海軍工場監督官、大蔵省税務担当官、府県産業報国会・商業報国会、国民更生金庫・日本銀行・産業設備営団、府県工業組合・商業組合、工業組合中央会府県支部、商業組合府県支部、大政翼賛会府県支部、翼賛壮年団等の役員を委員とし、総動員関連機関を網羅していた。

府県企業整備委員会を中心とした第2次以降の小売業整備の全体像は掴みにくいが、判明する佐世保市での繊維製品小売業の事例を見ておこう。佐世保市における繊維製品小売業の第2次小売業整備では、配給業務の縮小や残存業者の共助金融資返済能力の衰退を背景に、配給統制組織が統合された。1944年7月に佐世保呉服商業組合、佐世保既製洋服小売商業組合、佐世保洋品雑貨小売商業組合、佐世保反物行商商業組合が解散し、商工組合法に基づいて新たに佐世保市繊維製品配給統制組合が設立された。そして被統合商業組合による共助事業の債務を引き継いだ。44年度中に実施された第2次小売業整備は敗戦後まで掛かり、46年6月に佐世保繊維製品配給統制組合全体で47件の企業整備計画をまとめた。この際には転廃業者の手持ち商品の26万259円分を更生金庫が引き受け、それを組合が卸売価額である20万2,187円で引き取ることになった。買い入れ資金のうち、2,187円は組合自己資金とし、残り20万円は3年割賦償還計画で更生金庫から借入れることになった。融資の実施は46年1月となったが、販売代金からの償還は「不安なきもの」とされた[54]。強力な配給統制が46年以降も実施される見通しであった以上、戦時下と同様、商業者団体、更生金

庫にとっても、転廃業者への共助事業は確実なものと見られた。

こうして、1943年度以降も順次業種を拡張しつつ実施された小売業整備の結果、繊維製品を取り扱った小売商の場合、1938年の推定16万7,200店舗から、45年9月には2万3,850店舗にまで縮小し[55]、事業主と従業員は根こそぎ的労務動員の最後の給源として利用されることになった。

おわりに

原材料の割当削減によって1940年暮れから始まった企業整備は繊維部門に大きな打撃を与えて終戦を迎えた。こうした中でそれぞれの利害調整を図りながら、最低生産規模の引き上げ、生産品種・規格の整理、複雑な流通の簡素化、事業団体の情報処理など最適な産業組織を人為的に作り出す作業が進められた。

敗戦間際の1945年度には、新たな繊維割当を実施できないまでに供給量が減少し、44年度配給切符の残りをそのまま45年度の割当とするなど、統制機構は一旦麻痺しかかった。しかし、戦時繊維統制はほぼそのまま維持され、膨大な罹災者、復員・引揚者向けの越冬用衣料などの緊急割当を皮切りに、再出発する。交易営団や中央配給統制機関の在庫、軍関係機関等からの隠匿物資をかき集めて、46年第1四半期から繊維配給が実施された。その後も、原棉輸入の制限や、生糸の凍結措置など、繊維関連産業の復興にはさまざまな困難が生じた。

GHQの独占禁止政策に基づき、国家総動員法等の諸法令が1946年9月末に失効し、戦時下の民間統制機関は次々と解散・改組した。47年第1四半期からは臨時需給調整法に基づいて経済安定本部や商工省繊維局が直接企業別の需給調整を行うことになった。この間、繊維統制会は45年12月解散し、日本繊維協会に再編されたが、47年7月の解散まで繊維需給調整に重要な役割を果した。その後も日本繊維連合会などが48年度末から49年度に統制が撤廃されるまで、需給安定の補助的役割を果たした。衣料はじめ生活必需品をめぐる闇経済を封じ込めることはできなかったが、1946年4月の切符制再開後も、配給秩序を維持し、流通コストの膨張を抑えるため、問屋・小売業は登録制によってその乱立を規制していた[56]。そして48年度後半の統制撤廃後も、繊維工業の全面的自由競争は限定的かつ短く、1950年代半ばには、外貨割当や設備過剰対策が始ま

第8章　繊維関連部門の中小商工業整備

り、産業合理化と市場秩序維持政策が並行して実施された。

注
1) 中小企業整備の政策展開については、由井常彦『商工政策史』第12巻中小企業、1963年、同『中小企業政策の史的研究』東洋経済新報社、1964年、公開経営指導協会編『日本小売業運動史』戦時編、1979年が詳しい。しかし整備実態については、資料的制約からその解明が遅れている。
2) 原朗「階級構成の新推計」安藤良雄編『両大戦間の日本資本主義』東京大学出版会、1979年。
3) 渡辺純子「戦時期日本の産業統制の特質——繊維産業における企業整備と『10大紡』体制の成立」『土地制度史学』第150号、1996年。
4) リンク制等の日中戦争期の綿業統制については、高村直助「綿業輸出リンク制下における紡績業と産地機業」、寺村泰「日中戦争期の貿易政策」近代日本研究会『戦時経済』山川出版社、1987年所収、参照。1940年の軍需比率は9％であったが、その後太平洋戦争期に繊維配当量が4分の1になるなか、軍需向けの比重は増え続け、44年には57％を占めるようになった。（日本繊維連合会『繊維年鑑』1947年版、26頁）
5) その後、統制団体については、1942年9月から10月にかけて綿スフ、絹人絹、羊毛、麻の工業組合等が統制会に改組され、糸の需給調整に当たった。一方製品配給については、42年初めまでに後掲図8-1の製造統制機関、製造配給機関、中央配給統制機関、地方配給統制機関を設立し、2月これらを中心に繊維製品配給協議会を組織した。同年12月5日には同協議会を解散し、新たに繊維2次製品に関する255団体を加えた330団体からなる繊維製品統制協議会が設置され、4統制会と合わせた5団体の連絡協議機関として12月24日繊維産業協議会が設立された。さらに43年9月には繊維産業協議会を基に繊維統制会が設立された。繊維統制会は膨大な関係業者を抱え、その統制力の脆弱性は免れなかったが、こうして統制機構の簡素化と一元化が進んだ。
6) 岸本重洋『繊維再編成』日本繊維研究会、1942年、71頁。
7) 前掲「戦時期日本の産業統制の特質——繊維産業における企業整備と『10大紡』体制の成立」。
8) 菊浦重雄編『奈良県靴下のあゆみ』1964年、257～260頁。
9) 繊維局通牒「企業合同体及指定織物ノ製造業者ニ対スル糸割当増配ニ関スル件」1941年4月11日。
10) 軍需省『昭和十七年工場統計表』上、114頁。
11) 『繊維需給調整協議会報』第3巻10号、1942年5月25日。
12) 繊維需給調整協議会『機業合同体運営状況に関する資料』第2輯、1942年、22頁。
13) 『繊維需給調整協議会報』第3巻10号、1942年5月25日、13頁。
14) 転廃業者資産評価中央委員会「国民更生金庫ノ中小工業者ノ資産評価ニ関スル営業権的要素ノ按分加算ニ関スル基準」1943年9月30日。『更生金庫』第2巻11号、1943年11月　原朗・山崎志郎編『戦時中小企業整備資料』所収。なお同資料集収録の通牒類については、資料出所を省略した。
15) 商工省企業局長通牒「中小商工業者生活援助共助費補助実施要綱」1943年8月。
16) 『更生金庫』第3巻1・5号、1944年5月。
17) 前掲『繊維年鑑』1947年版、24頁。さらに44年度には紡織機械12万トンの供出が求められ、これも零細な転廃業工場の設備を府県でまとめたものが中心となった。
18) 商工省繊維局「織物製造業ノ企業整備ニ関スル件」1943年10月26日、国民更生金庫『業務概況』国民更生金庫資料本所262所収。以下、「更生金庫本所262」などと略記する。
19) 奈良県商工課「織物製造業整備区分表」1943年12月、国民更生金庫『織物製造業ニ関スル綴』更生金庫奈良64所収。

20) 小沢静夫編『米沢織物同業組合史』米沢新聞社、1962年、52頁。
21) 小椋正直『日本毛織物元売卸商業組合史』1943年、295～298頁。
22) 同上書、312頁。
23) 日本綿織物卸商業組合聯合会『綿商聯史』1943年、101～115頁。
24) 前掲『綿商聯史』145～150頁。
25) 日本綿ス・フ織物配給株式会社「転廃業資金交付状況第一回報告書」1942年12月、同「転廃業資金交付状況第二回報告書」1943年4月『共助資金貸付伺書綴』更生金庫本所802、803所収。
26) 前掲『繊維年鑑』1947年版、26頁。
27) 絹人絹企業整備中央委員会『絹人絹織物企業整備録』1943年、152～177頁、日本絹人絹織物工業会『日本絹人絹織物史』1959年、402～403頁、名古屋織物卸商業組合『名古屋織物卸業界の歩み』1971年、172頁。
28) 日本織物統制株式会社「第一期営業報告書」(1944年上半期)。
29) 商工省繊維局「日本絹人絹織物配給株式会社業務代行人ノ整備ニ関スル件」1943年10月25日。
30) 日本絹人絹織物配給統制株式会社「業務代行人ノ整備ニ関スル具体的措置要綱」。
31) 日本織物統制株式会社「第一期営業報告書」などによると、産地業務代行人は、1944年2月に統合した1社を再分離した結果、26社となり、集散地業務代行人は最終的に69となった。
32) 日本絹人絹織物配給統制株式会社「地方繊維製品配給株式会社ノ業務代行人ニシテ完全転廃業スル者ニ対スル実績補償共助金交付ニ関スル件」1944年1月15日(『共助資金貸付伺書』更生金庫本所801)。
33) 敗戦時の中央配給統制機関は、日本織物統制株式会社(綿スフ・絹人絹・毛織物、タオル)、日本麻織物配給統制組合(麻織物)、日本莫大小統制株式会社(メリヤス)、日本縫糸統制株式会社(綿・絹縫糸)、日本手編糸統制組合(手編糸)、日本繊維雑品配給統制組合(紐類、テープ、レース等)、日本製服統制株式会社(作業衣、既製服、布帛製品、中等学校制服、和装製品)、日本足袋統制株式会社(足袋)、日本寝具製造統制組合(寝具)、日本蚊帳統制組合(蚊帳)、全国製綿統制組合(製綿)、帽子中央統制株式会社(帽子)の6社、6組合であった。
34) 「金庫借入金現在高」『共助資金貸付伺書』更生金庫本所801所収。
35) 米穀商の企業整備については、第5章山口論文、石炭商については、第6章山崎澄江論文を参照のこと。
36) この第1次企業整備で「整理統合ヲ行フベキ」とされた小売業種は、商工省関係：石炭、石油、自転車、金物、貴金属時計、陶磁器、ガラス、呉服、洋服、洋品雑貨、農林省関係：米穀、木材、木炭、農機具、農薬、味噌醤油、菓子、大蔵省関係：酒、内務省関係：麻雀倶楽部、カフェ、バー、周旋屋などであった。商工省の所管する小売業種については、地方庁の案を基に業種別整備計画が策定され地方庁に提示された。これは小売商61万店舗に対し、店舗整備率29％、業者整備率27％というものだった。通商産業調査会『商工行政史』下、1955年、337～338頁。
37) 更生金庫第3回支所出張所長会議の豊田雅孝企業局長発言『更生金庫』第1巻5号、1942年11月収録。なお豊田は、商工省が強く求めたこともあって、41年8月に繊維卸売業界等を対象にした目標整備率よりも高い目標整備率が整ったと評価している。
38) 商工省企業局長通牒「小売業者資産評価基準ニ関スル件」1942年9月21日。売上額の算定は税務調書・業者申告・組合調査記録などを勘案して決定することになっていたが、その確定作業に手間取ったため、税務記録等による過去3年間の平均営業収益決定額を30業種それぞれに設定した小売業営業収益還元率(9～14％)を基に行った。(国民更生金庫「小売業者ノ資産評価ニ於ケル売上高ノ査定ニ関スル件」1943年2月22日)
39) 国民更生金庫「小売業者引受一般営業用什器処分ニ関スル件」1942年11月24日。
40) 国民更生金庫「小売業者手持商品処分方法ノ件」1942年11月24日。

41) 物価局長官・農林次官・厚生次官「価格等統制令施行規則第二条第一項ノ規定ニ依リ地方長官ニ価格統制令所定ノ例外許可ノ申請ヲ為スベキ場合ニ関スル件」1943年2月1日。
42) 商工省企業局長通牒「小売業者ノ資産評価ニ関スル件」1943年1月25日。
43) 提示された整備率は、府県により若干の違いがあった。奈良県では貴金属・ガラス・呉服商がやや高く、洋服商はやや低い。紛議を避けるためか、整備目標値は公表を禁じられていた。奈良県商工課「小売業整備進捗状況調」1944年3月『小売業者之部』更生金庫奈良77所収。
44) 大津出張所「共助金貸付ニ関スル件」1943年3月24日、本所管理課長「共助金貸付ニ関スル件」1943年3月27日『小売業者関係綴』更生金庫大津481所収。
45) 『更生金庫』2巻2・3号、1943年4月。
46) 更生金庫監査課長「滋賀県小売業共助貸付ニ関スル件」1943年4月10日『小売業関係綴（繊維品之部）』更生金庫大津480所収。
47) 「小売業共助計画 滋賀県洋服商業」1943年4月か『小売業者関係綴』更生金庫大津481所収。
48) 長崎県「長崎県小売業整備ノ指針」『共助貸付書類』更生金庫長崎83所収。
49) 佐世保呉服商業組合「整理計画書」1943年4月、国民更生金庫「共助貸付書類（呉服小売業）」『共助貸付書類』更生金庫長崎88所収。
50) 佐世保呉服商業組合整備委員会「此ノ際転廃業スル人ハドレ丈ノ待遇ヲ受ケルカ？」前掲『共助貸付書類』所収。
51) 小売業について業種指定した事例としては小売薬業（厚生省「小売薬業整備ニ関スル件」1943年10月23日）のほか、小売業に準じた整備方法が接客業に対して実施された（内務省「接客業整備要綱」1943年8月3日）。
52) 資産評価中央委員会一般部会決定「小売業者ノ資産評価追加基準」1943年9月30日、国民更生金庫本所「小売業者ノ資産評価ニ於ケル売上高ノ査定ニ関スル件」1943年11月23日。
53) 『朝日新聞』1943年7月30日。府県企業整備委員会の設置は、7月29日通牒の「織物製造業整備要綱」と平行して指示され、その最初の業務は、前述の繊維関連工業の最終的整備計画の策定であった。
54) 更生金庫「調査意見」1945年12月4日ほか、国民更生金庫「共助貸付書類（呉服小売業）」前掲『共助貸付書類』所収。
55) 前掲『繊維年鑑』1947年版、25頁。
56) 戦後の需給調整政策については、拙稿「物資需給計画と配給機構」原朗編『復興期の日本経済』東京大学出版会、2002年参照。

第9章　東京における中小商業企業整備

柳沢　遊

はじめに

　本章は、大都市における卸・小売業の企業整備の実態と配給機構の整備過程を、1940〜43年の東京に例をとって考察していくことを課題とする。

　「中小商工業者に対する対策」（1940年10月22日閣議決定）から始まって、第1次小売業整備、「企業整備令」（1942年5月）をへて、「戦力増強企業整備」（43年6月）に至る一連の企業整備政策のなかで、都市部における中小商業の整備は、社会問題としての転廃業問題をひきおこすとともに、日用消費財の配給機構の整備とも関連していたがゆえに、大きな社会経済的矛盾を地域社会にもたらした。そもそも重点産業への労働力・資材の転換を企図した中小商業企業整備と、生産の激減した日用消費財の配給適正化の要請とは異なる方向性を有しており、それぞれの政策遂行過程の矛盾と乖離は、業種別商業組合のレベルのみならず地域における末端配給機構の次元において、もっとも典型的に現出することになったのである。換言すれば、大都市における卸・小売業の企業整備の実態を考察することは、戦時体制下での配給機構の変遷とその問題性を、末端の中小商業者と消費者の関係史の側面から照射することにほかならない[1]。

　以下、第1節では、企業合同政策期（1940〜41年）の東京の商店合同の実態をみ、第2節では、第1次小売業整備期における小売業整備とその諸矛盾を政策と実態の双方から考察する。こうして、小売業整備が、大都市の地域社会にもたらした問題を、日用生活必需品の配給機構の側面から、明らかにしていきたい。

1　東京の商店合同政策

(1) 日中戦争長期化の影響

　戦時経済総動員実施前の大都市では、中小商工業者は、食料、日用消費財、サービス業などの製造・卸・小売業に従事し、部厚い中間層の中核をなしていた[2]。昭和恐慌期には、小売業者の開業数の増加、金融難の深刻化、都市百貨店の発展などから、「中小商業者の窮迫化」が社会問題となり、それに対する政策的対応として、商業組合法の制定（1932年）、商工組合中央金庫の設立（1936年）、百貨店法の制定（1937年）などが実施された。

　しかし、日中戦争が勃発すると、軍需産業立地地域を中心に中小商業者は好景気を享受するようになり、一方で、輸入難と物資動員計画にもとづく資材制限、原料難などに直面した業種の商店では、時局産業への転換や、「代用品」販売にその活路を見出していった。1938年5月の東京市役所調査によれば、改訂物動（1938年）以前の日中戦争下の経済変動に対する小売業者の対応策として、「経費節約」（39人）、「現金主義」（26人）、「代用品の制作」（24人）などはごくわずかにとどまっており、「現状維持のもの」（436人）が大多数を占めていた[3]。

　ただし、1939年秋以降、九・一八物価停止令後になると、東京市では、仕入困難、経済統制違反が顕著となり、とりわけ、綿糸布・ゴム・銅鉛錫などの配給統制違反や物品販売価格取締違反の経済犯罪が相次いだ。雑誌『商店界』に掲載された1939年下半期売行予想記事によれば、原料の入手難に直面した靴製造・販売業界では、布靴や底革靴（ゴムと綿糸で製造）などの代用品靴の販売が推奨されており、靴販売業者が次第に淘汰されていく見通しが述べられている[4]。食料品部門でも、1939年7月の時点で「農村、漁村に於ける労働力の不足による生産減、農耕用具肥料や漁網等の配給不円滑と価格の昂騰やガソリン制限からの運輸不円滑から来る出荷減」[5]がすでに始まっていた。米穀・木炭など生活必需品の東京入荷量と流通混乱が深刻になるのは、39年秋から40年春にかけてであるが、7月時点ですでに生産減少・出荷減少が明らかになってい

たのである。一方、文房具業界では、金属文房具を中心に原料入手難が生じつつあったが、当面は代用品によってカバーできる見通しであった。また小間物・化粧品部門では、繊維・皮革・非鉄金属・香水などの輸出入統制品は仕入難（入手困難）に陥り、個別の小売商は、輸出入品ルート以外からの商品入手、問屋との現金取引、ストックの合理化と工夫が求められるようになった。金物販売商においても、下半期の「金物飢饉」への対策として、「廃物古品の修繕、代用品の取扱い、経費の節約」が求められた。呉服業界でも、原料糸配給減少・商品の不足により、小売店の仕入は、すでに「相当の窮屈状態」にあると指摘されていた[6]。

(2) 商業再編成のなかの小売業

　第2次近衛内閣が1940年7月に成立すると、「基本国策要綱」を決定し、さらに10月22日の閣議で、「中小商工業者に対する対策」を決定した。これにつづく11月の地方次官通牒では、業種別に策定する企業整備要綱に沿って画一的統合を指導するよう、各業種毎に注意を喚起した[7]。流通部門では、コストを引き下げ労働力を節約する取引の簡素化のために、企業合同が推奨された。ただし、この時期の転業方針では、「転業は出来得る限り官庁の強制的措置を避け同業者の組合の申合等に基く自治的措置に拠らしめ政府は之に対し必要なる指導を行ふこと」[8]が一方で重視されたことが重要であった。

　商工省は、「経済新体制」に対する「商業再編成」を推進する立場から、企業合同方式にもとづく配給機構整備政策を開始し、1940年11月に「生活必需品配給機構整備ニ関スル件」を府県に通牒した。その趣旨は、既存の商業組合を整理統合して府県ごとの連合会を組織し、この商業組合連合会が、府県からの配給指示にもとづいて、傘下の地域商業組合ルートの消費物資配給の適正化をはかるものとされた。一方11月25日付の商工次官通牒によれば、「物資ノ配給統制又ハ物資不足ニ基ク企業合理化ノ必要上今後ニ於テ益々企業ノ合同又ハ共同経営ヲ促進スルノ要アルハ勿論」[9]であるとされ、その企業合同または共同経営は、「商工業者自体の発意」にもとづいて実施されるべきであるとされたのである。つまり、生活必需品の配給機構整備においては、商業組合の配給機能が重視されたのに対して、商業再編成の要をなす問屋・卸売部門の企業整備

については、商工業者の「自発性」による企業合同や組合による共同経営が推奨されたのである。

1) 米　穀　業

　では、商業組合が主導した企業合同はどのような展開を示したのであろうか。ここでは比較的企業合同の動きがはやくからあらわれた米穀業を中心にみてみよう。

　本書所収の山口由等論文（第5章）が指摘するように、大都市では、1940年に共精共販事業を行う商業組合がいくつか出現した。1939年秋の朝鮮における凶作により、移入米が激減したため、日本内地で米穀不安が強まったことが、米の統制開始の背景にあった[10]。東京市の大井白米小売共販組合は、当初警察との緊密な連絡体制により、白米の切符制を実施し、その後共同販売事業を16名の組合員で開始した。16名の組合員は、各自の所有していた精米機を取りはずし、「共同販売組合ヘ得意先ノ売掛金其ノ他権利義務一切ヲ譲渡シ」て、自ら組合従業員となり、共同精米した白米の販売に従事した[11]。16名の組合員の配給実績数は1日86俵であったが、その後6名の組合員を加え、40年8月頃には、1日1人115俵の配給量となった。組合員は1カ月に給与として50円、家計費配分として80円、計130円の収入を得ていた[12]。一方、中野でも、1940年2月頃から精米配給組合が準備され、9月より資本金15万円、店主40名、従業員38名の参加で活動を開始した[13]。組合員の収入は、固定給月額として一律75円（ただし従業員の場合60円）とし、1年ごとに昇給するほか、年6分の利益配当が得られた。10月には新設直後の共同工場で共同炊事を行い、共同風呂、娯楽談話室も設置されて、組合員の生活の「共同化」に一歩をふみだしたと指摘されている。

　東京府全体では、1941年3月に各地の卸売商業組合、小売商業組合を解散して東京府米穀商業組合を設立した。改組前には49組合8,960名の個人経営主が米穀配給を担当していたが、この改組により1,286カ所の米穀配給所が設置され、この配給所に勤務する旧店主は8,300名にのぼった（のこりの660名は転廃業）。2万7,000名いた従業員の多くは時局産業に転出した[14]。

2）日本酒の配給統制

　東京における中小商業者の企業合同は、米穀業以外では、どのように進展したのであろうか。

　東京府では、米穀商のほか、酒商、石炭商、メリヤス商、石油商、木炭商、菓子商、木材商などが、1940年末から42年初めにかけて企業合同を行ったり、企業合同をこころみた。だが、消費・流通の地域的慣習や商品ごとに異なる流通機構の存在は、企業合同の実施過程にさまざまな陰影を与えた。

　日本酒については、1940年頃、需給の不円滑から、一部に「水酒」「金魚酒」という風説が流れ、その消費規正と配給体制の樹立が課題となったが、その配給機構の構築にあたっては農林省案と大蔵省案の2案が併立していた[15]。すなわち、米穀の節減にともなう清酒の醸造制限の反面で、軍部や軍需産業への重点配給がなされたため、一般家庭用の日本酒供給が混乱に陥ったが、その収拾にあたっては、長年形成されてきた日本酒の流通慣行を醸造元から最終消費者にいたるまで変革しなければならなかったのである。最終的には、「中央配給会社→各府県統制会社」という大蔵省案に近い形の配給ルートが各都市ごとに形成されていくことになった。

　東京府では1万2,000の酒販売店（兼業なしの店9,000店を含む）が存続し、東京清酒統制商業組合に加入していた。この商業組合は、全国7,800店の酒造業者（メーカー）からA・B・C・Dの4つの販売ルート51店を通して日本酒を入荷し、東京酒類卸売商業組合（150店）に卸売りを行い、さらに東京府下の酒類小売商に販売していた。すなわち、Aは主として、下り酒（灘の酒）を取扱い、Bは主に地廻り酒を扱う。Cは清酒の蔵元の支店・出張所・代理店であり、直接の小売店も含むのに対して、同じく蔵元の支店・出張所・代理店であるDの場合には、前述のA・Bからも日本酒の仕入を行うところに特徴があった。このように複雑な入荷ルートをもっていた日本酒をいかに東京府で配給統制していくかが研究・模索された結果、作成されたのが、東京府の清酒配給統制要綱であった[16]。その要点は、大蔵省が、全国清酒配給会社に東京府の実情にあわせて清酒の割当数を決定させ、それを東京府の共販機関が仕入れて、業務用と家庭用に分割させる。このうち家庭用清酒については、東京酒類小売商業組合が市町村または税務署管内ごとに設置した指定配給所を通じて一

般家庭に配給するというものであった。

その後、東京府は1941年9月に通牒を発して、従来の同業組合・商業組合などを解散させ、東京府酒類販売株式会社を設立させ、42年2月から業務を開始することとした。そして、ビールや味噌、醤油などの販売を含めて、1942年春以降、東京府酒販小売商業組合が組織され、各警察管内に設置された共同配給所を通じて、配給するしくみが整備された[17]。

3）パン業界の配給統制

東京のパン屋の店頭で、食パン購入を求めて行列をつくる風景が1941年に頻繁にみうけられるようになった。小麦粉生産の減少が、パン製造・販売の絶対的不足を招来したのである。東京市に入荷する小麦粉の量は、1月あたり8万3,000袋（1940年9月）から4万8,000袋（同年12月）に減少し、1941年1月～5月では、4万5,600袋と半年間でかつての半月分に激減してしまった[18]。東京市内42工場で生産された後に小売店頭にならぶ食パン・菓子パンに消費者が殺到するようになったのは、こうした小麦粉入荷量の激減によるものであった。市内のパンの配給機構形成がにわかに緊急の課題となり、東京府経済部は、「工場―パン販売統制会社―小売店―消費者」という配給ルート案をつくり、小売店では、1人1斤以下販売、ジャム・バターはパンとは別途に販売することとした。従来東京市内に1,500店程度存在したが、パン製造会社の外交員の店舗が整理されて1,200店の配給所になり、この配給所が市内42工場から配給されるパンを決められた価格と分量で消費者に販売することになったわけである。

一方、奢侈品（贅沢品）とされていた菓子類も、砂糖不足、小麦粉不足のために流通面での混乱が生じたが、一方で全国的販売網をもつ製造会社（明治製菓・森永製菓など）の営業活動もあったために、その配給統制の形成はやや遅れることになった[19]。菓子店には、自家製造店が多く含まれており、その反面で大規模メーカーの販売網も発達していたために、配給統制になじみにくい業種であったのである。農林省は日菓工連（日本菓子工業組合連合会）の案をもとにして、複雑な流通機構を有する菓子の配給統制案を作成したが、それは卸売商業組合系の小売店・小売商業組合、および森永・明治・グリコなどを主体とする全国指定配給機関の2系統から構成されていた[20]。東京では、東京府菓

子配給統制協議会のもと、東京市菓子小売商業組合本部・東京府菓子卸売商業組合・各工業組合がそれぞれ連携して29カ所の小売支所とその下部の小売組合配給所に菓子ないしその原材料を卸し、消費者に配給する配給機構がその後できた[21]。ただし、小麦粉や砂糖など材料の入手難は次第に深刻になり、転廃業する業者がでる一方で、菓子の「行列買い」は絶えなかった[22]。

(3) 半転業運動

「半転業」ということばは、1941年6月13日に企業整理統合と転業勧奨の方針を述べた金光厚生大臣の閣議説明のなかではじめて登場した。原料仕入の減少や販売商品の不足などで店舗休業に陥ったり、営業規模を縮小させた卸・小売商に対して、一週間のうち、2～3日を近隣の工場に入所して、勤務するよう、国民職業指導所に指導させることがその内容であった。1940～41年には、一方で、企業合同や商業組合主導の流通機構の再編が進んだが、他方では、国民職業指導所による「半転業」推奨がさかんになったのである。ただし、「半転業」運動は神奈川県でさかんに実行されたが、東京ではやや遅れて開始され、業種も豆腐商・菓子商・青果商・煎餅商・パン商などに限定されていた[23]。

前述したように、原材料仕入が深刻であった菓子商では、商業組合の中に勤労報国隊を組織し、近隣工場地帯に入所させる動きが1941年夏からさかんになった。たとえば、品川区菓子小売商業組合では、1941年2月より、原材料仕入の激減によって開店休業状態を続ける菓子商を多くかかえていたが、国民職業指導所の五反田出張所の斡旋により、同年9月から組合として品川区の工場に入所することになった。品川区菓子小売商業組合では、約60名の勤労報国隊を組織し、これを3班にわけて1日20名ずつ（3日に1回ずつ）工場勤務することとした[24]。

次に渋谷区パン業商業組合の陸軍衛生材料本廠への入所事例をみてみよう。同組合の代田茂三郎は、「半転業」にふみきった動機を次のように述べる。
「兎に角一日掛って売ってゐたものを僅か一時間二時間で売ってしまふのですから労力が余ってしまふ。労力が余っても生活には何ら脅威を感じない。それが為にパン屋の評判がとても悪くなって参りました。［中略］そこでこの（余剰）労力を何とか他の方へ転換させる必要があるのぢゃないか。［中略］所が

偶々職業指導所の主催で、目黒の方面館に座談会がありまして、渋谷としては私一人が呼ばれて出席しました。[中略]早速自分の組合の総会を開いて皆さんに申上げました所が、さうだ、それこそ私どもの望む所だと言って、六十名の会員の方全部が即座に参加されたのであります」[25]。

　この商業組合の組織した勤労奉仕隊（報国隊）では、60人の商業者を6班に分割して、各曜日ごとに班を割当て、工場では、運搬・整頓などの付属的業務に従事したという[26]。

　「半転業」が、特定の業種の商業組合でとりくまれた背景には、1940〜41年時点で、完全転業者がきわめて少ないという現実に対して国民職業指導所が「半転業」という形での過渡的な工場入所を推奨したということがあった。全国の国民職業指導所が1941年1月から9月までに行った商工業者（従業員も含む）の転業斡旋は17万件にのぼったが、このうち3月から9月までに実際に転業されたものは、1万7,000名にとどまっていた[27]。とりわけ、東京市では、商業組合の幹部も含めて、「転業をして祖先伝来の業を捨てることは出来ない」というように、完全転業に消極的な営業者が多かった[28]。「半転業」はこうしたなかで、軍需関連産業の労働力不足と、中小商業における営業縮小にともなう余剰労働力とを結合するための苦肉の策として運用されたのである。では、厚生省・商工省が意図していた、「半転業」から完全転業への移行の展望はどうなるのか。

　1941年9月末に東京実業組合連合会主催で開かれた「半転業の体験を語る座談会」をみる限り、大半の業種で完全転業への移行に消極的であった状況がうかがわれる。たとえば、もっとも早期から工場入所を行っていた豆腐商の組合代表は、「（中略）この侭の状態で行きますとどうしても企業合同が来るのではないかと思ひますが、吾々業者としては井戸を掘り、竈を据えてやって居りますから完全転業といふ訳には行かない。それで大豆のない時には半転業で押し通して行かなければならぬ」[29]。と、完全転業を避ける手段として「半転業」を重視していることを強調した。前述した品川区菓子商業組合理事長も、「そしてこの勤労奉仕に出てゐる55名の人間は、私の眼で見た所では、連日勤務以外の人を除いては完全転業をさせるのは無理だと思います。その程度は又区の配給所として残さなければならぬ人数ですから、既に完全転業をなすべき者は

五％は済んでゐると見て宜しいと思ひます」と述べた。一方、酒商の場合、配給機構の整備によって完全転業者の輩出は避けがたかったが、転業先は、「酒屋をしてゐる者がほかの方に完全転業するといふことになると、今まで勤労奉仕をしてた工場でなく、もう少し身入りのよい或は収入のよい所を探す人」[30]が多かった。

(4) 企業合同と転廃業

では、東京府で商業組合主導で行われた企業合同は42年春までにどのような業種ですすんだのであろうか。表9-1にみられるように、メリヤス・タオル・足袋・木炭などでは早くも1940年秋から冬にかけて卸売商を中心に企業合同が実行された。1941年10月以降には、小売商組合でも、小売商主体ないしは卸・小売商一体となった企業整備がすすめられた。米穀商では前述のように東京府米穀商業組合の設立（1941年3月）後、各地に配給所が設置されたが、それにつづいて東京魚商業組合（同年10月）、毛織物切売商の配給所への組織替え（同年10月）、青果物仲買人の業務廃止（同年10月）がなされ[31]、東京府食肉小売業組合（同年12月）、東京府酒類小売商業組合（42年1月）、東京府石油配給統制株式会社（同年1月）などが相次いで設立された（表9-1参照）。業界によって異なるものの、概して従来の業種別小売商業組合が東京府一円で1つの商業組合に統合され、従来の商店主・従業員は、転廃業を求められるか、各地の配給所に勤務することになった。たとえば、石炭商では、1942年4月に東京府石炭株式会社を設立して、府下に41カ所配給所を設置したが、商店主と従業員3,900名（商業組合員1,626名）のうち約1,400名は新設会社の配給所に就職し、他の2,500名は転廃業になった。木炭小売商でも、41組合1万1,774名の組合員中、兼業者4,500名は組合を脱退し、従業員約7,000名が転廃業の対象となり、時局産業への転換か帰農を余儀なくされた[32]。前述した米穀業の場合に典型的にみられるように1941年頃の企業合同にともなう転廃業は、主として店員（従業員）が担い、店主は、統合した商業組合・統制会社に勤務するケースが少なくなかった。ただし、木炭小売商のように、兼業している店主の場合には、新設の配給所に勤務できないことが普通であったようである。このように配給所勤務になったり、形のうえで「廃業」を余儀なくされた商店主の収入補塡の方

表9-1　東京府　中小商業整備状況（1942年10月26日現在）

業種別	組合数	組合員数	企業整備概要
メリヤス製品卸商	1	217	年間総仕入額100万円（1938年基準）を基準とし、それ以下のものは800万円以上の仕入額に達するよう、企業合同を行う（1940.11）。
タオル卸商	1	34	生産者からの仕入額30万円（1938年基準）を基準として、それ以下のものは、30万円以上に達するよう、企業合同をなし、1940年11月に企業整備。
足袋卸商	1	32	元売業者16名をのぞき、他は1940年11月、一統合体に企業合同。
毛織物切売商	1	211	1941年10月企業合同のうえ、配給所組織とし、これに従事する組合員は50名。他の業者は転廃業者に。
繊維製品卸商	6	1,706	卸売業者・百貨店・小売商業組合の出資に依り、1942年3月東京府繊維製品配給会社を組織した。卸売業者は、この配給会社に就職するか、転廃業者となる。
石油商	6	1,050	石油配給統制機関として卸小売を一丸とし、1942年1月東京府石油配給統制（株）を設立し、配給所250カ所を指定した。配給所に指定されない者は、約800名で、転廃業を行う。
石炭商		1,626	1942年4月1日卸売業者並に小売業者1,626名をもって、東京府石炭（株）を設立し、府下に41カ所配給所を設け、業主及従業員3,900名中約1,400名は会社に就職し、他は転廃業を行う。
木炭卸商	1	349	1940年10月から、組合で、共同仕入・共同販売制をとり、組合員は、組合に勤務。従業員約2,000名中3割は帰農し、7割は時局産業に転職した。
木炭小売商	41	1万1,774	1940年10月より商業組合において共同仕入・共同販売を行い、組合員は、この組合に勤務することとした。組合員中で兼業者約4,500名は脱退し、従業員約7,000名は帰農、または時局産業に転換した。
米穀商	49	8,960	1941年3月従来の卸商業組合・小売商業組合をそれぞれ解散し、東京府米穀商業組合を設立し、1,286カ所の配給所を設置した。組合員で配給所に勤務する者は、8,300名に達し、他（660名）は転廃業をなす。従業員約2万7,000名は、企業整備前より、時局産業に転出するものが多数にのぼった。
酒・味噌・醤油小売商	38	約9,000	38個存在した小売商業組合を統合して、1942年1月東京府酒類小売商業組合を設立した。このもとに配給所1,800カ所を設置し、組合員は配給所に勤務した。なお、第2次（企業）整備計画中。
魚小売商	1	6,343	業者6,343名を以て、1940年10月、東京魚商業組合を設立した。同41年11月より魚を購入する消費者の任意登録を行った結果、登録のない組合員あるいは登録者が少数で営業の継続が困難なため転廃業を行った営業者が約600名発生した。
菓子卸商	1	185	1941年11月に東京府一円を地区とする商業組合を設立し、共同仕入・共同販売を行う。転廃業者約60名、今後転廃業見込の者30名あり。
菓子小売商	34	5,715	34の小売商業組合を統合し、1941年12月に東京市及郡部の2組合に統合す。それまで零細な販売実績の営業者を含めて約1万2,000名の組合員が組織化されていたが、東京市4,961名、郡部754名に整備した。
木材商		約3,000	1942年5月、東京市内・立川市・北多摩郡の卸小売業者をもって、大東京木材㈱を設立し、八王子・南多摩郡・西多摩郡の業者を以て、東京府木材㈱を設立した。1942年6月1日より両会社の事業を開始。従来の商店主・従業員は、会社に就職するか、転廃業者となった。
農薬商	1	58	58名の実績者を以て、農薬統制組合を結成し、その後、僅少実績者を整備し、21名を以て、1941年10月に東京農薬配給統制組合を組織した。
農機具商			1941年末に於ける専業者33名、兼業者98名を、専業者については企業合同によって22企業体に整備し、兼業者は、95名に整備した。

出典：「中小商工業者の整備はどう進んだか」東京商工団体銃後後援連盟『商工銃後』第4巻4号、1942年11月、21～22頁、東京商工会議所『東京府に於ける中小商工業再編成の実情』1942年11月、3～8頁より作成。

法が、前述した「半転業」であった。東京市本所区大平町10工場の聞き取り調査をまとめた労働科学研究所の調査（1941年10月）によれば、豆腐商などの商店主の多くが、1941年に前職を「廃業」していると記入しているが、彼らの多くが勤労報国隊という形での工場入所を行っており、原材料仕入が以前の水準に戻れば原職に復帰したいと希望していた[33]。ただし、妻帯者の元店主の場合は、こうした「半転業」が大半であったが、独身者の店員の場合は工員として生活していくことを決意しているケースが少なからずみられた[34]。別の調査によれば、東京城南工業地帯への転業者全体の中で、商業者からの転業の比率はわずかに4.5％を占めるにすぎなかった[35]。1940～41年の企業合同時には、個人商店主であれ、配給所勤務の商業者であれ、商業報国会が組織した勤労報国隊による「半転業」形態での工場入所が圧倒的に多く、完全転業による工場労働者化は、きわめて例外的な存在であったといえよう。

(5) 商店街の国策協力

「商業新体制」が提唱された1941年には、東京でも業種別商業組合主導の企業合同がすすめられた。だが、こうした企業合同が推進されたのは、米穀商・木炭商・酒商・石油商・メリヤス商などに限定されており、それ以外の日用生活必需品の小売商店は、1942年5月以降「小売業整備要綱」にもとづく第1次小売業整備の段階ではじめて、転廃業の対象となる。買廻品を主に販売する「盛り場」商店街を含め、東京市内の各種商店街も、1941～42年には、なおその経済的機能を維持していた。ただし、商業報国会が設立された東京市内商店街では、この時代に、「戦時協力週間」の設定をはじめとした、国策への協力運動を展開した。商業報国会は、売り惜しみ買いだめが社会問題となるなかで、経済道徳を順守する商業者としての使命を自覚し、物資の配給任務を果たしたり、「半転業」運動を展開する組織として各地に設立されていった[36]。ここでは、1941年東京商工会議所の商工相談所が指導した「戦時協力週間」の内容について紹介しておこう。

東京商工会議所の商工相談所内に商店街振興協議会が設置され、東京市内3商店街が参加した「非常時商店街経営刷新週間」を設定したのは1939年10月のことであった。1940年になると、「生活刷新、照明改善、包装廃止、商品整頓、

備品愛護、新生活樹立」をスローガンに「商店街新体制促進運動」がとりくまれ、参加商店街も14に拡大して、各地に商業報国会を結成する契機となった。1941年11月には、「商店街の戦時体制」確立のために、「第3回商店街戦時協力週間」を設定し、「配給機能の高度化と生活様式の大刷新」を実践することとした[37]。参加商店街は、「東京銀座通商店街商業組合」をはじめとした20の商業組合と商業報国会千住支部周辺の商店街であった。実践目標としては、「第一日　商業報国宣誓の日」には合同朝礼、後援会・座談会開催が、「第二日　臨戦体制確立の日」には、店内非常時組織結成、非常袋作成、燈管用具点検、などが重視されている。しかし、今回の「戦時協力週間」における実践項目で重視されたのは、闇取引の絶滅と、不満を募らせる消費者との連絡調整であったと思われる。すなわち、「第三日　統制協力の日」には、公定価格厳守や「売惜、抱合販売」の絶滅が強調され、「第四日　消費者との連絡の日」では、経済常会の開催と消費者の不満のヒアリングが、「第五日　奉仕強調の日」では、「笑顔販売」「適正販売」が重視されていた[38]。以下、各商店街でのとりくみを、経済常会での議論を中心に紹介してみよう。

　東京梅屋敷通商店街商業組合の経済常会では、菓子類の欠乏、魚類の流通不円滑、商人の態度不親切な事例が消費者から出された。また自由が丘商店街商業組合が行った経済常会では、「今日の消費者は、［中略］本当に物資を円滑に配給して呉れて、単に笑顔を以て接して呉れゝばそれで十分だ」という注文が出された。一方、一部の裕福な消費者による地域をこえた行列買いへのきびしい批判が多くの商店街から出された。北沢通商店街商業組合の代表は、「例えば卵のやうな物に致しましても、［中略］中には転々して五ヶ所で卵を買ひ歩くと云ふやうな方もあります」[39]と述べた。東京府嘱託の相原指導員によれば、「成るべく自分の地域の商店街が成るべく自分等に物を売って呉れ」という要望が強かったことを指摘している[40]。

　以上のように、「笑顔販売」「適正販売」といっても、生活必需品が不足していくなかで、商業道徳の向上や末端配給組織の確立とともに、消費者の購買行動に対する何らかの規制が商業者と消費者との「適正」な関係を構築するうえで不可欠であることが「実施報告」から明らかになったのである。こうして切符制・通帳制の導入は、配給機構整備の観点から不可避の課題となった。

(6) 切符制の導入とその運用

　1940～41年には、六大都市で各重要消費財に切符制が導入された。すなわち、1940年6月にマッチ・砂糖に切符制が導入され、翌年4月には東京府米穀商業組合の設立とともに米穀通帳制が実施された。米穀については、世帯用は「家庭用米穀通帳」を町会・隣組を通じて世帯主に交付し、業務用は、「業務用通帳」を区役所から営業主に交付した。しかし、各商品ごとに異なる切符制（通帳制）の運用には、その商品の特性とも関連して、多くの困難が伴っていた。各物資の割当量の算定、代替材へのシフト状況、切符交付対象の正確な把握など、切符制の運用のために調査しなければならない項目が少なからず存在していた。とくに、戦時下で応召・徴用など、労働人口移動が激しい大都市では、人口動態調査に即した配給人口数の確定そのものが困難をきわめていたため、切符受給者が減少してもそれを市役所に届け出ない「幽霊人口」問題が頻繁に発生したのである。また、さまざまな切符の発行から回収にいたる過程では、市―区役所―町会―隣組長―小売商といった多くの機関・人を経由しなければならず、その手数は容易なものではなかった。たとえば切符制を政治的に利用しようとする町会長や隣組長が出現したり、文字の読めない隣組長が切符の運用を誤ったり、「正直な者程馬鹿を見」る場合が少なくなかったことが、同時代の雑誌記事からうかがえる[41]。

　そこで、こうした複雑な切符制を統合・整理すべく、総合切符制が考案された。東京市では、木炭・米をのぞく生活必需品（砂糖・マッチ・小麦粉・正月用もち米など）を入手できる集成切符を発行することとした[42]。だが、こうした試みにもかかわらず、とりわけ、青果物・魚介類などの生鮮食料品のモノ不足と東京への入荷減少は、末端配給機構の混乱を解決しなかった。年ごと、季節ごとに異なる出荷量・東京市入荷量の不安定性は克服されず、軍隊や大口業者への配給との競合も生じるなかで、一般家庭向けの生鮮食料品はつねに不足がちになった。すなわち、青果物・魚介類では、生産者の自家消費分がある程度認められ、消費者による産地買付も部分的に容認されていたため、流通統制はつねに不完全であり、輸送難の深刻化ともあいまって、これらの消費範囲はそれぞれの産地周辺に分断化されていったのである。その結果、東京市内では、

一方で小売商の「情実売り」「抱合せ販売」が後をたたないばかりか、千葉県などからの野菜行商人による供給も生鮮食料品配給の補完機能を果たしつづけることになった[43]。

2 第1次小売業整備とその諸結果

(1) 第1次小売業整備方針

　太平洋戦争勃発後、東条内閣は、新たな小売業整備政策をうち出した。前述したように1940年～41年には、「生活必需品配給機構ニ関スル件」にもとづいて主として商業組合制度を活用して、消費物資配給の適正化を企図した整理統合を行う一方、石油・石炭・燃料・米穀については、卸売商主等の商業再編がまず行われ、小売商の多くは、配給統制会社の下部組織としての商業組合や配給所に再編された[44]。多くの業種でみられた商店合同と配給統制は、その現実的姿であった。

　だが、一般小売業は、営業種類が多彩であるうえ、零細業者が多数を構成していたため一律的な企業合同政策や業種別配給機構整備政策の適用が困難であり、製造業部門や卸売業に比べてその企業整備方針の策定は遅れざるをえなかった。一方で、1941年8月に「労務緊急対策」が閣議決定され、一般小売業を含む中小商工業者を給源とした労務動員が、本格的な政策課題として登場した直後に東条内閣が成立したことにより、一般小売業の企業整理と、軍需関連産業への労働力動員をいかに進めていくかが、同内閣の重要な政策課題となったのである。

　1942年1月に出された商工・農林・厚生次官通牒「中小商工業再編成協議会ニ関スル件」および「中小商工業再編成協議会要綱」（同年2月の通牒）にもとづいて、各府県に中小商工業の企業整備を策定・実施する官民協力機関として、中小商工業再編成協議会が設立されることになった[45]。同年3月10日の閣議で、政府は「中小商工業者ノ整理統合並ニ職業転換ニ関スル基本方針」を決定し、小売業を中心とした中小商工業の整理淘汰の断行を確定した。そして4月21日の小売業整備要綱にもとづいて、小売業第一商業部門の企業整備が実施

されていくことになる。その際、企業整備の方針として選択されたのは、「個人企業体の存置」であった。商工省振興部の説明によると、新しい企業整備方針は、「家族経営の特色を生かして家族労働の活用を図り、又商業者と消費者との間の従来の人情味豊かな取引関係を持続させると共に、自己の創意と責任とに於て事業を経営する独立企業体を存置し、中堅階級を維持せしめんとする趣旨」[46]にもとづくものであった。ただし、石炭、石油、自転車販売商など、すでに企業合同方式での企業整備が進んでいる業種については、従来の方式をそのまま維持した。すなわち、商工省豊田企業局長のあいさつによれば、「石炭、石油、自転車、これは大体終りかけてゐるのであります。後は金物、貴金属時計、陶磁器、硝子、呉服、洋服、および洋品雑貨といふやうな風になって居り」[47]こうした業種ごとに目標整備率を商工省に提出することが各府県の中小商工業再編成協議会に求められた。東京府で1942年10月現在、「目下整備進行中」とされた業種には、牛乳商・自転車商・金物商・貴金属時計商・陶磁器商・硝子商・呉服商・洋服商・洋品雑貨商などがあげられ、これらの業種の小売商は、小売業整備要綱にもとづく整備の対象となったのである[48]。

(2) 東京府の小売業整備

東京府では、1942年9月15日に決定された「小売業者資産評価基準」にもとづいて、具体的な業種別企業整備がすすめられていった。この小売業整備の推進にあたり、ポイントになったのは、転廃業者の選定であった。次にこの転廃業（候補）者の選定作業について、やや詳しくみておこう[49]。

1942年5月、従来の東京府職業指導協議会ならびに中小商工業整備委員会にかわって、東京府中小府中小商工業再編成協議会が設立された（会長松村府知事、委員25名、幹事30名、初期19名）。だが、実際には、この再編成協議会の下に設置された分科会・小委員会が、業種別商業組合につくられた企業整備委員会とともに具体的な転廃業者の選定作業を遂行したのである。すなわち、転廃業者の選定方式については、東京府の中小商工業再編成協議会がこれを決定したが、それにもとづいて、転業希望者リストを作成したのは、各商業組合に設置された企業整備委員会であり、この名簿は、再編成協議会のもとに設置された業種別部会をへて再編成協議会に提出された[50]。なお、東京商工会議所は、

同年5月に、「中小商工業再編成の具体的方策に関する建議」を発表し、次のように人的条件・立地条件を勘案した職業転換を重視するよう求めた。すなわち、「職業転換者の選定には、実績主義を排し、人的条件（年令、健康、技術、職歴、能力、希望、出征遺家族等）と、地方的実情から見た物的条件（設備、工場、店舗の立場等）、並びに将来の物動計画を勘案して、転換基準を決定すること」というのが、建議に盛られた要望の強調点であった。だが、この要望をさらに具体化して転業者をどのように選定するかは、困難な問題でありつづけた[51]。

東京府の中小商工業再編成協議会は、12月19日に小売業転業者の選定方針を確定した。同協議会は、「配給の円滑適正化と、労務の供出を大きな目標として、生活必需品販売者を第1次（食料品）と第2次（買廻品）の2種類に分類し、転業候補者の選定にあたっては、労務就業能力と配給能力の両側面から業務者の採点を行い、そのあと転廃業者の順位を決定することとした。上記の第1次生活必需品（食料品）では、配給機構整備の視点を重視して、必要な店舗数と整理店舗数をあらかじめ予測し、その整理にあたっては、「別途考慮」するとされた。一方、第2次生活必需品小売業（主に買廻品）では、転業希望者と転業候補者を区別し、まず転業希望者を優先的に転業させ、つぎに転業候補者については、転業能力・配給能力の双方を点数化した順位表を作成して、転業候補者順位を決定することになった[52]。

問題は、東京府以外のどの県でも直面した悩みであるが、いかに転業候補者の選定基準を点数化し、それを順位付け（差別化）するかにあった。重点産業への就労条件と、配給能力・店舗存在条件とは本来別個の事柄であるにもかかわらず、それらを総合的に「数量化」することは、もともと無理があったからである。そこでまず考慮されたのが転業希望者の名簿から排除すべき転業困難な店舗・営業者の規定であった。東京府の中小商工業再編成協議会では、「特に残存すべき店舗」として、①年齢45歳以上の男子営業主、②転業困難と認められる婦人営業主、③身体虚弱「不具廃疾者」④戦病死者の遺族、出征軍人の留守宅、傷痍軍人等の営業者で転業困難と認められるもの、⑤配達・運搬などの体力壮健なものを必要とする業種であることにより残存が必要な営業主、⑥扶養家族が多く営業外収入が見込めず転業困難と認められる営業主、⑦優秀な

技術をもつためその店舗の残存を適当と認められる営業主、が列挙された。また、新興工業地域や買廻品の商店街など、「店舗の分布」についても、「必要ある場合は店舗の分布状況、消費者の密度及便宜商店街の状況等の諸点を綜合的に考慮すること」が付け加えられた。これとは異なり、各営業者の取扱う商品については、その「生活必需度」に対応して、明確な格差（線引き）が設定された。すなわち、「所謂買廻品にして規格単純化し趣味嗜好に重きをおく必要性減少せる業種」では大幅に店舗数を減少させることをみとめたのに対し、「家庭金物、陶磁器、荒物雑貨、小間物等の如く日用品なるも第1次生活必需品（主として食料品）の如く需要頻繁に亘らざる」業種については、東京府内の店舗数を「相当に減少」させることができるとした[53]。小売商店の販売する商品の特性に応じて、配給機能を重視した立場から、店舗整理に慎重な第1次生活必需品販売商、ある程度減少させてよい第2次生活必需品販売商、大幅に減少させてよい買廻品業種の商店に3区分したうえで、企業整備委員の作成する転業候補者名簿の点数化の際にカウントしようとしたのである。

　このように、東京府下の小売商の第1次企業整備の方式がきまり、転廃業者の候補者選定が、商業組合内の企業整備委員会内ですすめられていった。だが、個々の営業者からみると、小売業整備への協力は、長年経営していた商店経営の閉鎖と不慣れな職業への就業を意味したから、転業候補者名簿の作成と順位づけは、少なくない困惑と動揺をひきおこした。そのため、東京府洋品小売業商業組合や東京府金物小売業組合では、付属委員会などによる小売業実態調査や商業報国会による巡回講演会などの啓蒙宣伝活動を強力に展開して、最終局面では生涯挺身隊による集団転業の組織化や転廃業対象者と商業組合幹部との膝詰めの談判によりノルマの達成がはかられていったのである[54]。1943年2〜3月には、小売業整備にかかわる共助金制度の整備や業種別資産評価方式も細部にいたるまで決定され、国民更生金庫の活動もさかんになったことにも助けられ、東京府の小売業整備は大きく進展したといえよう。ただし、後述するようにその整備進展は、地域レベルでの配給機能という点では深刻な矛盾をひきおこしていくことになる。

(3) 東京府の末端配給機構の実態

　東京市のように大消費人口を擁する都市の場合、前述したように、「幽霊人口」問題のように、配給実績と消費人口の調整に少なからず困難が伴うのみならず、生活必需品の消費特性や従来の流通慣行との関連が問われることも多く、配給機構整備方針の運用はつねに新しい矛盾を生みだしていた。とりわけ、消費者と生活物資との接点にたつ末端配給機構のあり方こそ、戦時体制下で、政策構想と実態との不断の矛盾が生成し、「調整」されるせめぎあいの局面であった。

　すでに、1940～41年の商店合同政策期において、切符制・通帳制にもとづく配給所方式に対して、東京市当局ではさまざまな異論が提出されていた。たとえば、販売区域を特定した配給所の設置によって、（生活必需品の配給が行われることによって）当時横行していた闇取引や行列買、抱合販売がなくなったとしても、そのことは大都市消費者の不便を必ずしも減少させないと、沖塩正夫（東京市消費経済部配給課長）は述べていた。

　「これまでは、店舗がたくさんあった上に、販売区域といふものがきめられてなかったので消費者は何処の店でも買ふことが出来たから大変便利であったが、今度は店舗数が少い上に販売区域がきめられるのだから反対に二重の不便を消費者は思ねばならぬことになる。［中略］米屋へ十五分、炭屋へ十分、魚屋へ十五分といふ様に別々の方角に歩かされるのでは、消費者はたまったものではない。［中略］米や炭のやうに、一週間分なり、一ヶ月分なり、配給所の方から配達して呉れるものならまた我慢をし得られるが、野菜や魚のやうに、殆んど毎日買出しをせねばならぬ物資が、かやうなことになると其不都合さは想像以上であらうと思ふ」[55]。

　そこで、沖塩正夫配給課長は、「米、木炭、野菜、魚菜、魚、砂糖、醬油、味噌の如き生活必需品の配給所」を１カ所にあつめて、綜合配給所を設置すべきと提案した。東京市の中小商工業振興調査会の提出した「帝都生活必需品配給機構」案でも、この沖塩案を踏襲していた。すなわち市民の行列買・買出しを解消するために、日用必需品の綜合配給所を「半径三丁及至五丁毎」に設置し、さらに市区町村ごとに生活必需品需給調整委員会を設けて家庭（消費者）

と配給所との需給の円滑化をはかろうとした[56]。しかしこれらの綜合配給所案は、厚生省・商工省の受け入れるところとならなかった。

次に、主要な生活必需品（食料品）の配給制度について、1942年から43年春頃の状況をみておこう。

まず、米穀の配給については、東京府食料営団が設立され、指定配給所1,306カ所7,776名の人員により米穀配給を担当した。企業合同以前（1940年2月）に店主9,700名、店員1万9,200名であったが、1万8,400名が転廃業し、43年初頭には、1万500人が、配達業務に携わった[57]。次に酒・麦酒・味噌醤油などは、各消費者の所持する通帳にもとづいて配給がなされた。なお、1942年5月の第1次小売業整備方針により、43年2月から個人企業体（家庭用配給所）に再編された[58]。一方青果物については、全東京府を8カ所に大別して東京青果物商業組合支所を置き、さらに警察管区を単位として全域85カ所の支所を介して、家庭班数760班など957班によって直接消費者に青果物を配給することとした。すなわち、隣組を中心とした消費者組織による集団登録制を採用して、青果物の配給の円滑化をはかったのである[59]。ただし、こうした青果物供給が、非効率をひきおこしていたことも指摘されている。松本信次は、「……東京都で現在実施されてゐる隣組の青果物配給の如きは、横流れ、情実販売、列列買等を解消させた長所は持っておりますが、一方、物と人との非常な無駄を生ぜしめております。この方法は、従来、小売商の行ってゐた職能である分荷、価格計算等を、不馴れな消費者に行はせるのですから当然の事です。」[60]と批判を展開していた。青果物配給が円滑にすすまなかったことは、住民から各種寄付金を徴収し、これを出荷農家団体に渡していた町内会・隣組の存在からも知ることができる[61]。

同様に隣組を活用した食料品配給方式をとったものに鶏卵があげられる。鶏卵は、関東鶏卵卸商業組合が、各支部の報告をうけて東京市鶏卵小売配給協会を介して、東京各地支部に配給し、家庭用配給所は支部から配給された鶏卵を担当町会との連絡調整をへて、隣組代表者に配給するしくみであった[62]。また、生菓子も43年1月末から、隣組単位で配給された。たとえば、大森区では、生菓子工業組合が、世帯員1人当たり1個ずつの割当配給を行った。そのルートは、田園調布の町会では、生菓子工業組合→あけぼの菓子店→隣組長への購入

券配布というものであった。さらに1943年3月以降には、東京市の集成切符・各種通牒を一括して家庭用品購入通牒として実施することになった[63]。

このように、生活必需物資の末端配給において、集成切符や購入券を町内会一隣組長に配布し、これをもとに物資を入手するしくみが拡大していったが、そうした配給が不定期で配給量も不安定であったことが、行列買いや野菜行商人のヤミ商業を継続させる条件となったと思われる。この点を隣組の配給事例から傍証してみよう。

1942年4月から9月にかけて、田園調布の『隣組日誌』から隣組配給品をひろってみると、塩鮭鱒、パン類（4月21日、5月7日、6月9日、6月27日、8月15日、8月25日）、ビール配給（4月21日、5月23日、7月6日、9月15日）、さつまいも（4月23日、9月27日）、柏もち、生菓子、焼竹輪、砂糖、鶏卵（6月9日、7月8日）、りんご、豚肉、醬油、白玉粉、サイダー、干うどん、豆腐、練ようかん、薪、胡麻（特配）、ジャガ芋、などであった[64]。このように、生活必需品の配給は、定期的であるとは限らず、上のパン類やビールにみられるように、欠配する場合が少なくなかったのである。

なお、第1次小売業整備政策の影響により、いったん設置された共同配給所が再度小売商店配給に改編された事例が存在したことを、酒類配給を事例にみておこう。表9-1にみられるように、1942年1月以降、東京府酒類小売商業組合のもと、1,800ヵ所の配給所が設置され、各配給所の勤務員が指定された支所（倉庫）まで、日本酒・ビールを引取りに行き、それらを一般家庭用に配給した。しかし、1943年2月に、1年間継続したこの配給所制度は変更され、従来の小売商の販売制度（地域の消費者が特定の酒商に指定登録する）に戻ることになった。とはいえ、旧来の自由な商業に復帰したわけではなく、第1次小売業整備の結果存続の決定した酒商に、「地域割当による指定登録」を義務づけられた消費者が、家庭用必需品購入票をもっていき、決められた量の酒を配給してもらうというしくみになったわけである[65]。また、業務用・家庭用・特例配給用の酒類配給制度のうち、特別配給用について拡充がこころみられた。すなわち、43年4月より、従来の数量特配に加えて、生産拡充労務者に対しては4月1日以前の低価格で酒類を配給する「価格特配」制度が確立した[66]。こうして、酒類の配給機構は、日中戦争期から幾度かの修正をへて、1943年春に、

酒類小売商とそれへの登録制という形で整備され、その後、特別配給の頻度が増加していくのである。

(4) 第1次小売業整備の諸結果

1943年に入り、東京をはじめ各府県で第1次小売業整備が完了の時期に入ると、あらためて小売業整備と生活必需品の配給機構との整合性が問い直されるようになった。ここでは、高橋幸司（商工省事務官）の時局認識を通じて、東京における日用生活必需品の配給問題の推移をみておこう。『配給機構整備の指標』で、業種ごと、地域ごとに異なる配給機構整備のすすめ方を詳細に論じて各地の企業合同を指導した高橋は、第1次小売業整備方針の出された42年5月以降も、各地で講演活動を行い、小売業整備の指導にあたった[67]。1942年7月頃に東京商工会議所が主催した講演会によばれた高橋幸司は「小売業の整備と配給の適正化」という講演を行っている。高橋は、最寄品と買廻品にわけて、生活用品の配給の適正化とその問題点を詳しく述べたのち、現局面の日用生活必需品の配給制度の欠陥を鋭く指摘した。

　「今日の物資配給上特に日用生活必需品の配給に、幾多の欠陥のありますことは周知の事実であります。消費者の方から毎日の蔬菜とか魚類とかその他生活必需品等の買出をなす場合に、商店の配置が必ずしも適正になされてゐないために、例へば、八百屋、魚屋、菓子屋、酒屋等が、それぞれ相当の距離をおいて分散してゐるために、蔬菜は漸く手に入れたが魚を買ふ間に合はなかったとか、或はついでに買はうと思った菓子や酒を手に入れることが出来なかったといふやうな事例が決して少なくはないのであります」[68]。

ここから高橋は、商店街、小売市場、ないしは、「綜合配給所」の重要性や可能性を提言している。

さらに1年後にも高橋幸司は、第1次小売業整備の結果、「小売業整備要綱」に示されていた「配給の適正化」が、後まわしにされ、「要転業者の整理転換」が優先されたと主張した。すなわち、「生活必需物資の配給確保上必要なる最

小限度の店舗数、その適限経営規模、その地域的配置、必要配給人員等に関する適限配給計画を、地域別・業種別に設定し、これを小売業部門の労務供出予定計画並にその地域別部門別再配置計画とを調整した綜合的な整備計画を政府自ら設定し、或はその明確なる基準を地方庁へ指示すべきであった」[69]と、政府・商工省の小売業整備政策を批判する。では、第１次小売業整備が完了した現在、いかにすべきか。高橋は、配給適正化のために、模範配給地区の設定、商店の集団的配置としての綜合配給所の活用、新興工場地域の商店の移動（商店再配置）、残存業者の経営安定、などの構想を提示した[70]。

第１次小売業整備が、「成功」をおさめたものの、配給機構の整備という点では、きわめて不十分な結果をもたらしたという評価は、高橋商工省事務官のみならず、企画院情報局や東京商工会議所も共有していた。

1943年度国家総動員計画の一環として、43年５月21日に企画院情報局が発表した「生活必需品動員計画」では、８項目が列挙されたが、とりわけ、「④生活必需物資の集荷及び配給の統制機構を正しく整備し、その機能の適正をはかる」「⑤生活必需物資の供給を確保するために資材労力および原材料の確保をはかる」「⑦生活必需物資の民需配当にあたっては国民生活の刷新・厚生および生産増強に貢献するように措置する」などが重視されていた[71]。アジア・太平洋戦争の戦域拡大と戦局の悪化が、戦時下の国民生活の安定を要請し、そのために希少化した生活必需物資の円滑な供給体制の構築が緊急の課題となったことを、上記の「生活必需品動員計画」は示している。そして、第１次小売業整備によって小売業者の転廃業が進展した結果、各地で生活必需物資の逼迫と配給不円滑が顕著になりつつあることへの対応が各府県で求められていたのが、1943年の４～６月であった。

東京商工会議所では、「商業立地の適正化」という立場から、生活必需品の円滑な配給システムの再構築をこころみた。東京商工会議所『商業立地計画の要旨と解説』（1943年９月）によれば、1940～41年の切符制の導入拡大および第１次小売業整備が、工場立地や人口移動の実態を軽視して遂行された結果、「特定地域への比率偏差」や「（人口）減少に向かひつつある都心地における店舗集中傾向」が抑止されなかったことを指摘している[72]。こうして大都市では、２つの大きな問題が生じて、これらに対する配給機構の地域的再編成の必要性

を浮上させた。まず、第1次小売業整備が、「転廃業希望者を優先して転出の決定を行ったために殆んどその結果は弱小淘汰となり、店舗の地域的配置に対して統制経済実施以来の矛盾を一層強める」結果を生じてしまったことがあげられた。この点は、高橋幸司の前述した批判とほぼ重なる内容であった。第二に、業種別の共同配給所、綜合配給所、工場購買会拡充など、新たな店舗配置政策の登場により、旧来の小売商店の集積である商店街の活用が無視され、企業整備の強行ともあいまって、「商店街は何処へ行く」という焦燥感が、東京市内の商店街構成員の間に広がりつつあることが『要目と解説』で指摘された[73]。

　東京商工会議所は、こうした「商業立地」の問題点を解決すべく、商業立地計画委員会を半年間開催して、各都市タイプ別の商業立地計画のガイドラインを作成した。ここでは、第1次小売業整備とはやや異なる店舗配置・店舗存続方針が打ち出された。たとえば、「企業整備と各地域事情との関連に就て」では、残存業者の店舗配置を、業種別組合ベースでなく、「商工経済会など中央指導機関の指導のもとに各地域の諸組織相互の共同検討をへて決定すべきことが強調され、企業整備にあたって「地域内取扱商品種類の一定基準設定」の重要性が指摘された[74]。また小売業整備に際して、地域実績に則し、地域の性格に応じて転出、残存、転出後の措置（転出者の実績分配）を行うべき旨が述べられた。日用生活必需品については、高橋幸司の発言とほぼ同様に「都心地実績を周辺部へ分散せし」め、「周辺部商店街形成の助成策を考究すべきこと」が規制要領に盛り込まれた。さらに、転出選定方法についても、従来の転出希望者選定方式を文言上は否定しなかったものの、変化の激しい世帯人口数との関連で、弾力的かつ適正な店舗配置が必要とされ、とりわけ新興工業都市への商店誘致、商店街形成の緊急性が提言された。

　しかし、「戦力増強企業整備」が展開される1943年夏以降、小売業整備（第2次・第3次）と地域レベルでの配給機構との不整合は、ほとんど解決されず、上記の東京商工会議所提言はいかされなかった。空店舗の続出、商店街の空洞化など、地域レベルでの配給機能の低下が進み、隣組に入荷する食料の頻度も少なくなっていった。もちろん、生活必需品の供給システムの再構築の努力は続けられ、43年秋以降、一地区内に複数の配給所を設置して配給業者（小売業

者)の「共励」による配給の円滑化が志向されたが、この構想もなかなか実現せず、ようやく1944年7月に東京で綜合配給制度が実施されることになった[75]。もはやこの時点では、生活必需品そのものの絶対的欠乏がだれの目にも明らかとなっていた[76]。第2次・第3次小売業整備は、国民徴用の強化とあいまって、末端配給機能の低下をさらに必然化していき、消費者は、店舗・隣組両ルートでの入荷量の減少に直面しながら、遠隔地への買出しや行列買い、隣組長による情実配給にわずかな生活の展望を見出していったのである。

おわりに

　東京における中小商業者の企業整備は、企業合同政策(商業再編成)、第1次小売業整備ともに、国策に従って遂行された。その「成功」は、末端の業種別商業組合幹部や商業報国会による個別的説得活動や「半転業」運動、国民更生金庫による共助金・補償金の支出によって支えられた。しかしながら、重点産業への労働力供出を企図した企業整備は、当初から、希少化する日用生活必需品をいかにして大消費都市＝東京の消費者に配給するかという末端配給機構の構築との政策不整合を内包していた。日用消費財の生産が低下し、大都市へのその流入が減少する戦時体制下では、「銃後協力」を引き出すうえで不可欠の課題である配給機構整備こそが、実はもっとも困難な課題でありつづけたのである。それはまた、戦時経済統制と長年継続していた都市住民の消費慣行・流通メカニズムとの「衝突」の現場でもあった。戦時期固有の消費人口の増減(応召・徴用、軍需工場周辺の労働者急増など)が、配給機構整備の困難と矛盾をいっそう深刻化させた。本章で考察した中小商業者の企業整備の歴史過程は、戦時日本における流通統制の場当たり的な政策展開と、その地域レベルでの帰結を「下から」照射するものであった。ここで明らかになった論点をまとめておこう。

　第一に、商業組合をベースにした商店合同政策から、第1次小売業整備、さらに「根こそぎ動員」の開始まで、一連の企業整備政策は、一応の「成功」をおさめるが、それは、現場の商業組合指導部の時局対応的「協力」によってはじめて可能となった。「半転業」運動における横浜と東京のテンポの差異や、

いったん配給所体制となりながら43年2月以降個人商店が「復活」する青果配給の事例は、企業整備政策が、業種・地域ごとに差異をもちつつ、日用生活必需品の販売（配給）を担当する営業者に朝令暮改的な「時局対応」を強要するものであったことを示している。前稿で、形式的に転廃業を受け入れつつ、実際には「半転業」形態で縮小した家業を継続する事例を強調したのは、戦時期ゆえに国策への全面協力（建前）と臨時収入獲得（本音）の使いわけを強制されざるをえない中小商業者の姿を明らかにするためであったが[77]、こうした「使いわけ」は、第1次小売業整備をはじめとした中小商業企業整備政策の弥縫(びほう)的性格にも規定されていたことを本章の考察は示したのである。

　第二に、企業整備政策が進展し、地域レベルでの生活必需品の供給機能が低下していくに従って、末端配給制度のあり方がくりかえし問われていった。いわば、商業企業整備の「成功」が、配給機構の不備と混乱を露呈し、新たな政策対応を要請するという逆説的事態が1941～43年に現出したのである。配給所制度が官僚的態度を生み、「抜き取り」整理方式の残存業者の「配給」が、消費者の購買必要時間を延長させて「綜合配給所」構想を生むといった二転三転の配給機構構想の混乱は、その端的なあらわれであった。企業整備を指導する商工省官僚もそのことを認識していたが、総合配給制度の実施がなされた1944年7月には、もはやそれを機能させる輸送条件と物的、人的条件が地域社会に欠如していた。戦争末期におけるこうした政策破綻は、民衆の間での本音と建前のズレをかつてなく拡大していき、敗戦後の「ヤミ市」現象の歴史的前提条件を形成していったのである[78]。

注
1）　1930～40年代の小売業企業整備と配給機構の全体的特徴については、大門正克・柳沢遊「戦時労働力の給源と動員――農民家族と都市商工業者を対象に」『土地制度史学』151号、1996年4月、柳沢遊「戦時体制下の流通統制――1937～1945」石井寛治編『近代日本流通史』東京堂出版、2005年9月、第4章を参照のこと。本章は、帝国日本の「帝都」となる大消費都市、東京府・東京市に焦点をあてて、その日用生活必需品の販売・配給の動態を明らかにすることで、小売業整備と配給機構の形成のもつ大都市固有の特徴と矛盾を浮き彫りにしうると展望している。こうした視角による研究は、総力戦のもたらす国民動員の理念を過大視し、戦時下都市社会の「平準化」を一面的に強調する山之内靖ほか編『総力戦と現代化』（柏書房、1995年）などの、いわゆる「総動員体制論」研究の方法的限界を、経済社会実態分析の側面から照射する研究史上の意義をもっている。同様の問題意識にたつ加瀬和俊「戦時経済と労働者・農民」（倉沢愛子ほか編『戦争の政治学　アジア・太平洋戦争2』岩波書店、2005年）、高岡裕之「総力

戦下の都市『大衆』社会」（安田浩・趙景達編『戦争の時代と社会』青木書店、2005年）もあわせ参照されたい。
2） 原朗「階級構成の新推計」安藤良雄編『両大戦間の日本資本主義』東京大学出版会、1979年。
3） 塩田咲子「戦時統制経済下の中小商工業者」中村政則編『戦争と国家独占資本主義』日本評論社、1979年、227頁。
4） 「どの商品はイツ品切れになるか？」『商店界』第19巻7号、1939年、59頁。
5） 同上記事、同上号、61頁。
6） 同上記事、同上号、64～66、67～68頁。
7） 山崎志郎「戦時中小商工業整備の展開と国民更生金庫」山崎志郎・原朗編『戦時中小企業整備資料』現代史料出版、2004年、第1巻、6頁。
8） 佐藤市衛「国民更生金庫の使命と業務」『統制経済』第7巻3号、1943年9月、55頁。
9） 高橋幸司『配給機構整備の指標』伊藤書店、1941年11月、354頁。
10） 本書、第5章、山口由等論文。加瀬和俊「太平洋戦争期食糧統制政策の一側面」（原朗編『日本の戦時経済』東京大学出版会、1995年、286頁。
11） 藤島俊「企業合同の実証的考察」『商店界』第20巻8号、1940年8月、36頁、「大井白米小売共販組合」赤羽幸雄『商店企業合同の実際』実業之日本社、1940年、180～184頁、赤羽幸雄「企業合同へ切符制度への途を前進する」『商店界』1940年2月、第20巻2号、38～43頁を参照。
12） 同上「企業合同の実証的考察」37頁。
13） 「中野精米配給組合」同上『商店企業合同の実際』167～172頁。
14） 東京商工会議所『東京府における中小商工業再編成の実情』1942年、5頁。
15） 「酒類の配給機構」商工組合中央金庫調査課『再編成下の配給機構』1943年、26～27頁。
16） 黒柳静「酒の配給機構整備進行」『商店界』第21巻9号、1941年9月、15～18頁。
17） 「酒類」商業組合中央会東京府本部『戦時生活主要物資配給事情』1943年、9頁。
18） 富澤仁「販売統制会社の誕生」『商店界』第21巻7号、1941年7月、41頁。
19） 岡田富之助「菓子の配給統制はどうなるか」『商店界』第21巻8号、1941年8月、38～41頁。
20） 同上記事、40頁。
21） 「菓子」前掲『戦時生活主要物資配給事情』39～40頁。
22） 前掲、岡田富之助「菓子の配給統制はどうなるか」38頁。
23） 福原徹「成功した小売業半転職」『商店界』第21巻8号、1941年8月、9～16頁、東京実業組合連合会『半転業の実相』1941年、1～44頁、井関純「結論的に」『商店界』第21巻8号、19頁。兼岩鉅「全国半転業運動の展開と其意義」（『商業組合』第7巻10号、1941年10月）62～67頁。
24） 同上『半転業の実相』8～9頁。
25） 同上書、25～26頁。
26） 同上書、26～27頁。
27） 前掲、大門正克・柳沢遊「戦時労働の給源と動員」39頁。
28） 前掲、井関純「結論的に」18～19頁。
29） 前掲『半転業の実相』33頁。
30） 同上書、22頁。
31） 『戦時生活主要物資配給事情』17頁、第1表参照。
32） 東京府「中小商工業者の整備はどう進んだか」『商工銃後』第4巻4号、1942年。
33） 労働科学研究所『転業者及其輔導に関する調査』1942年、7～19頁。
34） 同上書、7～19頁、倉橋定「中年商人は転職出来るか」『商店界』第21巻9号、1941年9月、41～43頁。
35） 協調会『昭和17年版労働年鑑』206頁。

36) 前掲、柳沢遊「戦時体制下の流通統制」107頁。
37) 『第三回商店街戦時協力週間報告書』1942年4月、2〜3頁。
38) 同上書、4〜5頁。
39) 同上書、109〜110頁。
40) 同上書、116頁。
41) 菊池淳「米の割当制覚之帖」(『東京市産業時報』(第9巻4号、1941年4月)8〜9頁、菊池淳「切符制縦横譚」(『東京市産業時報』第7巻1号、1941年1月)15〜17頁、柳沢遊「戦時体制下の流通統制」石井寛治編『近代日本流通史』東京堂出版、2005年、104〜105頁。
42) 岸寿喜恵「綜合切符東京市案に就て」『商店界』第21巻9号、1941年9月、27頁。
43) 麻生平八郎「青果物配給と行商の諸問題」『商業組合』第9巻8号、1943年8月、34〜39頁、加瀬和俊、前掲「戦時経済と労働者・農民」138〜139頁。本稿執筆には生かすことができなかったが、野本京子「都市生活者の食生活・食糧問題」(梶井功他編『戦時体制期』農林統計協会、2003年、第3章)351〜382頁の叙述も参照されたい。
44) 前掲、山崎志郎「戦時中小商工業整備の展開と国民更生金庫」21頁。
45) 同上論文、22頁。
46) 前掲、大門正克・柳沢遊「戦時労働力の給源と動員」39頁。
47) 「業界の気分を明るく引立てよ」『更生金庫』第1巻5号、1942年11月、5頁。
48) 前掲、『東京府に於ける中小商工業再編成の実情』8頁。
49) 「小売業整備・転業者選定方法決る」『更生金庫』第2巻2号、1943年2月、6〜9頁。
50) 同上、6〜7頁。
51) 公開経営指導協会『日本小売業運動史 戦時篇』1979年、297〜298頁。
52) 同上、7〜8頁。
53) 同上、8頁。
54) 前掲、『日本小売業運動史 戦時篇』322〜377、383〜404頁。
55) 沖塩正夫「綜合配給所に就て」『商店界』第21巻12号、1941年12月、29頁。
56) 村本福松「生活必需品配給機構案に就いて」『商業組合』第7巻7号、1941年7月、30〜33頁。
57) 前掲『戦時生活主要物資配給事情』5頁。
58) 同上書、8〜11頁。
59) 同上書、18〜20頁。
60) 松本信次『配給機構と配給道徳』中川書房、1944年2月、58頁。
61) 加瀬和俊、前掲「戦時体制と労働者・農民」139頁。
62) 前掲『戦時生活主要物資配給事情』52〜53頁。
63) 江波戸昭『戦時生活と隣組回覧板』中央公論事業出版、2001年、267〜269頁。
64) 同上書、244〜246頁。
65) 同上書、268〜269頁。
66) 商工組合中央金庫『再編成下の配給機構』1943年7月、28〜29頁。
67) 高橋幸司『配給機構整備の指標』伊藤書店、1942年2月(第4版)。
68) 高橋幸司「小売業の整備と配給の適正化」東京商工会議所編『配給所の使命と其実務』丸善、1942年、36〜37頁。
69) 高橋幸司「小売業整備の実際と諸問題」『統制経済』第7巻3号、1943年9月、95頁。
70) 同上論文、96〜98頁。
71) 「生必物資動員計画」『商業組合』第9巻7号、1943年7月、44〜51頁。
72) 東京商工会議所「商業立地計画の要目と解説」『商工調査』83号、1943年9月、2頁。
73) 同上論文、20〜21頁。
74) 同上論文、18頁。

75) 江波戸昭、前掲書、146頁、福田攸太郎「消費者の組織化と適正配給」『商工組合』1944年5月、14～19頁。
76) 戦争末期における都市住民の生活崩壊については、中村隆英「戦争経済とその崩壊」(岩波講座『日本歴史 21 近代8』岩波書店、1977年) 155～157頁を参照。
77) 前掲、大門正克・柳沢遊「戦時労働力の給源と動員」42～43頁。
78) 北河賢三「民衆にとっての敗戦」中村政則ほか編『戦後日本 占領と戦後改革1』、岩波書店、1995年参照。ヤミ市については、柳沢遊「戦後復興期の中小商業者」(原朗編『復興期の日本経済』東京大学出版会、2002年、314～323頁、山口由等「統制の解除とヤミ市からの復興」(前掲『近代日本流通史』第5章)を参照のこと。本稿の分析結果は、中小商業者と大都市消費者双方に「生存の論理」以下の生活を強制した戦時期日本ファシズムの歴史的特質の究明が今日いっそう重要な課題となったことも示唆している。中村隆英の次の文章の含意は、21世紀初頭の現在こそ深く問い直されるべきといえよう。「[中略] そのシワは最終的には国民生活に寄せられるほかはなかった。そのために民需産業の生産と生活水準は大幅に切り下げられることになった。これが戦争経済の帰結であったと。日本においてこの切り詰めが可能であったことが、この破滅的な戦争を遂行しえた基本的な条件であり、ナチス・ドイツを含めた欧米とことなる条件だったのである」(中村隆英、前掲論文、113頁傍点は引用者)。

第10章　菓子製造業の企業整備

池元　有一

はじめに

　本章の課題は、戦時下の中小商工業整備を解明する作業の一環として、約10万人から8,800人まで業者数を減らした菓子製造業者の整備について、近年使用可能になった国民更生金庫関係資料を利用して分析することである。
　1938年の改訂物資動員計画を初めとする広範で大規模な物資統制により中小商工業者は経営難におちいり、転廃業を余儀なくされていた。また、1940年の「中小商工業者ニ対スル対策」(閣議決定)によって、中小商工業者の反対のなか、政府は従来の失業者に対する救済的な就業助成から、積極的な整備統合と廃業者の重要産業への再配置へと政策を転換した。さらに太平洋戦争勃発後に企業整備の法的手段として、企業許可令、企業整備令が公布された。43年6月には戦局の悪化によって戦力増強企業整備要綱が閣議決定され、一切の産業が重点産業の増強に集中されるようになり、中小企業は非重点産業の大企業とともにさらに徹底的に整理された。このような中小企業整備の円滑化を目的に、転廃業者の工場・設備などの営業用資産の買い上げ・処分、転廃業資金の融資などを担当した機関が国民更生金庫であった[1]。本章では、中小菓子製造業の企業整備を明らかにするために、近年利用可能になった「閉鎖機関清算関係資料」(国立公文書館つくば分館所蔵)に含まれる国民更生金庫資料を利用した[2]。以下、第1節では、戦時下の菓子業界の変容と、また、企業整備の背景として重要な砂糖生産配給量の推移を概観し、第2節では第1次の企業整備、第3節では第2次の企業整備の順で検討する。

1　戦時統制下の菓子製造業

(1) 菓子製造業の動向

　明治期までの製菓業は全体的に和菓子を中心とし、せまい範囲の地域市場を基礎とした零細製菓業者からなる分散的な地方的小工業にすぎなかった[3]。一方、洋菓子市場の緩慢な形成と軍用ビスケット・パン需要などにより、洋菓子の企業化が徐々に進行していた。洋風化が進展するなかで、第1次世界大戦による好況と欧州製菓子の輸入途絶は洋菓子市場を急拡大した。そのなかで、森永製菓は機械化を進め量産体制を確立し、また、のちに合併して明治製菓となる東京菓子と大正菓子が設立された。大戦後、森永製菓は一時的に経営危機に陥るが、二大メーカーとなる両社は大量生産に対応するように洋菓子の流通を再編・組織化し、独占的地位を確立した。両社の正確なシェアは不明であるが、1936年度における売上高は、森永製菓約1,500万円、明治製菓約2,000万円の合計3,500万円となり、工場統計による菓子生産額1億2,000万円の約3割程度である。また、両社の払込資本金（1935年）は合計1,290万円で、全菓子パン製造会社のそれの約3割を占める。以上のように、1930年代には、全国的な洋菓子市場に対応した2大メーカーが発展する一方で、伝統的な和菓子消費に支えられた地域的市場に基礎を置く零細製菓業者が並存していた。

　戦時統制下、菓子原料の不足と軍需の急増などの影響を受け、製菓大企業は軍需産業化を遂げ、大多数の零細業者は整備される。砂糖配給機関である日本菓子工業組合連合会に所属する組合員は約9,000人、配給別の人数は表10-1のとおりである。この表から、砂糖配給量400斤／月以下の業者で8割近くを占めることがわかる。以下、戦時下の大製菓企業について概説する。菓子原料不足と戦時統制の結果、菓子生産量は激減し、製菓大企業は次々と軍の利用工場・監督工場に指定され、乾パンなどの軍需的部門へ多角化した[4]。戦時下の菓子生産を示す表10-2によると、1941年以降における菓子の生産量は急速に減退している。菓子の主要原料である砂糖など原料配当が削減されたためである。ことに輸入カカオ豆を主原料とするチョコレートを初め多くの菓子類は一

第10章　菓子製造業の企業整備

表10-1　砂糖配給斤量別員数（組合員、1941年3月現在）

配給砂糖量	人数	%
100斤以下	17,262	19.4
100-200斤	23,310	26.2
200-300斤	18,241	20.5
300-400斤	10,335	11.6
400-500斤	5,595	6.3
500-700斤	5,602	6.3
700-1000斤	3,543	4.0
1000-1500斤	2,352	2.6
1500-2000斤	986	1.1
2000斤以上	1,913	2.1
合計	89,139	100.0

資料：日本菓子工業組合連合会「砂糖配給斤量別員数」閉鎖機関清算関係資料（国立公文書館つくば分館所蔵）・国民更生金庫『引受資産評価調査綴（菓子製造業）』本所284より作成。

表10-2　菓子生産量の推移
（トン、千円）

年次	数量	金額
1930年	1,036,679	553,844
1935年	1,119,142	745,468
1937年	955,251	760,011
1938年	1,090,207	873,256
1934年	1,187,332	951,053
1940年	1,178,044	1,021,000
1941年	563,520	489,000
1942年	245,973	369,500
1943年	173,531	238,200
1944年	26,007	41,300

注：全国菓子統制組合調べ。
資料：日本経済研究所『貿易再開と各産業の将来』1947年、205～206頁。

般市場から姿を消した。そのなかで、ビスケットと乾パン類は軍需の増加により、森永製菓・明治製菓とも大量に受注した[5]。明治製菓の場合、全ての菓子・食品工場が軍の管理下におかれ、1942年には製造高の過半が陸海軍に納品された[6]。また、森永製菓では軍需に対応する形で事業を多角化した。久留米工場では航空機用アルコール（1945年4月から）、岡崎工場では航空機用部品（44年1月から）、また、三島工場では碧素（ペニシリン）の生産に着手した。一方、明治製菓は軍用菓子・食品以外での軍需への対応は消極的で、神戸工場での特殊潤滑油の製造を挙げる程度である。明治製菓は原料事情悪化のため、製菓事業が縮圧されるとその余力で主に食品部門に進出したのである[7]。そのため、森永製菓と比較して明治製菓は戦時末期に生産規模が急激に縮小する。

(2) 砂糖配給量の減少

　製菓業において大企業を軍需化し、また、多数の零細業者を整備することになった要因の一つは、原料特に砂糖配給量の減少であった[8]。用途別砂糖配給量の内訳を示した表10-3によると、内地での砂糖消費量が減少し、また、そ

表10-3　用途別砂糖配給量内訳　　　（千トン）

用途別	1941年	1942年	1943年	1944年	1945年
家庭用	274.8	297.1	267.4	185.4	0.5
諸国業務用	168.2	179.8	98.2	6.4	3.4
菓子用	294.7	213.9	108.8	11.0	1.3
清涼飲料、缶詰	43.3	38.8	19.9	7.1	3.6
工業用その他	5.6	13.7	33.9	6.1	37.3
合計	786.6	743.3	528.2	216.0	46.1

注：油糧砂糖配給公団砂糖部調べ。
資料：日本精糖工業会編『砂糖統計年鑑』1957年、566頁。

の減少傾向を大きく上回る形で菓子用砂糖が激減している。砂糖配給量減少の理由は、まず、第一に、生産量の減少と輸送力の低下により、内地に供給される砂糖の絶対量が減ったこと、第二に1943年以降、大量の砂糖がブタノール（航空機燃料の原料）生産に割り当てられたためである。

　砂糖生産量は1941～42年期と比較して1944～45年期は3割まで減少している[9]。減産理由は、最大の供給地である台湾で、内地へ米穀を供給するため甘蔗から米穀への作付転換が進んだことや肥料供給が不足したこと、また、精糖設備の老朽化であった。砂糖供給量減少のもう一つの理由は、台湾からの砂糖を移入するための輸送力不足である。そのため、台湾糖の内地向け移出高は1942年の約68万3,100トンから43年には43万9,200トンへと減少し、年末の滞貨も42年の6万600トンから43年の50万6,640トン、さらに製糖期を終わった1944年5月末の滞貨は95万2,260トンに達した。

2　「自治的」企業整備（第1次：1941年10月～）

　1940年頃から、重点産業への物資集中と並行して非重点産業の企業整備が本格化した。菓子工業では2度の企業整備が行われ、第1次の整備（1941年10月～）により約10万の業者が2万に減少した[10]。第1次整備の特徴は菓子業界が自主的に整備を計画・実行したことである[11]。また、整備方法の特徴は、第一に原料受給が一定量以下の者を整理統合の対象者としたこと、第二にその整備対象者は廃業か、または受給量一定以上まで企業合同するかを選択できたこと、第三に転廃業者には共助金（廃業交付金）が交付されたことであった。以下、計画段階を第1項、各道府県の実施段階を第2項で論ずる。

(1) 菓子工業整理統合要綱

1) 菓子工業整理統合要綱の通達

　1941年6月末から、日本菓子工業組合連合会[12]（以下、日菓工連）では、企業整備の対策委員会を開催し、8月初旬の全国理事長緊急会議と9月10日の総会を経て「転廃業対策要綱」[13]を決定した。その要綱は農林省により審議され「菓子工業整理統合要綱」として、10月16日に各地方長官へ通達された[14]。また、同要綱は21日に日菓工連から各道府県の菓子工業組合連合会に送られ[15]、各工連では、道府県ごとに「整理統合要綱」を作成した。それを基に全国地区工組・道府県工連・各組合の転廃業対策委員会[16]が、政府・地方の行政指導を受けて整備を実施した。以上のように中央・地方政府が指導監督し、日菓工連と道府県工連が計画・実行するという自治的企業整備であった。

2) 菓子工業整備統合要綱の内容

　要綱は、根本方針、整理統合ノ範囲、廃業交付金、整理統合促進機関からなる。まず、整備の「根本方針」は、菓子配給統制実施に伴う計画生産と製菓原料の配給量減少に対応するため、企業経営を合理化し、その余剰労働力を重点部門に配置することであった。整理統合対象者は主要原料受給量一定規模以下の業者であり、廃業かまたは、受給量が一定規模まで企業合同する。1942年1月末の期限までに、原料受給権を組合員個人ではなく所属組合に譲渡した廃業者は、その量に応じて全国地区菓子工組または、道府県菓子工連により廃業交付金を給付される。廃業交付金の負担割合は日菓工連3割、道府県工連並びに全国地区工組7割であり、原料受給量に基づき1941年9月から積み立てられた。また、工組・工連は国民更生金庫から廃業交付金原資の融資を受けることができ、全国地区工組・道府県工連・所属組合に設置された転廃業対策委員会が、日菓工連・道府県と協力して整理統合を進めた。表10-4から、具体的に説明すると以下のとおりである。例えば、主原料が砂糖の場合、1カ月受給量1,000斤（600kg）以下の業者が整理対象となり、廃業して1斤につき5円の廃業交付金を受け取るか、または、1,000斤規模になるまで他の組合員と企業合同する。廃業交付金を負担するための積立は、砂糖の場合、配給量1担（60kg）につき、

表10-4　整理統合対象者の基準原料受給量・廃業交付金・積立額

原料	整理統合対象者の基準量	廃業交付金	廃業交付金積立額
砂糖	1,000斤　　（600kg）	1斤につき5円	一担につき80銭
水飴	370貫　（1,387.5kg）	2.3斤につき5円	一缶につき12銭
米	550貫　（2,063kg）	3.4斤につき5円	一俵につき24銭
小麦粉	240貫　　（900kg）	1.5斤につき5円	一袋につき20銭
豆類	400貫　（1,500kg）	2.5斤につき5円	一俵につき32銭

資料：「菓子工業者の整理統合に関する件（1941年10月16日）」（「中小企業整備に関する資料（第1編）」調査資料協会『内外調査資料』14-11、1943年、151〜153頁）。

日菓工連20銭、道府県工連並びに全国地区工組60銭の合計80銭であった。

(2) 第1次企業整備の実施過程

　菓子工業整理統合要綱の通達を受けた道府県の菓子工業組合連合会は、地区別の整備要綱を作成した[17]。道府県の要綱は日菓工連の要綱を踏襲し、詳細な方法や具体的な手続きを定めている。以下、各地の「整理統合要綱」（栃木・岐阜・愛知・兵庫県、大阪府）、「整理計画書」（釧路市、兵庫・宮崎県）、「調書」（鳥取県）から企業整備の実施過程を明らかにする[18]。

　第1次整備の特徴は、菓子業者の「自治的」整備[19]であったこと、整備基準を原料受給量としたこと、業者自身が廃業か合同かを選択できたこと、廃業者には共助金（廃業交付金）が交付されたこと、などであった。第1次整備を円滑に進めることができたのは、整理対象者であっても合同によって事業の継続が可能であったことと考えられるが、廃業や合同を促進したのが組合員間の受給権売買であった。

1）廃業

　菓子製造業の整理統合は、組合員同士の企業合同か、または、廃業によった。既述のように廃業者は、原料受給権を組合に移譲し共助金＝廃業交付金を受け取るか、または、受給権を組合員に売却[20]するかを選択する。転廃業者の受給権処理については、受給権の組合への移譲よりも組合員間売買が積極的に行われた。

　組合員間売買が多かったことは原料受給権の譲渡先を示した表10-5からい

第10章　菓子製造業の企業整備

表10-5　転廃業者の原料受給権譲渡先

組合名	整理前組合員数	組合譲渡転廃業者	個人譲渡転廃業者
釧路菓子工業組合	129人	0人	55人
名古屋菓子工業組合	1,080人	225人	168人
愛知県下19組合合計	4,943人	1,224人	939人
岐阜市菓子工業組合	442人	2人	86人
岐阜県下16組合合計	1,601人	3人	430人
鳥取県菓子工業組合	567人	163人	0人
大分県菓子工連	1,566人	42人	309人

資料：釧路菓子工業組合：「釧路菓子工業組合整理計画書」国民更生金庫『委任状（菓子小売商業組合）』札幌109。
　　　名古屋菓子工業組合：『帝国菓子飴公論社』第1636号、1942年2月、40〜41頁。
　　　愛知県下19組合合計：国民更生金庫『菓子製造業者関係』名古屋302。
　　　岐阜市菓子工業組合：前掲『帝国菓子飴公論社』第1636号、50〜51頁。
　　　岐阜県下16組合合計：同前、50頁。
　　　鳥取県菓子工業組合：「調書」国民更生金庫『共助貸付書類（菓子製造業）』鳥取34。
　　　大分県菓子工連：『帝国菓子飴公論社』第1660号、1942年3月、55頁。

くつかの組合で確認できる。表中の岐阜県下16組合では、転廃業者433人の内、組合譲渡者はわずか3人であり、そのため、組合による日菓工連への廃業交付金の積立は不要ではないかとの声もあった[21]。

　この組合員間売買の多さは、政府や更生金庫の予想を上回っていた。日菓工連・道府県工連に廃業交付金用資金を貸し付けるため、更生金庫は1942年に必要資金を試算したが、実際の貸出額との間では大きな開きがあった。金庫の計算によると菓子製造業者総数8万人の内、転廃業者を6万人と見なし、1人当たり共助金額750円 とすると（廃業者の平均砂糖受給量を150斤とし、斤5円で計算）、廃業交付金総額は4,500万円、その内3分の1（2万人）を業者内で決済し、残りの3分の2（4万人分）の3,000万円を金庫が組合に貸し付ける必要があると考えていた。しかし、実際の金庫からの貸出は26府県361万円であった[22]。すなわち、少なくとも4万人は受給権を組合に移譲すると金庫は予想していたが、実際は5,000人程度（361万円／750円）の資金しか必要なかった（当初予想の8分の1）。

　予想以上の転廃業者が、受給権を組合に譲渡し廃業交付金を受け取る方法ではなく、受給権を組合員間で売買した。それは、第一に、日菓工連・道府県工連が廃業交付金を負担し、長期の負債を避けるために組合員間売買を勧めたと

表10-6　転業計画（釧路菓子工業組合）

転業先	業主			従業員			総計	
	男	女	計	男	女	計		%
軍需産業	2	0	2	12	0	12	14	6.1
生産拡充産業	2	0	2	20	0	20	22	9.7
農業	1	0	1	2	0	2	3	1.3
その他	24	2	26	32	103	135	161	70.6
未定	13	2	15	9	4	13	28	12.3
小計	42	4	46	75	107	182	228	100.0
企業合同体	64	5	69	19	4	23	92	
兼業	4	1	5				5	
計	110	10	120	94	111	205	325	

資料：「釧路菓子工業組合整理計画書」国民更生金庫『委任状（菓子小売商業組合）』札幌109。

いう組合の事情や[23]、この機会に、積極的に受給権を購入しようとした買う側の事情が考えられる。ただし、配給量が減少するなか、購入した受給権には、この先どの程度の配給が保証されるかという不安がつきまとった[24]。第二に、転廃業者が交付金に関する手続きと交付までにかかる時間をきらったことも考えられる。

一方、廃業後の転職は事業主では合同体へ、従業員では軍需・生産力拡充部門が中心になった。組合として転業をいかに進めるかについて、釧路では「転業計画」として「業主従業員ヲ通シ本整理ニ依リ生スル余剰人員ノ転換ニ関シテハ直接本人ノ意向ヲ徴シ或ハ必要ト認ムル調査等ヲ行ウト共ニ最寄職業指導所及上位団体等密接ナル連係ヲ執リ重要産業拡充員トシテ転出セシメ」ている。釧路菓子工業組合の転業計画（表10-6）によると業主・従業員325名の内7割に当たる228人（男117、女111人）が転廃業し、3割の業主・従業員男が軍需産業・生産力拡充産業に転換した[25]。

2）企業合同とその実態

整備対象者（砂糖の場合、配給量1,000斤以下の業者）が、営業の継続を望む場合は、合同によって基準量以上（1,000斤）まで事業規模を拡大する必要がある。その後能率工場を操業の中心とし、会社組織は原則として有限会社としなければならなかった。

企業合同の方法であるが、組合員個人が自由に合同相手を選択できる県がある一方で、組合や県が合同の枠組みを決める場合もある。群馬県では、「先づ（砂糖の：筆者）大量受給者を中心に小者連が集まり、合計数量が5,000斤に満

ちると、一合体が認められる。平常『わからずや』『自分勝手』『こんじん様』系統の所謂「好ましからざる人物は」はどこの合同体へ行っても体よく謝絶され」[26]とあり、業者の自治的整備の色彩が残された。一方兵庫県では「警察署管区毎ニ企業合同体ヲ為スコト」とあり、56管区に56の合同体が設立されている[27]。

　こうして、全国的には平均6人ほどの業者が集まり6,000ほどの合同体が組織された。その実態については、「合同体ヲ組織シ外形ハ整備セルモ其ノ実質ハ個人企業ノ単ナル集合ニ過ギザルモノ多々有」との評価もあった[28]。第1次企業整備では10万の業者が2万に縮小したが、2万の業者の内6,000程度が合同体で1合同体6人として、実際には5万人の業主が残った[29]。

3　「強制的」企業整備（第2次：1943年11月〜）

　政府の「戦力増強企業整備要綱」（1943年6月）にもとづき、「菓子製造業企業整備要綱」、「菓子製造業企業整備実施要領」が通達され、第2次の企業整備が実施されると、菓子製造業者は8,800[30]に激減した。第2次企業整備の特徴は、第1次の「自治的」な企業整備と異なり、政府が計画・実行の大部分を主導した上からの強制的な整備であった。各都道府県の整備率を政府が決定し、第1次整備で認められた企業合同は禁じられ、第2次では存続するか廃業するかを業者個人が決めることができなかった。

(1) 菓子製造業企業整備要綱・実施要領

1) 菓子製造業企業整備要綱の通達

　1943年6月の戦力増強企業整備基本要綱（閣議決定）後、同年11月農商省[31]と菓子製造業者代表の間で企業整備協議会が開かれ「菓子製造業企業整備要綱」（以下「整備要綱」と略称する）と「菓子製造業企業整備実施要領」（以下「実施要領」と略称する）が決定される。「整備要綱」は、43年11月、農商省から国民更生金庫理事長、翌12月各地方長官に送付された。「実施要領」は、43年12月、農商省から各地方長官と金庫理事長に送られた[32]。また、同時に「転廃業者に対する共助要綱」（以下「共助要綱」と略称する）も作成された。各

表10-7 日菓工連による廃業共助金の算出方法（1943年12月以降）

1. 砂糖を主原料とする場合

受給量	共助金（1斤につき）
100斤まで	3円
200斤まで	2円50銭
300斤まで	2円
400斤まで	1円50銭
500斤まで	1円
それ以上	50銭

2. 砂糖以外を主原料とする場合

主原料	砂糖1斤相当量
水飴	2.3斤
米	3.4斤
小麦粉	1.5斤
豆	2.5斤

資料：「転廃業者ニ対スル共助要綱」国民更生金庫『共助資金貸付伺書綴（菓子統制組合）』本所808。

都道府県では、それらの通達を基に細則を決定し整備を実行した。

2) 各要綱・要領の内容

「整備要綱」は方針と実施要領から成っている。方針によると菓子製造業の現状は、原料砂糖配給減により「最高生産能力ニ比シ二割八分六厘」程度であるとし、そのため「現存設備能力ノ四割以上」を整備し「余剰労働力及金属ヲ戦力増強ノ方途ニ供出セシムルト共ニ企業ノ合理化ヲ計」ることになった[33]。

「整備要綱」の実施要領部分は以下のとおりである。整備は原則として地方長官が行うが、大企業の工場（森永製菓、明治製菓など13社、43工場）は農商省が担当する。全国的整備率は現在設備能力の4割以上とする。工場の操業・廃業の選定基準は、第1次整備の砂糖配当量を基準とするのと異なり「設備及技術ノ良否、労力、動力、輸送ソノ他ノ立地条件並企業者ノ転廃業ノ難易、工場ノ転用ノ難易等」とした。また、第1次整備と異なり、不完全転廃業になりかねない、有限社・株式会社等の合同体を組織することも禁じられた。転廃業者に対する実績補償共助金は日菓工連が担当し、その生活保護及び転業先の斡旋について「深甚ナル考慮」をするとある。

「実施要領」では、(1)各道府県の具体的な整備率、(2)転廃業者の更生金庫の使用、(3)整備の期限（1944年3月末日）が明記されている[34]。

今回の整備により転廃業した日菓工連所属組合員には、工連から廃業共助金が交付される[35]。まず、交付対象者は廃業し原料受給権を日菓工連に返還したものであった。交付される廃業共助金は原料受給量に応じて交付され、共助金算出方法は表10-7のとおりである。その共助金の原資は所属組合員を通じて、日菓工連が積み立てる（表10-8）。共助金支出に必要な金額は日菓工連が更生金庫から借り入れることができた。

(2) 第2次企業整備の実施過程

前回整備では、廃業かまたは企業合同して存続するかを業者自身が選択できたが、今回は整備率が決まっており、存続を希望する者も整備する必要があった[36]。そのため、整備を進めるためには、事業の継続を望む業者[37]に廃業を説得しなければいけなかった。そこで、第1次整備では、受給権の処分に注目したが、第2次整備では、廃業対象者の選定と説得の過程を検討する必要がある。

表10-8　共助金積立額（1943年12月以降）

原料	積立額
砂糖100斤につき	60銭
水飴6貫800匁につき	8銭
米一俵につき	15銭
小麦粉一袋につき	13銭
脱脂大豆粉一袋につき	10銭
甘藷粉一袋につき	20銭
豆一俵につき	20銭
澱粉一袋につき	20銭
その他は購入価格10円につき	5銭

資料：前掲「転廃業者ニ対スル共助要綱」『共助資金貸付伺書綴（菓子統制組合）』本所808。

1) 整備計画の作成

都道府県での整備について、前回は都道府県工連が整備統合要綱を作成したが、今回は地方政府が整備実施要領を作成し、都道府県の工連はそれに基づく調査や具体的な計画の作成・実行に当たった。前回整備と比較して、計画・実行に関する都道府県工連の役割が後退した。具体的には、宮崎県では[38]、政府の「菓子製造業企業整備要綱」（43年11月）を実施するために県の整備実施要領が作成され、それに基づき、44年3月31日に県菓子工業組合から知事宛に「企業整備計画実施承認願」が提出された。

2) 転廃業者選定の基準と方法

整備対象者の選定は、まず、廃業希望者を募り、それでも整備率に達しない場合は各都道府県で作成された整備実施細則の選定基準によって行われた。以下に、まず、選定基準にふれ、次に宮崎県を例に具体的な整備過程を明らかにする。

まず、転廃業者選定の基準であるが、第1次整備においては基準が一つ（砂糖の場合、配給量1,000斤以下）であったのに対して、第2次整備は基準が複数存在した。複数の選定基準があったため対象者は特定の項目で抗弁できた可

能性も考えられる[39]）。まず、政府が作成した「企業整備要綱」によると「操業及廃止工場ノ具体的選定ハ設備及技術ノ良否、労力、動力、輸送ソノ他ノ立地条件並企業者ノ転廃業ノ難易、工場ノ転用ノ難易等ヲ勘案ノ上決定スルコト」とあり、「設備及技術ノ良否」は企業合理化を、「立地条件」は企業合理化と統制を「転廃業ノ難易」は社会政策を、「工場ノ転用ノ難易」は動員を目的とした選定基準だと考えられる。同様に福島県の選定基準を検討すると、基準は3点あり、生産率の順位、技術・設備能率の良否を指標とした「1．原材料ノ有効利用」は企業の合理的経営を目標とした基準で、地域的な配給・輸送の便宜を考慮した「2．立地条件」は統制を、「3．転廃ノ難易」は満40歳未満で健康な者を転廃適格者とし、ただし、扶養家族6人以上の者や転廃により生活困難な者などを除くとした選定基準には、社会政策的な目的があると考えられる[40]）。このように整備の選定基準が目的ごとに複数存在していたことは、第1次整備と比較して、転廃業選定過程を難しくした要因の一つと考えられる。

宮崎県の「企業整備計画書」の「転廃業者」の項には、「本人ノ意思表示ニヨリ廃業希望申出ヲ募リ転廃業セシメントス」とあり廃業選定は「本人ノ意思」によるとし、その方法は「整備方法」の項によると「先ツ率先転廃業スル者ヲ募リ」、「而シテ整備率ニ不足アルトキハ要領ニ準ジテ整備セントス」とある[41]）。この手順で選定が進んだと考えられる。

具体的な過程について、宮崎県では、44年2月21日、菓子工業組合全員で戦力増強企業整備協議会を開催し、県内13地区より「業界ノ実情ニ明ク時局認識ニ透徹セル人物」9名を整備対策委員として選任した。整備計画が完了するまで数回の委員会が開かれた。それと前後して、経営内容や転廃業希望の有無などの組合員の調査を行い「組合員実態調査一覧」[42]）が作成された。そして、「整備不可能ト看做サレタル」[43]）3地区には全委員を召集し協議懇談会を開き趣旨の徹底にあたった。しかし、「組合員自体ニ於テ個々ノ事情ニトラワレ廃業ノ申出スルモノ少キガ為」2割の整備率の達成が危うくなり、地区別に2割の整備率を負担することを決議した。そして県の整備実施要項の存廃選定基準に基づき、組合員に対し有限会社の本工場を残し分工場を廃止することを勧め、また乾菓子製造へ転換が困難な生菓子製造業者に「転廃業スルヨウ指導ニ勉メタルトコロ」、対象者も「委員会ノ公正ニシテ熱意アル指導ニ共鳴ノ上率先転廃

第10章　菓子製造業の企業整備

表10-9　共助金の種類と金額（宮崎県菓子工業組合）

種類	金額	備考
実績共助金	28,852円	配当量を基準とする。平均759.26円、最高1,063円・最低60円。全額日菓工連負担。
生活援護共助金	22,800円	一人当たり600円。国庫300円、組合300円負担。
転業奨励共助金	3,800円	一人当たり100円。全額組合（残存業者）負担。
計	55,452円	負担額：日菓工連28,852円、国庫補助金11,400円、組合（残存業者）15,200円。

資料：宮崎県菓子工業組合「共助計画」国民更生金庫『企業整備関係書類（菓子工業）』宮崎215。

業スルベキコト遂ニ承諾ナシ」て整備率を達成した。

3) 転廃業者への対応

廃業し原料受給権を日菓工連に返却した者には日菓工連の実績補償共助金と地方の組合による生活援護共助金・転業奨励金などが交付された。宮崎県の共助金種類と金額を示した表10-9から、例えば、136人中38人の組合員を整理した宮崎県では、廃業者1人に対し実績共助金（日菓工連負担）、生活援護共助金（国庫補助、組合負担)[44]、転業奨励共助金（組合負担）で平均1,460円支払われた。

おわりに

当時、群馬県菓子工業組合連合会理事長であった石坂実によると、群馬県で1,998名の組合員を1,200名、企業数を118にした第1次整備について「群馬県下の組合員一人も異反者外万般に亘り公法的に運営なしえた」とあるが、第2次整備では「永年生活の基盤たる営業を放棄せしめるので洵に心では忍び難きを忍び只感涙あるのみ」、「第二次企業整備令に依り一一八の企業体を七十五企業に処理した重大なる罪行為は忘れる事の出来ない事」[45]とあるように、第2次整備は第1次整備と比較して困難であった。本章では、中小菓子製造業における2度にわたる企業整備がいかに進められたか論じてきた。最後に第1次と第2次の違いを考察する。

第1次整備の特徴は、「自治的」整備であり、操業対象者を1,000斤以上（菓

子業者全体の約6％）と高いハードルをもうけたが、企業合同か廃業かを業者自身が選択できたためスムーズな整備ができた。また、その整備を促進したものが受給権の組合員間売買だった。現金をすぐに手にできる配給権の売買により廃業者の決断が早まり、また、配給権を購入する側も積極的に廃業者の判断を促進し、短時間での調整を可能とした。それに対し、2次整備は、合同が認められず、廃業しか選択肢がなかったために、整備は困難を極めた。また、上から強制的な整備で各県（各地区）で整備率がきめられていたにも関わらず、政府の示した廃業者選定基準は目的ごとに複数あったため、廃業者を選定し説得する困難な調整は地方・地方組合に押しつけられる形となった。

注
1) 中小商工業整備の全体像については、山崎志郎「太平洋戦争期の工業動員体制──臨時生産増強委員会・軍需省行政をめぐって」東京都立大学『経済と経済学』第81号、1996年、繊維関連部門は第8章山崎志郎論文、米穀商は第5章山口論文を、また、政策面については、由井常彦『中小企業政策の史的研究』東洋経済新報社、1964年、通商産業省『商工政策史』第12巻、1963年を、労働力動員の点からは、大門正克・柳沢遊「戦時労働力の給源と動員」『土地制度史学』第151号、1996年4月を参照されたい。
2) 国民更生金庫資料については、山崎志郎「戦時中小商工業整備の展開と国民更生金庫」『戦時中小企業整備資料』現代史料出版、2004年を、閉鎖機関については閉鎖機関整理委員会『閉鎖機関とその特殊清算』1954年を参照されたい。また、本書以外で同資料を利用した研究には、呂寅満「戦時期日本におけるタクシー業の整備・統合過程──『国民更生金庫』との関わりを中心に」『経済学論集』第68巻2号、2002年7月がある。
3) 以下の記述は中島常雄編『現代日本産業発達史XVIII　食品』交詢社、1967年、330〜368頁による。
4) 以下の記述は前掲『現代日本産業発達史XVIII　食品』369〜376頁、森永製菓株式会社『森永一〇〇年史──はばたくエンゼル、一世紀』2001年、106〜138頁、明治製菓四十年小史編集委員会編『明治製菓四十年小史』1954年、214〜227頁、明治製菓社史編集委員会編『明治製菓の歩み　創立から50年』1968年、55〜56頁、71〜72頁による。
5) 軍用の乾パンについては、森永太平編纂『ビスケット工業史』1951年、154〜172頁を参照されたい。
6) 明治製菓は、製造高1,703万円の内、陸軍24.7％、海軍30.8％、官需5.2％、民需39.3％と軍需官需で6割を占めた（前掲『明治製菓四十年小史』226頁）。
7) 前掲『明治製菓四十年小史』221〜222頁。
8) 以下の記述は、特に断りのないかぎり社団法人糖業協会編『近代日本糖業史　下巻』勁草書房、1997年、386〜409頁による。
9) 砂糖生産高は、1941〜42年期126万トン（内台湾分110万トン）、1944〜45年期36万トン（内台湾分33万トン）と激減している（糖業新聞社編『糖業年鑑』1960年、統計2〜5頁）。
10) 日本経済研究所編『貿易再開と各産業の将来』1947年、206頁。廣瀬爲吉『決勝菓業態勢再編論』帝国菓子飴公論社月報部、1943年、56頁。
11) 菓子製造業だけでなく、多くの産業が政府から自治的整備を迫られていた。前掲「太平洋戦

第10章　菓子製造業の企業整備　　　307

争期の工業動員体制——臨時生産増強委員会・軍需省行政をめぐって」61〜62頁、前掲『現代日本産業発達史　XVIII　食品』369〜370頁。
12) 日菓工連（1940年6月設立、44年8月解散）は菓子業者に砂糖を割り当てる砂糖統制機関であり、道府県別菓子工業組合連合会（47）、全国地区組合（5）からなり、加入者は全国の菓子製造業者9万3,135人であった（日菓工連「菓子配給機構ノ現状」1941年5月・「定款」・「昭和15年度事業報告」閉鎖機関清算関係資料（国立公文書館つくば分館所蔵）・国民更生金庫『業務資料綴（菓子関係）』本所251）、山下久四郎『砂糖配給統制の現状』日本砂糖協会、1941年、62〜68頁）。
13) 「転廃業対策要綱（日菓工連委員会案）」『配給』No.128、1941年9月、10〜11頁。
14) 「菓子工業者ノ整理統合ニ関スル件」東京商工会議所編『中小企業整備要綱輯録（二）』1941年、43〜47頁、前掲『決勝菓業態勢再編論』58頁。
15) 日本菓子工業組合連合会『国民更生金庫と菓子製造業者資産評価』1942年、146〜148頁。
16) 転廃業対策委員会の構成は「組合理事長、部会長、其ノ他ノ組合員中適当ト認メタル者、市長村長、警察署長、職業指導所長、其ノ他学識経験アル者」であった（栃木県菓子工業組合連合会「栃木県菓子工業整理統合要綱」1941年12月、国民更生金庫『資産引受交付金関係書類（菓子製造業）』宇都宮34）。
17) 前掲『国民更生金庫と菓子製造業者資産評価』146〜148頁。例えば、栃木県菓子工連では、日菓工連の通達（41年10月21日）後、所属組合員からなる整理統合対策委員会を数回開催し「栃木県菓子工業整理統合要綱」（12月27日）を決定した（栃木県菓子工業組合連合会「菓子工業整備計画及其ノ顛末」、国民更生金庫『資産引受交付金関係書類（菓子製造業）』宇都宮34）。
18) 菓子製造業における第1次企業整備について、以下に引用したものの他に次の資料を参考にした。「岐阜県菓子工業整理統合要綱」国民更生金庫『企業整備並資産評価基準に関する書類綴（菓子工業）』鹿児島40、「大阪府菓子工業整理統合要綱実施細則」『帝国菓子飴公論』第1565号、1941年11月、45〜46頁、同前29頁、宮崎県菓子統制組合「第一次企業整備計画書」国民更生金庫『企業整備関係書類（菓子工業）』宮崎222、「滋賀県菓子製造業整備概要」国民更生金庫『資産引受並びに処分関係書綴（菓子製造）』大津299。
19) ただし、「自治的」といっても、菓子業界（日菓工連）は必ずしも一枚岩ではなかった。例えば、大企業に有利になるとして、受給量を基準とした整備に対して疑問をもつ零細業者もいた。
20) 受給権を組合員間で売買する場合は、「譲渡額ハ廃業交付金ヲ超ザルコト」（前掲「栃木県菓子工業整理統合要綱」『資産引受交付金関係書類（菓子製造業）』宇都宮34）とあるが、地域によっては、「交付金（共助金共一斤六圓）よりや、高價に取引された模様」とある（『帝国菓子飴公論』第1610号、1942年1月、53頁）。
21) 『帝国菓子飴公論』第1636号、1942年2月、50頁、前掲『帝国菓子飴公論』第1610号、53頁。
22) 「共助資金借入金償還予定表」国民更生金庫『業務資料綴（菓子関係）』本所251。また、前掲『帝国菓子飴公論』第1636号、36頁によると、廃業交付金について、当初は5,000万円程度と想定されていたが、日菓工連・府県工連が将来に亘る負債を避けるため受給権の同業者での譲渡を進めた結果、廃業交付金を要する府県は28、要せざる府県は21、廃業交付金の予定総額は約430万円程度となった、とあり、府県数、総額は本文記述と異なるが金庫の想定よりも組合員間の売買が多かったことがわかる。
23) 名古屋菓子工業組合では、「なるべく交付金の支出を避けて企業合同又は個人譲渡を奨励」した。仮に、1,000斤以下の整理対象者の内半数が受給権を組合に移譲し廃業した場合、日菓工連・道府県工連・全国地区工組がその負債を返還するのには15年近くかかるという試算もあった（『帝国菓子飴公論』第1565号、1941年11月、38頁）。
24) 「一と頃百斤七八百円を唱えられて居たものが今日では漸く熱も冷めて、五百円でも買い手

が無い、……」(前掲『帝国菓子飴公論』第1565号、9頁)。
25) 兵庫県での転廃業者(事業主)の労務転換先は、軍需産業117人、生産力拡充及付帯産業62人、満州開拓民11人、支那南洋其他ノ海外移民5人、内地帰農者180人、国防上必要ナル土木産業0人、其ノ他380人、合計755人であった(兵庫県菓子工業組合連合会「整理計画書(転廃業対策)」国民更生金庫『処分関係綴(菓子工業)』神戸50)。
26) 群馬県菓子工業組合編『群馬県菓子業界史』1970年、317頁。群馬県の基準量は1,000斤ではなく5,000斤だった。
27) 「菓子工業整理統合要綱(兵庫県)」国民更生金庫『処分関係綴(菓子工業)』神戸50、前掲「整理計画書(転廃業対策)」『処分関係綴(菓子工業)』神戸50。また、山形、福井、福岡も地区別に合同した(国民更生金庫『引受資産評価調査綴』本所284)。
28) 農商省「菓子製造業者ノ原状回復措置ニ依ル資産ノ引受評価ノ取扱ニ関スル件」国民更生金庫『引受資産評価調査綴』本所284。
29) 前掲『決勝菓業態勢再編論』56頁。
30) 前掲『貿易再開と各産業の将来』206頁。
31) 1943年11月、軍需省が設立、商工省の大部分は同省に移管された。そのため食糧自給と生活物資確保のため農商省が設立された。
32) 国民更生金庫『引受資産評価調査綴(菓子製造業)』本所285。
33) 「菓子製造業企業整備要綱」国民更生金庫『資産評価関係書類(菓子製造業)』水戸177。同要綱によると、整備前の企業者数は1万8,075人(工場数1万9,547)、年間最高生産能力7億277万8,560円(砂糖消費量638万8,896担)であったが、2億104万9,200円(砂糖消費量182万7,720担)まで減少した。
34) 「菓子製造業企業整備実施要領」国民更生金庫『資産引受及び処分関係書類(菓子製造業)』静岡162。
35) 「転廃業者に対する共助要綱」国民更生金庫『共助資金貸付伺書綴(菓子統制組合)』本所808。
36) 第2次の整備について、以下引用したものの他に次の資料を参考にした。宮崎県菓子統制組合「対策委員会議事録」国民更生金庫『企業整備関係書類(菓子工業者)』宮崎215、「滋賀県菓子製造業企業整備実施計画書」1944年2月、国民更生金庫『資産引受並びに処分関係書類綴(菓子製造業)』大津11。
37) 砂糖配給激減のなかにあっても、菓子業者にとっては、事業を続けることは可能であった。例えば、原料配給減により月に5日から7日程度の営業であっても収益は減ることはなく「月のうち数日働くだけでタンマリ懐が暖まる」こともあり(『更生金庫』第1巻3号、1942年10月1日、12～13頁)、代々営業を続けている者には転廃業に対する抵抗もあった(『更生金庫』第1巻5号、1942年11月1日、16頁)。また、南方進出に関する政府発表の「戦果」は、砂糖輸入増を期待させ、廃業の機運を減退させた(塩田咲子「戦時統制経済下の中小商工業者」中村政則編『戦争と国家独占資本主義』<体系・日本現代史4>日本評論社、1979年、246～247頁)。
38) 国民更生金庫『企業整備関係書類(菓子工業者)』宮崎215。
39) 第1次小売業整備(1942年5月)でも選定基準について「要綱」は基準を示すのみで具体的な選定は個々の商業組合に任されたので選定過程に困難が多く「要綱」の基準自体が骨抜きにされて、基準自体が相互に矛盾するようになり、「点数」化方式を採用するしかなくなった(前掲『戦時労働力の給源と動員』39～40頁)。
40) 「福島県菓子製造業企業整備実施要綱」国民更生金庫『企業整備並資産評価基準に関する書類綴(菓子工業)』鹿児島40。また、栃木県や長崎県でも選定基準が目的ごとに複数存在していた(「栃木県菓子製造業整備実施要綱」国民更生金庫『資産引受交付関係書類(菓子製造業)』

宇都宮34、「長崎県菓子製造業者企業整備実施細則」国民更生金庫『企業整備並資産評価基準に関する書類綴（菓子工業）』鹿児島40）。

41) 宮崎県菓子統制組合「第二次企業整備計画書」国民更生金庫『企業整備関係書類（菓子工業）』宮崎222。長崎県でも同様の手順がとられた（前掲「長崎県菓子製造業者企業整備実施細則」『企業整備並資産評価基準に関する書類綴（菓子工業）』鹿児島40）。
42) 宮崎県では整備のための県工業組合による組合員の実態調査が行われた。項目は以下のとおり、No.、地区、氏名、年齢、健康状態、資産及生計状態、家族状況（人）、雇用従業員（人）、経験技術、軍事関係、経済違反ノ有無、転廃業希望有無、（配給）実績（宮城県菓子工業組合「組合員実態調査一覧」国民更生金庫『企業整備関係書類（菓子工業者）』宮崎215）。
43) 以下の引用部分は、宮崎県菓子工業組合「企業整備計画」国民更生金庫『企業整備関係書類（菓子工業者）』宮崎215による。
44) 残存組合員それぞれの負担額の割合は、過去6カ月間（43年7～12月）の配当実績に基づき算出された。
45) 前掲『群馬県菓子業界史』330～344頁。

第11章　軍需工場地帯における純潔運動
——群馬県を中心に

小野沢あかね

はじめに

　日中戦争勃発以降の時期には、国民精神総動員運動の一方で、軍需景気により花柳界が繁昌し、高賃金の軍需工場職工たちが遊興にのめりこんだことが指摘されている[1]。また、太平洋戦争期には、激しい労働力動員の下、軍需工場での不本意な労働に携わらざるをえなかった徴用工の怠業・欠勤・遊興、家庭を遠く離れた劣悪な住環境・娯楽施設の貧困の中での青少年工の「不良化」[2]といった矛盾が生じていた。さらには、闇経済の蔓延と統制経済のほころびがすすんだ。統制団体自体が役得を享受したり、軍需会社が従業員の食料確保のために工場外の統制経済の破綻に拍車をかけたことが指摘されている[3]。
　こうした戦時の社会矛盾に対しては、様々な対策も試みられた。たとえば、青少年工の勤労意欲向上のために、企業内（青年学校内）熟練工養成や、工具に対する食料増配・住宅確保などが行われていた[4]。また、産業報国会などによって青少年工に対する娯楽の整備や勤労文化の提供が目指された一方で[5]、厳しい精神主義的「練成」による解決方法が目指された[6]。しかし、総じてそれらの対策は目覚しい効果を発揮せず、太平洋戦争期には、社会的荒廃とモラルダウンが広がってゆき、戦時体制に対する人々の不満が増進していったことが指摘されている。戦時社会における道徳の再建が、国家や軍需工場によってのみならず、社会の各方面から求められる必然性が生じていたのである。
　戦時社会の荒廃に関する以上の研究状況を踏まえた上で、本章はある民間団体が戦時に行った道徳向上運動を分析することを課題とする。キリスト教社会事業家を中心とし、戦前から戦時にかけて公娼制度廃止・男女平等の性道徳の確立、禁酒などを唱えた純潔同盟の活動（純潔運動）である[7]。

言うまでもなく、戦時の団体は国策との接点なしにはその存続を許されなかった。しかし、太平洋戦争期といえども、戦前から存続した諸組織のすべてが、必ずしもその独自性や自主性を完全に失ってしまったわけではない。「国策協力のタテマエを認めたうえで」発揮された独自の活動の中には、ときには潜在的抵抗の契機もはらまれていた[8]。本章でとりあげる純潔同盟の活動も同様であった。本章は、同同盟の活動の諸国策との接点をふまえたうえで、戦時の社会的荒廃の実態と、国策の道徳的建前との間の乖離に対する同同盟の批判的活動を明らかにする。

　戦時の純潔運動は近年注目を呼び、いくつかの先行研究がある。それらの研究は概ね、純潔運動の言説をとりあげ、純潔同盟が、私娼への差別的性病検査の強化や、性病患者の結婚禁止や治療義務に賛意を表したのであり、その主張は戦時国家による身体・性の管理方策と一体化したと主張している[9]。しかし本章は前述のように、太平洋戦争期においても、「国策協力のタテマエ」の一方で、運動の独自性が存在したことに留意する。そして、純潔運動の言説のみをとりあげるのではなく、戦時地域社会の具体的な激変・荒廃状況の中に同運動を位置づけて分析するならば、その主張・活動は必ずしも国策と一致していたわけではなく、国策への根強い批判を展開していたことを明らかにする。

　なお、本章は群馬県純潔同盟の活動を対象とする。同県を対象とする理由は第一に、同県が日中戦争以降、養蚕製糸業地帯から軍需工場地帯へと、その産業上の位置を大きく転換したからである。その結果、同県には青少年を含む多数の職工が当初は自発的に、のちには徴用により流入し、これにともなう戦時の社会矛盾が極端にあらわれたからである。

　第二の理由は、群馬県がプロテスタントによる社会事業や廃娼運動の活発な地域であり、明治期に公娼制度を廃止した[10]（しかし、同県では、公娼廃止後も、事実上売春を目的とした飲食店を乙種料理店として黙認し続けている。なお、料理・酒提供を主目的とする料理店は甲種料理店とされた）ばかりでなく、大正期には県や市の社会政策の担い手となったプロテスタント社会事業家も多く存在したからである。彼らは、公娼廃止の先進県として、廃娼運動の全国組織廓清会や廃娼連盟と強いつながりをもっており、1931年に群馬県純潔同盟を結成している。廓清会機関誌『廓清』を見る限りでは、群馬県は戦時において

純潔運動が最も活発に行われた地域であり、なおかつ地元において、雑誌『純潔』を刊行・配布していた（1938〜42年）からである。

1 日中戦争期の純潔運動

(1) 軍需景気と花柳界の繁栄

　群馬県では、昭和恐慌により蚕糸業が打撃をうけた後、軍需工場が急速な発展を遂げた。1934年には中島飛行機太田工場の建設がはじまり、規模拡大が行われたのち38年には陸海軍管理工場となった。また41年には邑楽郡小泉町に建設された小泉製作所で本格的に操業が開始され、最終的に、中島飛行機は太田・呑龍・小泉・前橋・伊勢崎・尾島の各製作所で生産を行っていた。41年8月には徴用者入所式が行われ、同年9月には小泉産業報国会が結成されている。

　1938年12月には理研が前橋に進出し、41年には理研工業株式会社となり、製糸工場群馬社と隣接して新前橋駅ちかくに工場地区を形成した。この他にも、浅野カーリット群馬工場、関東電気精錬会社、関東電化工業株式会社などが、いずれも日中戦争開始前後に設立されており、高崎駅北口周辺にも、理研製機、理研電磁器、理研水力器械、高崎航空器械などの軍需産業が積極的に誘致された。その結果、1935年には群馬県下の工場生産額全体の10％にすぎなかった重化学工業生産額は、1940年になると40％にのぼった。重化学工業部門職工数も同年には全体の50.1％にのぼり、生産額、職工数とも、軍需産業がすでに大きな比重を占めていた[11]。

　こうして建設された軍需工場には、軍需景気の下、多数の青少年工が流入することとなった。日中戦争勃発以降、「軍需工業方面の好況に伴い此の方面の求人殺到等から従来の繊維工業に働く職工乃至は徒弟中其方面〔軍需工場方面―引用者〕に走るもの続出しさなきだに職工払底の繊維工業界及び中小商店の徒弟に脅威を投かけて居る」とされた。とくに、「直接顕著なる之れが影響を受けて居るものは前橋市内の製糸業者並に撚糸業者であって撚糸界の職工の異動等殊に目立ち其大部分は軍需工業方面へ逃避転向し又製糸工場の従業女工の如きも人造繊維会社其他へ走るものがあって目下これが食い止め策に大わらは

表11-1　諸営業店数と女性従業員数

	1936	1937	1938	1939	1940	1941	1942
甲種料理店	588	587	587	—	—	624	432
乙種料理店	305	300	293	—	—	247	242
芸妓置屋	552	534	576	600	628	627	583
料理屋	—	—	—	794	800	—	—
飲食店	2,075	2,212	2,139	1,590	1,790	1,631	2,025
カフェー・バー	—	—	—	522	260	402	255
酌婦	733	728	679	591	618	605	533
芸妓	1,319	1,353	1,383	—	—	—	—
飲食店雇婦	2,735	2,582	2,207	—	—	1,683	1,335
宿屋雇婦	1,600	1,755	1,867	—	—	1,778	1,307
女給	—	—	—	1011	498	459	408

出所:『群馬県統計書』より作成。—は統計なし。

の状態」であり、一方中小商店の徒弟を希望するものも少なくなり、「理研工場及軍需工場の少年工を希望して行く向も頗る多く此点大中小商人の頭痛の種となって居る」とされた[12]。

　このような軍需景気は、緊縮を唱える国民精神総動員運動の展開にもかかわらず、各地花柳界に稀に見る繁栄をもたらした。1939年の前橋では、「普通ならば二月は霜枯れ月」であるにもかかわらず、「花柳界の黄金時代を現出して居る」とされた。「数日前から予約を申込んで置かぬと〔芸者―引用者〕を御座敷へさへ呼べぬという殷賑さ」であり、「二月に於ける芸妓の総売上高は大小あはせてなんと四万一千七百七十四本」、昨年と比べて「一万一千二百十九本」増加しており、まさしく「国民精神総動員が目をまわそうといふ有様」であると報道された。そして、「とりも直さずこれは軍需産業のインフレ景気の捌け口の一つ」であるとされたのである[13]。表11-1の芸妓置屋数を見てみても、1937年から38年にかけて40軒以上、38年から40年の時期には、毎年20軒以上ずつ増加していることがわかる。芸妓数に関しても、37から38年にかけて30人の増加がみられる。

　そして、新しく採用された「殷賑産業」従事者の青少年工たちが、高額の収入を得て花柳界での遊興や娯楽へ耽溺し、犯罪へと傾斜していったことも人々の関心をひいていた[14]。たとえば、「紅灯の街に出没する不良青年職工又は一

般人にあって、匕首、仕込杖、刀剣、ナイフ等々の兇器を所持して押し歩き些さいのことから血の乱闘を演じたり、又恐迫を働いたりする悪質なる犯罪発生も少なくな」いことが報道され[15]、「最近前橋市内の花柳街や喫茶店街に巣食うヨタ者の群は頓に激増し通行人に無理難題を吹き掛ける等動もすれば非常時局を全く無視する悪の華の跳梁にこの程前橋署では断乎鉄槌を下して彼等の一掃に乗り出し、親分格の数名を検挙した」[16]と伝えられている。

さらに、花柳界の繁栄は、軍需工業地帯に花柳病の蔓延をもたらしたことも伝えられた。「軍需景気でホクホクの太田町に『青年の花柳病』と云ふ一つの大きな悩みが新に生れ関係各方面に頭痛の種を蒔いている」ことが指摘され、「最近中島飛行機製作場の独身青年職工間の花柳病患者は頓に激増し非常時航空日本を担当する仕事の能率上或は祖国を双肩に荷なって起つ青年にとっても由々しき問題」となっているとされたのである[17]。

(2) 純潔運動の本格化

1) 機関誌『純潔』の発行（1938年〜）とその主張

このように、「非常時」にもかかわらず軍需景気下で花柳界やカフェーが繁栄をきわめ、職工による犯罪が社会問題となる状況を憂慮して、群馬県内では純潔運動が活発化した。群馬県純潔同盟は、昭和恐慌下の1931年に発会式を行っており、カフェーなどの営業制限、禁酒、「淪落婦人」の救済などを目指しつつ、県内各地で頻繁な出張講演会を展開していた。1932年末現在の会員数は844人、32年3月時点の職業別会員内訳をみると、多いものから農業110、製糸業100、商業60であり、農業・製糸業の比重が大きい。なお、地域別うちわけを見ると前橋が最も多く、228だが次いで群馬郡が多く162であり、内101人が製糸会社群馬社であることが注目される[18]。同同盟の理事は、概ねキリスト教徒だが、ごくわずかながら仏教徒も含んでおり、養老事業、孤児院、子守り学校、戦後の戦争未亡人施設、製糸会社群馬社の教育係、盲学校校長、日本キリスト教婦人矯風会支部長などに携わった社会事業家たちであった[19]。とりわけ中心となったのが、理事長の森川抱次[20]と主事の戸谷清一郎[21]、日本キリスト教婦人矯風会員小泉たね[22]であった。

1938年には機関誌『純潔』を創刊した。機関誌創刊に関しては、「多年の希

望懸案が時局という推進力によって達成実現した」[23]とされ、国民精神総動員運動を意識していることがうかがわれる。純潔同盟は、「最初から県の方にも渡をつけて社会教育課あたりと協力し、社会教育主事が県の代表的意味で、又他方県下各方面の有力者もそれぞれ加わって、ともに組織相談会毎に出席し、純潔同盟成立後は、社会教育主事始め県下有力者も理事の一人になって色々と尽力している」のであり、廃娼連盟の松宮弥平はこうした有り方を「一方から見れば実に県に於ける小さい純潔総動員」と称した[24]。

ようするに群馬県純潔同盟は、国民精神総動員運動における享楽禁止・勤勉精神の強調に呼応しつつ、県の社会教育主事などと協力して運動を展開したのであった。しかし、勤勉精神の強調、享楽反対という点では国民精神総動員運動と呼応したものの、後述するように、全面的に一致していたわけではないことに注意しておく必要がある。

機関誌『純潔』創刊号での森川抱次「吾等の主張」は、社会の現状を「中流以上にありては、芸妓という高等売笑婦の為に禍せられ、下級にありては、娼妓、酌婦、女給の為に深毒され」ているととらえ、「全国到る所思い切った淫蕩の場所が日に蔓延しつつあ」るとした。そして、女子には貞操を強いながら、男子には事実上の一夫多妻を許容し、ひいては公娼制度を存置し続けていることが、「今日の如き淫蕩の社会」をもたらすことになったのだと批判し、男女双方の貞操道徳の向上を実現するために『純潔』を創刊したのだという[25]。

「今日の如き淫蕩の社会」とは、「非常時」にもかかわらず、軍需景気の下で軍需工場職工たちにより、花柳界が繁栄をきわめていることを指していた。「〔群馬県下では―引用者〕時局の進展に伴ひ直接或は間接なる必要により各地に各種の工業頓に勃興し、都市と言はず、農村と言はず、子弟の多くは其の家業を離れ、工場へと押し寄する有様は、実に驚くべきもの」ととらえ、これら青少年が工場で得た収入を自由に消費する機会が与えられたため、「誘惑の魔手に触る」結果となり、「救ふべからざる悲境に沈淪する」と指摘した[26]。具体的には、県内で「かの燈火管制下、人々異常の緊張裏の夜、芸者を揚げて、底抜け騒ぎを演じて、世の非難を浴びた某殷賑工業従事者の大一座があった」ことなどに警鐘を鳴らした[27]。また、1940年には、下記の新聞記事を紹介して人々の注意を喚起した。すなわち、「太田、桐生、館林、大間々の四署から」「送

られて来る青少年の犯罪を見るとその大部分が工業会社の職工として働いている」こと、「更に航空工業の中心地たる太田町は特に青少年の犯罪が多く本年に入って百三十件百九十人で毎日必ず一件は起って」いることなどである[28]。そして、こうした工場地帯の青少年の「不良化」が「遂に山村淳朴の青年を蝕ばむに至ったに外ならない」とし[29]、「本同盟は一面地方の男女青年団或は各種の工場主と一層大に連絡を蜜邇にして講演講話の機会を多からしめ、他面『純潔』の内容を豊富にする」ことが目指された[30]。

　軍需景気下での青少年教育の必要性の指摘という点では、従来からの青年団での教育に対する批判も意図されていた。小学校卒業後の青少年の多くは青年団に入るが、そこでは「団体的に茫漠たる概念的教育を受けて居る」に過ぎず、ましてや「都会に集中せる、多くの徒弟青年にありては、殆んど、放飼同様に、纒まった教育を受けていない」と指摘した。しかも、青年団教育は「国家に対する奉仕的教育に偏し、其青年個人完成の教育に対しては、頗る不充分」であり、「国家奉仕に対する一員としては、身命を捧げる尽忠の誠を致す」にもかかわらず、「個人としての道徳観念は殆んど別人であるかの様に、低級である」と批判したのであった。つまり、「自己の生命を捧げて、尽忠の誠を致した功何級と云ふやうな勇士が、犯罪者に為ったり、背徳漢になったりする様の奇現象を往々暴露するのは、個人たる人としての人格が完成していないからに外ならない」と強調した[31]。

　このように、群馬純潔同盟は、国民精神総動員運動の享楽禁止・勤倹と接点を持ちつつも、その主張内容は、個人の貞操道徳の養成を欠落させ、国家主義的教育に偏した青年団教育への批判、軍需景気下での青少年工の「不良化」を阻むための人格教育の主張などの点において、国民精神総動員運動の論理とは異なっていた。その相違点は、この時期警察によって行われていた、各地の享楽街における「不良学生狩り」に対する同誌の主張からも明らかである。

2）「不良学生狩り」と禁酒・廃娼

　各地の享楽街における「不良学生狩り」に対して、『純潔』は一面で賛同しつつも、他面では次のような異議をとなえた。「所謂狩らるるやうな不良不埒なる学生若くは学生と自称詐称する遊蕩児が、──此の国家未曾有の非常時局

も知らず顔に——少なからずあるといふこと」を問題としながらも、「その〔学生狩りの—引用者〕方法と程度とに於て、必ずしも全然共鳴する限りではない」としたのである。すなわち、「学生狩り」などの強制的・暴力的方法では問題の根本解決はできず、根本的な解決のためには、「人間道徳の基調は『出生の原因たる性の純潔、即ち男女共に貞操を確守するに在る』といふ信念を涵養すること」、すなわち貞操教育しかないと強調した。そして、貞操に関する信念が確立すれば、ひいては「社会は正しく国家民族は永へにその繁栄を期し得る」としたのであった[32]。

また、ダンスホール、カフェー、バーなどを厳しく取締り、それらの営業への学生の出入りを暴力的に弾圧する一方で、公娼制度を相変わらず持続していることの矛盾を突いた。すなわち、政府当局は「帝都を始め全国に渉り、淫風煽揚の機関たるダンスホール、カフェー、バー等苟くも、その虞れある業態に対し、強圧的取締を敢行し、鋭意、風紀の改善向上に努力せらるる」にもかかわらず、「隔靴掻痒の感に堪えない」のは、その一方で政府が、「何故に此の逸すべからざる大機に於て竿頭一歩を進めて、全国の公娼廃止を断行せざる乎である」としたのである[33]。

要するに、純潔同盟の活動は国民精神総動員運動における娯楽の締め出し、風俗営業の弾圧と呼応する部分があったことは事実である。しかし「学生狩り」のやりかたが、暴力的であり、一夫一婦の内面的教育に基づいていないことを批判し、同時にカフェーなどを弾圧する一方で、遊廓の公認を廃止しないことの矛盾点を鋭く突くという点では、純潔運動が国民精神総動員運動の精神とは異なっていたことに留意する必要がある。

3) 陳情活動と各地での講演会活動

こうした主張のもとに群馬県純潔同盟は、県や警察などに対して頻繁に陳情・要請を行った。たとえば、1937年12月には、前橋修養会、高崎修養会、前橋婦人会、基督教婦人矯風会上毛部会、上毛基督教婦人会、両毛基督教青年連盟、群馬興国禁酒会、廓清会群馬支部などと共に、県、県会議長、警察、学務部長に対して、非常時に際して「最も緊要なる堅忍持久勤倹力行精神」を喚起することを要請し、具体的には、①花柳病に対する根本策の樹立、②売笑風紀

第11章 軍需工場地帯における純潔運動　319

取締りの励行、③競馬の取締り励行、④未成年者禁酒法の励行、⑤凡ての公的会合に酒類を用いないこと、などの要求を出した[34]。

　陳情活動以外に、群馬県純潔同盟は頻繁に県内各地で講演会活動を行った。1937、38年の1～3月には連日のように各地で講演を行っており、講師としては、群馬県純潔同盟主事の戸谷清一郎が赴く場合が圧倒的に多かった。講演先は、①佐波裁縫女学校・立華裁縫女学校・文化裁縫女学校（以上、伊勢崎）・高崎和洋裁縫女学校・前橋裁縫女学校・大胡町北爪裁縫学院などの裁縫女学校、ついで②女子青年団が多かった。伊勢崎の裁縫女学校での講演が多かったのは、主事の戸谷がかつて同町の助役を勤めるほどであったことと関係があろう。女子青年団については、37年に勢多郡桂萱村女子青年団、邑楽郡伊奈良村・館林町・小泉町などの女子青年団、勢多郡女子青年団幹部講習会などに対して講演が行われたが[35]、38年の2～3月にかけては、勢多郡17カ町村の女子青年団（処女会）に対して集中的に純潔問題講演会が行われた[36]。勢多郡の女子青年団に対して集中的に講演会が開催されたのは、群馬県純潔同盟理事である小峰茂樹が勢多郡連合女子青年団会長だったためと思われる。その結果、1937年4月から38年3月までの講演回数は67回にのぼった。41年2、3月にも、小峰茂樹の斡旋により、勢多郡内の各小学校で講演会が開催されている[37]。

　他の講演先としては、頻度が低いが、③キリスト教系女学校、共愛女学校（前橋）、堺町実科女学校（佐波郡）、沼田高等女学校などの女学校、④伊勢崎製糸会社、碓氷社高崎工場などの製糸会社があげられる。とりわけ、1939年11月には、東京から安部磯雄、久布白落実を招き、碓氷社高崎工場で講演会が開催されており、500人の女工員と50名の男工員の前で、安部による時間励行、約束厳守、公衆道徳に関する講演が行われた。その後、高崎市公会堂で、婦人矯風会上毛支部ほか2婦人団体の主催により、久布白落実「時局と婦人の使命」、安部磯雄「新東亜建設と婦人の覚悟」という講演会が行われ、さらに、群馬興国禁酒会、群馬県教化事業連合会などによっても安部、久布白の講演が行われた[38]。碓氷社など群馬県内の製糸工場で講演が開催されたのは、同県製糸業が元来キリスト教徒とのつながりが強く、純潔同盟の会員も多かったことのあらわれと考えられよう。

　さらにここで注目しておきたいことは、県の学務部長が純潔同盟の講演会を

各中学校などへ宣伝する場合もあったことである[39]。また、群馬県純潔同盟は、38年5月9日にも県教化事業連合会、群馬県興国禁酒会と共同主催で「国民生活合理化問題講習会」を開催し、学校長、町村長、男女青年団幹部、社会教育教化者などの約350人の出席がみられたように、教化事業連合会や禁酒会などと密接な共同関係にあった[40]。

2 花柳病予防・国民優生法・人口問題研究所の設置と純潔運動

(1) 花柳病予防・国民優生法と純潔運動

こうした状況下で、群馬県内では軍需工業の「殷賑」にともなう職工の遊興の増加がもたらす弊害として、花柳病の蔓延が問題視された。群馬県純潔同盟は、花柳病患者が著しく増加したのは、殷賑工業地太田町を持つ新田郡およびそれに隣接する地域であることを指摘し、山村にも花柳病が拡大しているのは、純朴の青年が殷賑産業に従事する中で花柳界に通い、花柳病に罹患しているからだと強調したのである[41]。

1938年に厚生省が設置され、性病対策が予防局予防課の管轄になると、「人的資源」確保のための重要課題の一つとなり、より効果的な花柳病の予防法樹立が模索された。1927年に成立した日本の花柳病予防法は、花柳病予防の対象を、「業態上花柳病伝播の虞ある者」すなわち、芸妓・酌婦やその他の私娼などの娼婦とその斡旋人などに限定した上で、花柳病を感染させる危険性を知っていながら売春したものを処罰することを定めた法である。「伝染の虞ある花柳病に罹れることを知り又は知るべくして売淫を為したる者は三月以下の懲役に処す」「伝染の虞ある花柳病に罹れることを知り又は知るべくして売淫の媒合又は容止を為したる者は六月以下の懲役又は五百円以下の罰金に処す」とするものであった。また、市町村などが「業態上花柳病伝播の虞ある者」のための診察所を設置し、その経費の一部を国庫から補助することを規定した二条、三条をのぞいて花柳病予防法は施行された[42]。

1939年になると、留保されていた花柳病予防法第二条、三条が施行され、同時に同法は一部改正されたが、その改正内容は、娼婦を対象とした診療所で、

娼婦以外の「伝染の虞ある花柳病に罹れる者」も診療できるようにするというものであった。その後も、さらにすすんで「人的資源」の確保のための性病検診、とりわけ妊産婦に対する健康診断が目指された。また、公娼制度はもはや性病予防の方法としては役割を果たしていないので、廃娼すべきであるとの議論も相次いだが、花柳病予防法自体はそれ以上改正されることがなく、公娼制度も廃止されることがなかった。すなわち日本の性病予防は、日中戦争以後も、国民全体ではなく娼婦のみを対象とした方法に限定されがちだったといえる。

日中戦争期における花柳病予防法の改正問題と、1940年に制定された国民優生法に対して、群馬県純潔同盟は次のような主張を繰り広げた。殷賑産業従事者の花柳界での遊興と、その結果と思われる花柳病の拡大を、「新東亜建設」のための「人的資源」の育成にあたって重大な阻害であると関連付け[43]、花柳病予防に関する対策の樹立[44]の必要を主張したのである。

こうした主張をよく表しているのが、戸谷清一郎「『人的資源の保護育成』について」[45]であった。この文章では、「国民の心身の健康を保護し、増進せしむる事」と「心身優秀なる子女を多く生ましめ、之を保護し育成する」ことの必要性を認めつつ、その方策として、①母性の保護、②結核・花柳病乃至精神病患者の無料相談所および低額診療所を国費・公費又は社会事業団体の施設を持って設置し、早期発見と治療に努めること、③国民体力法、国民優生法の重要性を指摘した。そして、③の国民優生法については、「悪種の遺伝を絶ち之に依て種の淘汰を為し、惹いて国民の素質即ち人的資源を永遠に優化する上に於て吾等は大に其の効果を期待するものである」と述べた。

しかし、ここで注目すべきことは、戸谷をはじめ群馬県純潔同盟の主張では、「人的資源の保護育成」という点において、上記にのべた3点以上に、「更に根本的にして最も重要を信ずる三事項」が強調されたことである。その三事項とは、第一に「純潔精神の徹底即ち貞操道徳の確守」「正しき一夫一婦の実行」であった。しかし軍需産業の殷賑が、酒や売笑婦に代表される「淫蕩享楽」を助長しており、「正しき一夫一婦」が阻害され、極端な場合「情死」事件などに至り、「大切なる人的資源」を損なっているという観点から、人格教育の重要性を強調したのである。第二に禁酒の断行である。酒は「保健衛生上の上からも、能率増進の上からも、将た食料政策の上からも、更に淫蕩享楽を誘導し

助長し、家庭を破り風教を紊る点からも」排斥しなければならないとした。そして第三が、公娼制度の廃止と私娼の禁遏であった。娼婦の問題は公娼私娼を問わず人道問題である上に、公娼は国家が公認する「淫蕩享楽の主要機関」であり、純潔精神を損なうと同時に、花柳病の感染源として、「人的資源」を蝕んでいると主張した。

　要するに、国民優生法に支持を表明しながらも、群馬県純潔同盟の主張の主眼は、「優生手術」などによる「種の淘汰」の追求にあるのではなく、一貫して男女平等な性道徳、相互の人格を重視した結婚を基礎とする家族の確立と、そのことを阻害している飲酒と公娼制度の禁止ということにあったのである。

　このことを、性病対策についての同同盟の具体的な意見を通して確認してみよう。1940年10月開催予定の全国社会事業大会へ、群馬県社会事業協会が提出すべき協議案として、群馬県純潔同盟は非常時禁酒令、全国公娼制度廃止、全国風教運動の件に加えて、花柳病予防撲滅を掲げ、下記の要求を出した。(1)「花柳病に関する相談所並に低額診療所を要地に設置すること」、(2)「任意的健康証明書の交換より、更に進んで花柳病の無病又は治療の確実なる証明あるに非ざれば結婚することを得ざる事」[46]。

　その一方で、理事の森川抱次は、公娼制度が「花柳病感染場の常設」であって、娼妓への性病検査・治療は効果があがっていないこと、同じ理由で私娼窟の設置も性病蔓延をもたらすことを強調し、予防のためには「娼婦絶滅政策」をとると同時に、「性欲自制の途を講」じ、「男子の貞操観念」を養成するしかないと主張したのであった[47]。また戸谷清一郎をはじめ、群馬県純潔同盟の理事たちがその有力なメンバーであったため、同同盟の意向が強く反映しているものと考えられる群馬県社会事業協会の「花柳病防遏に関する対策」をみてみると、そこでは、国民一般を対象とした予防策の提唱と同時に、「売淫のみならず買淫をも犯罪と認め且つ黙認主義を排し警察的取締を厳にすること」「売淫並びに買淫の勧誘周旋を為したる者は勿論其の為に家屋を供与したる者をも厳に処罰すること」「売淫の虞ある業態者を無制限に増加せしめざること」「売笑婦紹介業の取締を厳にし且つ新規開業不許可の方針を採ること」「県警察部直属の風紀監察官を設置すること」「各警察に風紀係専任を置き若くは増員し風紀警察の機能を充分に発揮せしめんこと」などが提案されていた。

さらに、婦人相談所・婦人ホームの設置、婦人の授産・紹介機関の設置、婦人方面委員による女子の淪落防止・保護の要求などがなされていた[48]。

以上の内容からは、群馬県純潔同盟が、売春婦に限定した性病検査・治療ではなく、国民一般を対象とし、花柳病患者の結婚禁止など、強制力を持った花柳病予防や低所得者むけの予防策を希望していたことがわかる。ただし、ここでも同同盟の主張の主眼は何よりも娼婦を買うという行為への道徳的批判であり、「男子の貞操観念」の必要性の強調であった。だからこそ、男子の性的放縦を肯定しているに等しい性病検査付き公娼制度廃止を求め、さらには買淫の犯罪化をも要求したのであり、その意味で人的資源の確保のみを目的とする国民優生法や花柳病予防法の論理とは異なっていたといえよう。

(2) 人口問題研究所の設立と純潔運動

群馬県純潔同盟の主張の主眼が男女相互の人格を尊重した結婚の重視という点にあったことは、同同盟が、人口問題研究所の設立に対して異議を表明したことからも明らかである。「時勢急変の致すところ、実際問題としては〔人口問題研究所の設立は—引用者〕已むを得ない事であらう！」と認めながらも、「今あわただしく『人口問題研究所』を設置して、之から本格的に研究にとりかかるなどは余り感服しかねる」と疑義を呈し、「人口問題は『人の数』の問題であると同時に『人の質』の問題でなければならぬ」と主張した[49]。すなわち、多産に基づく人口増加さえ行えば良いのではなく、増加した人口の「人の質」が優良でなければならないとする見地から人口問題研究所を批判したのであった。

そして、「人の質」の向上のための根本策として、男女双方がお互いの人格と貞操を尊重した結婚を最重視することを第一にあげた。すなわち、「『結婚』とは、『心身の結合』である」として、結婚における精神的側面を強調した[50]。そして「淫蕩享楽の結果は、一方には家庭乃至社会の紊乱となって悲劇醜劇を随所に展開し、他方には酒毒、梅毒に冒され、惹て恐るべき諸種の疾患を誘発し助長し、その極遂には贏弱為すなきに至り、甚しきは低脳となり精神病となり廃疾となるものさへ少からず」とし、淫蕩享楽に溺れることのないような人格教育がまず重要であるとくりかえし強調したのである[51]。

3 太平洋戦争期の純潔運動

(1) 人口政策・企業整備・労働力動員の進展

1) 人口政策の進展

　41年の人口政策確立要綱の発布、太平洋戦争の勃発以降、群馬県内でも人口政策が具体的に実施されていった。42年には、県衛生課が医師会と協力して4市に優生結婚相談所を設置することになり、4月には群馬県母性保護会を結成することが決定し、「妊婦の診療奉仕、戦時下母性保護の強化、妊婦の栄養指導、母性知識の普及徹底、乳幼児の育成指導」などが目指された[52]。また、7月からは妊産婦届出制が実施と決定され、妊娠3～4カ月の間に市町村村役場へ届け出るべきこととなった[53]。8月27日には高崎市が結婚相談所の設立懇談会を開き、結婚の積極的勧奨、結婚適齢者登録、身元調査等が行われる予定となった[54]。

　10月26日には、伊勢崎方面事業助成会が、市役所内に伊勢崎結婚相談所を開設した。方面委員と婦人方面委員が連絡、結婚の斡旋を行うことになっていたが、次のような結婚十訓も作成された。「心身共に健康なる人を選べ」「お互に健康証明書を交換せよ」「悪い遺伝のない人を選べ」「成るべく早く結婚せよ」「迷信や因習に捉われるな」「父母長上の意見を尊重せよ」「式は質素に届は当日」「生めよ育てよ国の為め」[55]。さらに群馬県初の試みである保健婦の養成講習会が産組県支部主催の下に、群馬社において10月26日から開催された[56]。

　以上のような人口増加策は43年になると一層露骨となり、「優生的結婚と認められ且つ」「結婚費の支弁に困難する者」に対して社会事業協会や県が結婚資金を貸し付け、その後出産した子供の数によって、貸付金の棒引きを行う制度も導入された[57]。また、結婚に際しては「あり合わせ」の服や標準服を用いることなどをきめた「結婚新様式標準」の設定[58]、不妊婦の検診[59]なども導入され、県の保健婦協会も設立された[60]。

　また、42年2月12日には群馬県国防婦人会が解散し、大日本婦人会への統合が決まった[61]。さらに、43年4月には、大政翼賛会県支部役員改選にあたって、

初の婦人協力会議員として、日本キリスト教婦人矯風会群馬支部会長であり、群馬純潔同盟の理事でもある小泉たねが選ばれている[62]。

2）企業整備の進展と乙種料理店・芸妓置屋・飲食店・酒

一方、1940年には奢侈品等製造販売制限規則が制定され、これをきっかけとして風俗営業の取締りが次のように強化された[63]。①甲種料理店、乙種料理店、婦女を使用し、または酒類を販売する飲食店、遊技場の新設、拡張、移転、譲渡は認めない、②酒類の提供は5時以降に限り、酒2号、ビール一本にとどめること、③飲食店営業は11時までとし、乙種料理店に限り開業時間中軍衛戌地におけるものを多少斟酌する、④芸妓酌婦の服装は質素とし、パーマを避けること、⑤未成年者、学生への酒類提供は禁止し、飲食店、興業、競馬場への乗り込み自動車は自粛すること（以下略）。

42年以降は小売業整備がすすみ、中小企業の整理統合が行われた。こうした過程で、カフェー・バー・周旋屋も整理の対象となった[64]。また、42年秋には、酒の配給に関して、軍需方面、生産方面を優先すること、すなわち、部隊、官公署、工場労働者、鉱山労働者を優先することが確認された。たとえば、鉱山労働者にとって、酒が唯一の活力であること、理研工場でも産業戦士に酒は不可欠であることが強調された[65]。さらに、これらの産業戦士が料亭に特配酒をもちこんで宴会を開いていることに対して批判の声があがっていた[66]。

表11-1を見ると、1941～42年にかけて、甲種料理店は624軒から432軒へ200軒近く減少し、カフェーも402軒から255軒へ150軒近く減少している。しかし、身売りにもとづく旧来型の遊興であるところの乙種料理店、芸妓置屋に関してみると、41年から42年にかけて乙種料理店は247軒から242軒へわずかに5軒減少したにとどまり、芸妓置屋も627軒から583軒へ44軒の減少にとどまった。一方、41年から42年にかけては、諸営業の中で飲食店のみが逆に増加していることが注目される。表11-2より、飲食店数を地域別に見てみると、1939年から42年にかけて増加が著しいのは、高崎、太田、桐生などの工場地帯であることがわかる。さらに表11-3より、地域別飲食店雇婦数を見てみると、1941年の太田町が突出した数を示しており、41年に開始された徴用工の導入が影響しているのではないかと推察される。ただし、41年から42年にかけての以上の各営

表11-2　地域別飲食店数

	1936	1937	1938	1939	1940	1941	1942
前橋	399	454	459	359	351	344	267
大胡	8	8	9	6	6	5	9
高崎	352	426	425	245	305	305	413
渋川	108	109	104	102	67	69	91
安中	27	31	30	21	23	25	44
松井田	38	45	38	18	23	24	39
富岡	79	76	74	51	54	20	59
下仁田	16	22	19	16	15	19	32
藤岡	123	117	115	106	102	98	105
万場	16	12	15	14	14	16	15
伊勢崎	181	171	154	96	93	88	98
境	32	27	26	25	21	18	17
太田	141	149	140	143	211	211	240
館林	115	115	123	127	124	122	124
桐生	194	205	169	54	132	60	170
大間々	35	39	40	27	28	28	40
沼田	139	134	129	125	119	131	172
原町	39	37	39	43	40	14	39
長野原	33	35	31	12	12	38	51

出所：『群馬県統計書』より作成。

業における女性従業員数をみてみると、飲食店雇婦が300人以上の減少を示していることをはじめ、その他のいずれの営業も41年から42年にかけて数十人の減少を示しており、労働力動員の影響がうかがわれる。ようするに、42年には料理店やカフェーは急減しながらも、旧来型の遊興はさほど減少せず、一方で軍需工場地帯の徴用工むけと思われる飲食店が急増するという変化がみられたのである。

つづく43年になると、県内の「紅灯街」の大部分が自粛廃業すること、芸妓、酌婦、女給らが「産業戦士」として採用されることも報道された[67]。群馬県における料理店、飲食店、芸妓屋等の「自発的転廃業」は、従来業者の約半分にのぼり、「日本一の好成績」であると指摘された[68]。そして、44年2月29日には「高級享楽停止に関する具体的要綱」によって高級料理店、待合、芸妓置屋、カフェー・バーの休業が決定されている[69]。

3）労働力動員と「不良職工」対策の進展

また、1942年以降は、軍需工場に流入する徴用工による享楽・「不良」行為や闇取引、経済犯罪への対処を企図して、産業報国会などによる「不良職工」対策が本格化したが、そこでは精神主義的・軍隊的な規律をたたきこむ「錬成主義」が目指された。

群馬県内の中島飛行機工場では全国に先がけて徴用工が導入され、近隣の旅館を寮に転用し、その住居がまかなわれた。徴用工の人数は、1943年8月時点

で太田製作所25,015人小泉製作所17,616人にのぼった[70]。43年6月には学徒戦時動員体制確立要綱が策定され、北海道、東北の学生や群馬師範学校などの中学校、高等女学校の生徒が動員されており、45年7月時点の中島飛行機工場の従業員総数は太田67,910人、小泉88,430人にのぼっている[71]。このうち、女性の動員について特に見てみると、中島飛行機工場での女性労働者数とその比率が急増するのは、1944年で、1943年に、群馬県各地域の高等女学校卒業生、女子青年団員を組織化した女子挺身隊が結成され、工場へ送り込まれ始めてからであった。1945年時点で、太田製作所では約17,490人、小泉製作所では約21,000人の女性労働者が働いており、それぞれの工場において女性労働者の割合は、25.8、23.7％にまであがっていた[72]。

表11-3 地域別飲食店雇婦数

	1936	1937	1938	1939	1940	1941	1942
前橋	410	423	298	—	—	297	304
大胡	6	10	7	—	—	11	2
高崎	732	530	523	—	—	235	227
渋川	98	102	107	—	—	43	31
安中	19	24	25	—	—	4	12
松井田	24	26	14	—	—	4	2
富岡	61	63	57	—	—	20	37
下仁田	—	5	4	—	—	1	11
藤岡	103	102	138	—	—	213	183
万場	8	5	5	—	—	7	4
伊勢崎	185	156	158	—	—	54	42
境	15	14	9	—	—	4	1
太田	167	194	189	—	—	558	230
館林	112	127	—	—	—	65	68
桐生	289	255	226	—	—	65	82
大間々	33	24	24	—	—	9	12
沼田	363	316	355	—	—	58	64
原町	110	128	27	—	—	4	15
長野原	—	78	41	—	—	31	8

出所:『群馬県統計書』より作成。

一般に、太平洋戦争期には徴用工の勤労意欲の低下、少年工の「不良化」が指摘されており、その原因としては、労働条件の劣悪さ、国民動員計画による本人の意向を無視した軍需工場への振り分け、住環境の劣悪さと文化・娯楽施設の貧困、戦時の動員や買出しなどによる家庭の機能の減退などが指摘されている[73]。群馬県内でも「不良化」防止対策が、警察、県産業報国会、各工場、県の保健課などによって実施された。たとえば、伊勢崎署では不良化防止のために青少年保護係を新設、青少年の飲酒・禁煙の取り締まりを目指し[74]、5月には、少年産業戦士補導週間も設けられている[75]。42年1月には少年工不良防止座談会が高崎署の演武場で、管内工場労務主任40名を集めて行われており、

他の警察署でも、各署単位に各工場側と不良青少年防止座談会を開催していた[76]。「県産報では青少年の不良化が数字的に見て大半が産業戦士を対象とされている事実に鑑み協議した結果」、家庭における青少年保護、工場・家庭・警察の連係、職業教育の強化、職場外の監督、賃金支払方法改善などについて案が作成された[77]。

青少年工の犯罪激増の理由としては、年齢のわりに高賃金であり、過激な労働のあとに不健全な娯楽しか用意されていないことも議論されており、「健全娯楽」の提供も模索されていた[78]。たとえば、中島飛行機前橋工場産業報国会では、音楽大会を催し、二葉あき子、霧島昇、漫才のリーガル千太・万吉などの大衆的な歌手・芸人を呼んでいる[79]。県下産報慰安会でも、浪曲、漫才、歌謡曲を含む大規模な松竹国民座を招聘していた[80]。さらに、健民ハイキングなどの健全娯楽も模索されていた[81]。

しかし、これら様々な試みにはほとんど効果がなく、「依然として不良群漸減の傾向すら現れない」ことが伝えられた[82]。また、43年以降開始された女学生の動員や女子挺身隊の「風紀」に対する懸念も、その父兄や学校関係者によって取りざたされるようになっていた。つまり、若い女性と男性工員がともに夜業に従事することによって「不道徳な関係」が生じるのではないかという懸念であった[83]。

こうした中で43年以降新たに登場した対策が、県産報本部の「錬成」と、大日本婦人会による「母心の奉仕」であった。これまで各工場の単位産報の対応にゆだねていたところへ、4月には県産報本部が青少年工不良化防止の「錬成」に乗り出す事、錬成費2,000円が支出されることとなったのである[84]。そして5月13～19日にかけては、少年産業戦士補導週間が設けられ、「各人の職務の国家的重要性」を自覚奮起させるための指導訓練施設の講究が行われるとされた。そして、その際、県の翼壮団も「一役買って出て各級団員をして出身の少年産業戦士のため激励慰問の通信を行わせることとなった」[85]。この少年産業戦士補導週間には、「母心の奉仕」と称して、大日本婦人会前橋支部、伊勢崎支部などの産業戦士慰問も行われた。13日には前橋理研工場に日婦前橋支部会員49名が訪れ、蒲団の修繕や衣類のつくろいに「聖なる母の奉仕」を行ったとされる[86]。また、14、16日には「産業戦士」寄宿舎を日婦伊勢崎支部が訪れて

いる[87]。

　しかしこうした「母心」の奉仕の他方で、きわめて軍隊的かつ精神主義的な「錬成」が行われていたことがわかる。たとえば中島飛行機前橋工場の岩神町第二工場では、工場の軍隊化を目指して「一糸乱れぬ出発を始めた」。「工員中には転業者もあれば国民学校高等科出身の見習工もあるが之ら工員を先づ同一の魂の中にとけ込ましむべく指導者以下全部が海軍帽に範をとった純白の帽子を被り同じパンツをはいて一挙手一投足凡てラッパの音によって行動を行って居る」ということであった。しかも毎週１回この白い帽子を被り、「工場歌を高唱し乍ら二キロの馳足行進を行い厳重なる戒律の下に同じ職場で同じ仕事を同じ目標の下にやって行かうといふ工場の軍律化」であった[88]。また、中島飛行機太田、小泉両工場では、修錬道場を設立し、道場から工場へ通わせており、「大きな成果を挙げて」いるとされた。こうした修錬道場は、関東製鋼、前橋理研でも検討中ということであった[89]。

　以上にみてきたように、1942年以降には、露骨な人口増加策として、早婚奨励、結婚資金の貸付、保健婦養成、妊婦検診などが行われる一方で、企業整備により、カフェー・バー、料理店、周旋屋、飲食店などの転業が進んだ。しかし、ここで注目しておきたいことは、第一に、純潔運動が禁止を要求した酒に関しては、軍需部門への特配が優先的に行われており、またカフェー、バー、甲種料理店などの転業がすすみながらも、41年から42にかけての乙種料理店や芸妓置屋の減少はさほどではなく、43年５月時点においても、花柳界の転廃業率「日本一」とされながらも半数以上のこれらの営業が存続していたことである。第二は、軍需工場における青少年工の「不良化」問題の解決策として、「健全娯楽」による慰問や、大日本婦人会による奉仕などが行われながらも、基本的には、精神主義的・軍隊的規律の押し付けにすぎない「錬成」がすすめられていたことである。

　こうした太平洋戦争勃発以降の状況に対して純潔運動は、①人口増加策における貞操観、結婚観への反発、②企業整備における酒や料理店・風俗産業の取り扱いにみる「不平等」「不道徳」、③青少年「不良化」問題に関する指導者責任の追及、といった点から時局批判を強めていくこととなる。

(2) モラルダウンと純潔運動

1) 人口政策批判

①「一夫多妻」的人口政策論への批判　太平洋戦争期における群馬県純潔同盟の主張と活動の第一は、人口政策に関してであった。人口増加策の中に、日本主義的、「家」制度的「一夫多妻」の志向性があるととらえ、そのことに対して強い批判を行ったのである。

1941年10月に開催された中央社会事業協会主催第1回社会事業研究発表会において、人口増加のためには、場合によっては一夫多妻もやむをえないと受け取れかねない発言が高橋東山という人物によってなされたとして、純潔同盟は強く反論した。群馬純潔同盟主事戸谷によれば、その後、厚生省嘱託を交えた会談の中で、高橋は一夫一婦制を西洋自由主義の思想としてこれを否定し、一夫多妻を日本の古来の道徳ととらえ、一夫多妻によって「只一途に多産を促し、人口の増殖を計る」べきであると主張したという。

これに反対して純潔同盟の戸谷は、「洋の東西を問はず、人類は始め乱婚近親婚から一妻多夫、一夫多妻の時代を経て、今漸く一夫一婦制にまで到達したもので、此の一夫一婦制の精神こそ、実に吾等文明人として最高の性道徳であらねばならぬ」と強く主張した[90]。そして、一夫多妻（や一妻多夫）は「青少年の堕落」「劣性の子女の出生」を招くことが必至であること、すなわち、「肉体は動物的に強堅たり得るとするも、霊性は人としての知徳を具え得ざる低劣なものたるは論ずるまでもあるまい」としたのである。さらに「一夫一婦制を西洋思想自由主義の産物なりとして否認し、一夫多妻即ち蓄妾制を日本古来の道徳として之に代へんとするが如きは、それこそ、放縦不埒なる男子の便乗的詭弁にしか過ぎない」と総括した。要するに、従来からの主張に基づき、人口増加策の中に見え隠れする男性本位の発想を批判したのである[91]。

②早婚奨励批判　また、人口政策については、その早婚奨励策がきわめて性急であることも批判した。第3節第1項1)でみたように、1941年以降人口増加の目的で露骨に行われた早婚奨励に対して、結婚は本来男女の人格の尊重、自由意志に基づいて行われなければならないという従来からの主張に基づいて批判したのである。すなわち、結婚式の簡素化自体は歓迎できるとしても、「結婚

そのものの重要性を忘れて了ってはならぬ」と主張し、「〔結婚の―引用者〕精神的、信念的な大切な方面を深く考えずに、只経済的方面からのみ頻りに簡素化を叫ぶ結果として、外形も内容も混淆圧縮して、いとど貧弱空疎なる実質を、更に一層貧弱空疎なものにして了ってはならぬ」と強調したのである[92]。

　一夫一婦を軽視しかねない人口増加策や早婚奨励策に対する批判は繰り返し行われた。そこでは、心身共に健康な子供を増加させるための家庭環境の整備を重視するという点も見受けられるが、批判の主眼は、男女の人格の尊重、一夫一婦重視という主張であったことがわかる。むしろ一夫一婦重視の立場からの人口政策批判が強まりを見せているということが指摘できよう。

2) 青少年「不良化」問題対策批判

　批判の第二点目は、軍需工場での青少年工の「不良化」、「淫蕩享楽者」の数の増加、闇経済の拡大を批判して、新たな青少年教育の必要性を説き、さらに、青少年工「不良化」問題の遠因を、指導者の綱紀弛緩、役得に求め、これに対する批判を強めたことである。

　青少年の「不良化」問題に対しては、群馬県内における少年犯罪の増加率が特に著しいこと、しかも犯罪者は「時局産業従業員」が最も多数を占めていることを指摘し、さらに青少年「不良化」の原因として、当局のあげる３つの原因、すなわち「時局が一般青少年の心理を荒ましむる事」「青少年即ち年若き軍需工業従業者が過分の給与を受くる事」「家庭の弱化」を紹介した。その上で、戸谷は、家庭の弱化を最も重大な問題としてかかげ、人間形成には家庭がその基礎をなすとし、家庭の基礎としての結婚の重要性を強調した。結婚相手としては、「美はしき人格性情の持主」、とりわけ「品行方正、操守堅固」が不可欠であるとし、男女双方の貞操道徳の重視、人格の尊重に基づく一夫一婦の重要性を再度強調した。なぜならば「将来精神的に亀裂の虞があると共に、肉体的に恐るべき性病を迎え入るる事になる」からというのであった[93]。

　そして、これまでの青少年工教育に「人格陶冶」の視点が欠けていると指摘し、その上で、森川抱次「青少年指導監督の具体的施設について」[94]では、具体的方策についての提言を行った。まず、青少年の指導が事実上、国民学校の教職員のみに任されていることを問題とし、しかも国民学校卒業後の青少年の

大多数が大小の軍需工場へ就職していること、工場では「型式ばかりの訓陶教養」を受けるに過ぎないことを指摘した。そして、戦時における具体的な青少年指導監督方法として、翼壮青年隊をして青少年工の監督にあたらせることを提言した。すなわち、「適宜に担任区域並びに人員を定め自己の担任区域内若干の青少年に対し、朝に夕に接触し交渉する事に依て、彼らの心理的趨向から一挙一動まで知悉する事が出来、随て其の家庭の人々と協心同力して適切なる対応施策を為し、以て此の大事業を完遂し得る」としたのである。

青少年工教育に関する群馬県純潔同盟の以上の主張は、家庭の重視という点において、この時期日婦前橋支部や伊勢崎支部が行っていた「母心の奉仕」と若干共通点があるようにも思われる。しかし、群馬県純潔同盟の主張の基礎には、男女の人格の尊重、双方の貞操道徳の重視に基づく家庭の必要性という認識があり、その点において、「婦徳」のみを説く大日本婦人会とは大きく異なっていたといえる。また、翼壮青年隊をして青少年監督にあたらせるべきとの提言のなかにおける「監督」の意味内容も、これまで述べてきたように人格教育を重視しているという点において、第3節第1項3)で述べたようなこの時期の体罰的「錬成」とは大きく異なるものであった。

3) 配給・企業整備・戦時体制指導者に対する批判

第三に、純潔運動は享楽主義批判という独自の立場から、配給・企業整備の方法に対しても批判を展開した。たとえば1939年の米穀等配給統制法に際しては、主食である精白米を、強制力をもって胚芽ないしは半搗にしなければならなくなったにもかかわらず、酒の原料として米が消費されてしまっていることを批判している。酒は「労働者の慰安のために用いらるるよりも、或階層の遊興の為」に用いられることが多いとの認識に立ち、アルコール中毒をもたらすだけでなく、享楽の温床となることから花柳病の遠因にもなり、国民の体位の低下をもたらすので、米を酒に用いることを禁止して、主食として国民に配給することを主張したのである。そして、公的会合で酒を飲まないこと、さらには非常時禁酒令の公布を要求した[95]。

また、一般に先行研究では1942年以降の配給統制の進展、物資不足の中で、闇取引や経済犯罪が頻発しており、しかも闇取引や経済犯罪がほかならぬ統制

団体の役員や官吏・町内会長などの経済統制の直接の担い手や、軍需工場によって大規模に行われていたことが指摘されている[96]。

1942年以降の群馬県純潔同盟は、そうした経済統制の直接の担い手、いわば戦時体制の指導層に対する道徳的な批判を強化していったということができる。青少年職工の「不良化」問題や経済犯罪が一向に減る気配がないことについても、指導者の不道徳性、頽廃にその遠因をもとめ、「官吏公吏を始め、苟くも指導層に在る人々の、総ての方面に於て、率先垂範を要望」した。彼ら指導者自身に「綱紀の弛緩あり、世の指弾を受くるに足る事象少なからずとあっては、実に遺憾千万である」とのべ、そのような指導者層の綱紀弛緩が青少年工の「不良化」を加速化させているのだとしたのである。

すなわち、「今では病人すら容易に得難きハイヤーを駆って、暮夜料亭に親しむ者を指導層中に発見する」こと、「一般には無い物、乏しき物が、指導層には甚だ豊かなりといふ噂が我等の耳朶を打つ」[97]ことなどを強く批判した。食糧配給の点においても、また第1節でみたように、その不道徳・不健康な面において、純潔同盟が禁止を要求した酒についても、官公吏や軍需工場関係に優先的に配給されているのであり、こうしたことを純潔同盟の立場からみたならば、それはまさしく、指導者の綱紀弛緩・頽廃なのであった。このことから、「物資は不足ではあるが、絶無ではないのである。只その配給が公平適正であるか、どうかが問題なのである」と追及したのである[98]。

戦時体制の指導者責任の追及は、転廃業政策に対しても及んだ。第3節第1項2)でみたように、40年から42年までの乙種料理店や芸妓置屋の減少は甲種料理店などと較べるとさほどでもなかった。群馬県純潔同盟は、他業種の転廃業の進展にもかかわらず、このように乙種料理店や芸妓置屋、「人身売買」の仲介者たる周旋業者が営業の継続を許容されていることを強く批判したのである。

すなわち、「時局は斯くの如く緊迫深刻を極めている」にもかかわらず、「『芸妓、娼妓酌婦等の周旋業』の大きな看板が、アチコチに臆面もなく、れいれいと掲出されて」おり、「乙種料理店の前を通ると、かの酌婦なるものが、嬌態奇声、誰れ彼れの差別なく客を引入れんとして喧しき事」を指摘した。そして、「緊迫深刻を極むる今日の時局に於て『芸妓、娼妓、酌婦の周旋』が、公然の営業として許可され堂々大看板を掲げて存在しているといふ事の如何に不合理

であるかは多くの絮説を要さないであらう」と述べ、「今は有用乃至必要の業態でさへ、所謂整備令に依て、最小限度に整理統合されているのではない乎そうして其の余力を戦力増強の為に転用しつゝある秋ではない乎。［中略］今は逸すべからざる、逸すれば、再び得難き最好機会なのである。方法に於ても、他の営業転廃に対する仕方を参考として準用すれば、何の面倒もないではない乎」と提案した。営業転換の方法についても、その家屋を戦時利用することを提案しつつ、この期をのがさずこの種の営業を廃業させることを主張しているのである[99]。

4）太平洋戦争期の活動と『純潔』の廃刊

このように、太平洋戦争期にも群馬県純潔同盟はその主張を概ね貫いたばかりか、指導者責任の追及を強化させたといえるが、機関誌『純潔』は、「都合により」42年6月をもって廃刊となった。

しかしその活動自体は44年に至るまで継続したことが確認できる。太平洋戦争期の講演活動としては、青年学校での女子青年団員に対する講演会が行われたことが指摘できる。42年2月下旬から3月中旬にかけては、勢多郡連合青少年団主催の修養講演会に出張し、その後、同郡内各地の青年学校、たとえば桂萱村青年学校、東村呆青年学校、北橘村橘青年学校、木瀬村瀬年学校、勢多郡新里村青年学校などにおいて女子青年団員、女子生徒にむけた講演を行っている。講演題目は、「青少年問題と健全家庭の建設」「結婚と性病問題」などであった[100]。社会的荒廃がすすむ中で、一夫一婦に基づく健全な結婚・家庭生活の重要性を女子生徒や女子青年団員に強調したのである。しかし、『廓清』を見る限り、43年以降、各地での女子青年団向け講演会活動は掲載されなくなる。

また、42年3月29日には、群馬県教化事業連合会、群馬県青少年団、廓清会群馬支部、群馬興国禁酒会との共催で「青少年団幹部戦時生活刷新講習会」を男女青年団幹部200人参加の下に開催しており、国民純潔同盟の高島米峰の「大東亜建設と青少年の自覚」と、国民禁酒同盟の小塩完次の「民族力強化と青少年禁酒運動」という講演が行われた[101]。また、42年5月には、「健民運動の趣旨に沿」った講演会も開催している[102]。

43年以降は、婦人矯風会上毛支部や群馬興国禁酒会、群馬県社会事業同志会

との連携に基づく活動が行われている。43年1月の運動方針では、大政翼賛会に対して教化方面に努力するよう進言すること、できれば県主催の大会開催をめざし、その情勢如何によっては新たに群馬県社会教化連盟（仮称）を結成することが検討されている[103]。そして、3月8日には、群馬県純潔同盟、群馬興国禁酒会、婦人矯風会上毛支部、廓清会群馬支部の代表者が知事を訪問し、知事が不在であったために警察部長に面会、公的会合における禁酒、乙種料理店整備問題について進言書を提出、長時間にわたり意見を開陳した。その後、県教学課、厚生課、翼賛会支部も訪問し、青少年不良化防止問題について懇談を行っている[104]。

このような活動の中で、森川抱次が11月、中央教化団体連合会より、教化功労者として選奨されており、こうした経緯からも群馬県純潔同盟と教化事業連合会との密接な関係がうかがわれる[105]。その後も43年11月には教化事業連合会、廓清会群馬支部、群馬興国禁酒会、婦人矯風会上毛部会との共催による銃後社会生活教化懇談会を開催し、「青少年不良化防止に関する件」「公的会合に於ける廃酒に関する件」「需給の明朗化に関する件」について問題提起し、44年1月19～25日にも、静岡県掛川町報徳社において文部省および中央教化団体連合会共同主催の教化団体幹部思想錬成会に参加している[106]。

おわりに

以上に見てきたように、群馬県純潔運動は国策協力の建前の一方で、太平洋戦争期に至るまで独自の立場からの国策批判を継続したと言える。その一貫した立場とは、男女平等の貞操道徳教育を基礎とする人格教育の必要性の主張、飲酒・公娼制度批判であった。

群馬県純潔同盟会員は農業・製糸業関係者が多く、中心人物はキリスト教徒をはじめとする社会事業家であった。彼らは日中戦争期には、軍需景気の下で学生や青少年工が享楽し、「不良化」していることに対して、工場などでの人格教育の重要性を主張した。享楽排除・風紀の統制という点では国民精神総動員運動と接点を持ちつつも、「学生狩り」などの警察による強圧的取締、カフェーやダンスホールを弾圧しながら他方では公娼制度を温存し続けることの矛

盾、青年団教育の国家主義的偏重などを批判、男女平等の貞操道徳の重要性を主張したのである。

　また、太田町をはじめ、工場地帯の性病蔓延を背景とし、1939年以降の花柳病予防法改正、国民優生法の制定に際しては賛意を表した。公娼制度や私娼への性病検査の義務づけは、性病予防上も、道徳上も有効ではないとして、国民一般を対象とした予防法の確立、性病患者の結婚禁止などを要求した。ただし、ここでも性病予防の根本策として最も重視したのは、医学的措置ではなく、「男子の貞操観念」の養成、公娼廃止、買淫の犯罪化であり、男女平等の貞操道徳の確立という従来からの主張だったのである。そして、その点において結婚生活の精神的側面を軽視しがちな人口問題研究所にも疑問を呈したのであり、国策批判の論理を内包していた。

　群馬県純潔同盟は、連日にわたる県内各地での講演会活動を行った。講演先は、同同盟会員の小峰茂樹が会長を務める勢多郡連合女子青年団をはじめとする各地の処女会を中心とし、その他、裁縫女学校、キリスト教系女学校などであり、県の学務課の推薦などをへて行われることもあった。また、製糸工場の女工に対する講演も行われている。要するに、日中戦争以降も、純潔同盟の活動は以前同様、その理事や役員の性格上、女子青年団など社会教育の分野や、従来からキリスト教社会事業家と関係の深い製糸工場にその影響力を持っていたのであり、未成年女子に対する道徳教育を重視したのであった。一方、軍需工場などでの講演会活動はほとんど行われなかった。

　太平洋戦争期になると、群馬県純潔同盟は経済統制の指導者への厳しい批判を展開した。多数の徴用工が流入した軍需工場地帯における職工の「不良化」が著しかったのみならず、ほかならぬ軍需工場や統制団体役員そのものによる闇取引の横行や経済犯罪の頻発を背景として、国策の禁欲的建前と実際のモラルダウンの間の著しい乖離を批判したのである。

　具体的には、太平洋戦争勃発以降の日本主義の高揚を背景として、人口増加策の中に一夫多妻主義的発想が潜んでいること、拙速な早婚奨励において結婚軽視や女性の人権軽視の風潮が存在することに対して批判を展開した。第二に、多数流入した徴用工の「不良化」に対して行われている警察的取締りと、「錬成」を主とした青少年工対策とは異なり、人格教育とりわけ、男女平等の貞操

教育の重要性の提言を続けた。そして第三に、国民生活に緊縮を強いながら、配給統制、企業整備全般に存在する指導者の「不道徳性」「不平等性」を厳しく批判した。すなわち、企業整備が進んでおり、カフェーや料理屋が急減しているにもかかわらず、人身売買にもとづく旧来型の遊興である乙種料理店や周旋屋の転廃業が遅れていること、米不足にもかかわらず飲酒が禁止されずに、産業戦士への特配が行われていること、軍需工場や統制団体役員のからんだ闇取引や経済犯罪、享楽行為の頻発などに対する批判であった。

太平洋戦争期の群馬県純潔同盟は、従来からの県や警察に対する陳情・要請活動以外に、青少年工の教育問題や、公的会合で禁酒すべきことなどの件について、大政翼賛会への陳情・要請活動も行った。また、小泉たねが県内初の大政翼賛会婦人協力議員となったこと、青少年工対策における翼壮青年隊の機能への期待があったことなどから、大政翼賛会とのかかわりが皆無ではないことが伺える。さらに、42年には青年学校を通じた講演活動が行われており、健民運動との連動もみられることなども日中戦争期とは異なった特徴の一つとしてあげることができる。しかし、群馬県純潔同盟が密接な連携を維持したのは、43、44年に至っても依然旧来からの教化団体である教化事業連合会や社会事業協会などだったのであり、軍部や軍需工場、産業報国会との関係は一貫して希薄であったといえる。

このように、太平洋戦争期に至っても、国策協力の建前の一方における、独自の国策批判を内包した道徳運動が存在したのである。

注
1) 北河賢三「戦時下の世相・風俗と文化」藤原彰・今井清一編『十五年戦争史2　日中戦争』青木書店、1988年。
2) 赤澤史朗「太平洋戦争期の青少年不良化問題」『立命館法学』第201・202号、1988年、東條由紀彦「労務動員」原朗編『日本の戦時経済』東京大学出版会、1995年など。
3) 西田美昭「戦時下の国民生活条件」大石嘉一郎編『日本帝国主義史3　第二次世界大戦期』東京大学出版会、1994年など。
4) 前掲「労務動員」、山崎志郎「太平洋戦争後半期の航空機関連工業増産政策」『福島大学商学論集』59-2、1990年、大門正克・柳沢遊「戦時労働力動員の給源と動員」『土地制度史学』第151号、1996年4月など。
5) 高岡裕之「大日本産業報国会と『勤労文化』」『年報日本現代史7　戦時下の宣伝と文化』現代史料出版、2001年。
6) 前掲「太平洋戦争期の青少年不良化問題」。

7）戦前の公娼制度廃止運動は、公娼制度廃止の可能性が高まると、1935年、公娼廃止後の性道徳向上を主たる目的とした国民純潔同盟を樹立し、純潔運動と名のった。なお、戦間期を中心とした、日本の公娼制度廃止運動と公娼制度政策については、小野沢あかね「戦間期日本における公娼制度廃止問題の歴史的特質——地域と国際関係の視点から」歴史学研究会編『シリーズ歴史学の現在9 性と権力関係の歴史』青木書店、2004年を参照のこと。
8）赤澤史朗「太平洋戦争下の社会」『十五年戦争史3 太平洋戦争』青木書店、1989年。
9）藤目ゆき『性の歴史学』不二出版、1997年、藤野豊『性の国家管理』不二出版、2001年、田代美江子「十五年戦争期における廃娼運動と教育」松浦勉ほか編『差別と戦争』明石書店、1999年。
10）この点に関しては、小野沢あかね「帝国議会開設期の廃娼運動」『歴史学研究』637号、1992年10月を参照のこと。
11）『群馬県史 通史編8 近代現代2 産業経済』1989年、54～57頁。1940年における群馬県下の職工総数86,963人中、機械器具部門の職工数は38,626人を占めており、紡織部門職工数37,013人を超えていた。また、紡織部門職工数37,013人のうち、30,564人が女性であったのに対し、機械器具部門職工数38,626人中36,262人が男性であり、そのうち34,859人が「其ノ他」の機械器具工業に分類されており、軍需工場における男性職工の急増がうかがえる（同上書、55頁の表11を参照）。
12）「軍需工業に吸収され繊維職工が払底」『上毛新聞』1938年3月15日。
13）「皮肉！自粛に逆行 花柳街我世の春」『上毛新聞』1939年3月10日。
14）『昭和14年中少年工犯罪統計』によれば、股賑産業従事者の犯罪理由の第一位は「遊興の為に」であった（前掲「戦時下の世相・風俗と文化」）。
15）「ドスを呑む 紅灯街の不良狩り」『上毛新聞』1940年10月29日。
16）「街の匪賊狩り」『上毛新聞』1938年10月31日。
17）「新興都市の悩み 花柳病蔓延 太田町中心に撲滅対策」『上毛新聞』1938年10月20日。
18）『廓清』23-3、1933年3月。
19）『純潔』1939年7月。なお、1939年1月現在の会員数は500人、賛助員は65人であった（同上、1939年11月）。
20）明治2年佐波郡名和村生まれ。明治21年から名和村青年会での活動を通じて廃娼運動に参加し、以後禁酒・廃娼の青少年教育を重視した。明治32年には救世軍に入隊し、一時期は社会主義へ傾倒した。廓清会群馬支部幹事長、孤児院にも携わり、名和村村長、県会議員もつとめた。家業は蚕糸業であり、昭和2年、製糸会社群馬社を設立した（森川抱次『敢闘七十五年』紫波館、1943年）。
21）明治9年伊勢崎町生まれ。商人。1915年、伊勢崎市助役。伊勢崎職業紹介所、方面委員制度などを導入。昭和2年廃娼連盟理事となった際キリスト教に入信。群馬県禁酒連盟理事長などもつとめた（戸谷清一郎「感謝を語る」1944年）。
22）1872年岐阜県生まれ。明治女学校を卒業し、群馬県多野郡小野村のキリスト教徒・製糸会社経営・県会議員の小泉信太郎と結婚。キリスト教婦人矯風会会員として活動し、婦人参政権運動に参加した。1930年設立の藤岡幼稚園初代園長（『群馬県人名大事典』上毛新聞社、1982年）。
23）「群馬県純潔同盟10年の回顧と前進」『純潔』1940年4月。なお、『純潔』の発行部数は約1,000部であったという（前掲『敢闘七十五年』）。
24）「純潔運動と地方団体結成」『純潔』1939年12月。
25）創刊号、1938年7月15日。
26）小峰茂樹「本同盟に対する希望」『純潔』1939年2月15日。
27）『純潔』1939年4月。
28）『読売新聞』1940年4月19日。『純潔』1940年6月に転載。

第11章　軍需工場地帯における純潔運動　　　　　　　　　　　339

29)　『純潔』1939年9月。
30)　同上、1939年2月。
31)　森川抱次「男女青年に精神教育を徹底せしめよ」『純潔』1939年3月15日。
32)　戸谷清一郎「何故の純潔運動乎」『純潔』1号、1938年7月。
33)　同「大機逸するなかれ　全国公娼廃止の断行」『純潔』3号、1938年9月。
34)　『廓清』28-1、1938年1月。
35)　『廓清』27-7、1937年7月。
36)　『廓清』28-4、1938年4月。
37)　『純潔』34号、1941年4月。
38)　「安部先生の群馬講演随伴記」『廓清』29-12、1939年12月。
39)　『廓清』27-10、1937年10月。
40)　『廓清』28-6、1938年6月。
41)　「群馬県徴兵検査の成績に就いて」『純潔』1939年9月。
42)　藤野豊『性の国家管理』不二出版、2001年、63〜64頁。花柳病予防法に対しては、当初から、予防対象を娼婦に限定するのではなく、国民全体を対象とした性病予防策の樹立が必要であるとの批判が、性病予防協会、廃娼運動団体などから出されていた。こうした批判の論理をつきつめるならば、性病予防をその存在根拠としている公娼制度は存在理由を失うため、公娼廃止の是非も議論にのぼっていた（同上書）。なお、国際連盟などではすでに戦間期において、公娼制度が性病予防策としては時代遅れであるとの認識が常識化しており、各国で廃娼と国民一般を対象とした任意あるいは強制的な性病予防治療法の確立がすすんでいた。（前掲拙稿「戦間期日本における公娼制度廃止問題の歴史的特質」）。
43)　前掲「群馬県徴兵検査の成績に就いて」。
44)　武内兵衛「花柳病予防に対する一考察」『純潔』1940年8月15日。
45)　『純潔』1941年9月15日。
46)　同上、1940年8月。
47)　同上、1939年12月。
48)　『純潔』1939年6月15日。
49)　戸谷清一郎「人口問題と純潔」『純潔』1939年7月。
50)　同「国策と結婚問題」『廓清』1941年1月15日。
51)　前掲「人口問題と純潔」。
52)　『上毛新聞』1942年3月28日。
53)　同上、1942年5月5日。
54)　同上、1942年8月26日。
55)　同上、1942年10月28日。
56)　同上、1942年10月29日。
57)　同上、1943年5月13日、9月4日。
58)　同上、1943年9月1日。
59)　同上、1943年10月15日。
60)　同上、1943年7月21日。
61)　『上毛新聞』1942年2月13日。
62)　同上、1943年4月2日。
63)　『群馬県警察史　第2巻』1981年、1,008頁。
64)　「昭和十七年十一月群馬県小売業整備要綱」『群馬県史　資料編24　近現代8　産業2』1986年、591頁。
65)　『上毛新聞』1942年11月25日。

66) 同上、1943年2月11日。
67) 同上、1943年2月20日。
68) 同上、1943年5月26日。
69) 『群馬県警察史　第2巻』1,010頁。
70) 『群馬県史通史編8　近代現代2　産業・経済』618頁。高橋泰隆『中島飛行機の研究』日本経済評論社、1988年、154頁。
71) 佐藤千登勢『軍需産業と女性労働——第二次世界大戦下の日米比較』彩流社、2003年、121頁。
72) 同上、113～123頁。
73) 前掲「太平洋戦争期の青少年不良化問題」。
74) 『上毛新聞』1942年2月5日。
75) 同上、1942年5月29日。
76) 同上、1942年1月18日、1943年8月25日。
77) 同上、1942年9月10日。
78) 『上毛新聞』1942年10月31日。
79) 同上、1942年3月29日。
80) 同上、1942年10月29日。
81) 『上毛新聞』1942年9月29日。
82) 同上、1942年8月25日。
83) 前掲『軍需産業と女性労働』122～123頁。
84) 『上毛新聞』1943年4月8日。
85) 同上、1943年5月6日。
86) 同上、1943年5月14日。
87) 同上、1943年5月19日。
88) 『上毛新聞』1943年8月16日。
89) 「錬成と増産へ　工場の道場計画」同上、1943年9月17日。なお、中島飛行機では、1943年8月時点で4万6,000人の徴用工中3,800人が欠勤しており、9月には国民徴用令違反による検挙が行われた（高橋泰隆『中島飛行機の研究』日本経済評論社、1988年）。
90) 戸谷清一郎「純潔運動の使命愈々重し」『純潔』1941年11月。
91) 戸谷清一郎「誤れる人口論を排す」同上、1942年1月。
92) 戸谷清一郎「結婚の簡素化と厳粛性」『廓清』1944年1月。
93) 戸谷清一郎「青少年問題と健全家庭の建設」『純潔』1942年3月。
94) 『純潔』1942年5月。
95) 戸谷清一郎「「非常時禁酒令」は食料問題及体位問題解決の鍵」『純潔』1939年10月。
96) 西田美昭「戦時下の国民生活条件——戦時閣経済の性格をめぐって」385～393頁（大石嘉一郎編『日本帝国主義史3　第二次世界大戦期』東京大学出版会、1994年）。
97) 戸谷清一郎「明朗社会の建設」『廓清』1943年3月。
98) 同「憂ふべき闇の問題」『廓清』33-6、1943年6月。
99) 戸谷清一郎「時局に相応せぬ二事象」『廓清』1943年7月。
100) 『廓清』32-4、1942年4月。
101) 『廓清』32-5、1942年5月。
102) 『純潔』1942年5月。
103) 『廓清』33-2、1943年2月。
104) 『廓清』33-4、1943年4月。
105) 『廓清』33-12、1943年12月。
106) 『廓清』34-4、1944年4月。

補　論　閉鎖機関特殊清算の経緯

原　　　朗

　読者の参考までに、補論として閉鎖機関とその特殊清算に関する経緯を若干記しておこう。以下は筆者が以前に『昭和財政史：終戦〜講和』第1巻に執筆したものを基礎として、それをやや簡略にしたものである[1]。

　1945年9月30日に、連合軍最高司令官総司令部は、SCAPIN74「外地ならびに外国銀行および特別戦時機関の閉鎖に関する覚書」により、日本の旧植民地・占領地における金融機関・開発会社ならびに国内の戦時統制関係諸機関等を封鎖し、その活動を停止するとともに、これら閉鎖機関の清算を行うことを指令した。これら閉鎖機関の管理のために初期には日本銀行などが、ついで閉鎖機関保管人委員会、さらに1947年5月に閉鎖機関整理委員会が設立され、以後1952年3月の解散にいたるまで、閉鎖機関の清算に関する業務を執行し、総司令部では経済科学局の財政課清算係 Liquidation Branch, Finance Division の監督下におかれた。清算事務は、旧植民地・占領地にもわたる閉鎖機関の業務活動のうち、本邦内にある財産のみの清算をなすものとされ、海外については不明のまま棚上げして国内のみに関し清算するという意味で特殊清算と呼ばれた。前記指令ではまず29機関が閉鎖を命ぜられ、以後1949年5月まで追加指定が繰り返されて、総計では1,000以上の機関が閉鎖されることになった。

　閉鎖機関は在外活動関係機関と経済統制関係機関との大きく2種類に分かたれ、前者は金融関係と開発関係およびその他に、後者は特殊経済統制関係機関と各種経済統制機関に分かたれる。特殊経済統制機関は国内金融関係とその他に、各種経済統制機関は農林水産業関係と鉱工業関係に2分されている。在外活動関係では全体で69機関があり、うち中国本土・満州に関するものが28を占めている。経済統制関係では1,022、うち農林水産関係が134、鉱工業関係が786、貿易関係18、交通関係19などで、その総計1,091機関である。農業で多い

のは日本飼料株式会社のほか各都道府県飼料商業組合38機関、林業では北海道燃料配給林産組合ほか各都道府県燃料配給林産組合46機関、鉱業では北海道石炭販売株式会社ほか各地方石炭販売株式会社7機関、繊維では北海道繊維製品株式会社ほか各都道府県繊維製品株式会社45機関などを含む。これら各種地方機関がとくに多いのは鉱工業関係のうちの飲食料品関係で、日本麦酒酒造組合ほか各都道府県酒造組合連合会51機関、全国食糧営団連合会ほか各都道府県連合会47機関、全国味噌醤油統制株式会社ほか各都道府県味噌醤油統制株式会社76機関、大日本酒類販売株式会社ほか49機関など227機関にのぼり、その他の飲食料品関係は36機関にとどまる。土木建築関係で全国土建工事業組合連合会ほか各都道府県土建工事業組合連合会38機関、貿易関係で日本棉花輸入協会ほか各種貿易庁代行機関がある[2]。

1　閉鎖指令の発出

1945年9月30日の指令SCAPIN74以降、当初は金融機関の一部の清算人として日本銀行等が指定されたが、大部分の閉鎖機関の管理のために翌46年1月に閉鎖機関保管人委員会が設立されることとなり、ついで47年5月以降は閉鎖機関整理委員会が設立された。司令部は前記の覚書（SCAPIN74）で、29の植民地・占領地関係金融機関、開発機関、戦時金融機関、外国銀行等の本邦内店舗の閉鎖、帳簿・記録等の管理、財産の押収および処分の禁止、当該機関役員の罷免と退去等を命令した。これら29機関の内訳は表補-1のとおりであり、主として「日本以外の地における拓殖・開発事業にたいする金融、または植民地における金融資産の動員、管理による、軍需生産にたいする金融を最大の目的としていたその他いっさいの銀行、開発会社、機関」の日本国内における本店、支店、営業所、代理店が対象であった。この指令によって日本政府は指令内容に対応してとった措置についてただちに司令部に報告することを命ぜられていたが、同日司令部参謀長名でクレーマー経済科学局長から口頭でなされた命令[3]（「大蔵省に与えられた口頭指令」1945年9月30日SCAPIN73として文書化された）は、戦時金融金庫、中央儲備銀行、全国金融統制会、外資金庫、独逸東亜銀行、満州中央銀行について、帳簿、記録および資産の分離のため同

補論　閉鎖機関特殊清算の経緯

日中に担当者が行動を起こすよう指示するとともに、大蔵省に対し、全閉鎖機関の清算 liquidation 計画案を可及的速やかに司令部に提出するよう命じた。大蔵省はこれに対応して10月1日に当該の機関を閉鎖し[4)]、朝鮮銀行、台湾銀行、朝鮮殖産銀行の清算計画案はすでに10月2日付の起案文書があるが、2日クレーマー局長は4日までに清算案を提示するよう督促した。しかるに起案にあたってみると司令部指令のいう「清算」（liquidation）の内容は従前の日

表補-1　当初指定の29閉鎖機関

	金融機関	開発機関
国内	戦時金融金庫	
	資金統合銀行	
	外資金庫	
	全国金融統制会**	
朝鮮	朝鮮銀行*	東洋拓殖
	朝鮮殖産銀行*	
	朝鮮信託	
	朝鮮金融組合連合会	
台湾	台湾銀行*	台湾拓殖
	（台湾商工銀行）（25.12.28指定解除）	
	（華南銀行）	
樺太		樺太開発
満州	満州中央銀行	南満州鉄道
	満州興業銀行	満州重工業開発
	満州投資証券	満州拓殖
蒙彊	蒙彊銀行	
華北	中国連合準備銀行	北支那開発
華中	中央儲備銀行	中支那振興
南方	南方開発金庫	南洋拓殖
		南洋興発
外国	独逸東亜銀行（23.9.11指定解除）	
	日仏銀行（21.4.19削除、別途清算）	
	中国銀行（22.4.17指定解除）	

注：*は日本銀行、**は日本勧業銀行。（　）内は21.2.13閉鎖。

本における概念と法制からは具体化が困難であり、また内地で資金調達して海外で運用する機関を内地のみ分離して清算することの困難性、この措置が直接の預貯金者のみならず経済全体に及ぼす影響、当該機関従業員の処遇等疑義が多く、これらを文書化して司令部に問い合わせた[5)]。これに対しクレーマー経済科学局長は「何デモ彼デモ早ク清算案ヲ提出スベシ」と発言し、外地および戦時特別金融機関に対する司令部の認識はクレーマーの次のような談話に示されている[6)]。

　　連合国は世界史上において殆ど前例なき金融的操作の始終を明らかにせんとしてゐる。［中略］例へば朝鮮銀行を支配してゐた金融業者はあたかも軍閥がなしたと同じく日本政府をして膨張政策を援助するやうに強いた。

朝鮮銀行は支那通貨の価値を低下せしむべく術策を弄し、軍閥と密接な連繋をとりつつ営業してゐた。台湾銀行は南方征服による掠奪を監督した。朝鮮侵略以来の日本の行動の尖兵をなした金融上のやり口が今や明らかになつた。金融上の甘い汁を与へることにより、侵略の土台は完全に日本の織りなす蜘蛛の網の中に捉へられ、それから軍隊が入つて、これら銀行を屡々軍用銀行として利用した。かくの如き方法でこれらの各機関は、朝鮮・台湾・支那・満州国・比島・マレー・ボルネオ及びジャワの金融を統制した。何等の計画をもなすことなく、軍はこれら各銀行からふんだんに金を引出すことを許された。してみれば、一部の将軍連が戦争によつて極めて金持になつたとしても必ずしも驚くことではない。予は調査により、かくの如き行為を発見したと考へてゐる〔後略〕

司令部の強力な指示により対象機関の閉鎖は国内法の根拠をもたない緊急措置として行われてきたが、10月26日に「外地銀行、外国銀行及特別戦時機関ノ閉鎖ニ関スル件」（昭和20年大蔵、外務、内務、司法省令第1号）が制定され、省令の定めを9月30日に遡及して施行することとした。

2 閉鎖機関の追加指定

1945年10月11日のSCAPIN120により重要輸出物資の絹の増産のため日本蚕糸統制株式会社の解散が指令され、政府は翌46年2月26日に同社を解散させ、同年11月1日と翌48年8月2日に日本蚕糸業会、日本蚕糸統制株式会社はそれぞれ閉鎖機関に指定された。

また、45年11月18日の「商業用ならびに民間航空事業」（SCAPIN301）により戦力の永久的排除のため民間航空の全面的禁止と大日本航空株式会社の解体が指令され、政府は12月28日に大日本航空株式会社法廃止法および同法施行令廃止令を制定し、のち48年4月20日に至って同社を閉鎖機関に指定した。

46年3月28日の「満鉄および満州重工業開発株式会社の子会社の在日事務所閉鎖」（SCAPIN848）は日満商事・満州製鉄など13機関の閉鎖を指令し、政府は4月4日にこれら13機関を閉鎖機関に追加した。

表補-2　閉鎖機関の指定

SCAPIN 日付	SCAPIN 番号	閉鎖省令告示 日付	
20. 9.30	74	20.10.26	戦時金融金庫、朝鮮銀行、満鉄など29機関
10.11	120	22.11. 1	日本蚕糸業会、日本蚕糸統制
11.18	301	23. 4.20	大日本航空
21. 2. 6	707	21. 2.13	台湾商工銀行、華南銀行
2.11	728	22. 8.26	鉄鋼統制会
3.14	815	22. 3.17	交易営団
3.14	815	22. 5.24	日本雑貨交易
3.28	848	21. 4. 4	満鉄・満州重工業の子会社13機関
6.26	1037	22. 7.18	日本木材
6.26	1037	23. 6.22	日本林業会
6.26	1037	24. 1.18	地方木材株式会社5機関
7. 2	1049	22. 6.30	横浜正金銀行
8. 6	1108		（統制会）
10. 1	1244	22. 5. 8	東亜海運
11. 1	1308	22. 1.27	産業設備営団、住宅営団、国民更生金庫
11.20	1348	22. 9.22	生命保険中央会、損害保険中央会
		21.11.25	満州電信電話、満州電業、華北交通
11.27	1366	22. 7.15	日本肥料
12.11	1394		（物資統制）
		21.12.14	満州自動車製造、南洋関係5機関
		22. 3.17	蓬莱不動産
12.14	1405	22. 3.17	歯科用品
		22. 3.17	華北電業、開灤礦務総局
		22. 3.31	義済会
		22. 5.10	日本商事
		22. 5.12	甲子不動産、昭和証券
22. 6. 9	3920A	22. 7. 8	船舶用金物統制
		22. 7.15	北支那製鉄、華北軽金属、大連船渠鉄工
22. 7.24	4207A	22. 8.21	紙配給
8. 4	4269A	22. 9. 9	東京青果
		22. 8. 5	山東鉱業、南満鉱業
10. 7	4666A	22.12. 2	港運出資組合
23. 2.16	1860		（統制団体）
		23. 9. 7	大連汽船
		24. 5.31	炭鉱福利協会

　46年2月11日のSCAPIN728は、同年1月8日に日本政府が提出した鉄鋼統制会の解散案を原則的に承認し、これに基づき同日付で鉄鋼統制会は解散を命ぜられ（同16日商工省告示31号）、ついで47年8月26日に閉鎖機関に指定された。

表補-3　年月別閉鎖機関数

年　月	閉鎖された機関数	累計
20. 9	29	29
21. 2	2	31
4	13	44
10	3	47
11	5	52
12	3	55
22. 1	1	56
2	5	61
3	1	62
4	0	62
5	6	68
6	28	96
7	90	186
8	59	245
9	32	277
10	22	299
11	52	351
12	21	372
23. 1	64	436
2	241	677
3	134	811
4	67	878
5	51	929
6	47	976
7	18	994
8	7	1001
9	8	1009
10	7	1016
11	49	1065
12	8	1073
24. 1	12	1085
2	0	1085
3	4	1089
4	1	1090
5	1	1091

また、同年3月14日のSCAPIN815は、戦時中の貿易統制の一元的中枢機関であった交易営団とその下部組織である日本雑貨貿易振興会社の解散が指令され、6月20日に交易営団解散令が制定され、翌47年3月17日と5月24日に交易営団と日本雑貨貿易振興会社の後身である日本雑貨交易統制株式会社がそれぞれ閉鎖機関に指定された。

46年7月2日のSCAPIN1049は、同年4月13日に日本政府が提出した横浜正金銀行再組織案を原則的に承認し、国内資産負債を分離して新銀行に譲渡したのちの同銀行は、さきのSCAPIN74による諸閉鎖機関と同様に清算すべきことを指令し、これに基づき同行は47年6月30日に閉鎖機関に指定された。

以上のように、閉鎖機関は経済非軍事化の要請に基づいて閉鎖されたものと、経済民主化ないし経済再建のために閉鎖されたものとの二種があるが、そのうち後者については、46年8月6日の「統制会の解散、ならびに特定産業内における政府割当機関および所要統制機関の設置認可」(SCAPIN1108)および同年12月11日の「臨時物資需給調整法による統制方式」(SCAPIN1394)の二指令により、戦時統制機構から日本経済を解放して平和経済を再建するために数多くの国内統制機関が閉鎖されることになった。さらに48年2月16日の「統制団体の除去に関する方針の解釈および実施」(SCAPIN1860)も追って指令され、これら三指令により経済民主化関係の閉鎖機関指定が続けられた。

以上の経過および以後の閉鎖機関指定のうち注目すべき若干の事例を整理して示せば表補-2のごとくである。

45年9月30日の外地銀行・外国銀行・特別戦時機関の閉鎖以降、49年5月31

補論　閉鎖機関特殊清算の経緯

表補-4　閉鎖機関の内訳

在外活動関係		
金融関係		
朝鮮	4	朝鮮銀行、朝鮮殖産銀行、朝鮮信託、朝鮮金融組合連合会
台湾	3	台湾銀行、台湾商工銀行、華南銀行
満州	3	満州中央銀行、満州興業銀行、満州投資証券
中国本社	3	中国連合準備銀行、中央儲備銀行、蒙彊銀行
その他	3	横浜正金銀行、南方開発金庫、外貨金庫
開発関係		
朝鮮	1	東洋拓殖
台湾	1	台湾拓殖
樺太	1	樺太開発
満州	18	南満州鉄道、満州重工業開発ほか
華北	9	北支那開発、華北交通ほか
華中	1	中支那振興
南洋	7	南洋拓殖、南洋興発ほか
その他	7	日満商事、大連汽船ほか
経済統制関係		
金融	6	戦時金融金庫、資金統合銀行、国民更生金庫ほか
その他特殊機関	16	産業整備営団、住宅営団など6営団、日本蚕糸業会、大日本航空など10機関
農業	52	うち各都道府県飼料商業協同組合39、青果物統制株式会社8
林業	61	うち各都道府県燃料配給林産組合47、地方木材株式会社6
水産業	17	うち魚類統制、魚市場、水産物株式会社6
鉱業	31	うち各地方石炭販売株式会社8
金属	58	
機械器具	87	
繊維	147	うち各都道府県繊維製品株式会社46
化学工業	54	
窯業	27	
飲食料品	264	うち各都道府県味噌醤油統制株式会社77、同酒造組合連合会52、同酒類販売株式会社50、同食糧営団48
土木建築	41	うち各都道府県土建工事業組合連合会39
その他鉱工業	66	
貿易	77	うち各種貿易庁代行機関60
交通	19	
その他	4	

日の炭鉱福利協会の閉鎖に至るまでの閉鎖年月別内訳は表補-3、業種別内訳は表補-4のとおりである。

3　日本銀行による特殊清算の開始

　閉鎖機関に関わる清算手続について日本政府と司令部の折衝が続けられるうち、1945年10月20日に覚書「朝鮮銀行、台湾銀行、日仏銀行、朝鮮殖産銀行、独逸東亜銀行各支店の清算人任命」(SCAPIN163)により表記機関の清算を日本銀行が担当すべきことが命令され、日本銀行は清算に関する計画を至急司令部に提出すること、司令部による計画承認までは清算に着手しないことが指示された。10月30日に覚書「日本銀行による閉鎖機関の清算」(SCAPIN210)により司令部から日本銀行に対し清算の方策と手続きに関する声明書が送達され、政府は司令部の決定した方策と手続きの遂行に関し日本銀行を助力、監督するものと指示された。司令部が最も重視していた朝鮮銀行、台湾銀行等の清算を日本銀行に命じた背景には占領開始当初司令部の日本銀行に対する信任が厚かったことがあり、司令部と日銀の折衝において司令部側はしばしば「閉鎖機関の解体は独占企業や財閥の解体とともに、連合国の日本経済民主化政策の一環で、その迅速公正な清算については、司令部は重大な責任を持っている。したがってその遂行に最も権威と信用ある日本銀行に協力を求めることは当然である」と述べたという[7]。

　1945年11月4日司令部経済科学局の日本銀行宛覚書「朝鮮銀行、台湾銀行、日仏銀行、朝鮮殖産銀行、独逸東亜銀行各支店、事務所の清算」は清算手続きを具体的に定め、帳簿類・資産の保管、閉鎖銀行に関する詳細な報告書の提出、清算計画の作成などを指示し、特に「清算人(日本銀行—引用者)は清算に関して如何なる行為と雖も、其の政策に付き総司令部の事前の承認を受くるに非ざれば之をなすことを得ず」と、清算過程が厳格に司令部の直接監督下に置かれることを強調した[8]。

　司令部のかかる措置に対応して「外地銀行、外国銀行及特別戦時機関ノ財産及負債ノ整理ニ関スル件」(1945年11月24日大蔵、外務、内務、司法省令第2号)が定められ、ポツダム省令として閉鎖機関の清算に関しては既存国内法規によらない「特殊整理」を主務大臣の指名による「特殊整理人」が行うことを定め、同日大蔵省告示第388号によって日本銀行を当該各行の特殊整理人に指名した。

全国金融統制会に関しては政府は戦時統制団体廃止、平時業界団体への改組を9月30日付で解散すべく準備していたが、前述のように同日付で全国金融統制会の閉鎖機関指定指令が出され、日本銀行内の同会資料はすべて封鎖押収された。政府は、10月24日勅令第603号によって「金融統制団体令」を廃止し、10月26日の1945年大蔵省、外務、内務、司法省令第1号によって同会を閉鎖機関に指定した。同会は統制団体としての性格上清算の対象となる資産負債額は僅少で整理も簡明であったため、政府が11月21日に提出した清算計画案は同月28日に司令部によって承認された（SCAPIN362）。12月26日に「全国金融統制会ノ清算ニ関スル件」（昭和20年大蔵、司法省令第3号）が制定され、同省令に基づき12月29日大蔵省告示第409号によって日本勧業銀行が清算人に選任された[9]。全国金融統制会の清算は46年6月に終了した。

　11月29日の「閉鎖された諸団体の重要資産の保管」（SCAPIN364）は、閉鎖された外地銀行・外国銀行・特別戦時機関の現に日本にある一切の現金や高価な資産を日本銀行金庫に移管して保管すべきことを指示し、12月31日のSCAPIN521は、閉鎖5銀行以外の各種閉鎖機関につき、清算人が任命されるまでの間、暫定的会計代理機関として日本銀行を指定した。

4　閉鎖機関保管人委員会

　SCAPIN74により閉鎖指定された29機関のうち、朝鮮銀行など5銀行については日本銀行、全国金融統制会については日本勧業銀行が特殊清算人に選任されたが、その他の23機関の管理については46年1月18日に至ってSCAPIN615により保管人委員会の設置が指令され[10]、2月6日の大蔵・外務・司法省令第1号および同日の大蔵・外務省告示第1号により閉鎖機関保管人委員会が発足した。

　閉鎖機関保管人委員会は、公正取引委員会・持株会社整理委員会などと同じく行政機構民主化の一環として連合国の管理政策に従って設立された行政委員会の一つとして、特定閉鎖機関の業務および財産の公権的管理の実施を任務とし、その所管した閉鎖機関はさきの23機関のほか、46年2月13日に閉鎖された台湾商工銀行・華南銀行、同年4月4日に閉鎖された日満商事など満鉄・満州

重工業の子会社13機関、同年10月4日閉鎖の満州電信電話・満州電業・華北交通の3社、11月～12月に閉鎖された南国企業など南洋関係5社と満州自動車、同年末から翌年初にかけて閉鎖された産業設備営団・住宅営団・国民更生金庫の3機関、47年2月閉鎖の華北電業・歯科用品・開灤礦務総局・交易営団、同年3月28日閉鎖の義済会に至るまでの55機関である。

同委員会は主務大臣の監督下にあるものとされてはいたが、実際上の取扱いにおいては業務・予算・人事など全面的に司令部の監督下におかれ、46年9月以降は司令部清算係スタッフの大部分が台銀ビル内の同委員会事務所に常駐するなど、あたかも指令部の直属機関の観を呈し、職員数は46年2月末に543名、同年9月末に355名であった。

46年2月21日付の閉鎖機関保管人委員会宛司令部覚書「一般指令第一号」は、閉鎖機関保管人委員会の職務権限を明らかにし、指令部の事前承認をえて、株式その他証券の所有に基づく権利を行使し、物件の購入または売却、貸付金および前渡金の回収、債務の支払い、不動産その他有形資産の付保険および維持など、閉鎖機関の管理を実施すべきものとされ、経費は各閉鎖機関に公平に賦課し、閉鎖機関の会計については日本銀行を会計代理人とすること、司令部代表官が委員会に出席して所要の勧告をなすこと、閉鎖機関に関する一切の事項につき経済科学局財政課に直接報告しなければならないこと等を指示した。

次いで、46年4月25日の「一般指令第二号」は、所管閉鎖機関につき清算準備報告、主要資産、主要負債、沿革・役員・本支店所在地、その他在外資産・在外債務等に関する閉鎖日現在の審査表の作成提出を求めたものであって、バランスシート、従業員請求権、沿革については特に至急報告するよう求めていた。

この間、46年2月25日には日本銀行に対し保管中の帳簿類の調査を保管人委員会に許容し、有価証券類以外の物件を保管人委員会に引き渡すべきことを指示し、同年3月22日にも会計代理人としての日本銀行の処理手続きにつき指令がなされた。4月11日のSCAPIN968-Aは閉鎖機関の従業員に対し45年12月31日をもって解雇されたむね通知すべきことを指示し、4月22日付の日本銀行宛司令部覚書は日銀保管中の有価証券・流通証券・保険証券・その他類似証券を保管人委員会の請求により引き渡すべきことを指示した。

5　閉鎖機関整理委員会

　こうして閉鎖機関保管人委員会の業務が進捗するに伴い、46年8月19日に司令部は同委員会を清算機関に発展させることを考慮するよう調査を命じ、同年10月5日の「閉鎖機関と金融緊急措置との関係」（SCAPIN1253）により清算機関としての地位を明確にするため立法措置をとるよう指令した。これに基づき47年3月8日に「閉鎖機関令」（昭和22年勅令第74号）ならびに「閉鎖機関整理委員会令」（同勅令第75号）が制定され、同年5月1日に発足した閉鎖機関整理委員会に事務を引き渡して閉鎖機関保管人委員会は発展的に解消することとなった。

　閉鎖機関整理委員会[11]は、47年4月18日に設立委員が任命され、同月30日に定款が認可されるとともに委員長、副委員長、および3名の常務委員が任命されて設立事務の引継ぎを受け、翌5月1日に設立登記を終わって委員会が成立し、閉鎖機関保管人委員会から事務引継ぎを受けた。閉鎖機関整理委員会は、閉鎖機関保管人委員会と同様に連合国の対日管理政策に従い設置された行政委員会であって、閉鎖機関を代表してその特殊清算を遂行し、毎月1回定時委員総会を開いて重要事項を議決するとともに、定例週委員会議により業務上の重要事項を議決し、司令部・関係各省・日本銀行の各代表者もオブザーバーとしてこれに出席して、清算事務の円滑な遂行をはかった[12]。

　閉鎖機関総数1,091のうち、日仏銀行・中国銀行・全国金融統制会・独逸東亜銀行の4機関のみを除いて1,087機関が閉鎖機関整理委員会の所管とされた。

　特殊清算人としての閉鎖機関整理委員会は、閉鎖機関の財産の現況を調査し、閉鎖指定日における財産目録および貸借対照表を作成し、現務の急速な結了をはかるとともに財産の管理および処分、指定業務の執行を行い、さらに債権の取立て、債務の弁済、残余財産の処分を行った。

　まず債権の取立てについては、閉鎖機関を当事者とする貸付金の債権につき、履行期以前における履行の請求、閉鎖指定日以前の原因に基づく金銭債権の全額につき弁済を受けることができるものとされた。

　債務の弁済については、少額の債権者の利益や債権者間の衡平、一般社会の

経済秩序の保持に留意して行うものとされ、1947年の「閉鎖機関に対する債権の申出等に関する命令」（昭和22年総理庁、大蔵、外務、商工、運輸、農林、厚生、司法省令第１号）、「閉鎖機関の債務の弁済等に関する命令」（同省令第３号）、48年の「閉鎖機関の所有する株式の株金払込に関する命令」（昭和23年法務庁、外務、大蔵、厚生、農林、商工、運輸、建設省令第１号）等の各省令にのっとって遂行された。

閉鎖機関を当事者とする賃貸借契約についても、期間の定めにかかわらず解約を申し入れ、閉鎖機関を注文者とする請負契約についても契約の解除ができるものとされた。

閉鎖機関整理委員会は、占領政策に基づく他の経済民主化団体が消滅したのちもただひとつ残存していたが、「ポツダム宣言の受諾に伴い発する命令に関する件に基づく大蔵省関係諸命令の措置に関する法律」（昭和27年３月31日法律第43号）第２条により「閉鎖機関整理委員会解散令」（昭和27年政令第73号）が発せられ、同日をもって委員会は解散した。同年９月30日に清算結了、11月20日に清算結了登記がなされた。委員会解散当時、特殊清算がなお未結了であった470の閉鎖機関については、52年４月19日大蔵省告示第708号により、４月１日付で４名の常務委員が後継特殊清算人に選任された。

6　特殊清算の実施

なお、日本銀行による一部機関の清算が始動したのちも他の指定機関に関する清算の進捗は必ずしも順調に運ばれなかったが、これは閉鎖機関の特殊清算が金融緊急措置や補償打切りなどの諸施策との関わりで実施されねばならなかったという事情と同時に、日本側がいまだ司令部の指示する「清算」の内容に疑義を持ち続けていたからであった。46年10月５日司令部は覚書「閉鎖機関と金融緊急措置との関係」（SCAPIN1253）を発して特殊清算の実施方を督励したが、この指令の条項で「清算」の内容を具体的に例示した。これに対して大蔵省は司令部と会議をもって「清算」の内容について詳細にわたる質問を行っている[13]。その結果は、国内資産負債のみで日本の法制上の「破産」である最終的な清算を行わねばならないことが判明したが、日本側が一貫してかつ執拗

に問題とし続けたのは在外資産負債の取扱いであり、基本的には、内外の店舗で債権債務を総合することなしには完全な清算はできないという主張を繰り返したが、これは将来における在外債権の請求権問題を考慮したからであった[14]。しかしこの時点で司令部の基本方針はすでに国内資産負債のみの清算と確定していたので日本側としても従わざるをえなかった。

閉鎖の手続きは司令部が日本側清算機関のために1948年3月制定した「業務準則」によると概略以下のごとくである[15]。

まず閉鎖通告は司令部当該部局が作成し同経済科学局財政課清算係に回付されるチェック・ノートにより行われ、場合によっては司令部から日本政府に対する清算指令により行われる。ついで閉鎖機関整理委員会の週委員会により閉鎖期日等が決定され、清算係の承認を得て関係各省の告示による閉鎖指定が官報に掲載される。大蔵省および関係各省代表者、委員会の一委員が清算係の立会官とともに指定機関の本店に赴き、同機関の役員に対し指定業務として許可される業務以外の一切の業務が停止される旨の正式告示を読み聞かせる。指定業務とは、後継機関への業務の引継ぎ、未完成業務の遂行、金融機関への債務弁済などを円滑に進行させるための業務である。取締役その他の役員および支配人は解任され、閉鎖指定日以後その職務を行うことができず、店舗への出入りを禁止されるとともに、住所などの通知義務と報告提出・質問回答義務を課せられる。閉鎖機関保有財産の所持人は特殊清算人に対しその旨を報告し、その財産の引渡しまで善良な管理者の注意をもって保管する義務がある。閉鎖機関は原則として閉鎖指定日に解散され、何人も閉鎖指定日以降は、閉鎖機関の財産上の権利義務に変更を生ずべき行為をすることができない。公用印鑑はすべて接収され、関係記録および倉庫は封印され、閉鎖の公示が正面入口戸扉に掲示される。

閉鎖機関については、大蔵大臣の監督のもとに特殊清算が行われたが、特殊清算人の任務は、現務を急速に結了し、財産を管理・処分し、債権の取立てと債務の弁済をなしたうえで残余財産を処分することおよび指定業務を執行することであった。

閉鎖機関の特殊清算方式については、1948年8月21日の政令第251号、同第252号により第一次改訂が行われた[16]。

まず、閉鎖指定による解散につき、従来は閉鎖指定を受けてもただちに解散することはなかったが、この改正により外国法人でない閉鎖機関は閉鎖指定日において解散するものとされ、外国法人は閉鎖指定により解散はしないが、その営業の認可・許可・免許等の処分は閉鎖指定日において失効するものとされた。

債務の弁済に関しては、弁済期に至らない債務も弁済することができ、現存する財産が債務完済に不足する時は弁済期にかかわらず出資者をして出資をなさしめることができるものとされた。

閉鎖機関に対する債権者が閉鎖機関に対し債務を負担している時は相殺をすることができ、双務契約につき閉鎖機関とその相手方がともに履行を完了していない時は契約の解除または相手方の債務の履行を請求することができるものとされた。

新たに残余財産の処分に関する規定が設けられ、払い込まれた株金額または出資の価額に応じて残余財産を株主または社員その他の構成員に分配しなければならないことが定められた。

また、特殊清算の結了に関する規定もあらたに設けられ、特殊清算事務が終わった時は、特殊清算人は決算報告書を大蔵大臣に提出し、利害関係人の閲覧に供したのち大蔵大臣の承認を受けた時はその旨を公告し、特殊清算結了の登記を行うこと、大蔵大臣は登記後10年間当該閉鎖機関の重要書類を保存することが定められた。

50年11月3日の「閉鎖機関の清算から生ずる残余金」(SCAPIN7317-A) に基づき、同年12月26日の政令第368号により「閉鎖機関令」の一部が改正され、特殊清算方式の第二次改訂が行われた。

従来、特殊清算の対象は、その所在の内外を問わず「その財産」と規定され、例外として、外国法人である閉鎖機関につき「その本邦内にある財産」のみを特殊清算の対象とすることとなっていたが、改正によりすべての閉鎖機関につき「その本邦内にある財産」のみが特殊清算の対象とされた。

また、従来は債権債務の所在につき履行地主義がとられ、本邦を履行地とするものが国内債権とされていたが、この改正により店舗主義が採用され、履行地のいかんにかかわらず閉鎖機関の本邦内にある店舗にかかる債権債務が本邦

内にある財産とみなされることとなり、例外として、在外店舗にかかるものであっても閉鎖機関の本邦内にある財産をもって担保された債権は本邦内にある財産とみなされた。

在外活動閉鎖機関および準在外活動閉鎖機関については、特殊清算結了の際に提出させる決算報告書に付属書を添付させ、在外資産負債および在外債務引当財産など渉外関係の重要事項を記載させることとした。

閉鎖機関整理委員会の解散に伴い、関連諸規定は52年6月21日にそれぞれ改正され、同年4月1日から実施されることになったが、閉鎖機関令自体も、同年7月16日法律第234号で改正され、その性格を大きく変えることになった。

第一の改正点は、閉鎖機関の指定の解除をなしうることとし、指定解除後一カ月以内に株主総会を招集して清算人を選任するものとして、会社の継続とさらに国内資産をもって新会社を設立しうる道が開かれた。第二に、閉鎖機関の在外債権の一部を今後特殊清算の対象とすることとし、在外負債のために留保されている資金についても、平和条約に基づく在外負債の処理問題が決定次第その処理を政令で定めうるものとされた。

こうして、閉鎖機関整理委員会解散後の特殊清算の性格は大幅に変化し、法令も実状に適応するよう大幅に改変された。閉鎖の指定解除を認め、積極的に第二会社設立を認めるとともに、閉鎖機関制度そのものをできるだけ速やかになくす方向が追求されたのであり、委員会の解散自体もその具体的なあらわれの一つだったのである。

注
1) より詳しくは筆者がかつて執筆した大蔵省財政史室編『昭和財政史——終戦より講和まで』第1巻「賠償・終戦処理」（東洋経済新報社、1984年5月、633～666頁）を参照されたい。
2) 閉鎖機関整理委員会『閉鎖機関とその特殊清算』、1954年（『特殊清算』と略記する）
3) 大蔵省資料 Z526-19-4。
4) 「本日閉鎖シタル金融機関調」（昭二〇、一〇、一）（同前）。
5) 愛知文書課長のファイルにあるこの文書には、「十月三日払暁狸穴官邸ニ於テ起草シ津島大臣ノ加筆シタル原稿」との書込みがあり当時のあわただしさを示している（同前）。
6) クレーマー経済科学局長のアメリカ人記者団との会見における談話（『日本管理法令研究』第3号）。
7) 大蔵省所蔵日本銀行資料。
8) 同前。
9) 日本銀行が台湾銀行ほかの清算人に指定されたことに対応し、政府では金融機関の清算人を

日本銀行、横浜正金銀行、日本勧業銀行で分担、その他の機関は清算人日本銀行、清算補助人日本勧業銀行とする案で司令部と交渉しており、全国金融統制会の清算人を日本勧業銀行としたのはこの案の一部が司令部に認められたものである（「閉鎖機関ノ清算案ニ関スル第一回連絡会議」昭和二〇、一〇、二三）（大蔵省資料 Z511-220）。なお当初の大蔵省成案では金融機関の清算人は帝国銀行とされていた（「朝鮮銀行、台湾銀行及朝鮮殖産銀行ノ内地所在店舗ノ清算ニ関スル件」昭和二〇、一〇、四銀行局）（大蔵省資料 Z526-19-4）。

10) 閉鎖機関保管人委員会については、『特殊清算』33〜38、63〜81頁参照。
11) 閉鎖機関整理委員会については、『特殊清算』38〜43、57〜59、81〜89、96〜105、146〜48、154〜155頁参照。
12) 『特殊清算』43頁。実際には経済科学局の清算係が閉鎖機関整理委員会の事務所に常駐しており、清算事務は事実上司令部の直轄で行われた。委員会の会議に司令部係官が出席するため、会議は全部英語で行われた（石橋良吉〔在外活動閉鎖機関特殊清算人〕ほか口述「戦後における閉鎖機関清算」、「戦後財政史口述資料」第七分冊・管財）。
13) 「閉鎖機関対緊急措置について司令部との会議覚書」（昭和21年10月30日）（大蔵省資料 Z526-19-4）。
14) 大蔵省管財局・閉鎖機関整理委員会『閉鎖機関の現況』（1951年１月）7頁。
15) 「閉鎖機関の債務弁済手続について（司令部指示に関する参照事項）」（昭二二、七、一二、閉鎖機関課長）（大蔵省資料 Z526-19-4）。
16) 『特殊清算』96〜97頁。

執筆者略歴 (執筆順)

山崎澄江（やまざき すみえ）
1969年生まれ
東京大学大学院経済学研究科単位取得退学
現在、青山学院大学経済学部ほか非常勤講師
主な業績：「高度成長期地域開発政策の形成——新産業都市の事例」、『土地制度史学』第163号、1999年4月。
「安定成長下における産業立地政策」(通商産業政策史研究所の研究プロジェクト報告書)、通商産業調査会、1999年6月

鴨井一司（かもい かずし）
1976年生まれ
現在、東京都立大学大学院社会科学研究科博士課程

河村徳士（かわむら さとし）
1975年生まれ
現在、東京大学大学院経済学研究科博士課程

山口由等（やまぐち よしと）
1967年生まれ
東京大学大学院経済学研究科博士課程退学
現在、愛媛大学法文学部助教授
主な業績：『高度成長期の農業問題』(共著、日本経済評論社、2000年)
『近代日本流通史』(共著、東京堂出版、2005年)

山本　裕（やまもと　ゆう）
1974年生まれ
慶應義塾大学大学院経済学研究科後期博士課程単位取得退学
現在、慶應義塾大学大学院経商連携21COE研究員（PD）
主な業績：「「満州国」における鉱産物流通組織の再編過程——日満商事の設立経緯1932-1936年」『歴史と経済（旧土地制度史学）』第178号、2003年1月
「満鉄オイルシェール事業——1909-31年」『三田学会雑誌』第95巻4号、2003年1月

柳沢遊（やなぎさわ あそぶ）
1951年生まれ
東京大学大学院経済学研究科博士課程単位取得退学
現在、慶應義塾大学経済学部教授
主な業績：『日本人の植民地経験——大連日本人商工業者の歴史』(青木書店、1999年)
『戦時下アジアの日本経済団体』(木村健二と共編、日本経済評論社、2004年)

池元有一（いけもと　ゆういち）
1966年生まれ
東京大学大学院経済学研究科経済史専攻博士課程単位取得退学
現在、千葉商科大学商経学部非常勤講師
主な業績：「日本におけるコンピュータ産業の発展過程——1960年代、電力業の制御用コンピュータを中心に」『土地制度史学』第172号、2001年7月。「日本のコンピュータ産業の発展過程——1960年代、事務用小型機を中心に」『社会科学研究』第54巻4号、2003年3月

小野沢あかね（おのざわ あかね）
1963年生まれ
津田塾大学国際関係研究科博士課程単位取得退学
2006年3月まで、琉球大学法文学部助教授
2006年4月から、立教大学文学部助教授
主な業績：「米軍統治下Ａサインバーの変遷に関する一考察——女性従業員の待遇を中心として」『琉球大学法文学部紀要　日本東洋文化論集』第11号、2005年3月。
「戦間期日本における公娼制度廃止問題の歴史的特質——地域と国際関係の視点から」歴史学研究会編『シリーズ歴史学の現在9　性と権力関係の歴史』(共著、青木書店、2004年)

編著者紹介

原　　朗（はら　あきら）
1939年生まれ
東京大学大学院経済学研究科博士課程中退
現在、東京国際大学経済学部教授、東京大学名誉教授
主な業績：『日本の戦時経済』（編著、東京大学出版会、1995年）『戦時経済総動員関係資料集』全59巻（山崎志郎と共編、現代史料出版、1997～2004年）

山崎志郎（やまざき　しろう）
1957年生まれ
東京大学大学院経済学研究科第二種博士課程単位取得退学
現在、首都大学東京都市教養学部・東京都立大学経済学部教授
主な業績：『新訂　日本経済史』（放送大学教育振興会、2003年）
『戦時中小企業整備資料』全6巻（原朗と共編、現代史料出版、2004年）

戦時日本の経済再編成

2006年3月31日　　第1刷発行

編著者　原　　　　朗
　　　　山　崎　志　郎
発行者　栗　原　哲　也

発行所　株式会社　日本経済評論社
〒101-0051　東京都千代田区神田神保町3-2
電話 03-3230-1661　FAX 03-3265-2993
nikkeihy@js7.so-net.ne.jp
URL：http://www.nikkeihyo.co.jp
印刷＊デジタルパブリッシングサービス
装幀＊渡辺美知子

乱丁落丁はお取替えいたします。　　　Printed in Japan
© HARA Akira, YAMAZAKI Shiro et. al. 2006

・本書の複製権・譲渡権・公衆送信権（送信可能化権を含む）は㈱日本経済評論社が保有します。
・**JCLS**〈㈱日本著作出版権管理システム委託出版物〉
本書の無断複写は著作権法上での例外を除き禁じられています。複写される場合は、そのつど事前に、㈱日本著作出版権管理システム（電話03-3817-5670、FAX03-3815-8199、e-mail: info@jcls.co.jp）の許諾を得てください。

戦時下アジアの日本経済団体	柳沢遊・木村健二編著	5200円
満鉄労働史の研究	松村高夫ほか編	5200円
日本植民地鉄道史論 台湾、朝鮮、満州、華北、華中鉄道の経営史的研究	高橋泰隆著	8500円
満州国の首都計画 東京の現代と未来を問う	越沢明著	2200円
植民地企業経営史論 「準国策会社」の実証的研究	久保文克著	7500円
東洋拓殖会社 日本帝国主義とアジア太平洋	黒瀬郁二著	3800円
都市化と在来産業	中村隆英・藤井信幸編	6100円
近代日本都市史研究 地方都市からの再構成	大石嘉一郎・金澤史男編著	12000円
「国民」形成における統合と隔離	原田勝正編著	3800円

表示価格は本体価格（税別）です

日本経済評論社

戦時日本の経済再編成（オンデマンド版）

2008年4月25日　発行

編　者　　原　　朗
　　　　　山崎　志郎
発行者　　栗原　哲也
発行所　　株式会社　日本経済評論社
　　　　　〒101-0051　東京都千代田区神田神保町3-2
　　　　　　　電話 03-3230-1661　FAX 03-3265-2993
　　　　　　　E-mail: info@nikkeihyo.co.jp
　　　　　　　URL: http://www.nikkeihyo.co.jp/

印刷・製本　　株式会社　デジタルパブリッシングサービス
　　　　　　　URL: http://www.d-pub.co.jp/

AF399

乱丁落丁はお取替えいたします。　　　　　Printed in Japan
　　　　　　　　　　　　　　　　　　　ISBN978-4-8188-1655-8

・JCLS〈㈱日本著作出版権管理システム委託出版物〉
本書の無断複写は著作権法上での例外を除き禁じられています。複写される場合は、そのつど事前に、㈱日本著作出版管理システム（電話 03-3817-5670、FAX03-3815-8199、e-mail: info@jcls.co.jp）の許諾を得てください。